함께보는 한국근현대사

함께 보는 한국근현대사(개정판)

초판 1쇄 발행 2004년 3월 30일
초판 13쇄 발행 2015년 9월 10일
개정판 1쇄 발행 2016년 10월 20일
개정판 5쇄 발행 2020년 8월 1일

지은이   역사학연구소
펴낸이   이영선

편집   김선정 김문정 김종훈 이민재 김영아 김연수 이현정 차소영
디자인   김회량 이보아
독자본부   김일신 김진규 정혜영 박정래 손미경 김동욱

펴낸곳 서해문집 | 출판등록 1989년 3월 16일(제406-2005-000047호)
주소 경기도 파주시 광인사길 217(파주출판도시)
전화 (031)955-7470 | 팩스 (031)955-7469
홈페이지 www.booksea.co.kr | 이메일 shmj21@hanmail.net

ⓒ 역사학연구소, 2016
ISBN 978-89-7483-807-2 03910

이 도서의 국립중앙도서관 출판예정도서목록(CIP)은 서지정보유통지원시스템 홈페이지(http://
seoji.nl.go.kr)와 국가자료공동목록시스템(http://www.nl.go.kr/kolisnet)에서 이용하실 수
있습니다.(CIP제어번호: CIP2016020266)

함께보는
한국
근현대사

역사학연구소 지음

서해문집

어디 역사가 늘 잔잔했던가. 고요한 듯하며 요동치는 것이 역사다. 흔히 "역사란 과거와 현재와의 대화"라고 한다. 그러나 현재에서 과거로 말을 거는 것은 결코 순탄하지 않다. 어찌 보면, 과거 사실을 투명하게 현재로 전달하는 일은 거의 불가능하다. 그래서 역사는 해석이다. 그 해석을 둘러싸고 서로 다른 시각이 경합하고 충돌할 수밖에 없다. 역사는 본디 단수가 아니라 복수이며, 다양하고 중층적이다. 역사 해석에는 늘 갈등 요소를 내포하고 있고, 이질적인 것이 충돌하기 마련이다.

　모든 학문이 그러하듯이, 역사도 참됨을 위한 '평화적인 합의'를 중요하게 여긴다. 차이를 봉합하는 억압적인 합의가 아니라, 자유로운 토론과 소통을 통한 사회적 합의를 지향한다. 민의民意를 대변하는 공론公論은 역사적 진실과 통하기 때문이다. 민주화를 거치면서 역사 공론장에서 형성된 공론이 오래도록 사회적 지지와 동의를 얻을 수 있었던 것은 바로 이 때문이다. '합의된 합의'와 '공론된 공론'을 무시하고 과거 기억을 독점하려는 시도는 반反역사적일 뿐만 아니라 반反인문적이다. "과거를 지배하는 자가 미래를 지배한다" 했던가. 일제가 식민사관을 퍼뜨린 까닭을 잠깐만 생각해도 그 사실을 알겠다. '광복'한 뒤에도 국가지배와 권력유지를 위해 기억을 통제하려는 시도가 있었고, 앞으로도 그럴 위험이 있다.

　나라 안팎에서 일어나는 기억투쟁의 한복판에서 《함께 보는 한국근현대사》 개정판을 내게 되었다. 2004년 책을 낸 뒤 벌써 10년 남짓 지났다. 그동안 한국 역사학계는 크게 변했다. 새로운 역사방법론을 내세운 연구가 늘어났고 연구 영역도 넓어졌다. '역사전쟁'이라는 말에서 보듯이, 역사를 둘러싼 수많은 논쟁도 있었다.

　이러한 때에 개정판을 내야하는 《함께 보는 한국근현대사》도 책임이 무겁다. 그러나 먼저 죄송하다는 말을 해야만 한다. 2004년에 책을 다시 내면서 "오류나 미진한 부분은 기회 있는 대로 고치고 보완"하겠다고 약속했는데, 책이 세상에 나온 지 10년이 넘도록 그 약속을 지키지 못하고 오늘에 이르고 말았다. 더욱 유감스러운 것은 이번에 전면적인 수정을 하지 못했다는 점이다. 특히 일상사와 문화사 등을 보완하지 못한 것이 가장 큰 아쉬움으로 남는다. 일상사와 문화사는 정치사와 경제사에서 놓치기 쉬운 인간의 삶과 역사의 속살을 좀 더 다양하고 풍부하게 보여주는 장점이 있다. 그러나 '끼워 넣기'식 서술은 또 다른 문제를 낳을 수 있기에 이번 개정판에서는 제외했다.

개정판은 현재 구성과 체제를 유지하되, 최근의 연구 성과를 최대한 반영하여 수정하려고 했다. 논의를 거쳐 결정한 방침은 다음과 같다.

첫째, 독자의 요구와 의견을 적극 반영하여 현재적인 쟁점을 보완한다. 그러나 짧은 글로써 '북한의 사회주의 건설', '남북한의 통일정책과 통일문제'를 다루기는 어렵기 때문에 제외한다(이전 초판에서 각 강 마지막에 다뤘던 〈함께 생각해 봅시다〉도 삭제한다). 근대 4강 '대한민국임시정부의 성립과 활동'과 근대 5강 '깊이 보는 일본군 위안부'는 내용을 보완해 다시 서술하고, 현대 4강 '고난과 혼돈을 넘어'는 참여 정부까지 다룬다.

둘째, 각 강의는 최근 연구 성과를 참고하여 수정하고 참고문헌에도 이를 반영한다. 어려운 개념이나 용어는 독자가 이해하기 쉽게 따로 설명하고, 복잡한 글이나 한자어는 쉽게 풀어서 서술한다.

셋째, 사진이나 만평과 같은 이미지 자료는 본문에 맞는 것을 고르되, 될 수 있으면 참신한 것으로 바꾼다.

이와 같은 수정 원칙에 따라 근대 1강은 박준성(한국방송통신대), 2강은 김태웅(서울대), 3강은 윤대원(서울대), 4강은 전명혁(동국대), 5강은 이병례(성균관대)·김윤정(대진대), 현대 1강은 임종명(전남대), 2강은 김은경(숙명여대), 3강은 임송자(순천대), 4강은 홍순권(동아대) 등으로 나누어 내용 검토와 수정을 맡았다. 그리고 김은경·김윤정·윤대원·최규진이 윤문과 교열을 맡았고, 최보민이 간사로서 수고를 아끼지 않았다. 이 책 수정 작업에 많은 전공자가 참여했지만, 기본적으로 연구원 모두가 함께 작업했기 때문에 오류나 문제가 있다면 그것은 우리 연구소의 책임이다.

이 책이 꾸준히 독자의 사랑을 받아 온 것은 서해문집 출판사의 배려와 수고 덕분이다. 변함없는 지지와 신뢰를 보내준 서해문집 김홍식 대표와 강영선 이사에게 진심으로 감사드린다. 또 꼼꼼하게 원고를 검토하여 좋은 책이 나올 수 있도록 힘써준 편집부의 여러 분께도 고맙다는 인사를 전한다.

역사는 여러 과거'들'과 다양한 해석'들'이 만나는 공론장을 떠나서는 상상할 수 없다. 독자의 '읽기'는 또 하나의 역사를 만든다. 독자의 아낌없는 관심과 질책으로 이 책이 더 풍요롭게 되기를 바란다.

2016년 8월
글쓴이 일동

1

우리는 지금 과거 그 어느 때보다 격변과 혼돈의 시대에 살고 있다. 1990년 대 초 현존 사회주의권이 무너지고 신자유주의 세계화가 마치 한 시대의 종말을 알리는 듯 지구를 휩쓸고 있다. 남북관계도 화해와 협력의 시대로 들어선 듯하지만, 한반도를 둘러싼 국제관계는 '북핵위기'로 한치 앞도 볼 수 없을 만큼 짙은 안개에 휩싸여 있다. 우리 사회 안에서도 1997년 '외환위기'를 거치는 과정에서 구조조정과 '노동의 유연화'라는 이름 아래 많은 노동자가 해고되거나 비정규직으로 내몰리는 등 이른바 구조 개편의 격동을 맞고 있다. 농촌 사정도 마찬가지여서 많은 사람이 어쩔 수 없이 농산물 시장을 개방해야 한다고 외치고 있지만 정작 당사자인 농민들은 자기 삶의 터전을 송두리째 잃고 있다.

이러한 변화 속에서 가장 당혹스런 것은 아마 '나를 둘러싼 세계의 변화'일 것이다. 세계는 도대체 얼마나 어떻게 바뀔 것인가. 그 해답의 실마리를 지난 역사에서 찾을 수는 없을까.

요즈음 역사에 대한 일반인의 관심이 그 어느 때보다 높다. 이러한 관심을 반영이라도 하듯 과거 격동시대의 역사적 사건이나 그 시대를 살아간 인물을 소재로 갖가지 영상물이 만들어지고 소설로 쓰여지고 있다. 이들 작품이 전달하려는 메시지는 긍정적이든 부정적이든 현실을 살아가는 우리에게 어떤 '의미'를 던지고 있다.

대중이 역사에 관심을 가지는 근원은 바로 우리 현실에 있다. 그러한 뜻에서 모든 역사는 다른 색깔의 옷을 입은 현대사라는 말은 결코 과장이 아니다. 또 동서를 통틀어 오래전부터 역사는 현재의 우리 모습을 비춰 주는 거울이자 내일을 가리키는 나침반이라는 믿음이 있었다. 사상과 물질문명의 숨 가쁜 소용돌이 속에 휩싸여 있는 우리 마음속에는 바로 그 과거를 통해 현재의 나를 찾고 미래의 나를 발견하려는 충동이 밑바닥에 깔려 있다. 더구나 근현대사는 우리가 살고 있는 '동시대(Contemporary Age)'를 포함하고 있어 우리 현실과 떼려야 뗄 수 없는 관계에 있다.

우리가 역사를 학습하고 이해한다는 것은 올바른 역사의식을 키우는 일이다. 그것은 하나의 역사적 사실을 그 자체로만 단편적으로 파악하는 것이 아니라 다른 사실과 연관지어 이해하는 것이고, 또 오늘날 우리 사회의 모순을 인식하고 그 실천 과제를 다시 생각해 보는 일이기도 하다. 우리 연구소가 이 책을 내게 된 것도 역사 속에서 자신의 모습을 다시 찾으려는 대중의 관심과 동떨어진 것이 아니다.

2

한국 근현대사는 19세기 개항된 뒤 낡고 썩은 체제를 유지하려는 봉건세력과 제국주의 침략세력, 일본제국주의의 식민세력 그리고 해방 뒤에는 분단과 군부독재에 맞서 쉼 없이 싸워 온 저항과 해방의 역사였다. 따라서 근현대사는 그 자체로서 조국의 미래를 위한 앞선 세대들의 희생과 고뇌, 희망이 가득 찬 '지혜의 보고'이다.

그런데도 근현대사는 오랫동안 역사교육의 현장에서, 또 역사연구의 현장에서 밀려나 있었다. 역사는 현실과 멀리 떨어져 있는 것이라는 잘못된 인식과, 역사적 사실을 사실 그대로 드러내기가 매우 곤란했던 해방 뒤 한국 정치사의 특수한 사정 때문이었다. 분단구조 아래 독재와 반공이데올로기가 기승을 부리던 시절을 살았던 우리는, 근현대사에 대한 잘못된 역사인식을 강요받았던 경험을 가지고 있다.

1980년대 격변기를 지나서야 비로소 여러 금기가 민중의 손으로 풀어졌고, 그 결과 지난 20여 년 동안 그 어느 때보다도 근현대사에 대한 풍부한 연구 성과를 얻을 수 있게 되었다. 그동안 쌓인 연구 성과는 — 아직은 모자라지만 — 나름대로 주어진 현실에 순응시키고 안주시켜 온 지난 시절 근현대사에 대한 잘못된 인식을 극복하고, 지금의 우리 사회를 올바르게 이해하는 데 크게 이바지했다.

그런데 1990년대에 들어 우리 사회의 한 모서리에서, 지난날 민중의 심판을 받아 권좌에서 쫓겨났거나 절대 권력을 추구하다가 스스로 몰락의 길을 재촉한 독재자들을 '건국의 아버지'로, '경제 발전의 주인공'으로 미화하려는 시도가 여기저기 다시 나타나고 있다. 이는 새로운 세기에 들어와서도 마찬가지이다. 이런 가운데 친일파를 비호하고 국민의 인권을 억압했던 그들의 행적은 슬며시 감춰지고 있다.

심지어는 독립운동가를 시대의 방향을 제대로 읽지 못하는 뒤처진 사람으로 여기면서 친일자본가를 한국자본주의의 선각자로 치켜세우는 발언도 여기저기서 나타나고 있다. 우리나라 근현대사를 체계적으로 이해하는 것 못지않게 역사적 사실을 사실 그대로 이해하려는 노력이 얼마나 중요한가를 새삼 깨닫게 하는 것이 오늘 우리 사회의 현실이다.

《함께 보는 한국근현대사》를 세상에 내놓아야 하는 이유 가운데 하나가
여기에 있다.

3

우리 연구소는 1995년에 《강좌한국근현대사》를 낸 뒤 오랫동안 개정 작업
을 하지 못했다. 연구소 사정도 그러하거니와 바깥에서 복잡하고도 빠르게
전개되고 있는 현실을 어떻게 이해할 것인가 하는 문제에 맞닥뜨리면서 이
를 역사 서술로 옮긴다는 것이 매우 어려운 것임을 절감한 터였다.

그 사이에 근현대사 연구는 1980년대의 연구 성과를 훌쩍 뛰어넘어 적지
않은 저작물로 쏟아져 나왔다. 사료를 새로 발굴하여 새롭게 해석한 연구 성
과뿐만 아니라 여러 측면에서 근현대사를 다시 해석하려 한 뜻 깊은 성과도
있었다. 그러나 냉전체제의 해체라는 명분 아래 실용주의를 앞세워 대중을
혼란스럽게 만들거나 상업주의에 물든 역사책이 적지 않았다. 여기에는 다
양한 역사 소재를 찾아 역사 해석을 해 나가는 가운데, 새로운 이론에 대한
관심이 치밀한 문제의식으로 성숙되지 못한, 원칙도 방향도 없는 저술들도
한몫 거들었다. 그리하여 우리 역사 속에서 아무도 책임이 없다거나 모두 죄
인이었다는 받아들이기 힘든 논리들이 횡행하고 있다. 권력관계를 새롭게
보려는 움직임이 명백한 역사 사실조차 비틀어 보고, 공허한 논리로 모든 문
제를 덮어버리려는 자세를 크게 경계해야 한다. 엄격한 사료 비판을 통해 과
학적으로 분석하고 종합적으로 정리한 역사는, 우리 모두가 지켜야 할 원칙
과 발전 방향을 찾는 경험의 보고이기 때문이다.

따라서 우리 연구소는 역사 사실에 뿌리를 두고 서술하되 새로운 연구 성
과를 폭넓게 받아들이고 이를 종합 정리하여 《함께 보는 한국근현대사》를
내게 되었다. 이는 오로지 《강좌한국근현대사》 독자들이 보여준 관심과 격
려 덕분이다. 그리하여 이 책은 기존의 《강좌한국근현대사》에서 발견한 오

류를 고치고, 서술 체제를 달리하여 새로 썼다. 특히 현재까지의 연구 성과를 수용하여 민중생활사를 일부 보강했다. 이는 일상의 생활이 결코 역사 발전의 방향이나 사회구조와 따로 진행되지 않기 때문이다. 그러나 북한 현대사는 기존의 내용을 일부만 고쳐 서술했다. 그것은 북한 사회가 급격하게 변화하고 있는 데 반해 연구소의 역량이 이를 객관적으로 평가할 만한 단계에 이르지 못했다는 판단 때문이다.

이 책을 쓰면서, 될 수 있으면 체계 있고 읽기 쉽게 쓰려고 힘을 기울였다. 그리하여 이 책은 다음과 같은 원칙에 따라 서술했다.

첫째, 근현대사를 통사로 서술하되, 각 강은 각 시기의 특정 주제를 중심으로 서술하는 강의식 체계를 채택했다.

둘째, 될 수 있는 대로 많은 자료를 직접 인용하여 서술의 객관성을 높이려 했으며, 각 강의 끄트머리에 기존의 중요 연구 성과(참고 논저)와 함께 최근의 성과도 실어, 읽는 분들이 참고할 수 있도록 했다.

셋째, 각 강마다 대표적인 사진을 수록하여 역사의 현장을 생생하게 전달하려 했다. 비록 저작권 문제로 풍부한 사진을 담지는 못했지만 될 수 있으면 역사현장을 직접 보여주어 일반인들이 역사에 흥미를 가지고 쉽게 읽을 수 있도록 했다.

넷째, 각 강 뒤에는 토론해 볼 만한 문제를 〈함께 생각해 봅시다〉로 정리하여 그 시대의 문제를 깊이 이해하는 데 도움이 될 수 있도록 했다 우리 연구소는 이런 서술 원칙을 가지고 1년 넘게 연구 성과를 종합하고 정리했다. 각 강을 전공자들이 나누어 맡고 교열 책임자들이 전공 시대별로 책임지고 교열하는 방식으로 진행했다. 따라서 내용에서 결함이나 문제가 있다면 글쓴이를 포함하여 우리 연구소 연구원 모두가 함께하려 한다.

이 책은 근대 1강(홍순권 : 동아대 교수), 근대 2강(김순덕 : 한양대 연구교수, 김태웅 : 군산대 교수), 근대 3강(김순덕, 조철행 : 고려대 강사), 근대 4강(전명혁 : 한국외국어대

겸임교수), 근대 5강(김정화 : 성균관대 강사, 최규진 : 대진대 강사), 현대 1강(김정 : 서울대 강사), 현대 2강(연정은 : 성균관대 강사, 이임하 : 덕성여대 강사), 현대 3강(김득중 : 국사편찬위원회 연구원, 신용옥 : 역사학연구소 연구원, 유경순 : 동양공업전문대 강사, 윤대원 : 서울대 규장각 책임연구원,), 현대 4강(윤대원, 이광일 : 한국 정치연구회 연구위원), 현대 5강(김무용 : 덕성여대 강사), 특강(김정, 윤대원) 등으로 나누어 16명의 연구원이 집필과 개정 작업에 참여했다. 김순덕·윤대원·최규진은 이 책의 전체 윤문과 교열을 맡아 내용을 정확하게 하고 글을 쉽게 쓰는 데 수고를 아끼지 않았다. 또 송찬섭·이상찬은 전공 분야의 윤문 작업에, 김태웅·연정은은 시대를 잘 보여 주는 좋은 사진을 뽑는 작업에 참여하여 각 시대를 이해하는 데 도움을 주었다.

이 책은 역사학연구소 연구원들의 공동 작업으로 만들었지만 서해문집 출판사의 배려와 출판 노동자 여러분의 수고가 없었다면 나오기 힘들었을 것이다. 이 자리를 빌어 감사드린다.

끝으로 이 책을 읽게 될 독자 여러분의 아낌없는 질책을 바라며 우리 역사학연구소에 대해 깊은 관심과 격려를 부탁드린다. 책에서 발견되는 오류나 미진한 부분은 기회 있는 대로 고치고 보완할 것을 약속드린다.

2004년 3월
글쓴이 일동

제5강　일제 전시체제와 민족해방운동의 발전

제4강 한국 자본주의의 변화와 민중운동의 성장

글

대

近代

개항과 근대
개혁 운동의
태동

개항 전후 나라 안팎의 정세와 사회 변동

나라 안팎의 정세 변화

동아시아 정세와 위기감의 고조

16세기부터 남미와 아프리카 등지를 식민지로 개척한 서구 열강은 자기 나라 상품을 팔고 공업 생산에 필요한 천연자원을 더 많이 확보하려고 치열하게 경쟁했다. 19세기 중엽 독점자본으로 성장한 서구 제국주의 국가들은 마침내 동북아시아로 침략의 손길을 뻗치기 시작했다.

영국은 1819년 싱가포르를 식민지로 만든 뒤 말레이시아, 미얀마를 식민지화하고, 1856년에는 인도까지 식민지로 만드는 데 성공했다. 이보다 앞서 1840~1842년에는 아편전쟁을 벌여 청나라를 반半식민지로 만들었다. 전쟁에 진 청은 영국과 불평등조약을 맺어 홍콩을 넘겨주고 상하이上海 · 광저우 廣州 등 5개 항구를 개방했다. 뒤이어 1844년 미국, 프랑스도 청과 치외법권을 인정받고 최혜국 대우를 보장받는 불평등조약을 맺었다. 이어서 미국은

1854년에는 페리가 이끄는 함대를 앞세워 '함포외교'를 통해 일본과 불평등 조약을 체결했다. 제정 러시아도 청과 영·불 사이에 베이징조약을 맺도록 해 준다는 구실로 1857~1858년 헤이룽강과 연해주를 얻어냈다.

이 무렵 조선 해안에도 이양선이 자주 나타나 통상을 요구하기 시작했다. 흥선대원군 집권기에 이양선의 출몰이 더욱 잦아지고, 천주교가 교세를 확장하면서 위기감이 높아졌다. 이러한 위기의식에 조선 정부는 천주교를 탄압하고 쇄국정책을 내세웠다.

사회 변동과 봉건 모순의 심화

조선 후기 농업생산력의 발전은 봉건적 토지제도인 지주 전호제를 변화시켰다. '경영형 부농'이나 광작농민*과 같은 새로운 형태의 경작농민이 나타나면서 전통적인 양반=지주, 상민=전호의 등식이 허물어지기 시작했다. 농민층의 분화에 따라 '빈익빈 부익부' 현상이 심화되었다. 일부 지주층과 부농이 부를 늘리는 대신 많은 농민이 빈농으로 몰락하거나 농업 노동자가 되었다. 그마저도 아니면 유민이 되거나 도적으로 전락했다. 이러한 변화는 전통적 신분제의 기본 틀을 크게 흔들었다. 지주제의 변화와 함께 상품화폐 경제가 발달하면서 상업적 농업이 확대되었다. 광업에서도 민간이 경영하는 덕대제*가 생겨나 자본주의 경영의 싹을 틔웠다.

신분제의 변화에 따라 노비가 차츰 해방되고 평민이 양반이 되기도 하여 양반의 권위도 크게 떨어졌다. 이런 가운데 몰락한 양반

광작농민 조선 후기 농업생산력의 발전에 힘입어 지주는 아니지만 상업적 농업이나 광작 경영을 하는 농민을 가리킨다. 이들은 상업 작물을 재배하거나 농업 노동자를 고용하여 넓은 소작지를 경영하며 부를 늘려갔다. 이들의 출현으로 조선 후기 농업에서 자본주의 싹이 텄다는 점에서 역사적 의의가 있다.

덕대제 조선 후기에 개인이 광산을 개발할 수 있게 되면서 나타난 이른바 덕대德大라는 물주가 노동자를 고용하여 광산을 개발한 일종의 자본주의적 경영 방식.

층과 농민은 기존 질서에 불만을 갖기 시작했다.

순조가 즉위한 뒤 철종 대에 이르기까지 60년 남짓 계속된 세도정치는 농민을 더욱 몰락시켰다. 모든 권력을 움켜쥔 안동 김씨 등 세도 가문은 관직을 사고파는 일이 잦았다. 과거제도도 문란해졌다. 지배층이 부패하면서 농민층을 더욱 착취했다. 또 국가재정의 뿌리인 삼정(전정·군정·환정)의 운영 체계도 문란해져 관리와 이서(촌락의 하급 관리)의 중간 수탈이 잦아졌다. 그만큼 농민 부담이 커졌다.

양전量田을 공정하게 시행하지 않아 토지에 매겨지는 세금이 불균등해서 전정이 문란해졌다. 양반 등 군역을 지지 않는 계층이 늘어나 모자라는 군역 부담을 농민에게 떠넘겼다. 본디 가난한 농민을 구제할 목적으로 실시했던 환곡도 관청고리대로 바뀌어 농민들의 허리를 죄었다. 이 밖에도 농민들은 지방재정 가운데 하나였던 잡역세 수탈에 시달려야 했다. 모든 세금이 신분과 권력과 부에 따라 불공평하게 매겨져 농민 부담만 더욱 커졌다. 사회 한편에서 사회 개혁이 필요함을 제기했으나 세도 정권은 귀를 기울이지 않았다.

날로 늘어나는 수탈에 맞서 농민은 차츰 봉건 체제에 대한 항쟁에 나섰다. 1811~1812년 평안도 농민전쟁(홍경래의 난) 뒤 전국 곳곳에서 '민란民亂'이라고 불리는 농민 봉기가 이어졌다. 농민 항쟁은 1862년에 절정에 다다랐다(임술민란). 그해에만 70여 개가 넘는 군현에서 항쟁이 일어났다. 처음에 자연 발생적이고 산발적이던 농민 항쟁은 차츰 조직적인 투쟁으로 바뀌어 갔다. 투쟁 과정에서 농민의 정치의식과 계급적인 자각도 높아졌다.

애절양 다산 정약용이 강진에 유배 살던 1803년 군정이 문란해지면서 생겨난 황구첨정黃口簽丁, 백골징포白骨徵布의 실상을 그린 시다. 삼정 가운데 하나인 군정의 문란은 19세기 후반에도 계속되어 '민란'에서 '농민전쟁'으로 이어지는 주요 원인이었다.

애절양*

갈밭마을 젊은 여인 울음도 서러워라

현문懸門 향해 울부짖다 하늘 보고 호소하네

군인 남편 못 돌아옴은 있을 법도 한 일이나

예부터 남절양은 들어 보지 못했노라

시아버지 죽어서 이미 상복 입었고

갓난아인 배냇물도 안 말랐는데

3대의 이름이 군적에 실리다니

달려가서 억울함을 호소하려도

범 같은 문지기 버티어 있고

이정里正이 호통하여 단벌 소만 끌려갔네

남편 문득 칼을 갈아 방안으로 뛰어들자

붉은 피 자리에 낭자하구나

스스로 한탄하네 "아이 낳은 죄로구나"

잠실궁형이 또한 지나친 형벌이고

민 땅 자식 거세함도 가엾은 일이거든

자식 낳고 사는 건 하늘이 내린 이치

하늘 땅 어울려서 아들 되고 딸 되는 것

말, 돼지 거세함도 가엾다 이르는데

하물며 뒤를 잇는 사람에 있어서랴

부자들은 한평생 풍악이나 즐기면서

한 톨 쌀, 한 치 베도 바치는 일 없으니

다 같은 백성인데 이다지 불공평한고

객창에 거듭거듭 시구편을 읊노라

대원군 정권과 서구 열강의 침략

대원군의 등장과 내정 개혁

1862년 농민 항쟁이 일어난 이듬해 철종이 죽고 고종이 즉위하면서 대원군이 집권했다. 대원군은 봉건 지배 체제를 유지하려면 무엇보다도 왕권을 강화하고 세도정치를 몰아내야 한다고 생각했다. 그는 집권한 뒤 비변사備邊司를 폐지하고 의정부를 부활시켰으며,《대전회통大典會通》을 편찬하여 군사·법체계를 정비했다. 또 임진왜란 때 불타 버린 경복궁을 다시 세우고, 삼군부三軍府를 두어 국방력을 강화했다.

대원군은 농민을 침탈하던 지방 토호 세력과 서원의 폐단을 척결하는 정책을 추진했다. 임진왜란 때 조선을 도운 명의 신종과 의종을 추모하려고 세운 만동묘가 있던 청주(현 괴산군) 화양서원을 1864년에 없앴다. 그 뒤 1871년까지 전국에서 사액서원 47개소만 남기고 600개 남짓한 서원을 없앴다. 그리하여 안동 김씨의 지지 기반을 해체하고 토호 세력을 억제함으로써 중앙집권적 권력 기반을 더욱 다지려 했다.

또 호포법을 실시하여 종래 평민에게만 거두던 군포를 양반에게까지 부과했다. 이는 국가 세원과 재정을 늘리고, 농민 경제를 안정시키려는 뜻도 있었다. 그러나 서원 철폐에 이은 호포법 실시는 보수 유생의 반발을 사 대원군이 실각하는 빌미가 되었다.

상공업 분야에서도 상인의 매점 행위를 금지했으며, 의주와 동래를 통해 들어오는 청·일 상품에 관세를 강화하여 국내 산업을 보호하려 했다.

대원군의 내정 개혁은 세도 정권의 부패와 폐단을 척결하여 왕실의 권위를 회복하려는 데 주된 목적이 있었다. 폐허로 남아 있던 경복궁을 다시 지은 것은 그 때문이었다. 여기에 필요한 경비를 마련하려고 대원군은 백성에게 원납전을 강제로 거둬들이고 결두전結頭錢이라는 부가세를 새로 만들었으며, 서울 4대문을 드나드는 사람들에게 통행세를 거둬들였다. 또 당백전이라는 악화를 유통시켜 물가를 치솟게 하고 토목공사에 농민들을 동원했다. 이 때문에 대원군은 양반뿐만 아니라 농민에게도 원성을 사게 되었다. 대원군의 개혁 정치는 봉건사회 모순을 근본적으로 해결하는 것이 아니라 왕권을 강화하여 무너져 가는 봉건 체제를 다시 일으켜 세우려는 것이었다.

서구 열강의 통상 강요와 군사 침략

대원군 정권은 밖으로 강력한 쇄국정책을 펴서 외국 선박의 출현을 경계하고 통상을 금지했다. 강화도·교동·영종도 등 서해안 일대와 한강 하구 방어도 강화했다. 또 구미 열강과 국교를 맺은 일본과 통상을 단절했다. 일본의 침략에 대비하여 동래성 일대의 방비도 강화했다. 나아가 정부는 구미 열강의 통상 요구를 거부하고, 서학이 봉건 질서를 위협할 뿐만 아니라 적과 내통하는 침략의 앞잡이라며 탄압했다. 그러자 프랑스와 미국은 무력으로 조선을 침략했다.

조선 정부가 몰래 선교 활동을 하던 프랑스 선교사 3명을 처형하자 프랑스는 1846년과 1847년 두 차례 조선을 침략하려고 했다. 그러나 항해 도중 폭풍을 만나 실패했다. 1866년 1월에도 대원군이 베르누이 주교를 비롯한 프랑스 선교사 9명과 조선인 천주교도들을 처형했다. 이를 구실로 삼아 프랑스는 그해 8월 한강을 거슬러 양화진까지 올라와 연안 측량을 마치고, 9월에 서울의 관문인 강화도를 침략했다. 7척의 함대에 병력 1000명 남짓한 규모였다. 사실 프랑스는 1856년 동방 침략 정책 가운데 하나로 인도차이나 기지 사령관에게 조선을 식민지화하기 위한 정보 수집을 명령했다. 기지 사령관은 조선 탐사를 마친 뒤 "러시아가 조선을 점령하기 전에 먼저 선수를 치는 것이 좋겠다"라고 보고했다. 이처럼 천주교 탄압은 한낱 구실에 지나지 않았다.

강화도 광성진 싸움에서 전사한 조선 군사

프랑스 신부 리델과 조선인 천주교도를 길잡이로 앞세워 9월 18일 강화
도를 점령한 프랑스군 120여 명이 강화도 맞은편에 있는 통진에 상륙했다.
조선군과 의용군은 그들을 문수산성으로 끌어들인 뒤 맞서 싸웠다. 10월 1
일 600명 남짓한 조선군이 정족산성에서 프랑스군을 기습했고 닷새 뒤 마
침내 프랑스군을 몰아냈다. 이때 프랑스군은 강화도에 온통 불을 지르고 외
규장각에 보관하던 의궤와 같은 중요한 문화재를 비롯해 수많은 보물을 약
탈해 갔다(병인양요).

비슷한 시기에 미국도 조선을 넘보고 있었다. 1866년 7월 미국 상선 제너
럴셔먼호는 조선 영해를 침범했다. 그들은 무력으로 통상을 요구했으나 평
양 관민의 공격을 받아 대동강에서 불타 침몰했다. 미국은 이 사건을 침략의
구실로 삼았다.

제너럴셔먼호 사건 뒤 미국은 조선에 배상금을 요구하고 불평등한 통상

조약을 체결하라고 강요했다. 1867년 1월 말 조선 연안을 탐사한 슈펠트는 미국의 이익을 위해 조선을 침략해야 한다고 본국에 보고했다.

1868년 4월에는 미국인 자본주 젱킨스와 독일 상인 오페르트가 이끄는 무리가 프랑스 선교사 페론의 안내로 대원군의 아버지인 남연군의 무덤을 도굴하는 만행을 저질렀다. 조선 민중의 구미 열강에 대한 증오와 경계는 더욱 강화되었다.

미국은 1871년 4월, 프랑스 신부 리델을 길잡이로 삼아 5척의 군함과 1200명 남짓한 병력으로 조선을 침략했다. 인천 부근의 작약도와 호도 사이에 함대를 정박시킨 미군은 초지진을 공격하여 점령하고 덕진진에 이어 광성진을 침범했다. 그러나 어재연이 이끄는 조선군의 완강한 저항에 부딪혀 뜻을 이루지 못했다(신미양요).

대원군은 프랑스에 이어 미국의 군사 침략을 물리친 뒤 서울 종로 거리와 전국 곳곳에 "서양 오랑캐가 침입했는데 싸우지 않으면 화친하는 것이요, 화친을 주장하는 것은 나라를 팔아먹는 것이다"라는 글을 적은 척화비를 세웠다. 그러나 두 차례 제국주의 침략을 물리친 대원군과 지배층은 이 군사침략이 뜻하는 정세 변화의 의미를 객관적으로 인식하지 못하고 오히려 강고한 쇄국정책과 왕권 강화의 길을 택했다. 그 결과 조선은 일본에게 강제로 개항당했다.

개항과 사회경제 변화

민씨 정권의 등장

대원군은 양이攘夷를 명분으로 내세워 대외 위기를 극복했지만, 봉건 체제를 근본적으로 개혁하지는 못했다. 농민의 불만은 좀처럼 가라앉지 않았다.

'민란' 형태의 농민 봉기와 농민들의 불만을 이용한 '변란'이 자주 일어났다. '이필제의 난'은 '변란*'의 본보기였다.

지배층 안의 보수 유생도 대원군의 정책을 거세게 비판했다. 고종은 이를 계기로 직접 정치를 하려 했다. 1873

년 대원군은 정치에서 물러났고 민왕후를 중심으로 한 민씨 척족이 권력을 잡게 되었다. 민왕후는 양오라버니인 민승호를 병조판서에 앉힌 데 이어 여흥 민씨 일족을 정부 요직에 앉혔다. 이들은 대원군에게 불만을 품고 있던 이최응(대원군의 친형)과 조영하 등 반대 세력을 모아 확고한 정치 세력을 형성했다.

민씨 정권은 대원군이 실시한 거의 모든 정책을 바꿨다. 만동묘와 서원을 복구하여 대원군에게 반감을 가졌던 봉건 유생들을 포섭했다. 또 민심을 얻고자 조세와 갖가지 부과금을 내리고 토목공사를 중지했으며 악화인 백동전과 청전淸錢을 사용하지 못하도록 했다. 그러나 이러한 조치는 미봉책에 그치고 말았다. 더구나 대비책을 세우지 않고 백동화와 청전을 사용하지 못하게 한 조치는 정부재정을 비우는 결과를 낳아 재정 정책의 혼란만 가져왔다. 세도정치 가운데 가장 큰 폐단인 매관매직이 다시 성행하면서 정치 기강도 무너졌다. 부패한 관리들이 민중을 더욱 탐학했으며, 조금 나아졌던 국가재정도 차츰 줄어들었다.

민씨 정권은 개화 정책을 추진하면서도 자신들의 권력을 안정시키려고 청과는 종속 관계를 유지했다. 일본에게도 유화정책을 폈으나, 문호 개방에 필요한 준비가 모자랐던 탓으로 자주적인 정책을 펴지는 못했다. 이러한 민씨 정권의 대외 정책은 개항 뒤 개화 정책을 펼쳐 나가는 데 많은 문제점을 드러냈다.

강화도조약 체결과 개항정국

1868년 일본은 '존왕양이'를 내걸어 막부 체제를 무너뜨리고 메이지유신明治維新을 단행하여 천황제 국가를 세웠다. 아울러 '화혼양재和魂洋才(일본의 정신과 서양의 기술)'라는 구호 아래 서구 문물을 재빨리 받아들여 식산흥업과 부국강병정책을 폈다.

그 뒤 일본은 구미 열강이 조선에 관심을 돌리지 않는 틈을 타 조선에 접근하기 시작했다. 1868년 11월 일본은 왕정이 복고되었음을 조선 정부에 알리면서 새롭게 수교할 것을 요구했다. 그러나 양이정책을 폈던 조선 정부는 '왜양일체倭洋一體'를 내세우며 이를 거절했다.

일본은 1874년 4월 대만을 잠시 점령하면서 얻은 자신감을 바탕으로 1875년 조선을 강제로 개방시키려는 계획을 짰다. 일본은 그해 5월 부산항에 군함을 동원하여 무력시위를 벌이고 8월에는 '운요호 사건'을 일으켜 강화도를 침략했다. 일본은 이 사건을 구실로 1876년 2월 27일 조일수호조규를 강요했고, 민씨 정권은 이에 굴복했다.

조일수호조규는 조선이 외국과 처음으로 맺은 근대 조약이었다. '강화도조약'으로 부르는 이 조약은 치외법권인 영사재판권, 조계 설정, 무관세 무역, 일본 화폐의 유통 허용 등 일본의 일방적인 특권을 허용했다. 이 조약으로 조선은 부산을 비롯하여 인천과 원산을 차례로 개방하게 되었다. 이제 조선은 세계 자본주의 체제에 편입되고, 우리 역사는 시대사적인 전환점을 맞이하게 되었다.

이어 조선은 1882년 5월에 미국과 조미수호통상조약을 맺었다. 조선은 낮은 세율의 관세나마 관세권을 처음으로 인정받았지만, 미국에게 '최혜국 조관'을 인정했다. 그해 9월에는 청의 강요에 못 이겨 굴욕적으로 '조청상민수륙무역장정'을 체결했다. 이 장정은 조선이 청의 속국임을 분명히 했을 뿐만 아니라 치외법권 확대, 서울 양화진 개시開市와 내지통상권 허용, 연안 무역권 허용, 홍삼 수출에 고율관세 30% 부과 등 조항 하나하나가 불평등했다. 그 뒤 조선 정부는 1886년까지 영국·프랑스·독일·러시아 등 구미 열강과도 비슷한 '통상조약'을 체결했다.

민씨 정권은 개항과 개방을 하고서도 그에 따른 적절한 대응책을 마련하지 못했다. 청과 일본은 구미 열강의 침탈로 입은 손실을 조선에서 메우려고 침략의 손길을 뻗쳤다. 조선 정부는 더욱 어려운 상황으로 내몰렸다.

개항 뒤 민씨 정권의 부패와 외세 침략에 반대하는 보수 양반 유생의 저항이 높아졌다. 1882년 6월에는 서울 한복판에서 하급 군인들이 앞장서서 폭동을 일으켰다(임오군란[*]). 도시 하층민이 동조함으로써 군인 봉기는 한때 민씨 정권을 내쫓았다. 그러나 민왕후는 청의 출병을 요청하여 무력으로 군인 봉기를 진압했다.

개항 직후 수출입 상황 (단위 : 달러, ■ 청 ■ 일)

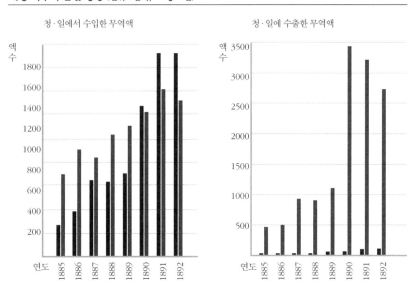

출처 : 《사진과 그림으로 보는 한국의 역사》3, 48쪽

청은 군인 봉기를 진압한 뒤 위안스카이袁世凱를 파견하여 '종주국'임을 내세워 조선을 식민지로 만들려고 했다. 이러한 청의 움직임에 일본이 제동을 걸었다. 조선 문제를 둘러싼 청·일 사이의 대립은 청일전쟁 때까지 동아시아 국제질서의 기본 축을 이루었다.

임오군란 1882년 7월 신혜청 창고 도봉소에서 무위영 소속 옛 훈련도감 군인에게 부당한 급료를 지불한 사건을 계기로 일어난 군인과 도시 하층민의 봉기. 정부의 부당한 조치에 맞서 궐기한 사람들은 김춘영 등 현역 군인이었으며, 4대문 밖의 이태원·왕십리 등지에 살고 있던 하급 군인·영세 수공업자·소상인·노동자·사환·부랑자 등의 도시 하층민이 동조했다. 하급 군인은 다른 하층민과 마찬가지로 교외 지역에 살면서 부업으로 수공업과 상업 활동을 하고 있었다.

서양 문물의 유입과 미면 교환 체제

개항 뒤 무역을 통해 서양 문물이 쏟아져 들어오면서 조선의 사회와 경제는 크게 바뀌었다. 가장 먼저 들어온 전신은 서울·인천·의주·부산 등 여러 곳을 연락하는 데 이용되었다. 또 석유와 성냥이 들어와 부싯돌을 대신했다. 도시 곳곳에는 외국 선교사들이 세운 서양식 병원과 학교가 들어섰다. 불평등조약을 바탕으로 들어온 외래 자본은 무역을 위주로 하면서 국내 상업·은행·고리대 등 유통 분야를 차츰 거머쥐었다. 개항 초기 개항장을 중심으로 활동하던 일본과 청 상인은, 1883년 내륙 통상이 허용되자 1890년 무렵부터는 자금과 상품을 가지고 들어와 내륙으로 손을 뻗쳤다. 이들은 생산지나 포구의 객주와 직접 거래하거나 객주를 포섭하여 농촌 소상인까지 장악해 나갔다.

불평등조약에 기초한 식민지 무역의 관행이 생기면서 외국 상인이 국내 유통기구를 잠식해 갔다. 주요 무역 상대국인 일본과 청은 주도권을 거머쥐려고 치열하게 다투었다. 이 무렵 무역에서 문제가 된 것은 쌀 유출과 외국산 면포의 유입이었다.

개항 뒤 일본에 수출한 곡물 (단위 : 엔)

연도	총수출액	쌀(%)	콩(%)
1877	58,759	1,959(3.3)	4,155(7.1)
1878	181,469	50,600(27.9)	25,323(14.0)
1879	612,174	358,812(58.6)	99,123(16.2)
1880	1,256,225	729,706(58.1)	119,307(9.5)
1881	2,230,296	381,283(17.1)	196,695(8.8)
1882	1,768,619	21,011(1.2)	311,325(17.6)
1883	1,656,078	45,625(2.8)	293,955(17.8)
1884	884,060	196(0.0)	100,705(11.4)
1885	388,023	15,691(4.0)	28,884(7.4)
1886	504,225	12,193(2.4)	51,733(10.3)
1887	804,996	90,071(11.2)	335,415(41.7)
1888	867,058	21,810(2.5)	471,541(54.4)
1889	1,233,841	77,578(6.3)	645,429(52.3)
1890	3,550,478	2,037,868(57.4)	1,005,156(28.3)
1891	3,366,344	1,820,319(54.1)	913,939(32.7)
1892	2,443,739	998,519(40.9)	797,884(32.7)
1893	1,698,116	367,165(21.6)	628,324(37.0)
1894	2,311,215	979,292(42.4)	506,888(21.9)

출처 : 카지무라 히데키梶村秀樹, 《조선에서의 자본주의의 형성과 전개》, 류케이 서점龍溪書舍, 1977

　이제 막 자본주의의 문턱에 들어선 일본과 아직 산업자본을 확립하지 못한 청은, 영국제 면제품을 조선에 들여와 비싸게 팔고 곡물과 금을 헐값으로 사가는 중계무역으로 큰 이익을 남겼다. 1877년에서 1882년 사이 수입 총액 가운데 면제품이 80%를 차지했고, 1893년 무렵에는 조선인 전체 수요 가운데 25%를 차지할 만큼 늘어났다. 국내의 면포 수공업자뿐만 아니라 가내 부업으로 면포를 생산하던 농민은 차츰 몰락했다.

　수출품은 주로 쌀·콩 등 곡물과 금·소가죽이었다. 수출품 가운데 70% 안팎에 이르는 곡물은 거의 모두 일본으로 빠져나갔다. 산업화 단계에 들어선 일본은 자국 노동자의 저임금을 유지하려고 값싼 조선 쌀을 대량으로 수입했다. 쌀 수출은 농산물의 상품화를 촉진시켰으나 국내 쌀값이 크게 오르고 지주 경영이 강화되어 민중의 생활은 도리어 어려워졌다. 1883년부터 1894년 사이 쌀값은 경인 지방에서 7배, 그 밖의 지방에서 2~3배로 뛰어올랐다.

쌀 수출로 생긴 이익은 지주와 부농, 그리고 대상인에게 돌아갔다. 정부와 지방 관리는 개항 뒤 1894년까지 90여 차례에 걸쳐 방곡령을 내려서 곡물 유출을 막고 쌀값을 안정시키려고 했으나, 일본의 항의와 방해로 번번이 실패했다.

개항 뒤 우리나라 무역 체제는 생필품인 쌀과 사치품인 면제품을 교환하는 부등가교환 형태의 '미면 교환 체제'로 바뀌었다. 일본으로 쌀이 유출되면 될수록 국내 쌀값은 치솟고, 민중은 물가고와 식량 부족에 허덕였다. 지주는 쌀을 일본으로 수출하며 챙긴 이익으로 다시 땅을 늘려 지주 경영을 확대했다. 그러나 농민은 더 궁핍해져 땅을 잃거나 소작농의 처지로 떨어졌다.

외국산 면제품 유입도 농촌 경제에 큰 타격을 주었다. 값싼 외국산 면직물이 밀려 들어오자 가내부업으로 면포를 짜서 팔던 소규모 수공업자가 타격을 받고, 원료인 면화를 재배하는 농민도 피해를 입었다. 농민은 더욱 외세를 경계하게 되었고, 개항장을 비롯한 전국 곳곳에서 일본 상인의 상권 침탈과 불법 행위를 규탄하는 상인의 외침이 이어졌다.

개화파의
부르주아
개혁 운동

개화사상과 개화파 형성

개화사상의 형성

19세기 후반 박규수·오경석·유홍기 등은 실학의 한 흐름인 북학파 사상에 서양 근대사상을 접목하여 개화사상의 기본 뼈대를 세웠다. 연암 박지원의 손자인 박규수는 자신이 체득한 실학의 학풍에다 중국 견문을 덧붙여 개화 사상을 형성했다. 중인 출신의 통역관 오경석도 1850년대부터 사신을 따라 중국을 드나들면서 서구 문물에 대한 견문을 넓히고, 구미 열강의 침략 앞에 허물어지는 중국 현실을 목격했다. 시대에 뒤떨어진 조선 사회를 비판의 눈으로 바라보던 오경석은, 절친한 친구인 유홍기와 함께 이 문제를 논의하며 언젠가는 일대 혁신을 일으켜야 한다고 생각했다.

오경석과 유홍기는 중인 신분이었기 때문에 현실 정치에 자신의 사상을 반영시키기 어려웠다. 박규수도 자주적인 문호 개방을 내세웠으나 봉건 관료의 반발에 부딪혀 우의정이 된 지 1년도 못 되어 자리에서 물러났다. 이들은 진취적인 양반 자제를 개화 세력으로 만들려고 했다. 세도가 출신의 청년 김옥균·박영효·박영교·홍영식·서광범·김윤식 등을 모아 새로운 사상을 가르쳤다. 중국에서 터득한 견문뿐만 아니라, 북학파의 실학사상을 담은 연암문집을 비롯한《해국도지》·《이언》·《격물입문》등 서구 문물을 소개한 책이 가르침의 바탕이 되었다.

이들 청년 지식인은 실학사상의 긍정적 요소와 세계정세의 흐름, 자본주의 제도에 대한 새로운 지식을 배워서 조선을 개혁해야 한다고 믿었다. 이들은 1870년대 김옥균을 중심으로 '충의계忠義契'라는 정치 결사를 조직하고 세력을 넓혀 나갔다.

이들이 내세운 개화사상은 서세동점西勢東漸이라는 위기에 맞서 부국강병과 문명개화를 사회 개혁의 기본 방향으로 설정한 신진 지식인의 부르주아적 계몽사상이었다. 이들은 북학파의 중상주의 사상을 적극 받아들였지만 정약용 등이 주장한 토지개혁 문제에는 관심을 두지 않았다. 날로 늘어나는 농민 항쟁의 원인이 봉건적 토지제도에 있음을 깨닫지 못한 탓이다. 조선 사회가 지닌 내부 모순이 사회 위기의 근원임을 인식하지도 못했다.

개화파의 등장과 초기 개화운동

개화사상을 현실 정치에서 실현하고자 했던 정치 세력이 바로 개화파다. 1870년대 개화파는 민씨 정권의 개화 정책에 참여하면서 정치 세력으로 성장해 갔다. 박영효·김옥균 등은 수신사로 일본을 시찰하는 등 1880년부터 정부가 추진한 대외 정책에 적극 참여했다. 또 양반 자제뿐만 아니라 여러 계층의 청년을 일본의 군사사관학교와 게이오의숙慶應義塾 등에 유학시켜 근대적인 군사학과 학문, 사상을 배우게 했다. 그 밖에도 외국 서적을 소개하거나《한성순보》간행 같은 계몽 활동을 하면서 기회가 있을 때마다 고종에게 근대화가 필요하다고 강조했다. 이러한 개화파의 활동에 힘입어 근대적 성격을 띤 상회와 회사, 신문이 만들어졌다.

회사설

요즈음 서양 제국에서는 모두 회사를 설립하여 상인들을 부르고 있는데, 실로 부강의 기초라고 하겠다. … 그러나 동방의 상인들은 지금까지 4천여 년을 지내 오는 동안, 단지 한 사람 단독으로 무역하고 바꿀 줄만 알았지, 여러 사람이 모여 함께 경영할 줄은 몰랐기 때문에 상업이 성하지 못하고, 나라 형세가 떨치지 못한 지가 오래되었다. 서양은 그렇지 않아서 한 사람 혼자 힘으로 무역할 수 없으면 반드시 열 명이 함께하고, 열 명의 힘으로도 되지 않으면 반드시 백명, 천 명이 함께한다. 그래서 크고 작은 일이 성사되지 않음이 없어, 한 집안이 넉넉해지고 나라가 부강하여, 다만 한 고장에서 안녕을 누릴 뿐 아니라 반드시 온 천하에서 우뚝하고자 한다. 이로 본다면 상사商社의 사업 역시 시일을 다투는 급무이므로 서양 사람들의 성법成法을 동지들(에)게 알린다. _《한성순보》제3호, 1883.11.20.

1882년 임오군란 뒤 민씨 정권은 청에 더욱 의지하고 그동안 시행한 개화 정책을 후퇴시켰다. 개화파가 추진한 평화적 개혁 운동은 벽에 부딪히기 시작했다. 개화파는 민씨 정권에 대한 인식, 외교정책과 개화 방법을 둘러싸고 두 계열로 나뉘었다. 김홍집·어윤중·김윤식 등은 청의 양무운동을 본받아 청과 사대 외교를 계속 유지하면서, 유교 사상을 기반으로 서양의 근대 과학·기술 문명만을 받아들이고자 했다(동도서기론). 이들은 민씨 일파와 타협하여 점진적으로 부국강병의 여러 개혁 정책을 실시하려 했다.

김옥균·서광범·박영효 등은 일본의 메이지유신을 조선 근대화의 모델로 삼고 서양의 과학·기술 문명뿐만 아니라 근대사상과 제도까지 적극 받아들여야 한다고 주장했다. 무엇보다 청과의 사대 관계를 끝내고 근대적 외교관계를 수립하는 것을 정책 목표로 삼았다. 또 민씨 일파의 부패와 무능에 불만을 품고 나라가 부강하고 문명개화하려면 하루빨리 개혁해야 한다고 생각했다. 민씨 정권은 타협이 아닌 타도의 대상이었다.

민씨 정권도 처음에는 청의 근대화 정책을 본떠 겉으로나마 개화 정책을 실시했다. 그러나 체제를 유지하려는 최소한의 수준에 그쳤다. 개화파는 아직 정치권 안에서 세력이 우세하지 못했기 때문에 한동안 민씨 정권의 개화 정책을 지원하면서 체제 안의 개혁 운동에 힘을 쏟았다. 김옥균 등으로 구성된 충의계는 고종을 개명시키려고 힘쓰는 한편, 승려 이동인을 비롯한 각계 각층의 인사와 일부 궁인, 상인까지 끌어들여 세력 기반을 넓혀 갔다.

갑신정변

'3일 천하'

민씨 정권이 요청하여 조선에 출병한 청이 1882년 군인봉기를 진압하고 내정을 간섭하면서 개화파의 노력은 벽에 부딪쳤다. 민씨 정권은 '친청 수구'의 태도를 보였다. 그동안 추진해 온 개화 정책을 크게 후퇴시키고, 개화파의 주요 인물을 지방 또는 해외로 보내는 등 개화파가 설 땅을 잃게 했다.

이런 가운데 민씨 정권과 개화파는 바닥난 국가재정을 해결하는 방법을 둘러싸고 날카롭게 맞섰다. 친청파를 대변한 독일인 재정고문 묄렌도르프 등은 악화 발행을 주장했고 김옥균 등은 외채를 끌어와 국가재정을 해결하자고 했다. 이는 단순한 재정 문제를 해결하는 데 그치는 것이 아니라 정책 결정의 주도권을 다투는 중대한 문제였다.

차관을 교섭하려고 일본에 건너갔던 김옥균이 1884년 3월 빈손으로 돌아오면서 개화파는 더욱 곤경에 빠졌다. 평화적으로 개혁하려던 개화파는 난 국을 벗어나려고 새로운 방법을 찾아 나섰다.

1884년 봄, 안남(베트남 중부) 문제를 두고 청과 프랑스가 서로 맞섰다. 그 해 7월 일어난 청불전쟁에 앞서 청은 조선에 주둔하고 있던 3000명의 청군 가운데 절반을 철수시켰다. 개화파는 그 틈을 타서 민씨 정권을 무너뜨리려 했다.

그해 9월 17일 김옥균을 비롯한 개화파는 박영효 집에 모여 정변을 일으켜 민씨 정권을 몰아내고 권력을 장악하기로 결의했다. 개화파는 홍영식이 총판 으로 있던 우정국 개설일을 거사날로 정하고, 일본 사관학교의 유학생과 개 화사상을 지지하던 조선 군인을 동원하기로 하는 등 준비를 서둘렀다.

개화파는 거사에 성공한 뒤 일본을 이용하여 청군의 반격을 저지하고, 개 혁 정책을 실현하는 데 필요한 재정 문제를 해결하려고 했다. 일본은 조선 진출에 걸림돌이던 청과 민씨 정권을 내몰고 조선에서 우위를 차지할 속셈으로 일본군 동원과 차관을 약속했다.

10월 17일 오후 6시 무렵, 마침내 개화파는 우정국 개설 피로연에서 민씨 정권을 제거하는 '일대 정변'을 일으켰다. 개화파는 민태호 · 민영목 · 조영하

갑신정변 때 이동로

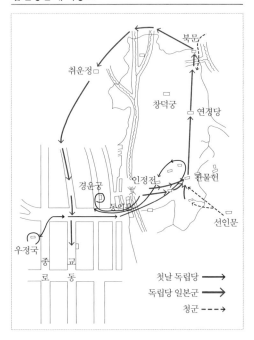

갑신정변이 일어난 우정국의 오늘날 모습

등 수구파 세력을 처단하고 창덕궁에 있던 고종을 경우궁으로 옮겼다. 이로써 개화파는 단숨에 권력을 잡았다.

새 정부 구성과 정령

정변에 성공한 개화파는 이튿날 18일 새 정부를 구성했다. 새 정부는 민씨 세력에서 소외되었던 이재원(국왕의 사촌형)을 영의정에, 홍영식을 좌의정에 임명하여 겉으로는 민씨 정권에 반대하는 왕실과 개화파의 연합 정부 성격을 띠었다. 그러나 군사·외교·경찰의 중심에는 박영효·서광범·서재필을 배치했다. 재정을 관장하는 호조참판에 김옥균을 임명했다. 새 정부의 실권은 개화파가 잡았다. 19일 개화파는 새 정부의 개혁 내용을 담은 새 정령을 발표했다.

1. 대원군을 조속히 귀국시키고 청국에 대한 조공 허례를 폐지한다.
2. 문벌을 폐지하고 인민 평등권을 제정하고 재능으로 인재를 등용한다.

3. 전국의 시조법을 개혁하고 간악한 관리를 근절하고 빈민을 구제하며 국가 재정을 충실히 한다.

4. 내시부를 폐지하되 그 가운데 재능 있는 자는 등용한다.

5. 그동안 나라를 멍들게 한 탐관오리 가운데 특히 심한 자는 처벌한다.

6. 각 도의 환자곡還上穀은 영구히 면제한다.

7. 규장각을 폐지한다.

8. 조속히 순사를 두어 도적을 막게 한다.

9. 혜상공국惠商公局을 폐지한다.

10. 그동안 유배나 금고의 형을 받은 죄인은 다시 조사하여 석방한다.

11. 4영을 합하여 1영으로 하고 영 가운데서 장정을 뽑아 근위대를 조속히 설치한다.

12. 모든 국가 재정은 호조에서 관할하고 그 밖의 재정 관청은 폐지한다.

13. 대신과 참찬은 날짜를 정하여 합문閤門 안의 의정소에서 회의하고 정령을 의정·공포한다.

14. 의정부, 육조 외에 불필요한 관청을 폐지하되 대신과 참찬이 이를 심의하여 처리하도록 한다.

개혁안의 뼈대는 청에 대한 사대 외교 폐지, 인민 평등권과 능력에 따른 인재 등용, 지조법 개정, 국가재정의 호조 일원화, 내각회의를 통한 군주권 제한, 내각 권한 확대 등이었다. 이 정령에는 개화파가 부르주아적 개혁을 위해서 발전시켜 온 개화사상과 개혁 활동을 모두 반영했다.

그러나 새 정령을 발표한 19일 오후 청군이 개화파를 공격했다. 적극 지원하기로 약속했던 일본군은 철수해 버렸다. 홍영식·박영교와 7명의 사관 학생이 청군에게 살해되었고, 김옥균·박영효·서광범·서재필 등 9명이 일본으로 망명했다. 이로써 정변은 '3일 천하'로 막을 내렸다.

갑신정변은 철저한 부르주아 혁명은 아니었다. 그렇지만 갑신정변은 중앙권력 안에서 성장한 개화파 관리가 주체가 되어, 조선 사회를 봉건 체제에서 근대 자본주의 체제로 발전시키려 한 최초의 시도였다.

갑신정변은 개화파가 일본을 지나치게 믿으면서도 민중을 지지 기반으로 끌어들이지 못한 데다, 그들을 적극 지지할 만한 근대적 시민층이 충분히 성장하지 못했기 때문에 실패했다. 더구나 개화파는 봉건적 토지 소유 문제를 근본에서 해결하기보다는 조세제도를 개혁하려는 차원에 머물렀다. 지주 입장에 섰던 개화파의 계급적 한계였다. 또 외세의 침략성을 제대로 알지 못했다. 그 결과 정권 탈취와 개혁에 일본을 이용하려던 자신들의 주관적 뜻과는 달리 거꾸로 일본에 이용당하고 말았다.

갑오개혁

갑오정권의 성립

갑신정변은 실패했으나 민씨 정권은 개화 정책을 계속 추진했다. 동도서기 사상을 가진 개화파와 신진 관료가 개화 정책의 실무를 맡았다. 민씨 정권은 전환국·기기창 같은 기관을 세워 근대적 산업 기술을 도입하는 한편, 농무목축시험장을 설치하여 농업기술을 개발하고, 육영공원을 세워 양반 자제에게 근대적 문물을 가르쳤다. 그러나 이러한 개화 정책으로는 봉건 수탈에 시달리는 농민의 고통을 해결할 수 없었다.

사회 변혁의 움직임은 마침내 농민전쟁으로 터져 나왔다. 민씨 정권은 중앙 경군까지 파견했으나 농민군을 진압하지 못하고 1894년 4월 청에 파병을 요청했다. 일본도 톈진조약을 내세워 5월 6일 군대를 파병했다. 민씨 정권은 이틀 뒤인 8일 정부와 농민군의 화약(전주화약)을 내세워 청·일 군대가 물러갈 것을 요구했다. 그러나 침략의 기회를 엿보던 일본은 철병을 거부하며 오히려 내정을 개혁하라고 간섭했다.

정부는 일본에게 군사개입의 구실을 주지 않으려고 6월 11일 교정청을 설치하고, 농민군의 요구를 일부 받아들여 개혁안을 마련했다.

그러나 청과 종속 관계를 폐기하고 청군의 철병을 요구하던 일본은 결국 21일 새벽 일본군 2개 대대로 경복궁을 점령했다. 이때 민씨 정권이 무너지면서 친일 갑오정권이 들어섰다.

갑오정권에는 갑신정변에는 가담하지 않았으나 1880년대 개화 정책에 깊이 참여했던 온건 개화파 김홍집·김윤식·어윤중 등을 비롯하여, 개화 정책을 통해 성장한 젊은 관료 출신인 김가진·유길준·조희연·안경수 등이 참여했다. 이들은 양반·지주 출신으로서 농민이 체제 변혁에 나서는 것을 미리 막기 위해서라도 개혁이 필요하다고 생각했다. 그들은 일본군의 도움으로 권력을 얻었기에 그들이 추진한 개혁은 출발부터 한계가 많았다.

개혁의 내용과 의미

갑오정권에 참여한 개화파는 이전부터 추진하려던 개혁안을 중심으로 농민군의 폐정개혁안을 일부 받아들여 개혁 정책을 시행했다. 제1차 김홍집 내각이 출범한 1894년 6월부터 1896년 2월 아관파천으로 정권이 무너질 때까지 내각이 6차례나 바뀌었다. 1차 개혁 시기(1894.6~11)에 정부는 정치·경제·교육 등 사회 전반에 걸쳐 3개월 동안 무려 210건 남짓한 법안을 처리했다. 이때 개혁을 맡은 기구는 군국기무처였다. 일본이 청과 전쟁을 막 시작하고 있었기 때문에 2차 개혁에 견주어 어느 정도 자주성은 있었다.

1차 개혁에서는 그때까지 구별되지 않던 국정과 왕실 기구를 의정부와 궁내부로 나눴다. 의정부는 서양 제도를 참작하여 6조의 명칭을 내무·탁지·군무 등 8아문으로 바꿨다. 이는 갑신정변 때부터 개화파가 군주의 권한을 약화시키고 내각 권한을 강화할 목적으로 추구해 온 입헌군주제를 지향한 제도 개혁이었다. 사회 개혁 가운데 하나로 과거제를 폐지하고 인물 본위의 새로운 관리임용법을 마련했다. 노비제와 신분제를 법으로 타파했다. 과부 재가 금지나 연좌법 같은 폐습도 폐지했다.

경제개혁도 단행했다. 왕실과 국가재정을 탁지부로 일원화하고, 은본위의 화폐제도를 실시하며, 외국화폐도 쓸 수 있게 했다. 이는 일본 화폐가 국내에 유통될 수 있는 길을 열어 일본이 조선의 금융권·상권을 지배하는 발판이 되었다. 일부 시행하던 지세의 금납화도 전면 실시했다.

갑오정권의 1차 개혁안은 갑신정변의 정령이나 농민군의 폐정개혁안을 상당히 받아들인 개혁안이었다. 그러나 여전히 봉건적 토지제도를 뜯어고칠 방안을 마련하지 않아 개혁의 기본 방향은 농민보다는 지주의 이익을 옹호하는 데 머물렀다.

군국기무처가 주관한 1차 개혁은 곧이어 청일전쟁에서 승기를 잡은 일본이 내정을 간섭하면서 변질되어 갔다. 일본은 1894년 12월 이용 가치가 없어진 대원군 계열을 제거하는 대신 갑신정변 때 일본에 망명한 박영효를 불러들이고, 각 부서에 일본인을 고문관으로 앉혔다. 또 일본 공사 이노우에 가오루井上馨는 고종에게 '홍범 14조'를 발표하게 하여 청의 간섭과 왕실의 정치개입을 철저히 배제했다. 이때부터 1895년까지 실시한 2차 개혁을 흔히 '을미개혁'이라고도 한다.

홍범 14조는 청과의 절연, 국왕의 친정과 이에 따른 법령 준수, 왕비와 종친의 정치 간여 배제 등에 중점을 두었다. 이때 조선 국왕이 처음으로 자주독립을 안팎에 선언했다. 이는 청의 간섭을 완전히 차단하여 조선 침략을 강화하려던 일본의 의도이기도 했다. 이때 의결된 개혁안은 모두 214건에 이르렀는데 대부분 일본인 고문이 입안했다. 2차 개혁에서는 군국기무처를 없애고 일본식 궁내부제도와 내각제도를 받아들였으며, 지방·군사·사법·교육제도, 각급 정부기관의 정비에 힘을 쏟았다. 그러나 이 개혁안은 차관 도입이 무산되면서 대부분 탁상공론에 그치고 말았다.

일본군의 왕궁 점령에 힘입어 만들어진 갑오정권은 개혁의 열매도 맺지 못한 채 내정 간섭이 심해지면서 일본에 예속되었다. 또 갑오정권 말기인 제3차 김홍집 내각은 민왕후 시해 사건의 진상을 숨기기에 바빠 일본의 범죄 행위에 가담하는 등 민족 자존심마저 저버렸다.

온 나라가 반일 의병 봉기로 들끓는 가운데 1896년 2월 고종이 러시아공사관으로 피신했다. 이완용 등이 친러내각을 세우자 갑오정권은 무너졌다. 김홍집은 역적으로 몰려 살해되었고, 장안의 민중은 김홍집의 시체 위에 기왓장과 자갈을 다투어 내던지며 친일 세력에게 적개심을 거침없이 드러냈다. 어윤중도 도망가다 용인에서 목숨을 잃었다. 유길준·조희연 등은 일본으로 도망쳤다.

갑오개혁은 조선이 봉건사회를 벗어나 근대 사회로 나아가는 데 필요한 겉모습은 갖추고 있었다. 그러나 개화파는 개혁을 뒷받침할 민중의 역할은 고려하지 않았고, 일본의 침략 의도도 제대로 파악하지 못했다. 갑오개혁을 추진하는 과정에서 개화파는 농민군이 주장한 개혁안을 일부 받아들이면서도 농민전쟁을 근대문명에 대한 도전으로 여기고, 일본군과 협력하여 농민군을 철저히 진압했다. 갑오개혁은 근대 사회로 나아가려 한 부르주아 개혁이었으나 자주성을 잃고 민중의 지지를 얻지 못했다. 그러다 끝내 유생을 비롯한 지방 세력의 저항에 부딪혀 꺾이고 말았다.

1894년
농민전쟁

1894년 이전 반봉건 농민 항쟁

삼정 문란과 농민에 대한 봉건 수탈은 개항 뒤 불평등 무역구조가 확대되면서 더욱 깊어졌다. 쌀값이 크게 뛰고, 수공업이 움츠러들어 빈농은 물론 영세 수공업자와 영세 상인 등 일반 민중의 삶은 날로 어려워졌다. 그러나 지주와 부농과 대상인은 더욱 부를 쌓아 토지를 늘리고 경제적 지위를 높여 갔다. 민씨 일족은 더욱 부패하고 정치 기강은 크게 흔들려 지방 관리와 이서배의 탐학이 기승을 부렸다. 여기에 1888년과 1889년 남부 지방을 휩쓴 대가뭄과 서북 지방을 강타한 대홍수는 농민 봉기를 더욱 부채질했다.

개항 뒤에도 계속된 농민 항쟁은 1894년에 가까워지면서 더욱 자주 일어났다. 봉기 주도층도 부농에서 소농·빈농층으로 옮겨갔다. 발생 지역도 함경도에서 관서·삼남 지방으로 확대되었다. 그러나 대부분 봉기 지역은 군현 단위를 크게 벗어나지 못했다. 봉기도 일회성에 그쳤다. 전국 어디서나

균전 전라북도 전주·김제·금구·태인·임피·부안·옥구 7개 읍에는 '균전'이라 하여 왕실에서 자금을 대어 개간한 땅이 있었다. 본디 황폐한 전답인 진전을 개간하는 것이 원칙이었으나, 일반 농민의 멀쩡한 땅도 균전으로 강제 편입하기도 했다. 이 때문에 가을걷이 때 왕실이 거둬들이는 몫을 놓고 분쟁이 자주 일어났다. 균전사의 착취와 농간도 적지 않았다.

봉건 수탈이 있었지만, 여기에 맞서 공동 투쟁을 벌일 만한 전국 조직체를 마련하지 못했기 때문이다.

봉건 착취는 삼남 지방 가운데서도 호남 지방에서 가장 심했다. 이곳에는 삼정 문란에 따른 봉건 수탈 말고도, 균전均田*을 둘러싼 문제가 오랫동안 끊이지 않았다. 균전은 1891년 말 왕실이 자연재해로 생긴 황무지나 농사를 짓지 않아 버려진 땅(진전陳田)에 자금을 대어 개간한 뒤 붙인 이름이다.

정부에서 파견한 균전사 김창석은 농민에게 몇 년 동안 세금을 받지 않겠다는 약속을 어기고 진전 개간에 참여한 농민에게 강제로 세금을 거두었다. 또 농사를 포기하여 진전이 된 땅에도 세금을 물리는가 하면 중앙에는 면세지로 보고하고 그것을 자기 땅으로 만들었다. 이러한 횡포 때문에 균전이 있던 전라도 김제·만경·전주 등지의 균전 농민 몇천 명이 전주 감영으로 몰려가 호소하며 시위를 벌였다. 이러한 항쟁은 서로 연결되지 못한 채 일어났지만 계기만 주어지면 언제든지 전국 항쟁으로 폭발할 수 있었다.

동학과 교조신원운동

동학의 발생과 사상

경상도 경주 지방의 몰락 양반 출신인 최제우는 1860년 4월 민간신앙을 바탕으로 유·불·선 사상을 종합하여 새로운 민중 종교인 동학을 만들었다. 이때는 서세동점의 여파로 위기의식이 높아지고, 봉건 수탈이 강화되어 이에 대한 민중의 저항이 끊임 없이 일어나고 있었다.

동학은 "하늘의 마음이 곧 사람의 마음이며(천심즉 인심天心卽人心)", "내 마음이 곧 너의 마음(오심즉여심吾心 卽汝心)"이라는 인간 평등을 강조했다. '양반-상놈'이라 는 신분 차별에서 벗어나려 는 민중의 염원을 반영한 것 이다. 또 서양의 위협에 대 한 '보국輔國', 나라의 악질 에 대한 '안민安民'이라는 동 학의 보국안민 사상은 반침 략·반봉건 성격을 띠어 민 중에게 영향을 미쳤다.

동학의 '현세주의적 종교

농민 항쟁이 일어난 곳

관'은 동학을 열심히 믿고 수련하면 후천개벽의 시대가 열리며 그때 모든 인간은 신선이 되는 지상천국이 온다는 것이다. 동학은 혁명사상은 아니었 으나 봉건 착취에서 벗어나려는 농민의 바람과 맞물려 빠른 속도로 널리 퍼 졌다. 동학조직 안에서도 백성과 함께 일대 변혁을 꾀하려는 사람들이 늘어 갔다. 1864년 3월 봉건 정부는 최제우를 "세상을 어지럽히고 백성을 속인다 (혹세무민惑世誣民)"라는 죄로 처형하고 동학을 서학과 마찬가지로 불법이라 하여 탄압했다. 그러나 동학은 2대 교주 최시형에 이르러 더욱 널리 퍼졌고, 특히 1880년대에는 삼남 지방 곳곳에 번졌다.

동학교도는 대부분 농민이었다. 전봉준을 비롯한 농민군 지도자들은 봉건사회를 개혁하려는 바람을 동학과 연결시키고, 동학 조직을 바탕으로 농민을 묶어냈다. 이들은 동학에 참여한 농민을 종교 세계로 이끌려는 동학 간부와는 달리 농민을 사회변혁 운동의 주체로 이끌었다.

교조신원운동

1890년대에 들어 동학교도를 더욱 탄압하자 동학 간부는 정부를 상대로 탄압을 중지하고 교조 최제우의 억울함을 풀어달라는 '교조신원운동'을 벌였다. 이는 동학의 합법성을 인정받아 교세를 확대하고 교도들의 피해를 없애려는 것이었다.

1892년 10월 충청도 공주에서, 11월 전라도 삼례역에서 몇천 명의 동학교도들이 시위를 벌였다. 충청도와 전라도 감사에게 교조 최제우의 신원과 동학교도 탄압을 중지하라고 요구했다. '교조신원'은 이루지 못했지만 동학교도를 부당하게 탄압하지 않겠다는 약속은 얻어냈다.

1893년 2월 10일 손병희 등 40여 명의 동학 간부는 광화문 앞에서 사흘 밤낮을 지새며 국왕에게 교조신원을 상소했지만 뜻을 이루지 못했다. 13일 동학 간부들이 해산한 뒤 서울에서는 "왜놈과 서양오랑캐는 물러가라"는 벽보가 외국 공사관과 교회, 외국인 거류지에 나붙었다. 이 벽보를 붙인 세력은 동학 상층부의 교조신원운동과는 지향을 달리 했다. 교조신원운동을 계기로 동학 안에는 순수한 종교운동에 머물려는 세력과 일반 민중이 품은 반봉건·반침략의 염원을 실현하려는 세력으로 나뉘기 시작했다.

상소 운동이 실패하자 동학 간부는 같은 해 3월 10일 보은 장내리에서 대규모 시위를 벌였다(보은집회). 여기에는 동학교도뿐만 아니라 그동안 봉건 수탈과 외세 침탈에 신음하던 2만 명 남짓한 민중이 참여했다. 그러나 정부의 위협에 겁먹은 동학 간부가 집회를 연 지 20일 만에 먼저 도망가 버려 아무런 성과 없이 흩어졌다.

　보은집회가 열리던 그때, 전라도 금구현 수류면 원평리에서는 1만 명 남짓한 농민이 참여한 집회가 열리고 있었다(금구집회). 이 집회를 이끈 전봉준·서장옥·황하일 등은 보은집회와 결합하여 서울을 치러 갈 계획이었다. 그러나 보은집회가 무산되고 동학 상층부의 반대로 뜻을 이루지 못한 채 계획을 중단했다.

1894년 농민전쟁

고부 농민 봉기

1894년 농민전쟁은 고부 농민 봉기가 도화선이 되어 일어났다. 조선 제일의 쌀농사 지대인 고부 지방에서는 개항 뒤 쌀 수출이 늘어나면서 지주가 소작농민을 더욱 수탈했다. 또 이곳에는 조선 후기부터 왕실 소유의 토지인 궁방전이 몰려 있어 이를 관리하는 감관의 농간으로 농민은 큰 고통을 겪어야 했다. 조세 운반을 맡은 전운사 조필영이나 균전을 경영하려고 중앙에서 파견된 균전사 등도 제멋대로 세금을 거두어 농민의 반감을 부추겼다.

　여기에 1892년 4월 고부 군수로 부임한 조병갑이 온갖 학정을 저질렀다. 농민을 동원하여 만석보 밑에 팔왕보라는 새 보를 쌓고 물세를 비싸게 받았다. 또 묵은 땅을 일구면 세금을 면제해 준다고 약속하고는 가을에 세금을 거두고, 고을의 부유한 농민에게는 불효·음행·잡기 등 갖은 죄목을 붙여 돈을 빼앗았다. 그 밖에도 갖가지 명목으로 농민을 수탈했다. 전봉준과 고부 농민은 이러한 폐해를 바로잡아 달라고 여러 차례 군수와 전라 감영에 호소했으나 아무런 소용이 없었다.

　이에 전봉준과 농민군 지도자는 1893년 11월부터 사발통문을 돌리며 봉기를 준비했다. 이 계획은 조병갑이 익산군수로 발령이 나서 일단 연기되었다. 그런데 조병갑이 뇌물을 써서 고부에 다시 눌러앉자 고부 농민은 분노를 더는 억누를 수 없었다.

1894년 1월 10일 새벽 전봉준은 1000여 명의 고부 농민과 함께 봉기했다. 고부 관아를 점령한 농민군은 아전을 끌어내어 엄중하게 처벌했고, 무기고를 부숴 무장했다. 또 조세장부 등 문서를 불사르고 감옥문을 열어 죄 없는 백성을 풀어 주었다. 창고를 열어 부당하게 거둬들인 양곡 1400여 석을 농민에게 돌려주고, 원망의 대상이던 만석보 밑에 새로 쌓은 보를 허물었다. 전봉준은 농민군을 다시 정비한 뒤 말목장터를 거쳐 백산으로 옮기고 사태의 흐름을 지켜보았다.

고부 봉기 소식을 들은 조정에서는 조병갑을 불러올리고, 용안 현감 박원명을 고부군수로, 장흥 부사 이용태를 안핵사로 임명하여 사태를 조사하도록 했다. 새로 부임한 박원명은 3월 3일 소를 잡고 술을 내어 잔치를 베풀며 농민을 회유했다. 고부 농민은 다른 지역에서도 항쟁이 이어지길 기대했으나 소식이 없자 해산했다. 그 뒤 안핵사 이용태가 역졸 800여 명을 거느리고 고부에 들어와서, 조병갑을 옹호하고 오히려 모든 책임을 동학 탓으로 돌렸다. 역졸들은 온 고을을 돌아다니며 봉기에 참가한 농민뿐 아니라, 그 가족까지 잡아들여 학살하는 만행을 저질렀다. 사태가 이에 이르자 전봉준은 다시 농민을 추스르고 이웃 고을인 무장으로 자리를 옮겨 새로운 싸움을 준비했다.

제1차 농민전쟁

이용태의 만행을 지켜본 전봉준은 손화중과 함께 20일 전라도 무장에서 농민군을 모아 봉기에 나섰다. 4000여 명의 농민군은 인근 고을 농민의 궐기를 촉구하고 무장을 출발하여 고창·홍덕을 거쳐 23일 고부 관아를 점령했다. 무장 봉기에 직접 참여하지 않았던 김개남 부대와 다른 지역의 농민이 백산으로 모여 8000여 명으로 늘어났다. 25일에는 백산에 진을 치고 대회를 열어 호남창의대장소를 만들고 조직 체계를 정비했다. 전봉준은 창의대장, 손화중·김개남은 부대장인 총관령이 되었다.

대회에서는 "사람을 죽이거나 해치지 않는다", "충효를 오로지 하여 제세안민濟世安民한다", "왜이倭夷를 축멸하여 성도聖道를 깨끗이 한다", "서울로 진격하여 권귀權貴를 모두 멸한다"라는 농민군 4대 행동강령을 발표했다. 또 악질 관리와 횡포한 양반 부호를 타도할 것과 아전에게 궐기를 촉구하는 격문도 띄웠다. 농민군은 26일 백산을 떠나 태인을 거쳐 4월 1일 금구 원평에 진을 쳤다.

다급해진 정부는 2일 장위영 정령관 홍계훈을 양호초토사로 임명하여 농민군을 토벌하도록 했다. 홍계훈은 4일 장위영 병정 800여 명을 3척의 전함에 나누어 태우고 군산항으로 떠났다. 중앙군이 파견된 것은 1811년 평안도 농민전쟁이 일어난 뒤 80여 년 만의 일이었다.

이 무렵 농민군은 태인, 금구를 거쳐 전주를 공격할 계획이었으나 전주 감영군이 내려온다는 정보를 듣고 원평을 나와 고부 도교산으로 옮겨가 황토현에 진을 쳤다. 이곳에서 농민군은 전라감사 김문현이 파견한 감영군을 야간에 기습 공격하여 큰 승리를 거두었다(황토현 싸움).

첫 싸움에서 승리한 농민군은 바로 전주로 진격하지 않고 정부군을 남쪽으로 끌어들여 23일 홍계훈이 보낸 약 300명의 정부군을 장성 황룡촌에서 맞이하여 또 다시 승리했다(황룡촌 싸움). 사기가 크게 오른 농민군은 여세를 몰아 정읍과 금구를 거쳐 27일 마침내 전주성을 점령했다. 농민군이 전주성에 무혈 입성하자 투쟁의 불길은 전라도를 넘어 충청도와 경상도를 비롯하여 경기도·강원도·황해도 지역으로 번졌다.

폐정개혁 활동

전주성이 함락되어 위기에 몰린 민씨 정권은 농민군의 진격을 멈추는 일이 시급했다. 정부는 시간을 벌려고 김학진을 전라감사로 임명하여 농민군을 회유하는 한편, 청에 군대를 파견해 줄 것을 요청했다. 5월 5일 청군이 아산만에 상륙하자 조선 침략의 기회를 엿보던 일본군도 다음날 인천에 상륙했다. 조선에서 일본군과 청군의 충돌이 우려되는 가운데 전주성을 두고 농민군과 정부군 사이에 격렬한 싸움이 벌어졌다. 그러나 자칫하면 조선에서 청·일 두 나라의 충돌이 일어날지도 모르는 상황에서 정부는 농민군을 계속 압박할 수만은 없었다. 농민군도 두 나라의 군대 파견 문제나 자신들의 군사상 열세를 고민해야 했다. 그리하여 5월 8일 전봉준은 농민군이 요구한 폐정개혁안을 중앙에 보고하여 시행할 것과 농민군의 신변을 보장할 것을 조건으로 정부와 '화약'을 맺었다(전주화약). 이튿날 농민군은 전주성을 떠났다.

전주성에서 철수한 농민군은 각 군으로 돌아가 정부에 폐정개혁을 거듭 요구하면서 여러 개혁 정책을 실시했다. 전봉준은 지방을 돌아다니며 폐정개혁을 추진했고, 손화중은 광주·장성으로 내려가 전라우도를, 김개남은 남원으로 들어가 전라좌

농민군 지도자 손화중(오른쪽)

도를 장악했다. 이러한 농민군의 활동은 전라도 대부분 지역과 경상도·충청도 일부 지역에서도 진행되었다.

그런데 6월 21일 일본군이 경복궁을 점령한 데 이어 23일 풍도해전을 시작으로 청일전쟁이 터져 정세가 크게 바뀌었다. 이에 전봉준과 김학진은 민족위기를 타개할 목적으로 7월 6일 전주에서 회담을 갖고 '관민상화官民相和' 원칙에 따라 서로 협력하여 치안 질서를 바로잡고 각 고을에 집강소를 설치하여 농민군의 주도로 폐정개혁을 실시하기로 합의했다. 이에 따라 농민군은 이미 도소가 있는 곳은 도소가 집강소를 대신하고 그렇지 않은 곳에는 집강소를 새로 두었다. 농민군이 설치한 집강소는 지역 실정에 따라 민정 기관, 자치 기관 또는 치안 기구 역할을 하면서 폐정을 개혁했다.

농민군의 폐정개혁 활동

1. 도인과 정부 사이의 묵은 감정을 씻어 버리고 서정에 협력한다.
2. 탐관오리의 죄목은 조사하여 하나하나 엄징한다.
3. 횡포한 부호들은 엄징한다.
4. 불량한 유림과 양반들은 징벌한다.
5. 노비문서를 태워 버린다.
6. 칠반천인七斑賤人의 대우를 개선하고 백정 머리에 씌우는 평양갓을 벗게 한다.
7. 청춘과부의 재혼을 허락한다.
8. 무명잡세는 모두 폐지한다.
9. 관리 채용은 지벌地閥을 타파하고 인재 위주로 한다.
10. 외적과 내통하는 자는 엄징한다.
11. 공사채를 막론하고 지난 것은 모두 무효로 한다.
12. 토지는 평균으로 분작하게 한다.

전봉준은 집강소에서 농민군 주도하에 치안 질서를 바로잡으려 했다. 바쁜 농사철이라 많은 농민군이 집으로 돌아간 상태에서 주력은 유민이나 노비·역졸 등 하층민과 빈농으로 바뀌었다. 이들은 합법적인 집강소 체제를 넘어 독자적인 반봉건 계급투쟁을 지향했다. 농민군은 그동안 묵고 쌓인 원한을 풀면서 탐관오리를 상대로 반관 투쟁, 지주와 일부 부농을 상대로 한 계급투쟁, 양반을 상대로 한 신분 해방 투쟁을 벌였다. 전봉준이 주도한 '관민상화'의 원칙은 농민군 일반의 정서와 일정한 거리가 있었다. 총칼을 반납하고 치안 유지에 힘쓰라는 그의 지시가 무시되기도 했다.

이때 곳곳의 봉건 유생층은 농민군의 공격을 막고 반격을 준비하고자 민보군을 결성했다. 이들은 일본군이나 개화파 정권에 강한 반감을 갖고 있었지만, 농민군의 사회개혁으로 그들의 이해관계가 침해되는 것을 더는 받아들일 수 없었다. 봉건 유생들이 만든 민보군은 여러 곳에서 농민군을 체포하여 '화적' 혐의로 처형했다.

8월이 되면서 정국은 농민군의 희망과는 다르게 흘러갔다. 일본이 군사력을 앞세워 드러내 놓고 내정을 간섭했다. 기대를 걸었던 갑오개혁도 후퇴했다. 농민군 안에서 반봉건 계급투쟁과 반침략 투쟁의 분위기도 날이 갈수록 더 높아 갔다. 이제 더 이상 관민상화를 바탕으로 한 집강소 체제는 유지될 수 없었다.

제2차 농민전쟁

8월 17일 평양 전투에서 청을 물리친 일본은 조선 정부에 대한 내정 간섭을 더욱 강화했다. 일본군의 보호를 받는 갑오정권은 농민군 회유정책을 바꾸어 9월 16일 일본군에게 농민군을 토벌해 달라고 요청했다. 따라서 농민군이 정부와 맺은 '화약'은 더 이상 의미가 없었다.

8월 25일 무렵 김개남의 영향을 받은 몇만 명의 농민군은 남원에서 다시

봉기를 결의했다. 정부와 협상하여
집강소 체제를 이끌어 낸 전봉준은
이 소식을 듣고 처음에는 봉기를
말렸다. 그러나 곳곳에서 농민이
항쟁에 나서고 있었다. 9월 1일 김
인배가 이끄는 순천의 영호도회소
농민군은 섬진강을 건너 하동을 공
격하고, 4일에는 강원도 농민군이
강릉부를 점령했다. 드디어 전봉준
도 재봉기를 결심하고 13일 삼례에
모여 여러 곳에 통문을 돌리면서
북접과도 연합을 꾀했다.

농민군 지도자 김개남

　1차 농민전쟁 때 최시형의 북접
교단은 동학의 행동을 종교적인 목적에 국한시키면서 전봉준을 "나라의 역
적이요, 동학교도의 난적"으로 몰아 파문시켰다. 그 뒤에도 교주 최시형은
각지의 동학교도에게 무장봉기를 금지하는 '통유문'을 여러 차례 내렸다.
그러나 조선 정부와 일본군이 북접을 포함한 동학교도 전체를 토벌하려 하
자, 북접교단의 지시를 따르지 않고 남접에 합류하는 교도가 늘어 갔다. 이
에 교주 최시형도 드디어 '참전 명령'을 내리지 않을 수 없었다.

　농번기가 지나고 북접군까지 합류한 가운데 2차 농민전쟁이 시작되었다.
호남을 중심으로 충청·경상·경기·강원·황해도에서도 농민군이 반봉건·
반침략 투쟁에 나섰다. 1차 농민전쟁 때와 달리 농민군은 고도로 훈련되고
근대 무기로 무장한 일본군, 농민군 진압을 위해 재편된 정부군 그리고 봉건
유생층이 결성한 민보군의 연합 세력과 맞서야 했다. 농민군은 훈련·조직·
화력에서 크게 뒤졌다.

압송되는 농민군 지도자 전봉준

관군과 농민군의 큰 싸움이 10월 21일 목천 세성산에서 벌어졌다. 여기서 농민군은 관군의 남하를 저지하고 서울로 쳐들어갈 길목을 지키려 했으나, 이두황이 이끄는 관군에게 패하고 말았다.

서울 진격의 길목인 공주를 점령하려고 전봉준이 지휘하는 농민군은 효포, 북접농민군은 이인, 옥천·영동의 농민군은 공주 동남쪽의 대교에서 포위 공격할 계획을 세웠다. 23일 이인 전투, 24일 웅치 전투를 시작으로 공주 전투는 약 20일 동안 피비린내 나는 대접전으로 이어졌다. 일진일퇴를 거듭한 농민군은 11월 8일 관군이 설치한 우금치·웅치·효포로 이어지는 방어선으로 다가섰다. 이때 우금치에서 최대 격돌이 벌어졌다. 여기서 농민군은 일본군과 두 차례 대격전을 치렀으나 끝내 패배하고 말았다. 농민군의 남은 병력이 몇백 명을 넘지 못할 정도였다.

남원에 주둔해 있던 김개남 부대는 10월 14일 주력군 8000여 명을 이끌고 북쪽으로 올라갔다. 전주·금산을 거쳐 진잠을 치고 회덕을 점령한 뒤, 11월 13일 청주를 공격했으나, 청주 전투에서 패하고 말았다. 우금치 전투와 청주 전투에서 패배한 농민군은 뒷날을 기약하며 남쪽으로 후퇴해야 했다. 나주의 손화중 부대도 나주성 공략에 실패한 뒤 그해 12월 부대를 해산하고 흥덕으로 피했다. 공주 싸움에서 패배한 전봉준 부대는 논산·금산 싸움에서도 거듭 패했고, 농민군은 곳곳으로 흩어졌다. 농민군은 관군과 일본군의 추격을 받고, 양반 등 지배층의 보복까지 받아 그곳에서 처절하게 진압되었다.

김개남·전봉준 등은 농민군 부대를 해산하고 뒷날을 기약하지 않을 수 없었다. 12월 1일 김개남은 태인에서 체포된 뒤 전주에서 처형당했다. 전봉준은 순창에서, 손화중은 1895년 1월 6일 흥덕에서 변절자의 밀고로 각각 체포되었다. 서울로 압송된 이들이 최경선·김덕명 등 농민전쟁 지도자와 함께 그해 3월 말 처형됨으로써 두 차례에 걸친 농민전쟁은 막을 내렸다.

역사적 의의

1894년 농민전쟁은 조선 후기부터 쌓여 온 봉건사회의 모순이 폭발하여 일어난 대규모 농민 항쟁으로서 반봉건 계급투쟁의 성격을 지닌 일종의 내전이었다. 농민군의 항쟁 대상은 민씨 정권을 비롯한 일본 침략군, 친일 개화파 관료와 지방의 보수적인 양반 지배층이었다. 민씨 정권과 양반 지배층은 기득권을 유지하려 했고, 일본의 도움으로 집권한 친일 개화파 세력은 위로부터의 개혁을 꾀하면서도 농민의 개혁 의지를 억압했다. 이 대립에서 농민군이 패배함으로써 농민군이 지향한 봉건 착취 제도 철폐, 토지제도 개혁, 외세의 경제 침탈 저지는 실현될 수 없었다.

농민전쟁의 이념이 혁명적이라 해도 그 이념을 시민혁명 단계까지 이끌어 갈 시민층은 아직 성숙하지 않았다. 이것이 곧 1894년 농민전쟁이 근대

혁명으로 이르지 못하게 된 객관적 한계다. 농민전쟁은 일본군과 손을 잡은 지배층에게 무자비하게 진압당하고 말았다. 하지만 개항 뒤 끊임없이 이어진 외세의 경제적 침략과 주권 침탈에 대한 농민의 반침략 투쟁이라는 데 의의가 있다.

1894년 농민전쟁은 19세기 말 농민이 일으킨 반봉건·반침략 투쟁의 최고봉으로, 위로는 갑오개혁의 추진력으로 작용했고 아래로는 반일 의병 전쟁의 단초를 열었다. 또한 농민전쟁은 중국의 태평천국 혁명, 인도의 세포이 투쟁과 더불어 제국주의 세력의 침략에 반대하여 일어난 19세기 아시아 3대 농민전쟁 가운데 하나로 꼽힌다. 중국 의화단 투쟁에 앞서 일어난 농민전쟁은 20세기 아시아 민족의 반제국주의 투쟁의 신호탄을 올린 근대 민족운동의 선구였다.

참고도서

강재언, 《한국의 개화사상》, 비봉출판사, 1981
김경태, 《한국근대경제사연구》, 창작과비평사, 1994
김양식, 《근대한국의 사회변동과 농민전쟁》, 신서원, 1996
배항섭, 《조선 후기 민중운동과 동학농민전쟁의 발발》, 경인문화사, 2002
역사학연구소, 《농민전쟁 100년의 인식과 쟁점》, 거름, 1994
연갑수, 《대원군집권기 부국강병정책 연구》, 서울대학교 출판부, 2001
우 윤, 《전봉준과 갑오농민전쟁》, 창작과 비평사, 1993
이광린, 《개화당연구》, 일조각, 1973
이영호, 《동학과 농민전쟁》, 혜안, 2004
조경달, 《이단의 민중반란》, 역사비평사, 2008
한국역사연구회, 《1894년 농민전쟁연구》 1~3, 역사비평사, 1991~1993
한우근, 《동학난 기인에 관한 연구-사회적 배경과 삼정의 문란을 중심으로》, 서울대 한국문화연구소, 1971

대한제국 시기 개혁 운동과 국권수호운동

제국주의
열강의 이권
침탈과
개혁 운동

제국주의 열강의 이권 침탈과 경제 변화

나라 안팎의 정세 변화

청일전쟁에서 승리한 일본은 조선에 배타적인 지배권을 확립하고 청에게 배상금을 받았다. 또 랴오둥반도·타이완 등의 영토를 넘겨받아 대륙으로 침략할 수 있는 유리한 발판을 마련했다. 일본의 독주는 러시아를 비롯한 다른 제국주의 열강을 크게 자극했다. 특히 일본이 랴오둥반도를 점령한 것은 만주를 통해서 남으로 진출하려던 제정 러시아의 이해와 정면충돌했다. 1894년 4월 러시아는 독일과 프랑스를 끌어들여, 랴오둥반도를 청에게 돌려줄 것 등을 요구하면서 일본에 압력을 넣었다(삼국간섭). 일본은 혼자 세 나라와 대결할 수 없었으므로 그 요구를 받아들여야만 했다. 일본은 아시아에서 차지하던 지위를 위협받게 되었고, 그만큼 조선에 대한 영향력도 줄어들었다.

나라 밖의 정세 변화와 맞물려 나라 안의 정세도 변화했다. 민씨 일파 등이 삼국간섭 뒤 러시아·미국과 손잡기 시작하자, 일본은 약화된 지위를 만회하려고 1895년 8월 민왕후를 살해하는 만행을 저질렀다(을미사변). 민왕후가 비명에 간 뒤 신변에 불안을 느낀 고종은 10월, 러시아의 양해를 얻어 미국 공사관으로 몸을 피하려 했지만, 친일 세력에게 들통이 나 물거품이 되었다(춘생문 사건).

을미사변·춘생문 사건을 계기로 반일 감정이 높아진 틈을 타 러시아는 1896년 2월 이범진·이완용 등 친러파와 손을 잡고 고종과 그 일행을 본국 공사관으로 피신하게 했다(아관파천). 러시아 공사관으로 몸을 피한 고종은 친일내각을 무너뜨리고 러시아·미국과 가깝게 지내는 인물을 중심으로 새 내각을 세웠다.

삼국간섭과 아관파천 뒤 일본 대신 러시아가 조선에 대한 영향력을 키워 나갔다. 한순간에 자리를 빼앗긴 일본은 러시아에 '조선 독립'을 보장하고 '조선 내정'을 함께 감독하자며 교섭을 벌여 조선에서 세력 균형을 확보하는 데 힘을 쏟았다. 일본의 속뜻을 알아챈 러시아도 만주 진출에 더 눈독을 들였기 때문에 일본과 군사 충돌을 피하려 했다. 그리하여 러시아는 1896년 5, 6월 일본과 '웨베르-고무라 각서', '로바노프-야마가타 협정'을 잇달아 맺어 조선에서 우월한 지위를 챙겨 나갔다.

한편 러시아는 친러 정권을 앞세워 조선에 군사교관과 재정고문을 파견하고, 차관 제공을 계획하는가 하면, 한러은행 설치와 절영도 조차를 요구하는 등 경제적·군사적 침략을 해 왔다. 이어 러시아는 1898년 3월 청의 뤼순旅順과 다롄大蓮을 조차하고 만주 지역의 관세를 높이려 했다. 러시아가 한반도에 이어 만주·중국까지 영향력을 넓히자 이곳에 이해관계를 가지고 있던 다른 열강들이 긴장했다.

러시아의 남하정책에 가장 경계하고 나선 나라는 영국이었다. 영국은 이

미 1887년 러시아의 남하정책을 저지한다는 구실로 거문도를 점령하여 조선의 자주권을 침해한 적이 있었다(거문도 사건). 1897년 11월에도 러시아가 대한제국의 재정고문이던 영국인 브라운을 해고하고 러시아인 알렉세예프를 들어앉히자, 영국은 극동함대를 제물포에 정박시키고 거문도를 점령한 뒤 브라운의 원상 복귀를 요구하며 무력시위를 벌였다. 또 러시아가 만주의 관세 장벽을 강화하려 하자, 만주를 통해 대륙으로 침투하려던 미국은 대한제국에서 빼앗은 이권을 일본에게 넘겨주는 등 러시아를 견제했다. 일본도 대한해협을 봉쇄하여 러시아에 맞섰다. 팽팽한 긴장 관계는 1898년 4월 러시아와 일본이 '로젠-니시 협정'을 맺어 두 나라가 이미 대한제국에서 빼앗은 이권을 서로 승인함으로써 일단 해소되었다.

그 뒤 일본은 러시아와 앞으로 치를 전쟁에 대비하여 군사력을 증강하는 한편, 러시아의 남하정책에 반발하는 미국·영국에 접근해 외교 관계를 강화했다. 이렇게 미·영·일 삼국은 러시아의 남하정책을 저지할 목적으로 군사동맹 관계를 모색해 나갔다. 일본이 러시아의 남하정책을 막아 주는 대가로 미국과 영국은 일본이 대한제국을 '보호국화'하는 것을 국제적으로 승인하는 것이었다. 그리하여 1901년 미국 대통령 루스벨트는 "러시아의 남하 위협을 제거하고 본국의 만주 진출을 용이하게 하려면, 먼저 만주에서 일본의 힘을 러시아와 대등하게 끌어올리고 그러려면 아직도 러시아보다 힘이 약한 일본에게 대한제국을 넘겨줘야 한다"라고 주장했다. 이어 1902년 1월 영국은 일본과 '제1차 영일동맹'을 맺어 그 관계를 확인했다.

1900년을 앞뒤로 일본은 미·영 제국주의의 지원에 힘입어 한반도에서 지배권을 되찾으면서 전쟁 준비에 힘을 쏟았다. 한반도는 러·일의 치열한 다툼으로 주권이 흔들리고 전쟁터로 바뀔 운명에 빠졌다.

열강의 이권 침탈과 국가의 재정 증대 정책

제국주의 열강은 국가 경제를 받쳐 주는 주요 자원과 시설물에 대한 권리를 앞다퉈 빼앗았다. 이들은 왕실을 보호해 주겠다면서 경제 이권을 요구했다. 왕실은 이들에게 이권을 주는 대신 그들의 보호를 받아 독립을 지키려고 했다. 열강 가운데 한 나라가 경제 이권을 빼앗아 가면 다른 나라도 '최혜국 조항'을 들어 같은 수준의 이권을 요구했다. 열강의 이권 침탈은 주로 돈벌이가 되는 광산이나 산림 등 지하자원과 철도·해운·전차·전기·전신 등 교통과 통신 부분에 집중되었다. 특히 이 시기 이권 침탈에 열을 올린 나라는 미국과 러시아였다.

아관파천을 계기로 대한제국에 대한 정치적 영향력을 강화시킨 러시아는 이를 발판으로 군사·재정고문을 자기 나라 사람으로 앉히고 광산·산림 등 갖가지 이권을 따냈다. 미국도 겉으로는 '정치적 불간섭 정책'을 내세우면서도 왕실과 가깝게 지내던 선교사를 앞세워 광산 채굴권을 비롯한 철도·전기·전차·수도 등 많은 이권을 독차지했다. 더구나 미국이 차지한 평안북도 운산금광은 대한제국 전체 금 생산량 가운데 약 1/4을 생산하는 '노다지' 금광이었다. 연간 수익률은 300%에 이르렀다. 이 회사에서 1902년 일본에 수출한 금괴만 해도 130만여 원에 이르렀고, 1902년부터 1915년 사이에 생산된 금을 환산하면 약 4950만 원이었다. 이는 강점 직전 국채보상운동이 일어날 무렵 대한제국이 일본에게 1300만여 원을 빚진 사실에 견주어 볼 때 엄청난 액수다.

미국이 운산금광 채굴권을 얻자, 영국·독일·프랑스도 기회균등을 내세우며 저마다 광산 탈취에 열을 올렸다. 제국주의 열강의 광산 채굴권 강탈은 우리나라의 경제 손실뿐 아니라, 개발 과정에서도 많은 문제를 일으켰다. 외국 자본가들은 광산을 채굴하면서 한국인 노동자를 내쫓고 주변의 산림을 훼손하거나 농민의 토지까지 침탈했다.

운산금광

일본은 청일전쟁 뒤부터 이권 빼앗기에 열을 올렸다. 1898년부터 구미 열강이 차지하고서도 미처 손대지 못한 갖가지 이권을 사들이거나 넘겨받으면서 새로운 이권을 강탈하기 시작했다. 일본은 러시아와 전쟁할 것에 대비하여 한반도의 남북을 연결하는 철도를 손에 넣으려 했다. 일본은 미국의 주선으로 경부철도 부설권을 차지하고 미국이 갖고 간 경인철도 부설권을 100만 달러에 사들였다. 이어 1904년에 맺은 '한일의정서'에 기초하여, 경의철도 부설권을 군용철도라는 명목으로 빼앗았다.

이권 침탈 속에서 대외무역도 늘어났다. 일본은 조선의 대외무역에서 압도적 비중을 차지했다. 청일전쟁 뒤 일본은 산업화 과정에 필요한 원료와 식량을 조선에서 값싸게 사가는 대신, 자신들이 대량으로 생산한 기계제 상품을 조선에 파는 무역구조를 굳혔다. 수입품 가운데 면직물·면사 등 일본산 물품이 약 90%를 차지했고, 수출품 가운데 80%를 차지한 쌀·콩 등 곡물류는 오사카大阪·고베神戶 등 신흥 공업 도시로 들어가 일본 노동자에게 공급되었다. 쌀을 수출하고 면직물을 수입하는 무역구조는 전통적인 면직물(토포土布)을 생산하던 수공업자를 몰락시켰다. 무명을 짜서 가내 수요를 충족

시킨 나머지를 시장에 내다 팔던 농민은 이제 먹어야 할 낱알까지 팔아 외국 면제품을 사 입어야 했다. 대외무역 구조에서 이미 형성된 '미면 교환 체제'가 더욱 굳어져 조선 경제는 일본 자본주의에 종속되는 식민지형 구조로 바뀌어 갔다.

정부는 근대화 정책을 추진하려고 조세를 늘려 그 비용을 충당했다. 일종의 토지세인 결가의 경

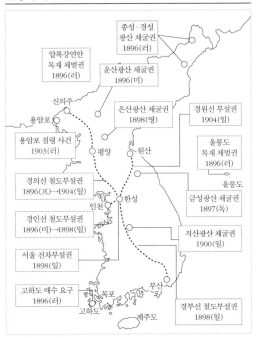

열강의 이권 침탈

종성·경성 광산 채굴권 1896(러)

압록강연안 목재 채벌권 1896(러)

운산광산 채굴권 1896(미)

신의주

용암포

은산광산 채굴권 1898(영)

경원선 부설권 1904(일)

용암포 점령 사건 1903(러)

평양

원산

울릉도 목재 채벌권 1896(러)

경의선 철도부설권 1896(프)→1904(일)

울릉도

인천

한성

금성광산 채굴권 1897(독)

경인선 철도부설권 1896(미)→1898(일)

직산광산 채굴권 1900(일)

서울 전차부설권 1898(일)

부산

고하도 매수 요구 1896(러)

목포

고하도

제주도

경부신 철도부설권 1898(일)

우, 갑오개혁기에는 1결당 30냥이었는데 1900년에는 50냥, 1902년에는 80냥으로 늘어났다. 그 결과 1895년에 100만 원 남짓했던 결가 수입이 1901년에는 508만 원, 1903년에는 760만 원으로 늘었다. 결가 인상은 농민 경제를 압박하여 농민의 몰락과 반발을 불러일으켰다. 또 갖가지 조세 항목을 만들어 재정 수입을 올림으로써 상공인층의 성장을 가로막기도 했다. 그 과정에서 지방관과 징세 담당자가 조세 징수 체계가 아직 정비되지 않은 점을 악용해 조세를 중간에서 가로채고 그 부담을 민중에게 떠넘겼다.

왕실도 왕의 권위를 높이고 근대화 정책에 필요한 자금을 마련하려고 농민 통제를 강화하고 역둔토를 비롯한 왕실 소유 토지의 지대율을 올렸다. 그 결과 많은 농민의 경영 조건이 나빠졌다. 그 밖에도 왕실은 상회사의 영업을 보장하고 그 대가로 영업세 등 여러 조세를 거두어들였고, 왕실 재정을 관리

하는 내장원 수입은 빠르게 늘어났다. 이러한 수입은 갖가지 회사의 자본금이나 운영자금, 학교와 병원 등에 대한 보조금, 진휼이나 행사비 등 정부재정에서 지출하기 어려운 부문에 쓰였다. 그러나 이러한 사업비는 내장원 지출 가운데 일부일 뿐이며 대부분을 황실과 경위원警衛院, 철도원, 서북철도국, 광학국鑛學局 관리비로 지출했다. 내장원 수입이 주로 농민과 중소 상공인의 호주머니에서 나왔기 때문에 이들의 불만은 날로 높아졌다.

근대적 기업과 금융기관의 등장

이권 침탈과 대외무역으로 외래 자본의 침탈이 더욱 깊어지는 가운데 일부 제조업자와 상인은 기계를 사들여 근대적 기업을 세워 외래 자본과 맞서려고 했다. 농기구나 일용 잡품을 만들던 철기 공업·유기 제조업·제지업 등의 분야에서 일부 제조업자가 공장을 늘리고 기계를 들여왔다. 공장제 수공업 단계에 이른 면방직·견직의 직조 공장 일부에서도 근대적 직기를 사들여 생산을 늘려 나갔다. 서울에서 가내공업을 하던 김덕창은 1902년 개량 기계를 사들여 '김덕창 직조 공장'이라고 간판을 내걸었다. 정미업, 양조업, 성냥제조업 분야에서 이와 비슷한 공장이 나타났다.

이들 개인 공장은 영세성을 벗어나지 못해 외래 상품과 경쟁하는 데는 힘이 부쳤다. 그리하여 뜻있는 제조업자 가운데 몇 사람이 모여 합자회사를 세웠다. 서울 부근의 몇몇 업자들이 모여 세운 경성직뉴織紐회사, 조선유기상회가 대표적이다.

상인도 자본을 투자해 근대 기업을 세웠다. 종로의 백목전 상인은 직접 직조 기계를 들여와 1899년 종로직조사를 세웠다. 그러나 종로직조사 사장이 고관 민병식이었듯이 이들은 기업을 만들면서 정부로부터 특권을 얻으려고 전현직 관료를 끌어들였다. 이 밖에도 돈 많은 지주나 전·현직 출신 관료가 은행이나 큰돈이 필요한 근대적 기업에 투자했다. 한성은행(1897), 대한천일

김덕창 직조 공장에서 만든 모자 광고

표백공장 작업장

은행(1899), 대한철로주식회사(1899) 등은 이들이 투자한 대표적인 금융기관과 기업이다.

이들 기업은 제대로 성장하는 데 필요한 근대적 유통 체계나 금융 제도 등이 갖춰지지 않아 순조롭게 성장하기에는 어려움이 많았다. 더구나 지주나 전·현직 관료 출신인 이들 기업의 자본가는 대체로 정부의 특권이나 외래자본과 연결되어 농민·소상인을 수탈해 성장하려는 일이 많았다. 이 기업들은 일본기업이나 상품과 경쟁하기보다는 특권을 바탕으로 민중 수탈을 강화했다. 아니면 일본 자본에 흡수되거나 하청기업으로 종속되었다.

민중생활 악화

대한제국 시기 열강의 이권 침탈과 정부의 재정 증대 정책 속에서 지주나 부농의 처지는 한층 나아졌다. 이들은 광무정권이 실시한 양전사업과 지계地契 (토지소유권 증명 문서)사업으로 토지소유권을 제도적으로 보장받았다. 나아가 일본으로 수출하는 쌀이 많아지고 정부에서 백동화를 남발하여 쌀값이 계속해서 올랐다. 그러자 지주와 부농은 5할이 넘는 소작료로 받은 쌀을 창고에 모아두었다가 쌀값이 오르는 봄에 수출하거나 내다 팔아 큰 이익을 남겼다. 이들은 이렇게 번 돈으로 토지를 늘리거나 고리대로 부를 더욱 쌓았다.

대상인들은 일본 상인과 맞서려면 권력과 손을 잡거나 일본 상인 밑으로 들어가야 했다. 개항장의 객주조합은 구문口文* 가운데 일부를 왕실에 상납하는 조건으로 특권을 보장받았다. 보부상이나 시전상인도 상무사商務社나 황국중앙총상회와 같은 단체를 만들어 정부와 결탁했다. 이들은 정부에 영업세를 내는 대가로 권력의 보호를 받았다. 일부 객주는 일본의 경제 침투를 도와주기도 했다.

이에 견주어 소농과 빈농은 끝없이 몰락했다. 이들은 세금을 내고 생활

구문 객주가 내외국 상인의 상품을 위탁받아 판매를 대행해 주는 대가로 받는 수수료. 구전口錢이라고도 한다.

용품을 살 돈을 마련하려면 "쌀을 오늘 시장에 팔고 내일 그 시장에서 비싼 값으로 다시 사 먹어야 할 형편"이었다. 이들은 춘궁기가 되면 상인이나 지주의 고리대에 매달려야 했다. 풍년이 들어도 "왜놈들이 훑듯이 쌀을 사 가니 쌀값은 뛰고 살 길이 막막하다"는 농민의 한숨이 줄을 이었다.

남의 땅도 부칠 수 없게 된 농민은 농촌에 남아서 품을 파는 농업 노동자가 되거나 도시, 개항장, 광산 같은 곳으로 나가 노동자가 되었다. 노동자는 저임금에다 민족 차별까지 받았다. 자식 하나도 거두기 힘든 부두 노동자는 대부분 점심 끼니를 엿이나 물로 채워야 했다. 허기진 배를 달래려고 등에 진 쌀가마니에서 한 줌의 쌀을 훔치다가 일본인에게 들켜 맞아 죽는 일도 있었다. 그러나 이런 일거리조차 얻을 수 없는 농민은 "사람이 장차 죽으려 하는데 어찌 염치가 있으랴. 화적이나 따라갈지 의병이나 따라갈지"라고 하소연하며 산에 들어가 화적이 되고 의병이 되었다.

일본 상인이 일제의 비호를 받으며 여러 개항장에 자리 잡으며 내륙으로 침투하자, 소상품 생산자인 수공업자와 이들의 물건을 파는 행상이나 농촌 소상인은 몰락의 길로 들어섰다. 또 이들은 왕실과 결탁한 특권상인이 여러 무명잡세를 거둬들이자 이를 견디지 못해 영업을 포기하기도 했다. 그리하여 많은 수공업자와 소상인은 삶의 터전을 떠나 새로운 일자리를 찾아 이곳저곳을 돌아다녀야 했다.

지배층의 개혁 운동

'을미의병' 운동

청일전쟁이 진행되는 동안 친일 갑오정권은 양반 유생이 정치권력에 나아가는 유일한 길인 과거제도를 없애고 신식학교를 세우는 등 일련의 부르주아 개혁을 단행했다. 농민전쟁 때 농민군을 토벌하는 데 한몫한 양반 유생들은 이 조치를 자신의 정치·사회 기반을 송두리째 무너뜨리는 것으로 받아들였다. 이러한 분노는 을미사변과 단발령을 계기로 마침내 폭발했다.

유교적 봉건사상이 뿌리 깊었던 척사 유생은 1895년 11월 충청도 회덕에서 반개화·반일 운동의 시작을 알리는 의병운동을 일으켰다. 특히 갑오정권이 11월 15일 개화의 상징으로 강행한 단발령을 '단발=개화=일본화'로 여겼으며 조선을 오랑캐로 떨어뜨리는 조치로 받아들였다. 양반 유생들은 개화 정책을 펴는 갑오정권과 이들을 뒤에서 지원하는 일본을 물리치고 봉건체제로 되돌아가고 싶어 했다. 마침내 1896년 1월 충청도 제천에서 유인석, 경상도 문경에서 이강년, 강원도 강릉에서 민용호 등 곳곳의 양반 유생들은 "바른 것을 지키고 그릇된 것을 물리친다(위정척사衛正斥邪)"라는 기치를 내걸고 친일 갑오정권을 반대하는 의병을 일으켰다.

유생이 이끄는 의병은 반일을 내세우며 주로 일본수비대와 거류민 그리고 단발 개화정치를 몰아부치던 '왜군수', '왜관찰사'를 공격했다. 의병운동이 차츰 전국으로 퍼져 나가자 정부는 관군을 파견해 의병을 탄압하는 한편 선유사宣諭使*를 보내 해산시키려 했다.

의병봉기가 전국으로 번지면서 일본의 피해도 커져 갔다. 의병은 일본이 가설한 전신선을 끊고 통신을 방해함으로써 일본군의 작전을 교란시켰다. 1896년 2월 5일부터 고종이 아관파천을 한 11일까지, 약 일주일 사이에 피살된 일본인이 36명이나 되었다. 일본도 군사 시설과 자기 나라 국민을 보호한다는 구실로 정찰대를 파견하는 등 의병 진압에 끼어들었다.

이 무렵 고종 측근 세력과 친러·친미관료, 알렌 등의 구미 외교관이 중심이 되어 고종의 러시아 공사관 파천을 모의했다. 드디어 1896년 2월 11일 7시 무렵 고종과 세자가 거처를

선유사 지방에 병란이 있을 때 중앙에서 파견되어 백성을 훈유한 임시 벼슬.

러시아 공사관으로 옮겼다(아관파천). 그 결과 친일 개화파 정권이 무너지고 친러 개화파 정권이 들어섰다. 그러나 친일 개화파 정권이 추진하던 갑오개혁의 흐름은 유지되어 사회·경제 분야의 정책이 그대로 시행되었으며, 단발령도 철회되지 않았다.

친러파 정권을 친일 개화파 정권과 똑같이 여긴 의병은 고종을 환궁시켜 친러 정권을 무너뜨리고 개혁을 중지시켜야 한다는 보수적인 지배 세력의 주장에 적극 동조했다. 중앙에서 민영준·김병시 등의 유력 정치인들이 고종의 환궁을 바라는 상소 운동을 벌이는 데 발맞춰 의병은 무력시위를 벌였다. 의병의 환궁 운동은 아관파천 뒤 고종이 경운궁(지금의 덕수궁)으로 돌아오는 1897년 2월까지 계속되었다. 경기도 광주 의병은 고종을 환궁시키려는 목표를 가지고 남한산성을 공격하여 점령했다. 그 밖에 이천·강릉·감포 등지의 의병도 중앙의 반러 세력과 연계하여 환궁 운동을 벌였다.

이 운동은 근대 민족운동으로 발전하기에는 한계를 지닌, 양반 유생의 반근대화·반일·반외세 운동이었다. 운동을 주도한 의병은 1894년 농민전쟁과 개화파의 근대 개혁에 불만을 품고 일어났다는 점에서 보수적인 성격을 지녔다. 또한 왕실을 지지하는 정치 세력이어서 뒷날 광무정권의 정치적 기반이 되었고 독립협회를 깨뜨리는 데도 앞장섰다.

대한제국 수립과 독립협회 운동

아관파천 뒤 조선에서 러시아의 영향력이 커지자, 고종의 환궁과 자주독립을 바라는 여론이 들끓었다. 이러한 여론을 등에 업고 고종은 1897년 2월 러시아 공사관에서 경운궁으로 옮겼다. 이로부터 6개월 뒤 연호를 광무로 정하고 환구단에서 황제 즉위식을 가져(10.12) 대한제국 수립을 공포했다.

자주독립을 선언한 정부는 갑오정권이 외세 의존적인 개혁을 펴 농민전쟁이나 의병운동에서 나타난 농민층과 척사론적 보수 유생의 요구를 제대

로 받아들이지 못한 것을 반성했
다. 그리하여 정부는 '옛것을 근본
으로 하고 새로운 것을 참작한다'
는 '구본신참舊本新參'을 개혁 원
칙으로 세웠다. 일본에 기대어 개
혁을 급격하게 단행한 갑오정권의
방식을 반성하고, 주체적으로 서양
의 법과 제도를 수용하여 점진적
으로 개혁하려 했다. 여기에는 김
병시·조병세 등 보수 유생층과 갑
오개혁에 참여한 박정양·김가진·
독립협회의 지도부 등도 참가했다.

황제가 된 고종

  갑신정변 뒤 미국으로 망명한
서재필이 중추원 고문으로 초빙되어 온 것을 계기로 독립협회를 결성했다.
독립협회 초기에는 구미파의 총본산인 정동구락부貞洞俱樂部 세력, 갑오개
혁을 주도한 건양협회建陽協會뿐 아니라 신흥 지식층이 적극 참여했다. 정부
고위관료와 중견관료도 들어 있었다.

  독립협회는 1896년 7월 2일 창립총회에서 회장과 위원장으로 각각 안경
수와 이완용을 뽑고, 발기위원이 시범 삼아 보조금을 내면서 각계의 지원
을 호소했다. 독립협회는 정부의 지원을 받아 기관지《독립신문》을 내어 자
신들의 이념과 정치적 지향을 선전했다. 1897년에는 청나라 사신을 맞이하
던 영은문을 헐은 자리에 독립문을, 청나라 사신을 대접하던 모화관을 헐은
자리에 독립관을 세웠다. 독립협회의 '독립'은 중국과 사대관계를 청산하는
것을 뜻했다. 그해 8월 말부터는 서재필·윤치호 등이 앞장서 독립관에서 조
선의 정치 현안과 부르주아 개혁 문제 등을 공개 토론하고 민중 계몽에 힘을

영은문을 헌 자리에 세운 독립문

관민공동회에서 연설하는 어느 백정(기록화)

쏟았다.

독립협회는 출범 초기 정부 정책에 적극 협조했고 정부 구성원으로 참여하기도 했다. 이는 미·러를 끌어들여 일본을 견제하여 '구본신참'으로 개혁을 추진하려던 왕실의 의도와, 열강의 세력 균형을 이용해 부르주아 개혁을 실현하려던 개화파의 의도가 맞아떨어졌기 때문이다. 그리하여 광무정권이나 독립협회가 지향한 근대적 개혁 방향은 대체로 일치했다. 특히 지주와 자산가가 중심이 되어 농업생산력을 발전시키고 자본을 축적하여 서구식 근대화를 꾀한다는 독립협회의 경제개혁 구상은, 정부가 추진하던 지주·자산가 위주의 산업화와 크게 다르지 않았다. 다만 독립협회 구성원 사이에서 정치 개혁론에 대한 생각이 서로 달랐다. 1898년 러시아가 대한제국에 대한 내정 간섭과 이권 침탈을 본격화하는 과정에서 이견이 드러나기 시작했으며 마침내 정부와 충돌했다.

서재필을 따르는 인사들은 정부가 추진하려는 전제군주제를 반대하고 군주의 권한을 제한하려 했다. 이들은 1898년 2월 정부가 러시아인 알렉세예프를 고문으로 데려온 것을 비판하고, 일부 정부 대신을 사퇴시키라고 다그쳤다. 이에 정부가 서재필을 고문직에서 해임하고 미국으로 출국하도록 했다. 그러자 이들은 3월 만민공동회를 열어 정부 방침을 정면에서 반박하고 상소 운동을 벌였다. 나아가 박영효와 서재필을 각부 장관으로 추천했다. 심지어 그들은 박영효의 사주를 받아 정부 관료를 테러하거나 쿠데타를 기도했다.

윤치호·남궁억 등을 따르는 인사들은 정부에 협조하여 국권을 옹호하고 민권을 신장해야 한다고 주장했다. 이들은 10월 관민공동회를 열고 '헌의 6조'를 결의해 고종에게 올렸다. 전제 황권을 굳게 다져 내정 개혁을 추진하면서 국권을 강화하려 했다. 이에 정부는 관민공동회의 주장을 받아들여 수구대신 5인을 바꾸고 중추원 구성과 재정 개혁 등을 약속했다. 특히 독립협회의 의견을 수렴하여 이름뿐인 중추원을 되살려 정부관료와 독립협회 인사를 반씩 나누어 위원으로 뽑았다.

만민공동회가 정치 행동에 나서자 정부는 12월 황국협회를 동원해 만민공동회를 해산시키고 독립협회의 중추적 실무 인사를 체포·투옥했다. 재야 유생까지 독립협회를 드세게 비판하자 끝내 독립협회는 해산했다.

독립협회는 '적자생존適者生存'과 '우승열패優勝劣敗'를 진리로 여기는 사회진화론에 따라 세계질서를 파악함으로써 제국주의 침략을 당연하게 여겼다. 따라서 독립협회는 국력 신장을 가장 중요하게 여겼고, 제국주의에 맞서 싸우려는 생각은 하지 않았다. 오히려 제국주의에 대한 저항이 개화에 거슬린다고 여겼다. 독립협회는 외래 자본의 이권 침탈을 산업 근대화에 필요한 수단으로 생각했기 때문에 영국이나 미국, 일본의 이권 침탈은 문명개화라 하여 반대하지 않았다. 다만 러시아의 절영도 조차와 같은 이권 침탈은 우리나라의 주권을 위협하는 것으로 생각하고 반대했다. 독립협회는 "세계 모든 나라가 조선을 독립국으로 승인했기 때문에 우리의 의사를 무시하고 침략할 나라가 없다"며 자주국방의 중요함을 소홀히 했다. 그들은 군대란 "외국의 침범을 막기 위해서가 아니라 동학당이나 의병 같은 반란 세력을 진압할 수준만 유지하면 충분하다"라는 주장을 폈다.

독립협회는 민중을 계몽하고 사회를 서구화하는 데 지주와 자산가 계층이 주체가 되어야 한다고 생각해 이들의 정치 참여를 강하게 주장했다. 그들은 의회 설치를 주장하면서도 하의원을 두자는 민중의 요구에 반대하여, 자신들이 참여하는 상의원만 설치하도록 정부에 요구했다. 그들은 민중을 개혁의 동반자로 생각하기보다는 무지몽매한 존재, 즉 계몽과 지도의 대상으로 여기는 '우민관愚民觀'을 지녔기 때문에 민중의 정치 참여를 반대했다. 독립협회가 말하는 민권은 지주와 자산가만의 개화를 뜻했다. 독립협회의 부르주아적 개혁 운동은 반봉건·반침략 운동의 주체이자 원동력인 민중을 믿지 못했고, 침략자인 제국주의를 올바르게 인식하지 못했다. 그 결과 그들이 목표로 세운 자주적인 독립 국가의 수립과 근대 개혁을 이끌어 내지 못했다.

그러나 민중은 독립협회의 여러 활동과 만민공동회 운동에 적극 참여해 자신들의 의사를 널리 알리는 데 힘을 쏟았다. 이들은 러시아의 이권 침탈에 반대하는 차원을 넘어 다른 제국주의 열강의 이권 침탈을 저지하는 시위를 독자적으로 벌여 나갔다.

1898년 7월 1일과 2일에는 당현금광의 채굴권을 요구하는 독일 등 제국주의 열강의 이권 침탈을 반대하는 집회를 열었다. 또 16일에는 의병에게 살해당한 일본인의 배상과 경부철도 부설권을 요구하는 일본에 맞서 독립협회와는 따로 대중 시위를 하기도 했다. 이러한 운동은 민중의 정치의식을 높여 뒷날 일제의 국권 침탈에 반대하는 국권수호운동으로 발전했다.

정부는 1899년 8월 17일 대한제국의 헌법이라 할 '대한국국제大韓國國制'를 만들었다. 대한국국제는 육해군의 통수권, 입법권, 행정권, 관리 임명권, 조약 체결권과 사신 임명권 등 모든 권한을 황제에게 집중시켰다. 군주권의 범위와 대상을 규정함으로써 안으로는 군주가 최고 권력자임을, 밖으로는 대한제국 주권이 외국의 간섭을 받지 않는 독립 국가임을 선포한 것이다.

정부는 이러한 바탕 위에서 개혁 사업에 속도를 더했다(광무개혁*). 국왕과 서울을 호위하는 중앙군을 새로 만들어 인원을 늘리고 지방마다 진위대를 두는 등 군비를 강화했다. 또 원수부元帥府*를 두어 황제에게 군권을 집중시켰으며, 전함을 수입하여 해군력을 키우려 했다.

광무개혁 1897년 대한제국이 수립된 뒤 1904년 러일전쟁 직전까지 대한제국 정부가 추진한 일련의 개혁. 이때 양전지계사업을 비롯한 각종 개혁을 추진했다.

원수부 광무 3년(1899) 고종이 황궁에 설치한 군통수기관. 황제와 황태자가 각각 대원수·원수가 되어 육해군을 통솔하려는 것으로, 군주권 강화의 한 방안이었다.

정부는 개혁 사업에 드는 재원을 마련하려고 황실 재정을 맡은 궁내부 내장원의 기능과 권한을 확대했다. 내장원은 탁지부에서 관리하던 역둔토를 황실 소유지로 편입시켜 지주 경영을 강화했다. 그리고 인삼세·어세·염세 등 갖가지 세목과 농상공부에서 관리하던 홍삼의 제조·전매권을 손에 넣었다. '이권양도 불가' 방침으로 정했던 광산이나 철도 등의 이권을 황실이 나서서 열강에게 넘겨주고 자금과 기술을 도입하려 했다. 그 밖에 탁지부 산하의 전환국까지 황실 직속 기구로 편입시킨 뒤 백동화를 마구 발행해 많은 이익을 남겼다.

정부는 조세수입을 늘리고 근대적인 토지소유권을 확립하려고 1898년과 1901년에 각각 양지아문과 지계아문을 설치했다. 이어 1899~1903년 일부 지역에서 두 차례에 걸쳐 토지조사사업과 지계발급사업을 했다. 이로써 토지를 자유롭게 매매하는 것이 법으로 보장되었으며, 국가재정을 개선할 수 있는 토대가 마련되었다. 아울러 지방제도를 23부제에서 13도제로 바꿔서 지방행정 경비를 줄이려 했다.

광무개혁은 근대 상공업을 진흥·육성하는 방향으로도 나아갔다. 정부는 서구에서 근대 기술을 도입하여 섬유·운수·광업 분야에서 근대적 회사와 공장을 세웠다. 여기에 드는 인력과 지식을 확보하려고 기술학교를 세우고 해외에 유학생을 보냈다. 서북철도국·철도원 등을 두어 철도를 부설하려 했고, 금본위제에 바탕을 둔 화폐제도 개혁과 중앙은행 창립을 준비하기도 했다. 그 밖에 한성을 근대도시로 탈바꿈하려고 도로를 고치고 전차를 놓기도 했다. 그러나 이러한 시도는 일본의 정치적 방해와 외국 상인의 상권 잠식으로 오래 이어지지 못하거나 일본 손으로 넘어갔다.

광무개혁은 전제군주제를 확립해 근대 주권국가를 세우려 했으며, 짧은 시간 안에 국방·산업·교육·기술면에서 일부 성과를 거두었다. 그러나 대외 의존적인 정책 탓에 열강의 정치적·경제적 침략을 막을 수 없었고, 개혁

도로와 하수도 정비

종로 전차 정류장(1903)

에 필요한 재원도 가혹한 민중 수탈로 메우려 하여 민중의 저항에 부딪혔다. 더구나 일본이 러일전쟁을 일으키자 광무개혁은 더 이상 실효를 거둘 수 없었다.

대한제국 시기 민중운동

농민 항쟁과 영학당의 봉기

1894년 농민전쟁이 좌절된 뒤 한때 침체되었던 농민 항쟁은 1898년이 되면서 다시 온 나라 여기저기에서 터져 나왔다. 지주에게 소작료 인하를 요구하는 항조운동抗租運動과 정부 또는 지방관의 부당한 조세 수취에 저항하는 항세운동抗稅運動에서 비롯된 자연 발생적인 농민 봉기가 잇달았다. 이들 농민 봉기의 원인은 곳에 따라 차이는 있지만 대개는 갑오·광무정권이 추진한 지주 중심의 개혁 정책과 제국주의 열강의 경제 침탈로 깊어진 모순 때문이었다.

1898년 탐관오리의 수탈에 항거한 데 이어 1901년에 일어난 제주도 농민 봉기가 가장 두드러졌다. 이들 농민은 프랑스 선교사의 강압적인 선교 활동, 왕실의 사적 수탈, 일본 어선의 침탈 등에 저항하며 봉기했다. 특히 제주도민의 정서를 무시한 선교사의 무리한 포교 활동이 분노를 더욱 부채질했다. 민중은 단순히 이질적인 종교를 거부하는 데 그치지 않고 서양 종교의 전파 그 자체를 제국주의 침략으로 받아들였다.

자연 발생적인 농민 항쟁이 이어지는 가운데, 영학당·동학당 같은 무장 집단이 나타나기 시작했다. 농민전쟁의 중심 지역인 고부·흥덕 같은 곳에서 봉기한 영학당은 1894년 농민군 가운데 살아남은 세력이 영국 종교인 것처럼 위장하려고 겉으로는 '영학英學'이라는 이름을 쓰고, 실제로는 계契 조직이나 동학·기독교 조직을 이용했다. 1899년 봄 전라도 북부에서는 농민이 1894년 농민전쟁의 한 원인이었던 균전을 없앨 것을 강력히 요구하는 농성을 벌였으나 정부군의 탄압으로 해산되었다.

영학당은 이를 계기로 그해 5월 '보국안민'을 내걸고 반봉건·반침략 항쟁에 나섰다. 영학당은 고부·흥덕·무장 등지를 공격해 무기를 확보하고 광주·전주를 차례로 점령한 뒤 서울까지 진격하려 했으나, 고창을 공격하는 과정에서 패하고 말았다. 1900년 무렵에는 해주·재령 등 황해도와 소백산맥 지역에서도 동학당이 중심이 되어 반침략·반봉건 투쟁을 벌였다. 이러한 무장 농민 세력의 투쟁은 1900년을 고비로 거의 사라졌다. 나머지 세력은 1900년부터 본격적인 활동을 벌이는 활빈당에 흡수되었다.

초기 노동자들의 저항

노동자의 항쟁은 외국자본의 침탈이 극심하던 광산채굴지, 철도부설지, 개항장 같은 곳에 집중되었다. 미국과 일본을 비롯한 외국 자본가는 광산을 개발하면서 아무런 배상 없이 근처 논밭을 모두 망가뜨려 농민의 생존권을 위협했다. 또 그동안 '잠채潛採'하거나 정부에 세금을 내고 광산을 채굴하던 한국인 채굴업자나 여기에 고용된 노동자의 생존 근거지마저 빼앗았다. 1897년 미국자본의 운산금광을 비롯한 1900년 영국 자본의 은산금광, 1899년과 1901년에 독일인이 경영하던 금성 당현광산, 1901년 일본인이 경영하는 직산금광에서 지역주민과 힘을 모은 노동자의 집단 저항이 잇달았다.

제국주의 열강이 군사적·경제적 침략 통로로 삼았던 철도·부두 등의 건설 현장에서도 민중이 저항했다. 철도 부설지 곳곳에서 노동력 강제 징발에 항의하는 시위가 이어졌다. 1904년 9월에는 경기도 시흥군에서 몇천 명의 군중이 폭동을 일으켜 강제 동원에 앞장선 친일 군수와 일본인 2명을 죽였다. 이 무렵 황해도 곡산에서도 경의선 철도공사를 맡고 있던 일본인 청부업자 8명이 주민들의 손에 죽었다. 1898년에서 1903년 사이에는 목포 부두 노동자가 자본가의 착취에 저항하여 동맹파업을 일으켰다. 일본인 상인자본가에 고용된 한국인 부두 노동자는 하루종일 짐을 부리는 고된 일을 하고도 점심은 겨우 물로 배를 채워야 할 만큼 열악한 조건에서 일했다. 이에 부두 노동자는 목포 주민과 힘을 합쳐 임금 인상을 요구하는 동맹파업을 일으켰다.

광산·철도·개항장 같은 곳에서 일어난 초기 노동자들의 항쟁은 제국주의 무력간섭과 정부의 굴욕적 타협으로 좌절되었다. 노동자 투쟁은 처음에는 근로조건 개선과 임금 인상 등 경제 요구에서 일어났지만, 고용 자본이 제국주의 자본이기 때문에 제국주의 자본과 침략을 반대하는 성격도 지녔다.

활빈당 투쟁

대한제국 시기를 대표하는 반봉건·반침략 항쟁은 활빈당 투쟁이다. 활빈당이라는 이름은《홍길동전》에서 따온 것으로 '가난한 사람을 살려내는 무리'라는 뜻을 지닌 의적이었다. 그러나 벼슬아치와 같은 양반 지배층이나 지주가 보기에는 도적 떼에 지나지 않았다.

활빈당은 청일전쟁 뒤 지주제가 강화되면서 토지에서 유리된 농민들과 19세기 중반부터 늘어난 화적당과 결합하여 전국 규모로 발전했다. 활빈당의 내부 규율은 엄격했으며, 10여 명에서 수백 명에 이르는 비밀 무장 결사체였다. 이들은 1900년 무렵 충청·경기도, 낙동강 동쪽의 경상도, 소백산맥 부근의 전라도를 중심으로 독자 활동을 하면서 서로 연계했다. 활빈당은 "우리는 나라에서 능히 잡을 수 없고, 부·군 등 지방관청에서 막을 수 없다"라고 장담할 만큼 '동에 번쩍, 서에 번쩍' 했다.

활빈당은 1900년 4월 무렵 한국 사회에 불어닥친 나라 안팎의 위기에 대처해 "위로 보필하고 아래로 편안케 하려는 뜻"을 선언하고, 이를 실현하려는 13개 조목의 강령을 내세웠다.

대한사민논설 13조목

1. 요순공맹堯舜孔孟의 효제안민孝悌安民의 대법을 행할 것을 간언할 것.

2. 사치하지 않은 선왕의 복제服制를 사용할 것.

3. 민간이 화목하고 상하가 원망하지 않는 정법正法을 행할 것을 간언할 것.

4. 백성이 청원하는 바의 문권文券을 폐하게 받들어 올려 일국의 흥인興仁을 꾀할 것.

5. 시급히 방곡령을 실시하여 구민법을 채용토록 할 것.

6. 시장에 외국 상인의 출입을 엄금시킬 것.

7. 행상인에게 징세하는 폐단을 금할 것.

8. 금광의 채굴을 금지하고 인민의 방책을 꾀할 것.

9. 사전私田을 혁파하고 균전均田으로 하는 구민법을 채택할 것.

10. 곡가의 앙등을 막기 위해 곡가를 저렴하게 안정시킬 법을 세워 구민책을 쓸 것.

11. 만민의 바람을 받아들여 악형의 여러 법을 혁파할 것.

12. 도우屠牛를 엄금하여 농사를 못 짓게 하는 폐해를 제거할 것.

13. 다른 나라에 철도 부설권을 허용하지 말 것.

선언과 13개 조목에서 나타난 활빈당의 이념은 봉건사상에서 완전히 벗어나지 못했지만, 기본적으로 반봉건·반침략을 지향했다. 특히 자본주의 열강의 이권 침탈 반대, 방곡령 실시, 균전제 실시, 잡세 폐지와 구민법 시행 등을 요구한 것은 활빈당의 계급 기반을 반영한 것이었다.

활빈당은 스스로 의적이라 부르면서 양반 부호의 집이나 지방 관아에서 빼앗은 재물 가운데 일부를 빈민이나 장사 밑천이 없는 소상인에게 나누어 주기도 했다. 이들은 13개 조목에서 밝힌 대로 제국주의 열강의 자본 침탈을 반대하는 투쟁도 벌였다. 활빈당은 때때로 '수적水賊'이 되어 일본인 장사배를 약탈하고, 빼앗은 재물 가운데 일부를 빈민에게 나누어 주었다.

활빈당은 1905년 을사늑약이 체결될 무렵 나라 안팎의 정세가 급변하자, 또다시 새롭게 변신했다. 1906년 활빈당 일부가 활동을 계속해 나가는 가운데, 대부분은 의병 봉기에 합류했다. 활빈당 운동은 1894년 농민전쟁의 이념을 계승하여 반일 의병전쟁으로 이어졌다.

일제의
침략과
국권수호운동

일제의 국권 침탈과 식민지화 정책

러일전쟁과 대한제국의 '보호국'화

한반도를 둘러싼 러시아와 일본의 대립은 끝내 전쟁으로 치달았다. 1904년 2월, 일본은 선전포고도 없이 랴오둥반도의 뤼순 항을 기습 공격한 뒤 인천에 정박해 있던 러시아 함대를 습격했다. 전쟁의 승세를 타고 한반도에 식민지 기반을 닦던 일제는 서둘러 전쟁을 끝내려 했다. 많은 전쟁 비용을 미국과 영국에 의존하는 상황에서 전쟁을 오래 끌 수 없었다. 러시아도 국내의 불안정한 정세 때문에 전쟁이 빨리 끝나기를 바랐다. 일본은 미국 대통령 루스벨트에게 중재를 요청했다. 미국과 영국은 극동의 평화를 유지하려면 "일본이 조선에서 탁월한 세력을 유지할 권리를 보장받아야 한다"며 전쟁이 끝날 즈음에 일제가 대한제국을 지배하는 것을 승인해 주었다.

1905년 7월 미국은 일본과 '가쓰라-태프트비망록'을 교환해 일본이 대한

영일동맹 기념엽서

러일전쟁 때 압록강 부근에서 군수물자를 운송하는 한국인

세국을 지배하는 것을 인정해 주는 대가로 필리핀 지배를 인정받았다. 8월 영국과 일본은 '2차 영일동맹'을 맺어 대한제국·인도 지배를 서로 승인했다. 9월 러·일 두 나라는 "러시아는 일본이 대한제국에 필요하다고 인정하는 보호조치에 간섭하지 않는다"라는 내용을 담은 포츠머스조약을 맺었다.

러일전쟁 당시, 일제는 전쟁을 일으킨 지 보름 만에 5만여 명의 침략군으로 대한제국을 위협하여 군사전략상 필요한 곳을 사용할 수 있게 한 '한일의정서'를 강제로 맺었다. 8월에는 '제1차 한일협약'을 맺어, 일본이 추천하는 고문을 두어 간섭하는 '고문정치'를 실시했다. 이때 친일 미국인 스티븐스를 외교고문으로 들어앉혔다.

일제는 대한제국 보호국화를 제국주의 열강에게 승인받은 뒤 11월 9일 군대를 동원하여 왕궁을 포위한 가운데 이른바 을사 5적을 앞세워 통감부 설치와 외교권 박탈을 뼈대로 하는 '을사늑약'을 강요했다.

을사늑약은 한국 정부가 일본 정부를 거치지 않고는 어떠한 국가와도 조약이나 약속을 하지 못하게 한국 외교권을 완전히 박탈했다. 또 한국에 일본인 통감 1명을 두어 한국의 외교 업무만을 관리한다고 규정했으나, 사실상 한국의 모든 내정을 관장했다.

고종은 주권국가의 지위를 말살하는 이 조약에 끝까지 서명하지 않았다. 대한제국은 황제만이 외국과의 조약체결권을 가졌기 때문에 황제의 위임장과 재가가 없는 이 조약은 사실상 무효였다.

그러나 일제는 한국 정부의 외부를 폐지하고, 서울에 통감을 부임시켰다. 또 구미 열강에 요청하여 서울 주재 각국 공사관을 철수시키고, 여러 나라에 있는 한국 공사관 직원을 불러들였다. 이로써 대한제국의 외교권은 사실상 일본이 행사하게 되었고, 대한제국은 일본의 '보호국'이 되었다.

민중은 일제의 이러한 불법적인 조약 체결에 통분하여 거리로 뛰쳐나와 침략자 일제와 나라를 팔아먹은 '을사 5적'을 규탄했다. 학생은 동맹휴학으

러일전쟁 풍자화

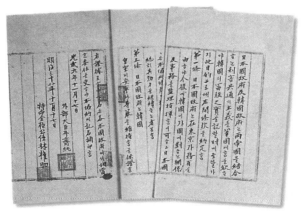

조약 이름과 전권공사 위임장이 없는 을사늑약 원본

헤이그 현지 신문에 실린 헤이그 특사. 왼쪽부터 이상설, 이준, 이위종

로, 상인은 철시撤市로 민족의 울분과 침략자에 대한 적개심을 불태웠다. 농민을 비롯한 민중은 의병 투쟁의 대열에 나섰다. 전 의정부 대신인 조병세는 상소로, 시종무관 민영환 등은 목숨을 끊어서 을사늑약 무효와 을사 5적 처단을 절규했다.

고종도 이 조약이 자신의 뜻과 관계없이 강요된 것이므로 끝까지 승인하지 않겠다고 선언했다. 고종은 미국인 헐버트에게 을사늑약이 무효임을 미국정부에 전달할 것을 비밀리에 부탁했다. 또 1907년 4월에는 네덜란드 헤이그에서 열리는 만국평화회의에 이상설, 이준, 이위종 등 세 사람의 특사를 보내서 자신과 정부 대신들이 조약을 인정하지 않았다는 것을 강조하고, 외교권을 수호할 수 있도록 해 달라고 요청했다.

그러나 이 회의는 대한제국과 같은 식민지 또는 반식민지 국가는 참가조차 허용되지 않는 식민지 분할을 위한 회의였다. 따라서 세계열강의 도움을 받으려 한 고종의 이러한 시도는 처음부터 성과를 바라기 어려웠다.

일제는 이를 빌미로 대한제국 내정까지 장악해 나갔다. 1907년 7월 강제로 '한일신협약(정미7조약)'을 맺어 '한국의 시정 개선에 관해 통감의 지도를 받고 한국 정부의 법령 제정과 중요한 행정 사항의 처분은 미리 통감의 승인을 받게 하여' 통감이 한국 내정을 장악했다. 나아가 고종을 황제 자리에서 내쫓고 군대마저 해산시켰다. 꼭두각시 친일 관료를 앞세워 통치해 왔던 일제는 이제 가면을 벗고 직접 통치자로 나섰다. 곧이어 한국인들의 저항을 무너뜨리려고 '보안법'과 언론·출판의 자유를 억압하는 '신문지법新聞紙法'을 비롯한 악법을 만들어 일본을 비판하거나 저항하는 활동을 가로막았다.

일제의 불법적 강제 병합

1909년 들어 한국의 사법권과 경찰권까지 장악한 일제는 비밀리에 한국병합을 서둘렀다. 7월 6일 일본 내각에서는 '적당한 시기에 한국을 병합한다'라는 방침을 공식 결정했고, 7월 말경에는 병합을 "일본 천황의 조칙으로 선포"하고, 병합한 뒤에는 "한국에는 일본 헌법을 적용하지 않는다"라는 병합 실행의 기본 방향을 확인했다.

10월 26일 안중근이 하얼빈에서 이토 히로부미伊藤博文를 처단하는 사건이 일어나자 이 사건을 구실로 그동안 '합방'을 주장하던 친일파와 일본 우익이 '한일 합방 운동'을 벌이기 시작했다. 일진회는 일제의 대표적인 극우낭인 단체인 흑룡회의 사주를 받아 12월 '합방 청원론'을 정부에 제출하며 합방을 촉구했다. 그러나 일본 정부는 이미 병합 방침을 정했고 한국과 일본

내에서 '합방 청원'이 들끓는데도 '합방'을 부정했다. 일제가 곧바로 병합을 단행하지 못한 것은 병합에 필요한 내부 준비가 부족했고 무엇보다 영국, 미국 등 주요 서구 열강으로부터 한국병합을 승인받지 못했기 때문이다.

1910년 일제는 영국, 미국 등 한국과 통상 조약을 맺은 주요 열강을 대상으로 병합 승인 외교를 벌였다. 그 결과 4월 무렵 일본은 만주를 남북으로 분할하기로 한 제2차 러일협약을 체결하면서 러시아로부터 병합 승인을 받았다. 이어 5월에는 영국과 미국도 이미 한국에서 확보한 자신들의 이권을 병합 후에도 보장한다는 조건으로 병합을 승인했다.

한국병합에 대한 국제적 승인을 확보한 일본은 병합을 서둘렀다. 일본 정부는 5월 30일 현직 육군대신인 데라우치 마사타케寺內正毅를 제3대 통감에 임명하고 그에게 병합 단행의 전권을 주었다. 데라우치는 6월 일본 수상 관전에 통감부와 외무성 관리로 구성한 병합준비위원회를 비밀리에 조직하고 병합과 이후 한반도 통치에 필요한 법령, 칙령, 조약 등을 준비해 7월 8일 내각에서 최종 승인을 받았다.

데라우치는 7월 23일 서울에 부임했다. 이 무렵 한국에는 '일본이 곧 한국을 병합한다'는 소문이 파다했다. 그는 부임에 앞서 6월 헌병 경찰제를 실시하는 한편 각 지방에 주둔하고 있던 일본군을 서울에 집중시켰다. 병합을 강요할 군사적 위협 수단으로 그리고 병합을 단행할 때 일어날지 모를 저항에 대비하기 위해서였다. 병합에 대한 일제의 노골적인 강압이 지속되자 내각 총리 이완용은 개인 비서인 이인직을 8월 5일과 8일 두 차례 은밀히 통감부에 보내어 자신이 책임지고 병합에 협조하겠다는 의사를 전달했다. 데라우치는 이완용의 의사를 확인하고 앞으로 2주 안에 병합을 단행하겠다고 일본정부에 보고하고, 16일과 18일 두 차례 이완용을 통감관저로 불러 비밀 협상을 가졌다. 이 자리에서 이완용은 병합에 합의했고, 데라우치는 '합의적 조약'에 의한 병합을 강조했다.

1910년 8월 22일, 통감관저에서 병합늑약에 조인하는 데라우치 통감(왼쪽 큰 사진), 이완용 내각총리, 조중응 농상공부대신 (출처 : 독립기념관)

그리하여 이완용은 데라우치의 지시대로 18일 내각회의를 열어 병합안을 논의했으나 학부대신 이용직이 극력 반대해 합의에 실패했다. 이완용과 데라우치는 병합에 반대하는 이용직을 배제한 가운데 22일 일제가 작성한 조약문을 글자 하나 수정하지 않은 채 병합늑약을 체결했다. 그리고 일주일 뒤인 29일, 한일 두 나라가 병합을 동시 공포함으로써 대한제국은 주권을 상실하고 일제의 식민지가 되었다.

그러나 병합늑약은 을사늑약과 마찬가지로 조약 자체가 성립할 수 없는 불법 조약이었다. 일본은 국내법 내지 국제법이 규정한 절차를 지키지 않았을 뿐만 아니라 데라우치가 '합법적 조약'을 위해 이완용에게 강조한 절차조차 지키지 않았다. 일제는 이런 사실을 숨기려고 마치 병합이 '한국 황제가 일본 황제에게 병합을 청원하고 일본 황제가 이를 허락'한 것처럼 위장했다. 더구나 같은 날 공포된, 비준서에 해당하는 순종 황제의 '병합칙유'에는 황제의 서명이나 내각총리대신을 비롯한 각부 대신의 부서도 없고, 도장

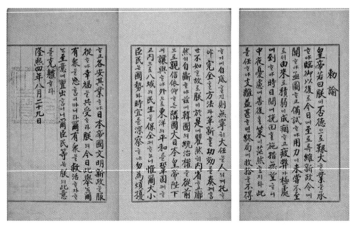

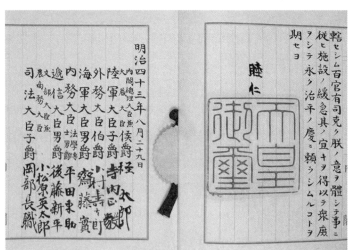

날조된 순종의 병합칙유(1910.8.29.)와 일본왕의 병합조서(1910.8.29.)

1910년 8월 22일 한일 두 나라는 29일 양국 황제의 '조칙'으로 병합을 동시에 공포한다는 각서를 썼으나, 실제 29일 한국은 각서와는 달리 '조칙'이 아닌 '칙유'를, 일본은 '조칙(조서)'를 공포했다. 그러나 같은 정치적 의미를 갖는 두 문서의 형식은 확연히 다르다. 순종의 칙유는 대한제국의 칙유 형식도, 1907년 이후 일본이 강요한 일본의 공문서식도 아닌 '돌연변이' 문서다. 이것은 곧 '날조'된 것으로, 병합늑약이 불법임을 증명한다.

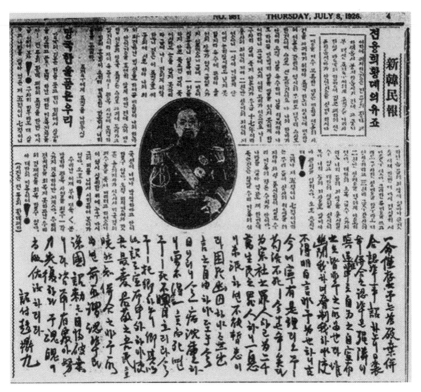

7월 8일 자 《신한민보》
1926년 4월 붕어 직전 '자신은 병합을 인준하지 않았다'라고 한 순종의 유조遺詔가 실렸다.

도 국새(대한국보)가 아닌 그때 일제가 빼앗아 통감부가 가지고 있던 어새(칙명지보)만 달랑 찍혀 있다. 일제가 칙유를 '날조'한 것이다. 이는 조약의 최종 결정권자인 순종이 병합을 거부했다는 뜻이다. 그 증거는 1926년 4월 순종이 붕어 직전 남긴 유조遺詔 즉 "지난날 병합 인준은 강린(일본)이 역신의 무리와 더불어 제멋대로 해서 제멋대로 선포한 것이요, 다 나의 한 바가 아니라"고 한 사실에서 확인할 수 있다.

일제의 식민지 재정·금융 체계 수립과 토지약탈

일제는 러일전쟁에서 승기를 잡자 대한제국을 강점하는 데 필요한 기초 작업을 추진했다. 특히 대한제국의 재정과 화폐유통 체계 장악에 가장 심혈을 기울였다.

일제는 식민지 경영 비용을 한반도 안에서 마련하려고 러일전쟁 중에 일본인 재정고문관을 내세워 '재정정리사업'을 벌였다. 대한제국의 재정이 문란하다는 것을 빌미로 일본 제일은행 경성지점을 국고國庫로 삼아 모든 재정 지출과 수입을 통제하고 징세 기구를 크게 개편했다. 국고·회계 제도를 확립하고 징세 제도를 근대화한다는 구실로 재정권을 장악하고 세금을 늘려 식민 지배의 경제 기반을 다지려 한 것이다. 1906년 일제는 철저한 호구 조사로 세금을 받아낼 수 있는 가호를 2배로 늘렸다. 1907년에는 세금 가운데 가장 큰 몫을 차지하던 토지세를 늘리려고 토지 기초조사 작업도 추진했다. 이 밖에도 가옥세·연초세·주세酒稅 등 갖가지 이름의 세금이 계속 늘었다. 이렇게 한국 민중을 착취한 결과 1910년 재정 규모는 1906년의 3배에 이르렀다.

또 일제는 황실 재정을 해체하여 국유화하려 했다. 막대한 황실 재정을 빼앗고 식민지화의 걸림돌인 황실의 물적 기반을 무너뜨리려는 속셈이었다. 그리하여 1907년 고종의 강제 퇴위를 계기로 일제는 황실이 가진 여러 수입과 권리를 국고 또는 정부로 넘기거나 없앴다. 역둔토驛屯土의 지대 수입과 홍삼 전매사업의 수익금 등을 국고로 넘긴 것을 끝으로 1908년 6월 마침내 황실 재정은 국유화되었다.

한편 일제는 대한제국 화폐를 모두 없애고 일본 화폐만 쓰도록 하여 대한제국의 화폐·금융 체계를 일본 경제에 완전히 예속시켰다. 1905년에 시작해 1909년에 끝난 '화폐정리사업'으로 대한제국 화폐는 하루아침에 고철이 되어 많은 한국인이 재산을 잃었다. 대신 그 만큼의 재산이 일제의 손아귀로

철도파괴죄로 의병을 총살하는 일본군

넘어갔다. 또 백동화를 갑·을·병종으로 나누어 갑종은 액면가, 을종은 액면가의 1/2로 바꿔 주고, 병종은 거두어 폐기 처분하는 폭력적인 방식을 썼다. 아울러 한국은행(뒷날 조선은행), 농공은행, 지방금융조합 등을 만들어 식민지 금융 체계를 만들었다. 이로써 일제는 식민 통치에 필요한 자금을 현지에서 조달할 수 있었지만, 대한제국의 화폐·금융 체계가 무너져 한국 민중이 엄청난 손실을 입었다.

일제는 대한제국 경제구조를 식민지 경제로 재편하면서 황무지를 개척하거나 국유지를 개간한다는 구실로 황무지 개간에 관한 규정(1906.7), 국유미간지 이용법(1907.7)과 같은 갖가지 악법을 만들었다. 또 철도부지와 군용지를 확보한다면서 대한제국 정부와 황실이 갖고 있던 국유지와 역둔토를 빼앗았다. 군용지에 필요한 토지를 마음대로 차지했고, 군 주둔지 부근의 토지를 대량으로 약탈하기도 했다.

경인선과 경부선을 부설하면서 민간인이 가지고 있던 농토를 철도부지에 편입시키고 농민을 강제로 철도 부역에 동원했다. 이 때문에 경부선의 경우, 전답을 빼앗긴 철로변 주민의 수는 1만 몇천 명이었으며, 1마일 당 철도 건설비는 10만 6000원으로 세계 철도 평균치 16만 원의 70%에도 미치지 못했다.

일본 민간인도 농간을 부리거나 반강제적으로 기름진 토지를 사들여 전주·군산·나주·재령·김해 일대에 큰 농장을 만들었다. 일제는 동양척식주식회사 등을 세워 이를 뒷받침했다. 동양척식주식회사는 약탈한 토지를 관리하는 한편, 일본인이 조선으로 이주하는 것을 도왔다. 그 결과 1903년 2만 9000여 명이던 일본인은 1909년 17만 1000여 명으로 크게 늘었다. 또 1910년 무렵 일본 민간인과 동양척식주식회사가 소유한 토지는 무려 약 8억 6000만 제곱미터로, 요즘 서울 여의도 면적의 100배가 넘었다. 대한제국을 완전히 병합한 1910년 뒤에는 그 수치가 더욱 가파르게 늘었다.

민족경제의 몰락과 민중 생활

일본이 조선을 식민지화하던 때 일본 자본주의는 산업화 단계를 빠르게 거치고 있었다. 이 과정에서 일본 독점자본의 시급한 문제는 노동자의 임금을 낮추고, 주요 산업인 면 방직업과 견직업의 원료를 값싸고 안정적으로 공급받으며 남아도는 실업인구를 처리하는 것이었다. 통감부가 실시한 식민지 재정·금융 체계의 수립, 토지 약탈 등 일련의 식민지화 정책은 이러한 문제를 해결하는 데 있었다.

일본이 러일전쟁에 승리한 뒤 조선 이민을 권장하는 안내서를 만들어 농업이민을 장려한 것은 남아도는 실업자를 처리하기 위해서였다. 농업이

민과 함께 시작된 토지 침탈은 그 뒤 한반도를 일본의 식량 공급지로 만든 1910년대 '토지조사사업'의 전주곡이었다.

일제는 조선을 일본 공업에 필요한 질 좋은 원료 공급지로 만들려고 산과 들에 육지면을 재배하게 하고 양잠을 강요했다. 여기에다 일제는 조선에서 들여온 면화를 원료로 대량 생산한 면제품을 조선에 수출해 그나마 유지되던 조선의 면포수공업을 몰락시켰다. 이 시기 조선에 들어온 일본 자본은 광무개혁 과정에서 근대적 기업으로 성장하고 있던 정미업·담배제조업·성냥업 등에도 침투하여 이들 기업을 몰락시키거나 예속시켰다.

일제가 식민지 경영비를 마련하려고 늘린 여러 가지 세금은 도시 주변을 비롯한 농촌의 소상인을 빠르게 몰락시켰다. 장날마다 지고 온 야채 한 꾸러미, 땔감 한 바리, 소금 한 되, 마른고기 한 마리에도 빠짐없이 장시세다 영업세다 하는 갖가지 이름을 붙여 1/100의 무거운 세금을 거두었다. 소상인은 일제의 가혹한 조세 수탈에 저항했으나, 일제는 이미 친일파로 변해 버린 지방 유지들로 구성된 '지방위원회', 그 보조 기구인 '면장협의회' 등을 통해 이를 회유하거나 억압했다.

일제의 토지 침탈로 식민지 지주제가 강화되는 가운데 농민 생활은 더욱 어려워졌다. 땅과 일자리를 잃어버린 농민은 고향을 등지고 압록강과 두만강을 건너 만주로, 연해주로 떠났다. 1910년 한일병합 직전까지 이렇게 고향을 떠난 사람은 무려 60만 명이나 되었다.

문화 계몽운동과 신민회

실력 양성을 위한 여러 계몽 활동

1898년 독립협회가 무너진 뒤 개화파의 명맥을 잇던 계몽운동가는 1904년 일제의 황무지 개간에 반대하는 보안회를 발족했다. 보안회는 황무지 개간이라는 명분을 앞세운 일제의 토지 약탈 시도를 꺾었으나 일본의 압력으로 해산되었다.

계몽운동가들은 1905년 헌정연구회를 만들어 대중 계몽운동을 펼치면서, '을사조약' 강제 체결을 계기로 이를 반대하는 정치 운동을 했다. 이에 일제는 모든 반일 정치 활동을 금지·탄압하고 자신들의 침략 정책에 맞서지 않는 문화 운동만을 허용했다.

그리하여 1906년 뒤부터 계몽운동은 반일 정치 운동의 성격이 약화되고 교육·언론·종교 등을 통한 실력 양성과 대중계몽이 목적인 문화 운동으로 자신의 역할을 제한했다. 헌정연구회가 해산되고 1906년 4월 이를 계승한 대한자강회가 설립되었다. 이 단체는 전국에 25개 지회를 두고 월보를 간행하고, 정기적인 연설회를 열어 활동 영역을 넓혔다. 그러나 대한자강회는 일본인 고문 오가키 다케오大垣丈夫에게 지침을 받아 활동했고, 그 활동은 '국법의 범위 이내'로 제한되었다. 그나마 대한자강회는 오가키의 파괴책동과 더불어 1907년 정미7조약을 반대하여 서울 시민을 선동했다는 혐의로 해산되었다.

대한자강회가 해산된 뒤 11월 남궁억·오세창·윤효정 등이 대한협회를 만들었다. 하지만 이 협회의 이론가인 윤효정이 대한제국 침략의 원흉인 이토 히로부미를 "조선의 행복을 증진할 인물"이라고 극찬했을 만큼 대한협회는 이미 친일의 색채를 뚜렷이 드러냈다. 그리하여 1908년 당시 계몽 단체 수가 무려 60여 개에 이르렀지만, 거의 "망국의 바람에 옷자락 휘날리며 오가던 망동배의 집단이거나 친일적 색채가 강한 단체"라고 비난받았다.

일제의 통감 정치에서 합법적인 반일 활동을 할 수 없게 되자, 계몽운동가들은 주로 실력 양성을 위한 교육 진흥과 식산흥업에 힘을 쏟았다. 이들은 서우학회·한북흥학회·기호흥학회·호남학회·관동학회·교남학회 등의 학회

《대한매일신보》창간호와 사장 베델

를 세웠다. 또한 수많은 사립학교를 세웠는데, 1909년 무렵 그 수가 2000여 개를 넘었다. 이들 사립학교는 서양의 근대 학문을 가르칠 뿐만 아니라 애국심을 드높이는 데 힘써 많은 민족운동가를 길러내는 데 이바지하기도 했다. 그러나 교육 운동은 일제의 사립학교령(1908.10)과 재정의 어려움으로 평양의 대성학교, 강화의 보창학교 등 몇 학교를 빼고는 큰 효과를 보지 못했다.

계몽운동가들은 언론·출판 활동도 했다. 《황성신문》·《대한매일신보》·《제국신문》·《만세보》 등의 신문과 《소년》을 비롯한 여러 잡지를 발행하여 일제의 침략상을 폭로하면서 대중에게 애국 사상을 불어넣었다. 이 밖에도 《을지문덕전》·《이순신전》 등의 위인전과 《동국사략》·《대한신지지》·《국어문법》 등과 같은 대한제국의 역사·지리·국어책을 출판하여 민족정신을 일깨우는 데 한몫했다.

계몽운동가들은 이런 교육 운동 말고도 식산흥업을 위한 실업 운동도 벌

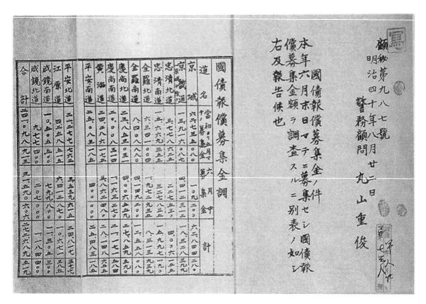

국채보상운동 모금액 표

였다. 서북학회는 농림강습소를 만들어 농업기술을 가르치고, 산업을 발달시키기 위한 실업부를 만들어 기금을 모았다. 그 밖에도 경제연구회와 일진회의 외곽단체인 상무조합에 반대하는 제국실업회 등을 만들었다.

1907년 2월 부산과 대구에서 국채보상운동이 일어나면서 계몽운동은 절정에 이르렀다. 일본에게 진 빚을 민족의 힘으로 갚아 국권을 되찾자는 취지를 내세운 이 운동은 눈 깜짝할 사이에 온 나라로 퍼져 나갔다. 남자는 담배를 끊어 절약한 돈으로 모금에 참여하고, 여자는 비녀와 가락지까지 냈다. 그러나 일제가 제멋대로 거액의 차관을 더 끌어들이고 운동 지도부를 구속함으로써 열기가 오래가지 못했다. 일제의 끈질긴 방해 말고도 대한제국의 재정권이 이미 일제에게 넘어간 상태에서 실제로 외채 상환은 할 수 없었다. 그러나 국채보상운동은 일반인의 국권 수호 의지를 굳게 해 반일 적개심을 불러일으켰고, 그 뒤 민족운동에 많은 영향을 끼쳤다.

계몽운동은 '국법' 안에서 합법 활동을 했기 때문에 일제의 침략 자체를 부정하지는 못했지만 대중이 민족 현실을 깨닫게 하는 데 이바지했다. 그러나 일제가 1907년 보안법·신문지법과 같은 악법을 만들어 합법적인 문화 운동마저 탄압하자, 계몽운동가들은 이렇다 할 활동을 하지 못했다.

신민회

일제 탄압으로 합법적 문화 운동마저 어려운 상황에서 일부 계몽운동가는 1907년 2월 계몽운동을 이어갈 신민회라는 비밀결사를 조직했다. 신민회는 국권 수호를 위한 구체적 목표로 "국민에게 민족의식과 독립사상을 고취할 것, 동지를 발견·단합하고 국민운동의 역량을 축적할 것, 각종 상공업 기관을 만들어 단체의 재정과 국민의 부력을 증진할 것, 교육기관을 각지에 설치하여 청소년 교육을 진흥할 것" 등 4대 강령을 내걸었다. 회장은 윤치호가, 부회장은 안창호가 맡았다. 그 밖에 장지연·신채호·박은식 등 개명 유학자, 이동휘·이갑 등 장교 출신, 이승훈·이종호 등 평양의 자산가 등 사회 각층

일제 침략에 맞서 필봉을 휘두른
박은식

교육 운동과 의병 항쟁을 벌인
이동휘

의 인사가 이 단체에 참여했다. 회원 수는 전국에 걸쳐 약 800여 명에 이르렀고, 그 가운데서도 서북 출신 기독교인을 중심으로 한 시민층과 신지식층이 핵심이었다.

신민회는 비밀결사체지만 주로 합법 활동을 했다. 민족운동과 교육 운동의 간부를 기르려고 평양에 대성학교를 세우고, 실력 증진과 실업 장려, 그리고 재원 확보를 목적으로 평양 등지에 자기磁器 회사를 세웠다. 또 출판물 보급과 사업

신흥학교를 세우는 데 헌신한
이회영

연락을 하려고 평양·서울·대구에 태극서관을 세웠다.

신민회 활동은 1909년 '한일병합'을 서두르는 일제의 탄압으로 벽에 부딪히기 시작했다. 그런 가운데 이들은 지난날 자신들이 '폭도'라고 비난해 왔던 의병이 일제에 굽히지 않고 항쟁하는 데 크게 고무되었다. 회원 가운데 일부는 실력 양성론을 비판하며 독립 전쟁론을 내세우기 시작했다.

1910년 8월 29일 '한일병합'이 현실로 나타나자, 이미 일제의 감시와 탄압을 피해 중국 등 나라 밖으로 망명한 안창호·이갑·신채호 등과 국내에 남아 있던 양기탁·이동녕·김구 등이 각각 중국의 칭다오靑島와 서울에서 비밀회의를 가졌다. 이 모임에서 안창호 등이 주장하는 실력 양성론을 거부하고 독립 전쟁론을 채택했다. 이에 따라 신민회는 만주 황무지를 개척하여 독립군 기지를 만들기로 했으며, 만주로 갈 사람과 자금을 모았다. 그러던 가운데 1911년 일제가 국내 애국 인사를 탄압하려고 '105인 사건'을 조작하면서 조직이 드러나, 신민회는 사실상 해체되고 말았다.

신민회는 해체되었고, 신민회 안에서 갈라졌던 실력 양성론과 독립 전쟁

론은 1920년대 서로 다른 길을 걸었다. 실력 양성론은 1920년대 국내 민족 개량주의 운동으로 이어졌다. 독립 전쟁론과 만주 독립군 기지 건설 운동은 1920년대 만주에서 일어난 독립군 활동의 중요한 밑거름이 되었다.

실력 양성론과 문화 계몽운동

문화 계몽운동은 일제 침략에 정면으로 맞서 싸우기보다는 뒷날 국권 수호를 대비해 실력부터 양성하자는 '자강 운동'이었다. 이 운동의 밑바탕에는 국권을 잃어버린 것이 제국주의 침략 때문이 아니라 우리 민족의 실력이 모자란 탓이라는 사회진화론의 인식도 깔려 있었다. 계몽운동가들은 대체로 독립협회가 토대로 삼았던 사회진화론을 믿었다. 이들은 주로 중국 사상가 량치차오梁啓超의 진화론 사상 체계를 거의 그대로 받아들여 우리 현실에 적용시켰다. 또한 '적자생존'과 '약육강식'의 원리를 국제 관계 속에서 파악하여 국권을 강조하고 실력 양성이 필요하다고 역설했다.

그러나 이들은 서구 자본주의국가가 제국주의 국가로 발전하면서 식민지를 개척하려고 저지른 침략 전쟁과 식민지 지배를 당연하다고 생각했다. 이러한 제국주의 침략 이데올로기를 우리나라에 그대로 적용한다면 약소국이자 후진국인 대한제국이 구미 열강의 침략을 받는 것은 당연하며, 차츰 실력을 쌓아 부국강병한 나라로 만든 다음에야 열강의 침략을 벗어날 수 있다고 믿은 것이다.

계몽운동가들은 일본의 통감 정치도 우리나라가 문명국으로 발전할 수 있는 하나의 기회로 받아들였다. 이런 논리에 따라 일제가 만든 악법의 테두리 안에서 합법적으로 활동해서 실력을 양성할 수 있다고 생각했다. 따라서 이들 눈에 비친 의병은 '오히려 나라를 망하게 하는 망령된 행동'을 일삼는 '폭도'와도 같았다.

중국과 일본 등지에서 유입된 사회진화론은 제국주의의 지배 질서와 냉엄한 국제 현실을 이해하는 하나의 이론적 도구는 될 수 있었으나, 이미 반(半)식민지화된 현실을 극복할 수 있는 대안은 되지 못했다. 국권 수호를 위한 하나의 방법으로 벌인 계몽운동의 실력 양성론은 결국 사회진화론의 한계를 벗어나지 못했다.

의병전쟁

의병 대열에 모여든 민중

일제가 러일전쟁을 일으키고 한반도를 무력으로 점령하자, 여러 계층의 사람들이 '토왜討倭(일제 타도)'를 외치며 의병 대열로 모여들기 시작했다. 1905년 4월부터 활빈당 등 농민 무장 세력의 주요 활동지인 경기·강원·충청도와 경상북도 일대에서 의병이 봉기했다. 이러한 항일 투쟁은 을사늑약 체결 소식과 함께 더욱 거세졌다. 여기에 자극을 받은 봉건 유생도 곳곳에서 의병을 조직했다.

척사파의 거두 민종식과 최익현 등 양반 유생이 충청도와 전라도에서 궐기하여 의병운동에 불을 댕겼다. 1906년 3월 충청남도 정산에서 의병을 일으킨 민종식은 1000명이 넘는 부대를 이끌고, 5월에는 단숨에 홍주성을 점령했다. 이어 민종식 부대는 다른 의병부대와 공주에서 합류할 계획을 세웠으나 압도적으로 우세한 무장력을 갖춘 일본군의 공격을 받아 실패하고 말았다.

6월 최익현은 전라북도 태인에서 자신의 문하생과 동조 세력 1000여 명을 묶어 의병을 일으켰다. 그러나 최익현은 11일 순창에서 정부군과 마주치자 의병부대를 해산하고 스스로 정부군의 포박을 받았다. 이어 양한규와 백낙구 등 유생들도 전라도에서 의병을 일으켰다. 이들은 지방 사회에서 잘 알려진 양반 유생이었으나 민중과 연대하지 못해 일제와 싸우지도 못하고 초기에 진압되고 말았다.

강원·경북·충북 접경지대에서는 신돌석·정순현·이하현 등이 이끄는 여러 의병부대가 태백산 줄기에서 '폭도' 또는 '적도'로 불리던 농민무장집단과 결합하여 반일 항전을 거세게 벌여 나갔다. 평민 출신 신돌석은 "막중한 의병진을 효유한다고 하면서 대의에 의거하니 그 죄가 하나요, 병정을 빌어다가 의병진을 치려 하니 그 죄가 둘이요, 왜학倭學을 설치하여 사람을 도탄지경에 빠지게 하려 하니 그 죄가 셋"이라며 의병을 탄압하거나 선유하는 친일 관료들을 성토했다. 신돌석이 이끄는 의병부대는 일월산을 중심으로 영해와 영덕을 누비며 헌병분견소·군청 등 일제의 통치기관을 습격하고, 침탈의 창구인 철도·우편취급소·세무소·광산 등을 파괴했다. 이때 신돌석은 '태백산의 나는 호랑이'라 불릴 만큼 민첩하고 과감하게 유격전을 벌여 일제와 친일 세력을 두려움에 떨게 했다.

의병의 반일 항전은 1906년 말까지 중남부 지방에서만 60여 군에서 일어났으며, 그 뒤 서북부 지방까지 빠르게 퍼져 나갔다. 반일 항전의 기세가 무르익는 가운데 12월, 충주금광 광산 노동자 몇백 명이 의병에 집단적으로 참가하는가 하면, 강원도에서는 학교 교사의 지도를 받으며 학생 200명 남짓이 의병부대에 합류했다. 그 밖에도 행상 등 소상인층, 부두 노동자를 비롯한 철도·광산 등지의 노동자, 애국적 지식인, 청년·학생 등 나라를 위기에서 구하려는 민중이 반일 의병부대에 잇달아 모여들었다.

전국으로 번지는 의병전쟁

의병운동은 1907년 8월 군대 해산을 계기로 새로운 전기를 맞았다. 앞서 7월에 일제가 헤이그 특사 사건을 구실로 고종을 강제로 퇴위시키고 대한제국 군대마저 해산시키자 수많은 군인이 일제의 해산 조치에 반대하여 의병

군대 해산에 저항한 수원 진위대 강화분견대 장교들

대열에 참여했다.

8월 1일 시위대 제1연대의 제1대대장 박승환이 스스로 목숨을 끊어 군대의 강제 해산에 항거했다. 이것이 불꽃이 되어 군인들은 해산을 거부하고 일본군에 대항했다. 이들의 항쟁은 전국적인 군인 폭동의 신호가 되었다. 원주·홍천·충주·제천·여주·강화도 등 지방에 있던 군대도 무장해제를 거부하고 총부리를 일제에게 돌렸다.

해산 군인이 의병에 참여한 것은 의병전쟁을 전국으로, 전 계층으로 확산시키는 계기가 되었다. 해산 군인이 가져온 근대 병기는 화승총이 주축이던 의병의 무장력을 강화했고, 특히 매복과 기습 공격 등 유격 전술을 발전시켜 근대 무기로 무장한 일본군과 장기전을 벌일 수 있게 했다. 지역 민중은 파수꾼이 따로 필요 없을 만큼 의병의 눈과 귀가 되어 주었다. 항쟁 지역도 전국 340여 군 가운데 몇몇 군만이 빠질 만큼 문자 그대로 전국적 양상을 띠었다.

의병운동이 전국으로 번지면서 의병부대 구성에서도 민중적 성격이 강화되었다. 유생과 농민, 해산 군인뿐만 아니라, 노동자·소상인·지식인·승려·화적·여성 등 여러 계층의 민중이 참여했다. 의병장도 양반 출신보다 평민 출신이 많아졌다. 경기도·황해도의 김수민과 연기우, 함경도의 홍범도와 같은 평민 출신 의병장이 있었는가 하면, 안규홍과 같은 머슴 출신도 있었으며, 관노·대장장이·헌병 보조원 출신의 의병장도 나타났다. 군대 해산 뒤 활동한 의병장 가운데 양반 유생 출신은 25%에 지나지 않았고, 농민·노동자·해산 군인·포수 등 평민이 그 나머지를 차지했다.

또한 많은 여성도 군자금을 모집하는 등 의병에 참여했다. 특히 춘천의 윤희순은 '안사람 의병단'을 이끌면서 남녀 구분을 뛰어넘은 구국 활동을 했다. 화약과 무기를 제조하여 전투 물자를 보급하는 의병단에서 윤희순은 '안사람 의병가'를 지어 여성이 의병 활동에 적극 참여하도록 요청했다.

아무리 왜놈들이 강성한들 우리들도 뭉쳐지면 왜놈잡기 쉬울세라 아무리 여자인들 나라사랑 모를쏘냐. 아무리 남녀가 유별한들 나라 없이 소용 있나. 우리도 나가 의병하러 나가보세. 의병대를 도와주세. 금수에게 붙잡히면 왜놈 시정 받들쏘냐. 우리 의병 도와주세. 우리나라 성공하면 우리나라 만세로다. 우리 안사람 만만세로다.

의병 항쟁이 전국으로 확산되는 가운데 양반 유생 의병장들은 12월 이인영을 총대장으로 하는 '13도 연합의병부대'를 결성했다. 양주에 모인 연합의병은 일제와 친일파가 장악한 서울을 탈환하여 일제와 담판할 계획으로 이듬해인 1908년 1월 서울로 진공했다. 그러나 군사장 허위가 이끄는 부대가 동대문 밖 30리 지점에서 일본군의 선제공격을 받고 후진 부대가 서울

진입에 실패함으로써 서울진공계획은 무산되고 말았다.

한때 서울진공계획이 일제와 친일 관료를 위협하기는 했지만 전술상의 한계와 양반 유생이 지닌 봉건 의식 때문에 큰 성과를 거두지 못했다. 먼저 의병의 화력과 기동력이 일본군에 견주어 훨씬 떨어졌는데도 의병들은 유격전을 벌이지 않고 정면으로 싸웠다. 또 13도 연합 의병이라는 이름과 달리 실제로는 경기도와 강원도에서 활동한 의병이 주축이 되고 충청도 의병이 가세한, 중부 지역의 연합에 지나지 않았다. 끝으로 서울진공작전이라는 큰일을 눈앞에 두고 의병총대장 이인영은 부친의 부음을 들었다. 그는 의병을 해산하고 고향으로 돌아갔다. 이렇게 서울진공작전이 실패한 까닭은 민중의 힘을 바탕으로 참다운 연합 전선을 형성하지 못했기 때문이다.

서울진공계획이 실패한 뒤 일제가 초토화 작전을 벌이자, 의병을 돕는 민중의 피해는 날로 늘어갔다. 이름 있는 유생들도 하나 둘 의병 대열을 떠나기 시작했다. 하지만 평민 의병장과 허위 등 일부 혁신 유생은 반일 적개심에 불타는 지역 민중의 도움을 받으며 소규모 부대로 유격전을 펼치며 반일 항쟁을 이끌었다.

호남 지역 의병운동과 '남한대토벌'

서울진공계획이 실패한 뒤 1908~1909년 동안 의병운동은 하루에도 여러 차례 전투를 치를 만큼 절정기를 맞았다. 그 가운데 대중적 기반이 튼튼한 호남 지역의 의병운동이 가장 치열했다. 이 지역 의병들이 일본 군경과 벌인 전투 횟수는 1908년 전체 전투 횟수의 25%에서 이듬해에는 47.3%로, 참가 의병 수는 1908년 전체 의병 수의 24.7%에서 60.1%로 각각 늘어났다. 이는 개항 뒤 어느 지역보다도 호남에 일제의 경제 침탈이 집중되어 민족·계급 모순이 극심했기 때문이다.

1907년 9월 전라남도 장성에서 기삼연, 고광순 등 이름 있는 유생이 의병을 일으키자 이를 계기로 타오른 호남 의병은 이듬해 5월 이후 전해산·심남일·안규홍 등 새로운 의병장과 의병부대가 그 뒤를 이었다. 호남 의병장들은 비록 신분이 양반일지라도 사회경제적 처지가 일반 농민과 크게 다르지 않았다. 사상 면에서도 척사 이념보다는 국권 수호 그 자체의 중요성을 강조하는 등 옛 명망 유생 의병장과는 크게 달랐다. 따라서 의병 안에서 이름 있는 유생 의병장이 이끄는 의병부대가 겪는 신분 차별도 거의 없었고, 의병장들이 직접 전투에 참가해서 의병부대 안의 결속력이 그만큼 강했다. 여기에다 해산 군인이 참여하여 강화된 무장력으로 일본군에 맞서 기습 매복 작전을 감행하거나 강력한 적과 마주치면 부대를 분산하기도 하고 다른 부대와 연합해 적과 싸우면서 소부대의 단점을 메워 나갔다.

이들 부대는 민중의 도움을 받아 유격전을 벌임으로써 일본군의 토벌 공세를 이겨내고 일제에게 큰 타격을 주었다. 심남일 부대는 의병이 지켜야 할 아홉 가지 규율을 만들어 민중과 함께 치열하게 싸웠다. 머슴 출신 안규홍 부대는 마을의 모든 남녀노소가 돌과 막대기로 의병을 호위할 만큼 민중의 강력한 지원을 받았다. 이들의 활약상은 '삶을 미리 판단하는 심남일, 신출

'남한대토벌'로 체포된 호남 지역 의병장(1909)

도별 교전 횟수와 교전 의병 수 (단위 : ( ) : %)

연도 도별	교전 횟수(건)		교전 의병 수(명)	
	1908(하반기)	1909(상반기)	1908(하반기)	1909(상반기)
경기도	78(4.0)	165(9.5)	1,453(1.8)	3,453(9.0)
충청남북도	330(16.7)	66(3.8)	14,481(17.2)	1,835(4.7)
전라남북도	493(25.0)	820(47.3)	20,504(24.7)	23,155(60.1)
경상남북도	301(15.6)	222(12.9)	9,030(12.9)	4,601(11.9)
강원도	273(13.8)	124(7.2)	18,599(22.5)	2,468(6.4)
황해도	231(11.7)	111(6.4)	7,998(9.7)	2,148(5.5)
평안남북도	149(7.6)	78(4.1)	4,981(5.6)	663(1.7)
함경남북도	110(5.6)	14(0.9)	6,721(8.1)	270(0.7)
합계	1,976	1,738	82,767	38,593

출처 : 독립운동사편찬위원회,《독립운동사 : 의병 항쟁사》1, 295~296쪽

귀몰한 전해산'이라는 유행어를 만들어 냈다.

항일 의병전쟁이 절정을 이루고 호남 의병이 장기적인 항전 체계를 마련하자, 일제는 하루바삐 대한제국을 강점하려고 1909년 9월부터 2개월간 해안과 육지에서 호남 지역을 완전히 봉쇄한 뒤 마치 빗질을 하듯 '남한대토벌작전'을 벌였다. 그 결과 호남 지역은 일본군이 저지른 무자비한 살육·방화·약탈 등으로 잿더미가 되었다. 1907년 8월부터 1914년 말까지 일본군이 학살한 의병 수는 1만 6700명, 부상자는 3만 6770여 명이었지만, 단 2개월 토벌 기간에 의병장 103명, 의병 4138명을 체포·학살하여 '남한대토벌'의 잔혹상을 드러냈다.

호남 의병이 벌인 끈질기고도 드센 저항은 일본군을 호남이라는 한 지역에 묶어 둠으로써 다른 곳의 의병운동을 간접 지원하는 역할을 했다. 그러나 '남한대토벌'의 결과 전국 의병전쟁의 중심지였던 호남 의병이 사실상 궤멸됨으로써 의병전쟁도 퇴조기에 접어들기 시작했다.

중부 이북 지역의 의병과 근거지 이동

이제 의병전쟁의 중심은 경기도의 임진강 유역과 황해도, 경상북도와 강원도의 경계 산악지대인 일원산 일대, 그리고 강원도와 평안도, 함경도 국경지대 등 중부 이북으로 옮겨 갔다.

경기도에서는 임진강을 중심으로 토벌군을 1년 넘게 괴롭혔던 이은찬·윤인순·정용대 등 창의원수부 소속의 의병장이 전사·체포되자, 그 부장을 지냈던 헌병 보조원 출신 강기동과 해산 군인 출신 연기우 부대 등이 활약했다. 황해도에서는 이진룡·한정만·김정안 등의 의병부대가 일본군의 거점을 습격했다. 20~30명 또는 40~50명의 소수 정예로 구성된 이들 부대는 민중 속에서 유격전을 펼쳐 일본군조차 "그들은 다 거리에 정통한 사람들이라 마음대로 출입하며 수색대를 만나면 토민土民으로 분장하여 종적을 감추어 버린다"라고 할 만큼 활동이 날렵했다.

경기도·황해도·강원도 북부·함경남도 일대의 산악지대에서는 강두필과 채응언이 서로 연합하거나 독자적으로 의병운동을 했다. 이들 부대는 1909년 4월 함경남도 안변군 마천동에 있는 경관 주재소를 습격하고 원산으로 가는 전선을 끊는가 하면, 5월에는 황해도 선암헌병분견소를 습격하여 일본 군경을 교란시키는 대담함을 보였다.

한편 호남 의병을 토벌하는 데 성공한 일제는 을사늑약 뒤에 미뤄 오던 대한제국 강점을 서둘렀고, 1910년 8월 29일 마침내 '한일병합'을 선언했다. 일제는 '한일병합' 뒤에도 계속되는 의병 항쟁을 완전히 잠재우려고 11월에서 12월 사이 경상북도 산악지대를 포위하여 토벌했다. 이듬해 9월에서 11월 사이에는 일본군 1개 여단 병력을 동원하여 황해도 일대에 대 학살극을 벌여 의병을 토벌했다.

일제의 대한제국 강점과 계속된 대토벌로 나라 안에서 더는 항쟁을 벌일 수 없게 되었다. 의병들은 항일 무장투쟁의 새로운 근거지를 찾아서 두만강

여러 계층이 참가한 항일 의병

과 압록강을 건너 만주와 연해주로 옮겨 갔다. 1911년 2월과 10월에는 경기도의 강기동과 황해도의 이진룡이, 이듬해 4월에는 한정만이 중국으로 옮겨 가던 중 일본군에게 붙잡혀 처형되었다. 알려지지 않은 수많은 의병이 국경을 넘어 만주로, 연해주로 옮겨 갔다. 그리하여 만주에서는 홍범도·차도선·이동휘 등의 독립군 세력이, 연해주에서는 이범윤·최재형 등의 독립군 세력이 자라게 되었다.

　나라 안에 남은 의병은 일본군과 최후의 항쟁을 벌였다. 1914년 5월 평안도 서흥에서 이진룡 부대의 일원이던 김정안이 일본군과 끝까지 싸우다 전사했다. 1915년 7월에는 황해도에서 맹위를 떨치던 채응언이 평안남도 성천에서 일본군에게 체포되어 처형되었다. 그의 죽음을 끝으로 1905년 앞뒤로 타올랐던 항일 의병전쟁이 장엄하게 막을 내렸다. 살아남은 의병은 광산 노동자로, 화전민으로, 농민으로 되돌아갔다. 이들은 의병전쟁을 치른 경험을 바탕으로 1919년 3·1운동 때 지방 반일 봉기의 밑거름이 되었다.

의병전쟁의 지향과 의의

의병전쟁은 일제가 대한제국을 강점하려는 가운데 민족 모순이 깊어지면서 직접 피해를 입은 모든 계층이 국권을 수호하려고 일으킨 반봉건·반침략 민족운동이었다. 이렇게 민중에 뿌리를 둔 전국적·전민족적 항쟁이었으나 일제의 식민지 획책을 막아 내지는 못했다. 의병전쟁이 좌절된 이유는 무엇보다도 무력을 앞세운 일제의 침략 때문이었다. 또 이 시기 우리나라를 중심으로 형성된 제국주의 열강의 이해관계로 말미암아 의병전쟁은 국제적으로 아무런 도움을 받지 못한 채 외로운 투쟁을 벌여야 했던 사정 때문이기도 하다.

의병전쟁은 일제의 대한제국 강점 획책을 저지하려는 반일·반침략 운동이었다. 의병은 전쟁이 벌어지는 동안 일제의 식민지화 조치에 강하게 대항하면서, 일제 침략 세력과 이에 기생하는 매판 관료, 친일 주구 집단인 일진회원·순검·헌병 보조원 등을 타도하는 데 온 힘을 기울였다. 일제 침략 첨병인 헌병 분견소·순사분파소·수비대 등을 집중 공격하고, 일제 침략의 중추신경과 같은 군사시설·운송수단·통신수단을 파괴하여 큰 피해를 입혔다.

의병은 제국주의 침략이 집중되었던 통상 무역, 토지와 이권 침탈도 적극 저지하고 나섰다. 쌀을 일본으로 수출하는 것에도 반대했다. 거듭되는 미곡 유출이 민중의 생존을 위협한다고 여겨 스스로 방곡령을 실시해 쌀 수출을 막았다. 공주 의병은 미곡을 외국인에게 파는 것을 금지시키면서 이를 어기면 집을 불태우고 목숨까지 빼앗겠다고 했다. 고부에서도 쌀을 팔고 적에게 의지하는 자를 '토왜土倭'라고 부르며 '의義로써 죽일 것'이라는 방문이 나돌았다. 일본 상인은 말할 것도 없고, 쌀을 창고에 쌓아 두고 값이 오르기를 기다리는 악덕 지주나 부민, 일본 상인에게 미곡 수출을 주선하는 국내 상인까지도 응징했다.

의병은 일본인의 불법적인 토지 침탈과 농장 경영도 반대했다. 일본 사람이 한국 민중의 논밭을 다 가져간다고 생각해서, 일본인 농장이나 일본인 지주의 소작료 징수원을 습격했다. 이러한 투쟁은 일제에 큰 경제적 손실을 입혔다.

의병의 반침략 대상은 일제에만 머물지 않았다. "미국, 영국, 프랑스의 세 적국도 … 우리 말을 듣지 않고 떠나기를 지연한다면 왜놈과 함께 죽일 것이다"라고 한 격문에서도 드러나듯 제국주의를 반대하는 모습도 보였다. 이러한 반제의식은 '사회진화론'에 바탕을 두고 실력 양성을 주장하며 제국주의 이권 침탈을 근대화로 여기던 문화 계몽운동가의 인식과 달랐다.

의병은 반일·반침략 투쟁과 함께 민중의 계급적 요구를 수렴한 반봉건투쟁에도 적극 나섰다. 반봉건 투쟁의 대상은 주로 봉건 수탈에 혈안인 국가와 봉건지주, 부민이었다. 의병은 통감 정치 아래 대한제국이 실시하던 조세제도, 토지제도 등의 개혁 조치가 일제의 식민지 정책임을 깨닫고 반대했다. 통감부의 정책에 저항한 대표적인 항쟁은 세금 탈취 투쟁이었다. 의병은 통감부 조종 아래 허수아비 정부가 걷는 세금은 곧 일본의 침략을 이롭게 할 뿐이라며 일반 백성에게 세금을 내지 말라고 요구했다. 또 세금을 탈취해 군수전이나 빈민을 돕는 데 썼다. 적성 창의중앙장 김인수는 양주·포천·적성의 면장과 이장에게 격문을 보내 "오늘부터 재무서에 세금을 내는 일이 없이 본대에 지참하여 납부하라" 했다. 나아가 세금 징수원인 면장·세무관·서기·우편 체송인 등을 '쥐새끼와 같은 일본인의 지시를 받아 각종 세금을 독촉 징수하는… 일본인 종'이라 인식하고 공격해 세금을 탈취하고 처단했다. 이 때문에 일제가 "의병 세력이 13도에 창궐하여 1907년의 수세는 예산의 절반도 거두기 어렵다" 할 만큼 재정수입을 확보하는 데 지장을 주었다.

의병은 매판 정부뿐만 아니라 지방 지배층인 양반 지주·부호층도 공격했다. 의병은 "이른바 한국의 대민은 병력을 동원해 적을 토벌할 뜻은 조금도 없으니 어찌 대민이라 할 것인가" 하며 개탄했다. 이들의 활동은 추수곡이나 소작미 탈취 양상으로 나타났다. 의병들은 "부호들이 재해가 있어도 토세土稅를 남봉하며 4~5년 연체된 사채를 독촉하여 거두니, 다만 부자될 생각만 하고 나라 일은 돌보지 않는다. 모두 목 벨 것이다"라고 했다. 또 "추수한 전답곡을 병작반분하여 소작인이 먹을 것 외에 지주 몫은 한 톨의 곡식알이라도 지급하지 말라", "경성 부자의 토지를 보관하는 인민은 곡물을 지주에게 납부하지 말고 의병부대에 보내 우리로 하여금 국권을 회복하도록 후원하라" 했다. 경성 지주가 곳곳에 보낸 추수관은 의병의 공격을 받아 소작료 징수를 포기하고 서울로 도주하는 일이 흔했다. 또 일본 헌병이나 순사의 힘을 빌어 의병의 명령을 어기고 경성 지주에게 추수곡을 내는 마름을 단호하게 응징했다.

이러한 추수곡 탈취는 관내 산미産米 유출을 막는 방곡령과 함께 행해졌다. 의병은 방곡조치로 지방 부호들이 곡물 가격이 오르기를 노려 더 비싼 지역으로 몰래 파는 폐단을 막고, 농촌 시장을 보호하고 가격을 안정시켜 미곡 구매층을 보호했다. 이는 격문이나 다른 형식으로 구체화하지는 않았지만, 민중 의병의 사회적·경제적 지향을 반영하는 투쟁 양상이었다. 방곡령은 곧 농민 경제의 보호, 소상품 생산자로서의 자립, 농촌 소상인과 농촌 시장의 보호 등을 위한 것이었다.

의병전쟁은 일제의 대한제국 강점 획책을 막고 국권을 수호하는 데 실패했지만 우리나라 근대사에 미친 영향은 자못 크다. 의병전쟁은 갑오농민전쟁에 이어 반봉건·반침략 투쟁을 계승한 민중적 민족주의 운동이었다. 또 계몽운동가가 일제 통감 정치에서 도시를 중심으로 펼친 합법주의적 문화운동과는 달리, 일제를 상대로 벌인 비타협적 무장 항쟁이었다. 그리하여 10년 남짓 벌어진 의병전쟁은 일제의 대한제국 강점 노력에 실질적인 타격을 입혀 일제가 을사늑약을 체결한 뒤 '한일병합'을 선언하기까지 무려 5년여 동안 식민지화 야욕을 지연시키는 데 결정적인 역할을 했다. 다른 한편으로 항일 의병전쟁은 '민족해방운동'의 성격을 띠면서 1910년대 만주를 중심으로 벌어진 무장 독립 전쟁의 서막을 열었다.

참고도서

김대준, 《고종시대의 국가재정 연구》, 태학사, 2003

김도형, 《대한제국기의 정치사상연구》, 지식산업사, 1994

김양식, 《근대 권력과 토지 : 역둔토 조사에서 불하까지》, 해냄, 2009

김용섭, 《한국근대농업사연구 : 농업개혁론·농업정책》 하, 일조각, 1984

김태웅, 《한국근대 지방재정 연구》, 아카넷, 2012

김현숙, 《근대 한국의 서양인 고문관들》, 한국연구원, 2008

박성수, 《독립운동사연구》, 창작과비평사, 1980

박찬승, 《근대이행기 민중운동의 사회사》, 경인문화사, 2008

서영희, 《대한제국 정치사 연구》, 서울대학교출판부, 2003

신용하, 《독립협회연구》, 일조각, 1976

왕현종, 《한국근대국가의 형성과 갑오개혁》, 역사비평사, 2003

윤대원, 《데라우치 마사다케 통감의 강제 병합 공작과 '한국병합'의 불법성》, 소명출판, 2011

이민원, 《한국의 황제》, 대원사, 2002

이승렬, 《제국과 상인》, 역사비평사, 2007

이영호, 《한국근대 지세제도와 농민운동》, 서울대학교출판부, 2001

이태진 편, 《일본의 대한제국 강점》, 까치, 1995

이태진, 《고종시대의 재조명》, 태학사, 2000

전우용, 《한국 회사의 탄생》, 서울대학교출판문화원, 2011

정재정, 《일제침략과 한국철도(1892~1945)》, 서울대학교출판부, 1997

조동걸, 《한말의병전쟁》, 독립기념관, 1989

한국역사연구회 토지대장연구반, 《대한제국의 토지제도와 근대》, 혜안, 2010

홍순권, 《한말 호남지역 의병운동사연구》, 서울대학교출판부, 1994

참고논문

김순덕, 〈경기지방 의병운동 연구(1904~1911)〉, 한양대학교 대학원 박사학위논문, 2002

이상찬, 〈1896년 의병운동의 정치적 성격〉, 서울대학교 대학원 박사학위논문, 1996

주진오, 〈19세기 후반 개화개혁론의 구조와 전개-독립협회를 중심으로〉, 연세대학교 박사학위논문, 1995

일제의
무단통치와
3·1민족해방운동

일제의
무단통치와
식민지 체제

무단통치의 실상

식민 통치 기구 정비

1910년 8월 29일, 일제는 강제로 조선을 '병합'한 뒤 통감부를 조선총독부로 바꿔 식민지 통치 기구를 정비해 갔다. 조선총독은 일본 육해군 대장 가운데 임명되었으며 일본 정부가 아닌 천황의 통제만 받았다. 조선총독은 조선에서 입법·사법·행정과 군대 사용권에 이르는 무제한의 권력을 거머쥔 식민지 지배의 절대 권력자였다.

　조선총독부의 중앙 행정 기구는 대한제국 시기의 관제를 그대로 이어받아 내무부·탁지부·농상공부·사법부 등을 두었으나 1919년 8월 중앙관제를 국으로 격하시켰다. 중앙관제 요직에는 거의 모두 일본인을 임명했다. 1910년 9월 '조선총독부 지방관 관제령'을 공포하여 지방 통치 기구도 정비했다. 지방행정을 군에서 면 중심으로 개편해 지방 통치의 기초 행정단위로

남산 기슭에 자리 잡은 조선총독부 청사

삼았다. 일제는 면장 가운데 97%를 전직 관료와 면의 유력인사로 바꿔 식민 통치의 동반자로 끌어들였다. 이는 전통적 공동체 조직을 분해시켜 조선인이 식민 통치에 저항하지 못하도록 할 목적이었다.

일제는 행정기관·경찰 기구·재판소 등의 억압 기구, 조선은행·철도국·전매국·임시토지조사국 등의 경제 수탈 기구, 이데올로기 선전에 필요한 여러 기관을 식민지 통치에 맞게 개편했다. 중요한 자리에는 일본인 관리를 등용하여 실권을 맡겼다. 또 각 기구에 조선인 관리를 일부 두고 중앙에는 형식적 자문기관인 중추원을 두어 황족과 이완용·송병준·김윤식 등의 매국노를 참여시켰다.

헌병 경찰제

일제는 식민 지배 기구를 정비함과 아울러 '병합' 직전인 1910년 6월에 헌병 경찰제를 실시했다. 헌병 경찰제란 군인인 헌병이 일반 경찰 업무까지 맡는 제도였다. 병합 한 달 뒤 일제는 '조선총독부 경찰관서관제'를 공포하여 총독부 직속기관으로 중앙에 경무총감부, 도마다 경무부를 두었다. 조선에 주둔한 일본인 헌병 사령관이 경무총감이 되고 각 도의 헌병대장이 경찰부장을 함께 맡게 했다.

주로 도시에 배치한 헌병은 농촌 지방까지 헌병 분견소, 파출소 등을 설치했다. 여기에 경찰서, 순사 주재소, 순사 파출소까지 두어 거미줄같이 조선인을 감시하고 억압하는 치안망을 만들었다.

1910년에 653개 2019명, 481개 5881명이던 헌병·경찰기관이 1918년에는 각각 1048개 8054명, 738개 6287명으로 늘었다. 이 가운데 조선인 헌병보조원과 순사보 등의 수는 절반을 넘었다. 또 일본 거류민으로 소방대, 재향군인회 등을 조직하고 무장시켜 헌병과 경찰을 돕게 했다.

일제는 통감부 시기에 이미 약 1개 사단의 일본군을 조선에 주둔시켰다. '병합' 뒤에는 두 개의 정규사단으로 늘려 용산과 나남에 본부를 두었다. 전국 주요 도시에 연대병력 또는 대대병력을 배치했다. 이들은 조선 민중의 저항을 억누르고 여러 산업 시설을 경비하는 일뿐만 아니라, 간도·북만주와 연해주까지 힘을 뻗쳐 대륙 침략을 위한 첨병 노릇을 했다.

헌병 경찰은 경찰의 일반 업무뿐만 아니라 의병 토벌, 검사 사무 대리, 민사소송 조정, 산림 감시, 어업 감시, 징세 사무 협조, 언론 검열, 보건 업무, 일본어 보급, 노동자 단속 등 통치 행정을 직간접으로 관장했다. 또한 헌병 경찰은 민족 차별의 악법인 '범죄즉결례'(1910.12), '경찰범 처벌규칙'(1912.3), '조선형사령'(1912.3)에 따라 정식 절차나 재판을 거치지 않고도 조선인에게 벌금·태형·구류형 등을 제멋대로 즉결 처분했다. '조선형사령'은 "피의자가 소리를 지르면 젖은 수건으로 입을 막는다"라는 규정이 있을 만큼 야만적인 형법이었다.

헌병 경찰은 언론 지도, 사회 풍속 개선, 신용 조사, 경제계 연구 등의 권한을 가지고 조선인의 일상생활까지 감시하고 탄압했다. 초대 조선총독 데라우치는 "조선인은 우리 법규에 복종하든지 아니면 죽음을 각오하든지 그 어느 것을 택하지 않으면 안 된다" 할 만큼 식민지 조선을 폭압의 공포정치 속으로 밀어 넣었다. 일제가 한반도를 점령하고 헌병 경찰제를 실시할 수밖에 없었던 것은 반일 저항운동이 그만큼 치열했기 때문이다.

식민지 노예교육

일제는 민족 교육과 언론 등의 활동을 철저하게 탄압했다. 일제는 병합하자마자 반일 성향을 갖고 있던 《황성신문》, 《대한매일신보》, 《서북학회월보》, 《초등대한역사》, 《이순신전》, 《동국역사》 등의 신문·잡지·서적 등을 폐간하거나 발매 금지·압수 처분을 내렸다.

1911년 8월에 '조선교육령'을 공포하여 "조선인을 천황에게 충량한 신민으로 양성하고, 일본 국민다운 품성을 함양하는 것" 등을 식민 교육의 정책 목표로 내세웠다. 일제는 조선 교육체계를 보통학교·고등보통학교·실업학교·전문학교로 정비하는 한편, 일본인 교사를 채용하여 '공교육'의 이름으로 조선 지리와 역사가 아닌 일본어와 일본 역사·지리를 가르쳤다. 일제는 이를 통해 조선인에게 과학 연구와 고등교육의 기회를 주지 않는 대신, 천황제 사상을 주입하여 하급 일본인으로 만들어 부려먹기 편할 만큼의 지식과 기술만 가르쳤다.

일제는 식민 교육정책에 따라 민족 교육을 하던 사립학교를 대규모로 정비했다. 그 결과 1908년 2000개 남짓하던 사립학교가 1919년 700여 개로 줄어들었다. 이때 일제는 지금의 초등학교에 해당하는 보통학교 학생까지 제복을 입고 긴 칼을 찬 교사가 가르치게 할 만큼 교육을 철저히 통제하고 감독했다. 1915년에는 '사립학교 규칙'을 만들어 '국가치안 유지'라는 이름으로 사립학교의 교원 채용·교과과정·교과서·수업 내용 등을 통제·감독

일본어로 글씨 쓰는 조선 어린이

했다. 그 밖에도 1918년 2월에 '서당규칙'을 만들어 강습소와 야학 등의 민간 교육기관도 탄압했다.

일제는 "조선인을 충성된 제국신민에 부끄럽지 않을 지위로 이끈다"라는 허울 아래 식민사관에 따라 1915년 《조선반도사》를 편찬하고 '한일동조동근론', '임나일본부설', '정체성론', '타율성론' 등을 만들어 조선 역사를 왜곡·날조했다. 이는 조선의 식민 지배를 합리화하고 민족의식을 말살시키려는 의도였다.

식민지 수탈 체제의 확립과 민중의 상태

토지조사사업

일제는 1910년 9월 조선총독부 아래 임시토지조사국을 두고 1912년 '토지조사령'을 공포하여 본격적으로 토지조사사업에 나섰다. 그러면서 토지를 정확히 측량해 토지소유권을 분명히 하며 지세를 공정히 하고, 토지소유권을 보호하며, 토지의 생산력을 높이는 사업이라고 선전했다. 그러나 이는 허울 좋은 구호에 지나지 않았다. 일제는 '근대적' 토지 소유 제도를 확립한다는 빌미로 지세를 안정적으로 확보하여 식민지 지배의 경제적 기반을 마련하려고 했다. 또한 일제가 토지에 자본을 투자하려면 토지 매매와 저당이 자유로워야 했고, 쌀을 일본으로 가져가는 데에도 토지소유권의 확립과 토지 상품화가 필요했다. 조선총독부는 이러한 목적으로 1918년 11월까지 토지 소유권·토지 가격·지형과 지목地目 등을 조사했다.

일제는 황실과 관청의 경비로 쓰이던 궁장토·역토·둔토 등과 같은 토지에 눈독을 들였다. 이들 토지는 농민이 조상 대대로 물려받아 농사를 지으면서 생산물을 세금으로 낸 땅이었다. 또 쓸모없던 황무지를 피땀 흘려 개간하여 농사를 지으며 사실상 자신의 땅으로 소유한 농민도 있었다.

일제는 이러한 토지 소유관계를 정리한다면서 30~90일 안에 토지 소유자가 신고하면 그 땅을 신고자 소유로 인정하겠다고 선전했다. 지주는 자기 토지를 거의 다 신고했다. 그러나 신고 절차도 복잡하고 나라마저 빼앗긴 상태에서 많은 농민이 일제의 지시에 따르기를 꺼렸다.

사업이 끝났을 때 많은 토지가 신고되지 않았다. 조선총독부는 이 토지를 국유지로 만들었다. 이렇게 국유지에 편입된 토지는 소유권 분쟁이 일어나기도 했다. 1912년부터 1918년까지 토지 조사 과정에서 소유권 다툼이 일어난 토지 가운데 65%가 농민 소유였다. 그 밖에도 조선총독부는 황실 소유지인 궁방전과 공유지인 역토와 둔토를 비롯해 전국에 흩어져 있는 미개간지·개간지·간석지와 산림 등을 모두 국유지로 만들었다.

일제는 이 과정에서 농민의 전통적 경작권을 비롯한 여러 권리를 부정하고 지세를 산정하는 과정에서 5할의 높은 소작료를 인정하는 등 지주 권한을 강화하고 이들을 식민지 농업정책의 협력자·동반자로 포섭했다. 또 한말부터 토지를 약탈해 온 일본인에게 토지소유권을 법으로 인정해 주었다.

광주 소작인 박인엽의 소작지 측량(광주재무감독국, 1911)

(출처 : 조선총독부, 《역둔토실지조사개요》, 1911)

　총독부는 국유지로 편입된 토지를 식민회사인 동양척식주식회사나 일본인에게 헐값으로 팔아넘겼다. 그 결과 1910년 8만 7000정보였던 일본인 지주의 토지 면적이 1915년에는 20만 6000정보로 늘어나, 일본인 지주가 전체 경지면적 가운데 10% 넘게 소유했다. 이렇게 만들어진 일본인 농장은 주로 조선 최대의 곡창지대인 호남과 경기도에 집중되었다.

　일제는 토지조사사업을 진행하면서 '지세령'(1914)을 공포했다. 지세령으로 지세 대상과 납세자를 확인하고 지세 수입을 크게 늘려 재정에서 식민지 지배를 뒷받침했다. 조선총독부의 지세 수입은 1910년 600여만 원에서 1918년에는 1156만 9000여 원으로 두 배 가까이 늘었다.

　토지조사사업이 끝나자 논 64.6%, 밭 42.6%가 소작지가 되어, 전체 농가의 3.1%에 해당하는 지주가 경지면적 가운데 50.4%를 차지했다. 소작을 하지 않고는 살 수 없는 농가가 77.2%나 되었다. 마침내 일제는 근대적 토지

소유권 제도를 확립한다는 구실로 실시한 토지조사사업을 통해 지주의 소유권을 강화한 식민지 지주제를 확립했다. 이로써 조선은 더욱 철저하게 일본 자본주의의 식량과 원료 공급지가 되었다. 1918년 일본으로 수출된 쌀은 1910년에 견주어 5배로 늘어났다.

회사령과 조선인 자본의 예속화

일제는 개항 뒤에 성장하던 조선인 자본을 억제하고 일본 자본주의의 요구에 맞게 조선 산업을 재편하려고 1910년 12월 '조선회사령'을 공포했다. 회사령에서는 회사를 설립하거나 일본이 아닌 다른 나라 회사가 조선에 본사 또는 지사를 세우려 할 때 조선총독의 허가를 받도록 규정했다. 총독은 조선에 회사를 세우거나 해산할 수 있는 모든 권한을 가졌다. 회사령의 목적은 조선인 자본의 발전을 억제하는 데 있었다. 1911~1919년 사이 일본인 회사가 180개 늘어났지만, 조선인 회사는 겨우 36개 늘어난 사실에서도 알 수 있다.

일본 자본주의는 1904년 러일전쟁을 계기로 제국주의로 성장했지만 자본축적이 매우 취약했다. 조선에 들어온 일본 자본은 정상적인 산업투자를 하기보다는 국가자본의 형태로 투자하거나, 고리대와 같은 투기적 상업이윤을 노린 중소 자본의 형태로 침투했다. 회사령 공포로 총독부의 보호를 받게 된 일본 자본은 자기 나라 상품을 수입하여 중간이윤을 노리거나 항만·철도·통신 등 사회간접자본과 금융·상업·교통 등의 유통 부문에 투자했다. 제조업 부문에 투하된 자본도 주로 정미업·농산물 가공업·양조업·방직업 등 원료 약탈과 일본 상품 판매에 필요한 약간의 가공업에 한정되었다.

조선인 회사도 대부분 일제의 원료 약탈과 상품 수출에 관련된 원료가공업이나 유통 부문과 관련된 금융·상업·운수 부문에 한정되었다. 1919년 민족별 자본 구성은 조선인 기업이 11.6%, 일본인 기업이 78.4%, 조일 합동

기업이 8.9%로서 조선인 자본이 매우 열세였다. 이때 설립한 조선인 회사도 대부분 일제의 식민지 수탈 체제에서 벗어날 수 없었다. 이 때문에 일부 조선인 자본가는 총독부 정책에 협력하는 회사를 만들거나 일본인 회사에 동참할 수밖에 없었다.

일제는 조선의 경제 자원과 이권도 철저히 수탈했다. 1911년 '산림령'과 1916년 '임야조사사업'으로 전체 산림 가운데 60%를 국유림으로 편입해 빼앗았다. 1911년에는 '조선어업령'을 공포해 좋은 어장은 거의 일본 어부에게 넘어갔다. 광업개발권도 대부분 일본인에게 넘어가 1913년 당시 광산 가운데 75%가 일본인 소유였고 조선인이 가진 광산은 1%에 지나지 않았다.

1911년 완성된 일본-조선-만주를 잇는 철도망과 여기에 연결된 내륙철도망 그리고 항구를 통해 일본의 자본과 상품이 조선에 들어오고, 조선의 식량과 원료가 일본으로 반출되었다. 이렇게 형성된 식민지 수탈 체제는 1910년대 조선과 일본의 무역구조에서 그대로 드러났다. 1919년 조선에서 일본으로 나간 물건은 원료와 원료용 제품이 90%가 넘었고 그 가운데서도 쌀이 대부분이었다. 수입은 직물류와 경공업 제품이 전체의 60% 넘게 차지했다. 결국 1910년대 조선은 일본에 원료를 공급하고 일본 상품을 소비하는 전형적인 식민지가 되었다.

민중의 사회경제적 처지

후발 자본주의국가인 일본은 자본과 원료 시장이 모자라 자본 수출만으로는 이윤을 얻을 수 없기 때문에 조선에 폭력적인 방식으로 식민지 수탈 체제를 세워 나갔다. 이러한 지배 방식은 조선 민중의 처지를 더욱 어렵게 만들었다.

전체 인구 가운데 80%를 차지하는 농민의 처지는 더욱 나빠졌다. 토지조사사업 뒤 지주와 소작농은 늘어나고 자작농과 자소작농은 줄어들었다. 지주 가운데 특히 일본인 대지주와 조선인 대지주의 수가 크게 늘어났다. 이들은 토지조사사업으로 강화된 지주제를 바탕으로 5할이던 소작료를 어림잡아 20~30%나 더 늘려 소작농민을 착취했다. 지주들은 지세·비료값 같은 농업경영비까지 소작인에게 떠넘겼다. 지주는 소작농에게서 거둬들인 쌀을 일본으로 수출하여 돈을 모았고, 그 돈을 다시 토지에 투자하거나 고리대를 놓았다.

농민층 가운데 많은 수를 차지하던 빈농은 강화된 식민지 지주제에서 몰락하지 않을 수 없었다. 이들은 늘어나는 소작료 말고도 조세 납부, 고리대 상환 등에 시달렸다. 1910~1920년 소작지 면적은 42%로 늘었고, 농가 1호당 경지 면적은 줄어 농민은 살길이 막막해졌다.

농업만으로는 살기 어려웠던 농민은 농한기가 되면 부근의 공사장이나 광산, 부두에서 날품을 팔아 모자라는 생활비를 보충하거나, 양잠·면작·연초 재배 등 부업으로 겨우 생계를 이어 나갔다. 고향을 등지고 도시로 나가거나, 산에 들어가 화전을 일구거나, 아예 멀리 만주·연해주로 떠나는 사람도 늘었다. 1910년에서 1912년 사이 만주로 이주한 조선인은 12만여 명에서 51만여 명으로 늘어났고, 일자리를 찾아 일본으로 간 조선인도 1911년 2500여 명에서 1921년 3만 8000여 명이나 되었다.

회사령에 묶인 조선인 자본가 계층은 상업, 고리대업에 진출한 몇몇 예속 자본가를 빼면 열악한 처지였다. 조선인 중소 자본가나 상인은 일본에서 수입한 값싼 공업 제품이나 일본 자본과 경쟁할 수가 없었다.

철도, 도로, 항만의 건설과 함께 일본 자본이 진출하면서 근대적 공장이 들어섰다. 그러자 1911년 1만 2000여 명에 지나지 않던 공장노동자 수가 1919년에는 4만 2000여 명으로 늘어났다. 주로 단순노동이나 자유직에서 일하던 조선 노동자는 하루에 12~16시간씩이나 일했지만, 임금은 같은 직종에서 일하는 일본인 노동자의 1/2~1/3에 지나지 않았다.

일제의 무단통치 아래 조선 민중은 민족적 차별과 정치적 억압을 받으며 장시간 노동, 저임금, 높은 소작료에 시달렸다. 해가 갈수록 일제와 조선 민중 사이의 갈등은 깊어졌고 계급 모순도 더욱 날카로워졌다. 일본에 빌붙은 일부 자본가와 지주, 친일파를 뺀 여러 계층의 민중에게 민족의 독립과 해방이 절실한 현실로 다가왔다.

1910년대
민족해방운동

국내 민족해방운동

비밀결사 운동

일제는 무단통치를 하면서 식민지 조선의 모든 항일 조직과 민족해방운동을 짓밟았다. 병합 뒤인 1910년 11월 경기도와 황해도 접경지역에서 무려 4개월에 걸친 의병 토벌을 벌여 국내에 잔존한 의병운동의 뿌리를 뽑았다. 이어 안악사건(1911)*과 총독암살미수사건(1911)*을 조작해 계몽운동 계열 인물을 검거하고 전국을 공포 분위기로 몰아넣으며 식민지 지배의 기초를 다졌다.

1910년대 민족해방운동은 크게 의병운동과 계몽운동을 잇는

안악사건 안중근의 동생인 안명근이 독립운동 자금을 모은 사건을 계기로 황해도 지방의 유력 인사 160명 남짓을 검거·탄압한 사건.

총독암살미수사건 계몽운동 단체인 비밀결사 신민회를 탄압하려고 기독교도 등을 600명 남짓 검거하여 105명에게 유죄 판결을 내린 사건. '105인 사건'이라고도 한다.

비밀결사로 나타났다. 대한독립의군
부(1913)와 민단조합(1914)은 척사의
병의 맥을 잇는 비밀결사였다. 1913

복벽주의　조선 왕조를 다시 세워 독립하
려던 노선으로, 일부 유생이 주장했다.

년 최익현이 이끄는 의병부대에 참여했던 임병찬 등 유림 세력이 국권을 회
복하려고 대한독립의군부를 만들었다. 1914년 이강년 의병부대에 참가했
던 이동하·이은영 등이 경북 문경에서 민단조합을 만들어 군자금을 모집하
다가 1918년에 발각되었다. 이들 척사유림 계열의 비밀결사는 일제를 물리
치고 옛 대한제국을 다시 세우려고 한 복벽주의*단체였다.

　공화주의를 내세우며 독립군을 양성하려고 군자금 모집과 무기 구입, 친
일 부호의 처단 등을 내세운 비밀결사도 생겨났다. 풍기광복단과 국권회복
단을 통합해 만들어진 대한광복단(1915)은 1916년 충청·경기·강원·황해·
전라·평안도로 조직을 넓히고 회원도 200명 남짓으로 늘렸다. 이 단체는 만
주에 무관학교를 세우고 그곳의 독립운동가와 연락을 꾀하기도 했다. 이들
은 상동광산, 직산광산, 경주의 우편차 등을 습격해 군자금을 모았고, 1917
년에는 친일 부호 장승원과 도고면장 박용하 등을 처단했다. 대한광복단은
1918년 일제 경찰에게 조직이 드러나 해체되었다. 체포를 피한 일부 회원은
만주로 망명하여 암살단·주비단 등을 만들어 반일 항쟁을 이어갔다.

　이 밖에도 친일 인사나 총독부 고관을 암살하려던 선명단(1915)과 자진회
(1918), 곡물상의 상업 조직을 이용해 독립군을 지원하려던 조선국권회복단
(1913), 하와이에서 박용만이 만든 대조선국민군단의 국내 지부인 평양의 조
선국민회(1915) 등의 비밀결사가 곳곳에서 생겨났다.

　한말 계몽운동의 맥을 이어 교육·계몽으로 나라의 실력을 키워 국권을
회복하려 한 단체도 있었다. 주로 청년·학생이나 중소상공인, 기독교계 인
사, 근대 교육을 받은 지식인이 이끌었고, 대체로 부르주아 민족주의 성향을
띠었다.

1913년 평양의 숭의여학교 교사와 여학생이 중심이 되어 조직한 송죽형제회는 교회를 이용해 여성 계몽운동을 벌였다. 이들은 자금을 모아 해외로 보내거나 국내에 들어온 회원에게 숙식비, 여비를 지급하는 등 독립운동을 후원했다. 점조직 형태를 띤 이 단체는 1918년 기독교 계통의 여학교 선생을 중심으로 지방조직을 확대했다.

1915년 경성고등보통학교 교사와 학생은 민족의식을 드높이고 일제에게 빼앗긴 경제권을 되찾으려는 뜻으로 조선산직장려계를 만들기도 했다. 그 밖에도 대성학교 출신 학생 중심의 기성단(1914), 자립단(1915) 등이 있었다.

1921년 8월 13일 자《동아일보》에 실린 대한 광복단 단장 박상진 사형집행 기사

이들 단체는 비밀결사라는 특성 때문에 대중과 함께 하기에는 한계가 있었다. 또 대한광복회처럼 공화주의를 내세우는 등 새롭게 만들어 갈 사회를 고민하는 모습을 보이기도 했지만, 대부분은 의병운동과 계몽운동의 두 흐름에서 크게 벗어나지 못했다. 하지만 이 같은 여러 모습의 민족운동이 모여 3·1운동의 밑바탕이 되었다.

농민의 생존권 투쟁

토지조사사업으로 소농민의 토지소유권이나 경작권 등 농민의 권리는 크게 흔들렸다. 더욱 강화된 지주제로 소작농민의 처지는 더 어려워졌다. 일제가

많은 임야를 국유림으로 만들고 임야를 이용하는 것을 막아서 삼림 자원이나 땔감마저 얻기 힘들었다. 이같은 일제의 수탈은 농민의 생활 기반을 뿌리째 뒤흔들었다. 일제는 '무엇에나 세금을 매기고', '세금의 종류가 너무 많으며', '토지 없는 사람에게 뽕나무를 억지로 분배하고 대금을 받아내며', 가마니 제조, 육지면 재배, 미작 개량, 비료 구매 등을 강요했다.

이런 상황에서 농민들은 생존권을 지키려고 일제에 저항했다. 농민들은 토지조사사업을 일제가 불법으로 토지를 약탈하는 것으로 여기고 조사 과정에서부터 조사원을 습격하고 측량을 방해했다. 1912년 5월 경상남도 진해 농민은 자신의 땅이 국유지로 편입된 데 맞서 일본인 지주와 경찰주재소를 습격했다. 1913년 4월 강원도 삼척군 원덕면 임원리의 화전민 1000여 명은 삶터를 지키려고 일제의 임야 조사를 반대해 측량 기사를 때려 죽였다.

농민의 저항은 납세 거부 투쟁으로 이어졌다. 통감부 때부터 조세 수탈을 강화해 온 일제는 토지조사사업으로 지세를 늘리는 한편, 시장세·연초세·주세·부가세 등의 세목을 덧붙여 재정을 늘리려 했다. 1910년 1월 평안북도 22개 군에서 일어난 시장세 반대 투쟁, 3월 경상남도 고성 농민의 지세 징수 반대 투쟁은 일제의 조세 수탈에 저항하는 농민의 생존권 수호를 위한 것이었다. 일제는 이러한 농민 투쟁을 "사회 안녕을 어지럽히는 짓"이라고 규정하고 태형으로 다스리거나 투옥하는 등 단호하고 가차 없이 처벌했다.

농민들의 생존권 수호 투쟁은 일정한 규율을 갖춘 조직 건설로 이어졌다. 또 사회단체와 연대하여 투쟁하는 등 다양한 방법을 썼다. 1910년대 후반에는 자연 발생적 경제 투쟁에서 발전해 주재소·세무소·면사무소와 같은 일제 통치기관을 습격하는 등 차츰 식민지 지배 자체를 반대하는 정치적 색채를 띠었다.

노동자의 생존권 투쟁

1910년대 노동자는 사회경제적으로 매우 어려운 상태였고, 정치의식이나 조직에서도 아직은 초보적 수준에 머물렀다. 그러나 파업 투쟁을 거치고 초보적인 노동자 단체를 만들면서 꾸준히 성장했다.

1912년 6건 1500여 명, 1918년 50건 4400여 명, 1919년 84건 8200여 명이 참가한 노동쟁의가 일어났다. 대부분이 임금 인상을 위한 투쟁이었다. 노동자의 파업 투쟁은 때로는 일본인 자본가를 감싸는 일제에 맞서 반일 폭동으로 이어지기도 했다. 1918년 8월 강원도 고성군 동해면의 어업 노동자는 일본 어부와 조선 어부의 차별에 항의하고 임금 인상을 요구하며 파업에 들어갔다. 일본 자본가가 헌병을 동원하여 파업을 진압하려 하자 조선 어부는 주변 어부들과 힘을 합해 맞섰다.

1910년대 노동자의 의식이나 조직 수준은 매우 낮은 상태였지만, 노동운동의 발전과 함께 노동단체가 생겨났다. 노동단체는 개항 뒤 제국주의 자본이 일찍 침투한 부두·광산·철도 등지의 부두 노동자·화물 운반부·지게꾼과 같은 자유노동자 사이에서 먼저 만들어졌다. 1905년에서 1919년 사이에 전국 노동자 조직이 30여 개로 늘어났다. 이들 노동단체는 대개 서로의 생활을 돕거나 직업을 알선하는 수준을 벗어나지 못했지만, 노동자가 서로 단결할 수 있는 틀이 되었다.

1910년대 파업 투쟁은 초기 노동운동이 그러하듯이 주로 생존권을 지키려는 수준에 머물렀다. 노동자의 파업 투쟁은 일제 식민 지배라는 조건 아래 필연적으로 민족·계급적 성격을 강하게 띠었고 그것은 노동자를 단결시키는 데 중요한 역할을 했다. 노동운동의 이러한 성격은 3·1운동 과정에서 노동자가 힘차게 반일 파업 투쟁을 벌이는 동력이 되었다.

나라 밖 반일 민족운동

중국·연해주의 독립운동

을사늑약과 병합늑약을 앞뒤로 국내에서 활동하던 의병과 계몽운동가가 중국·연해주·미국 같은 곳으로 망명하면서 나라 밖에서도 독립운동이 활기를 띠었다. 만주와 연해주에서는 1860년대부터 이주하기 시작한 조선인이 조선인 사회를 형성하고 있었고, 특히 국경을 마주하고 있던 서·북간도와 연해주는 이들을 기반으로 독립운동의 새로운 근거지가 되었다.

서간도에서는 독립 전쟁론을 주장하던 신민회의 독립군 기지 건설 계획에 따라 이회영 등 신민회 회원이 중심이 되어 류허현柳河縣 삼원보에서 자치단체인 경학사를 조직하고, 독립군 간부 양성소인 신흥강습소(뒤에 신흥무관학교)를 설치했다. 그 뒤 경학사는 부민회·한족회로 발전하여 서간도의 주요한 항일 단체로 성장했다. 신흥강습소 졸업생 가운데 일부는 백두산으로 옮겨 가 백서농장을 만들어 독립군을 양성했다. 이들 단체가 벌인 이주 동포들의 경제적 이익 향상, 반일 민족의식의 고취, 군사교육을 통한 독립군 양성 등은 서간도를 1920년대 독립군 운동의 근거지로 만들었다.

북간도에서는 1906년 서전서숙 등의 항일 교육 학교가 설립되었고 용정촌과 명동촌에서는 1909년부터 간민회·중광단 등의 항일 단체가 생겨나 독립운동의 싹을 틔웠다. 간민회는 교육·선전으로 인재를 양성했고, 옛 의병을 모아 조직한 중광단은 무장 활동을 하려 했다. 그러나 무기와 자금이 모자라 주변 지역 청년들에게 민족의식을 드높이고 군사훈련을 시키는 데 힘을 쏟았다. 또 대종교 세력이 만든 학교와 포교당, 명동학교 등의 여러 교육기관에서는 민족의식을 높이는 교육을 했다. 이 밖에 북만주의 소·만 국경 지역인 밀산부 한흥동도 중요한 독립군의 근거지였다.

상하이 지역은 국제 정세 파악과 정보 수집이 쉽고 외교 독립 노선을 펴

노동하고 군사훈련을 받는 신흥강습소 학생

기 유리한 곳이어서 병합 뒤에 독립운동가들이 모여들었다. 박은식·신규식 등을 비롯한 망명 인사들은 동제사(1912)를 조직해 주로 외교 활동과 교민을 상대로 민족 교육에 힘썼다. 동제사 인사들은 1914년 1차 세계대전이 터지면서 이상설 등과 신한혁명단(1915)을 조직했다. 그리고 1918년 파리강화회의에 대비해 여운형, 장덕수, 김철 등을 도와 동제사의 행동 기관인 신한청년당을 만들었다.

연해주는 병합을 앞두고 의병 항쟁이 활발히 벌어진 곳이었다. 국내에서 운동 기반을 잃은 뒤 연해주로 근거지를 옮긴 유인석·홍범도 등은 간도 관리사로 활동한 이범윤과 함께 의병을 조직하고, 1908년부터 국내 진공 작전을 벌여 한·만 국경의 일본 수비대를 공격했다. 1911년 망명 항일 인사와 연해주 조선인 동포는 블라디보스토크의 신한촌에서 권업회를 조직했다. 권업회는 국권 회복을 목표로 삼아 노령 조선인 사회의 경제이익 증진과 민족 교육을 통한 계몽 활동을 했다. 또한 1914년 이상설·이동휘를 정·부통령으로 하는 광복군정부를 만들어 독립 전쟁을 준비했다. 광복군 정부는 1차 세계대전이 터지면서 일제와 손을 잡은 제정 러시아 정부의 탄압을 받아 그해 9월 권업회와 함께 강제 해산되었다.

1917년 러시아혁명이 일어나면서 독립운동도 다시 활기를 띠었다. 그해 6월 러시아 동포들은 연해주에 있는 니콜리스크에서 전로소露한족대표자대회를 열어 전로한족회 중앙총회를 결성하고 독립운동을 새롭게 모색하기 시작했다. 1918년 4월 하바로프스크에서 이동휘·박애 등은 최초의 조선인 사회주의 그룹인 한인사회당을 조직했다.

1910년대 중국과 연해주 지역의 독립운동가는 독립군 기지 건설 운동을 벌이면서 조선인 사회의 경제적 안정과 정치적 자치를 꾀하고, 구국 계몽운동과 민족 교육을 통해 독립 전쟁을 준비해 갔다.

미주·일본의 민족운동

미주·일본·멕시코 등지에서도 이주 조선인을 중심으로 항일 단체가 생겨났다. 미주 지역은 1903년에서 1905년 사이 노동이민이 시작되어 한인 사회가 형성되었다. 1909년 2월 미주 한인 사회의 주요한 단체인 하와이의 합성협회와 샌프란시스코의 공립협회를 통합한 국민회가 조직되었고, 이듬해 5월에는 대동보국회를 흡수하여 대한인국민회로 통합했다. 조선 독립과 민주공화제 국가 건설을 내세운 국민회는 1912년 샌프란시스코에 안창호와 박용만을 정·부회장으로 하는 중앙총회를 조직하고, 북미·하와이·시베리아·만주 등지에 지방총회를 두었다.

그러나 국민회는 중앙총회와 지방총회가 제대로 연결되지 못했고, 독립 전쟁을 지향하는 세력(박용만), 실력 양성 세력(안창호), 외교를 통한 독립 청원을 지향하는 세력(이승만) 등 내부의 운동 노선 차이로 분열되어 이렇다 할 활동을 하지 못했다. 박용만은 하와이국민회 지방총회에서 활동하면서 1914년 6월 독립 전쟁을 목적으로 대조선국민군단을 조직하여 800명 남짓한 청·장년에게 군사훈련을 시켰다. 멕시코에서도 숭무학교를 설립해서 독립군 양성을 위한 군사교육을 실시했다.

군사훈련을 하는 대조선국민국단

　일본에서는 조선인 유학생이 중심이 되어 동아동맹회, 학우회, 조선학회
와 같은 합법·비합법 단체를 만들었다. 동아동맹회는 국권을 회복하려는
비밀결사였다. 합법적인 친목 단체인 학우회는 기관지《학지광》을 발간하여
동포들과 유학생에게 반일 의식을 심는 데 힘썼다. 조선학회는 겉으로는 문
화단체였으나 웅변대회 등 대중 집회를 열어 유학생에게 정치적인 계몽사
업을 벌였다. 이 같은 유학생의 반일 활동은 1919년 2·8독립선언의 밑거름
이 되었다.

　1910년대 나라 밖 민족해방운동의 방침은 독립 전쟁론이 많았다. 특히 서
북간도와 연해주에서 일어난 독립군 기지 건설 운동은 1920년대 독립군 운
동의 중요한 밑바탕이 되었다. 이 단체들은 독립 전쟁론과 실력 양성론을 결
합하여 독립을 준비했지만 이념에서 한계도 있었다. 대부분의 운동 단체는
차츰 공화정을 지향했지만, 일부 단체는 대한제국의 회복을 목표로 하는 복
벽주의에서 완전히 벗어나지 못했다.

3·1운동

나라 밖 정세와 3·1운동 전야

나라 밖 정세

1914년 일어난 1차 세계대전과 1917년 러시아혁명으로 변화한 세계 정세는 민족문제에 대한 자각을 높이고 여러 지역에서 민족해방운동을 고무시켰다.

제국주의 국가들 사이의 불균등 발전으로 터진 1차 세계대전은 식민지·반식민지에서 민족해방운동을 발전시키는 계기가 되었다. 아시아·아프리카 지역의 식민지·반식민지 민중은 이 전쟁을 전제정치와 식민 지배에 대한 진보와 문명의 승리로 받아들여 민주주의와 민족국가의 건설에 희망을 갖게 되었다.

세계대전이 진행되는 동안 일어난 1917년 러시아혁명도 민족해방운동에 큰 영향을 미쳤다. 그해 11월 말 제국주의 전쟁을 반대한 소비에트공화국의 레닌이 제정러시아 치하 억압받는 100여 개 민족과 동양의 모든 인민을 대상으로 선언한 '민족자결의 원칙'은 이들에게 강한 영향을 미쳤다.

같은 해 3월 미국은 '정의와 보편적 지배', '세계 자유의 실현', '평화와 안전 보장' 등을 내걸고 세계대전에 참가했다. 하지만 참전한 실제 이유는 경제공황 탈피, 유럽 투자 자본의 보호와 함께 볼셰비키혁명의 영향을 받은 반전 혁명운동이 드높아지는 것에서 위기를 느꼈기 때문이다.

미국 대통령 윌슨은 전쟁이 끝날 무렵인 1918년 1월 연합국인 영국·프랑스 등이 패전국의 식민지를 병합하는 것을 저지하고 국제연맹을 통해 식민지 문제를 해결해야 한다면서 '민족자결주의'를 선언했다. 이는 식민지 피억압민족에게 독립의 환상을 불어넣었다.

윌슨과 레닌이 식민지 약소국의 민족문제를 처리하는 원칙으로 내놓은 '민족자결'은 이름은 같았지만 그 내용은 달랐다. 윌슨이 말한 '민족자결'의 대상은 전승국이 지배하는 식민지를 뺀 일부 패전국의 식민지 또는 이 전쟁에 이바지한 일부 약소민족에만 국한되었다. 또한 윌슨의 선언은 세계대전 동안 드러난 여러 피압박민족의 독립 열망과 레닌의 민족자결 선언에 대한 제국주의의 대응이기도 했다. 그러나 '독립 국가를 수립하는 것을 포함한 모든 민족의 자유로운 자결권'을 선언한 레닌의 '민족자결'은 독립 활동을 벌여 온 아시아·아프리카의 민족운동과 직·간접으로 관련되었다.

세계대전 뒤에 새로운 사조로 나타난 '민족자결'은 나라 안팎에서 반일 독립운동을 크게 고무시켰다. 특히 부르주아 민족주의자는 윌슨의 민족자결주의를 '세계 개조의 신시대'로 받아들여 세계열강의 도움을 빌어 독립할 수 있는 좋은 기회로 여겼다.

그러나 윌슨의 민족자결주의는 전승국인 일본의 식민지인 조선과는 아무런 관계가 없었다. 이 사실은 3.1운동의 민족대표 가운데 한 명인 한용운과 일본인 취조관 사이에 있었던 심문 내용에서 분명히 드러난다.

취조관 : 지금 민족자결은 구주 전란 결과 주권을 상실한 나라의 민족이나 직접 전란에 참가한 구주 내의 일부분의 민족에 대한 문제이므로 조선과 같은 것은 그 범위 밖의 일로 알고 있는데…

한용운 : 민족자결이라는 것이 그런 구역을 정했는지는 모르나 전 세계적으로 병합한 나라의 문제라고 생각했다. 조선도 그 운동을 하면 독립이 될 줄 알았다.

이처럼 윌슨의 민족자결주의는 나라 안팎의 민족주의자나 지식인에게 우리도 강대국의 도움을 받아 곧 독립할 수 있다는 환상을 갖게 했다. 이는 3·1운동을 촉발시키는 중요한 계기가 되었다.

3·1운동 전야

'민족자결주의'라는 새로운 국제 정세 속에서 나라 안팎에서 독립에 대한 희망이 크게 부풀었다. 이러한 움직임은 국제 정세 변화에 민감한 나라 밖에서 먼저 일어났다. 1917년 7월 중국에서 조소앙·박용만·박은식·신채호·윤세복 등 14명은 '대동단결선언'을 발표했다. 이들은 나라 밖 독립운동 단체가 대표자대회를 열어 독립운동의 최고기관으로 임시정부를 세워야 한다고 주장했다. 또한 임시정부의 이념으로 국민주권설에 바탕을 둔 공화주의를 내세웠다. 이 선언은 1919년 2월 '대한독립선언'으로 이어져 3·1운동 뒤 임시정부를 수립하는 데 중요한 기초가 되었다.

우리 대한 동족 남매와 온 세계 우방 동포여, 우리 대한은 완전한 자주독립과 우리들의 평등복리를 우리 자손 백성에게 대대로 전하기 위하여 여기 이민족 전제의 학대와 압박을 벗어나서 대한 민주의 자립을 선포하노라. … 아아, 우리 마음이 같고 도덕이 같은 2천만 형제자매여, 국민된 본령을 자각한 독립인 줄을 기억할지며, 동양평화를 보장하고 인류평등을 실시키 위한 자립인 줄을 명

심할지며, 황천의 명령을 받들어 일체의 사악으로부터 해탈하는 건국인 것을 확신하여 육탄혈전함으로 독립을 완성할 것이다. _《대한독립선언서》

미주 한인 사회에서도 독립 기운이 일기 시작했다. 1918년 12월 대한인국민회는 파리강화회의에 대표를 파견, 조선의 실정을 알리며 독립을 호소하려고 재미한인 전체대표회의를 열었다. 여기서 이승만·정한경 등을 파리강화회의 파견 대표로 뽑았다. 그러나 일본과 마찰을 우려한 미국이 여권을 내주지 않아 이들은 파리에 갈 수 없었다. 이승만은 1919년 2월 회의에 참가한 윌슨에게 조선을 국제연맹이나 미국이 위임통치해 줄 것을 요구하는 청원서를 보냈다. 위임통치 청원은 자주적인 독립을 포기하는 것이나 마찬가지였다. 이 사건은 1919년 4월 상하이에서 대한민국임시정부를 수립할 때 큰 논쟁이 되었고, 1925년 이승만을 대통령직에서 탄핵한 중요한 이유 가운데 하나가 되었다.

파리강화회의가 열린다는 소식은 연해주에도 전해졌다. 러시아 동포도 1919년 2월 전로한족회 중앙총회를 대한국민의회로 개편하고 윤해·고창일을 파리강화회의에 파견해 조선 독립을 호소했다. 상하이의 신한청년당도 1월 파리강화회의에 보낼 독립 청원서를 만들고 김규식을 민족대표로 파견했다.

도쿄의 조선인 유학생들도 1918년 말부터 독립 문제를 토의하기 시작했다. 이들은 이듬해 1월 웅변대회를 위장한 모임을 갖고 최팔용·송계백 등 10명의 대표를 뽑아 조선 독립을 청원하기로 결의했다. 유학생 대표 10명은 비밀결사인 '조선청년독립단'을 세우고 '민족대회 소집 청원서'와 '독립선언서'를 만들었다. 2월 8일 오전, 유학생들은 이 문서를 일본 내각과 각국 공사에 보냈다. 오후 2시에는 도쿄의 조선 YMCA 강당에서 열린 유학생총회에서 '독립선언서'를 발표했다.

2·8독립선언을 주도한 유학생들

  나라 밖 동포들의 민족 독립 열망은 1차 세계대전 뒤 새로운 정세 속에서 민족자결을 요구하고 국민주권에 따른 민주주의를 전면에 내세우는 활동으로 나타났다. 이들은 '대내외의 독립 선포, 일제 당국자에 대한 독립 청원, 열강에 독립 호소'라는 방법으로 독립할 수 있다고 믿었다. 그러나 제국주의 열강은 전승국 일본의 식민지인 조선의 독립을 인정하지 않았다. 일본이 아닌 다른 제국주의 나라의 힘으로 독립한다는 생각은 제국주의의 본질을 제대로 알지 못한 것이었지만, 이러한 독립 방법론은 그 뒤 '외교 독립론'으로 이어졌다.

3·1운동

탑골공원의 함성

'민족자결'이라는 세계정세의 변화에 고무되어 먼저 나라 밖에 있는 동포가 독립선언을 발표했다. 나라 안에서도 1918년 말부터 천도교·기독교·불교 계의 지도자와 언론·교육계 등의 지식인 등 이른바 '민족대표'가 독립선언 을 논의해 왔다. 그리고 1919년 1월 무렵 독자적으로 독립선언을 추진하던 '민족대표'와 학생대표가 비밀리에 모임을 갖고 3월 1일 탑골공원에서 독립 선언식을 갖기로 합의했다.

그러나 만세 시위를 약속한 하루 전인 2월 28일, '민족대표'는 "내일 많은 학생과 시민이 모이면 군중심리에 따라 뜻밖의 동요가 있을지도 모른다"라 는 이유로 학생과 한 약속을 어기고 독자적으로 독립선언식을 갖기로 했다. '민족대표'는 3월 1일 오후 2시 인사동 요리집 태화관에 모여 독립선언서를 읽은 뒤 조선총독부 경무총감에게 전화를 걸어 "우리 독립선언서 서명자 일 동이 명월관 지점에 연행·구속될 것을 기다리고 있다"면서 스스로 투항해 버렸다.

약속 시간이 되어도 탑골공원에 '민족대표'가 나타나지 않자, 강기덕·한 위건 등 학생대표 3명은 태화관으로 달려가 이들에게 탑골공원으로 가 줄 것을 간곡히 부탁했다. 그러나 이들은 "우리가 나서면 사태가 더 크게 번질 것이니 그만 돌아가는 게 좋겠다"라는 답변을 듣고 돌아왔다. 오후 2시가 지 나 한 학생이 탑골공원의 육각정에 뛰어 올라가 독립선언서를 낭독하고 조 선이 독립국임을 선언했다. 그러자 "대한독립만세"의 함성이 온 하늘을 뒤 덮었다. 이 시간 평양·의주·원산·진남포 등 6개 도시에서도 독립 만세 소 리가 울려 퍼지기 시작했다. 2일에는 함흥·해주·개성 같은 도시로 번졌다.

'민족대표'는 독립을 선언하여 운동의 도화선이 되었지만 '평화적인 방법'을 내걸었을 뿐만 아니라 독립운동을 현장에서 지도하시 못하면서 스스로 그 역할을 포기했다.

'민족대표'는 재판 과정에서 민중의 폭력 시위에 대해 "우리의 취지를 잘못 이해한 것", "폭동은 우매한 것으로 우리의 독립선언과 폭동은 아무런 인과관계가 없기 때문에 우리에게는 책임이 없다"라고 한결같이 말했다. 또 병합에 대해서도 "조선이 병합된 것은 러일전쟁의 당연한 결과로 어쩔 수 없는 일이었으며, 조선 정치는 지독한 악정이어서 도저히 조선의 안녕과 행복을 유지·증진하기 불가능한 상태였기 때문에 병합에 찬성하지 않았지만 피치 못할 일이라고 생각하고 있었다"라고 하는 등 일제의 조선 침략 논리에 일부 젖어 있기도 했다.

온 나라로 번지는 만세 시위

3월 1일 탑골공원에서 울려 퍼진 만세 함성은 그동안 온 민족의 가슴속 깊숙이 묻어 두었던 독립 의지를 한꺼번에 터뜨린 것이었다. 만세 시위는 서울과 주요 6개 도시에서 중소 도시로, 다시 시골 장터로 이어졌다.

독립 만세 시위는 처음(3월 상순)에는 서울과 경기도·황해도·평안남도 등 종교 조직의 뿌리가 강한 곳에서 종교 지도자, 학생, 중소상인 등이 이끌었다. 10일 무렵부터는 차츰 지방의 군 단위 지역까지 번졌다. 3월 말에서 4월 초에는 전국적인 시위로 발전하면서 절정에 이르렀다. 이 과정에서 차츰 농민과 노동자가 운동을 이끌어 갔고 시위 양상도 비폭력의 틀에 얽매이지 않았다.

운동을 전국으로 확산시키고 시위를 조직하는 데는 청년·학생, 종교단체의 하급 지도자, 마을의 유력자가 큰 몫을 했다. 특히 서울과 도시 지역에서 시위를 주도했거나 경험한 학생이 저마다 자신의 고향으로 내려가 시위를 선동하고 조직해 전국으로 운동을 확산시키는 데에 중요한 역할을 했다.

운동이 확산·발전해 가는 과정에서 시위 군중은 스스로 경성의 국민회, 강경의 결심대, 개성의 광민회 등과 같은 비밀결사나 단체를 만들어 시위를 꾸려 군건하게 싸웠다. 이들은 곳곳에서 격문이나 벽보·포스터·전단 등의 여러 선전물을 만들어 운동이 퍼져 가는 데 이바지했다.

> 대포 철함은 제군의 가슴속에 있다. … 제군의 철함 대포로 천하의 어떤 물건인들 부서지지 않겠는가! 우리 신성형제는 생존하려면 분발할 것이요, 분발은 생존의 길이다. _〈각성호외보〉3호, 1919.3.18.

일제의 무자비한 탄압으로 서울 등 도시에서 시위가 한때 주춤해지자 3월 5일 학생들은 남대문역(지금의 서울역) 앞에서 독자적으로 시위를 벌였다. 이날 시위는 고종의 장례식을 참관하고 고향으로 돌아가는 참배객에게 운동을 알리려는 것이었다. 학생들은 강제 해산된 뒤에도 등교 거부, 동맹휴업 등의 형태로 시위를 이어갔다.

노동자들도 시위와 동맹파업으로 운동에 앞장섰다. 2일 종로 시위를 시작으로 3일에는 겸이포제철소 노동자 200여 명, 7일에는 서울의 동아연초공장 노동자 500여 명이 시위를 벌였다. 9일에는 철도국 노동자가 파업에 이어 만세 시위를 벌이자 전차 운전수·차장 등도 함께 참여했다. 3월 중순에는 서울의 여러 공장노동자가 10% 정도밖에 출근하지 않아 대부분의 공장이 조업을 중단할 정도였다. 이때 독립 시위를 계획하려다 해고된 철도기관수 차금봉은 3월 22일 만리동 철도 교차점 부근의 음식점에 아침을 먹으러 온 잡역 노동자와 전차 차장, 공장 직공, 자유노동자, 일반 시민 700~800여 명을 이끌어 독립문까지 만세 시위를 벌였다. 그는 27일에도 남만주철도주식회사 경성관리국 노동자의 시위를 이끌어 냈으며, 서울역 앞에서 조선노동대회·조선 독립 등을 적은 플래카드를 내걸고 수천 명의 노동자와 파업

재미 신문에 보도된 '시위 여학생의 두 손팔을 찍는 광경'

시위를 벌였다.

　서울 지역 노동자들의 투쟁은 3월 하순부터 서울·경기 지역을 중심으로 만세 시위를 다시 일으키는 데 큰 역할을 했다. 황해도 제철 노동자, 평양의 인쇄직공, 직산·운산금광 등의 광산 노동자도 힘을 모아 일제와 맞서 싸웠다.

　도시의 잡화상·곡물상·음식점 등 중소 상인들도 철시하여 일제에 맞섰다. 이들은 헌병·경찰이 문을 다시 열라고 협박해도 굽히지 않았다. 특히 서울 상인들은 9일 '경성시 상민일동 공약서'라는 공동 행동 지침까지 마련해 철시 투쟁에 적극 참여했다.

　시위는 농촌으로 퍼져 가면서 투쟁 방법도 다양해지고 투쟁 모습도 더욱 격렬해졌다. 농민들은 사람들이 자연스럽게 모여 근처로 시위를 확산하기에 가장 좋은 장날의 장터를 이용하여 시위를 벌였다. 군중을 더 끌어들이려고 마을마다 전단을 뿌리거나 벽보를 붙이는 등 미리 준비하는 경우도 많았다. 이 밖에도 농촌 곳곳에서는 조선 후기 농민 항쟁 때 썼던 횃불·봉화·산호산呼(산에 올라가 독립 만세나 구호를 외치는 것) 등의 전통적인 방법을 활용했다. 이 과정에서 '만세꾼'이라 부르는 시위 지도자가 생겨나, 시위는 한 번에 그치지 않고 계속 이어졌다.

> 우리 동포형제는 이 기회를 놓치지 말고 삼천리강토를 탈환하라. 죽음은 한 번뿐이고 두 번도 아니다. 동포여 이때가 어느 때냐. 한 번 분발하라. 기회는 다시 오지 않는다. 피와 피, 대한독립만세! _〈경상북도 청도군 용문면의 격문〉, 1919.3.15.

장터에 모인 시위 군중은 주동자가 연설을 하거나 격문을 읽고 나면 곧바로 태극기를 높이 흔들고 "대한 독립 만세"를 외치며 행진했다. 일제 경찰과 군인의 무자비한 탄압을 받으면서, 농민은 맨손으로 외치는 평화 시위가 허망한 죽음만을 부른다는 사실을 알게 되었다. 어느덧 농민들은 낫·괭이·몽둥이 등으로 무장하고 있었다. 이제 일제의 탄압에 부딪히거나 시위자, 주동자가 잡혀가면 곧 실력 행사에 들어갔다. 이들은 면사무소, 군청 등을 습격해 세금 징수 장부 등을 불태우고, 헌병 주재소나 경찰관서를 습격해 순사를 살해하거나 쫓아 버렸다. 투쟁 대상은 금융조합, 시장 관리인 같은 일제의 착취기구나 그 대리자, 일본인 지주나 상인, 고리대업자 등이었다. 이렇게 농민 투쟁은 일제의 지배 자체를 거부했다. 그 바탕에는 자신의 일상적인 생활상의 요구와 이해가 깊이 반영되어 있었다.

2개월 넘게 벌어진 3·1운동에는 200만 명이 넘는 민중이 참가했다. 전국 232개 부·군 가운데 218개에서 1491건의 시위가 일어났고, 일제의 말단 통치기관인 169개소 주재소·면사무소가 파괴되었다. 그러나 4월 말에 접어들면서 일제의 야만적인 탄압으로 반일 투쟁은 차츰 사그라들어 장엄한 역사의 막을 내렸다.

3·1운동의 역사적 의의

3·1운동이 진행되는 동안 일제의 총칼이 할퀴고 간 삼천리강산은 붉은 피로 물들었고, 전국의 감옥은 애국지사로 넘쳐흘렀다. 일제가 만든 통계를 보더라도 3월 1일에서 5월 말까지 학살된 사람이 7979명, 부상자가 1만 5961명, 검거자가 4만 6948명이나 될 만큼 시위운동에 대한 탄압은 야만적이었다.

일제는 처음부터 모든 물리력을 동원하여 만세 시위를 진압했다. 10일 무렵 운동이 대중 속으로 퍼져 가고 전국에서 일어나자 군대까지 끌어들여 무자비한 초토화 작전을 펼쳤다. 이 과정에서 일본군은 곳곳에서 학살과 만행을 저질렀다. 특히 수원의 제암리 학살 사건은 일제의 야만성을 드러낸 본보기였다. 1919년 4월 15일 새벽, 일본군은 제암리 마을 주민을 교회당에 몰아넣고 문을 잠근 채 사방에서 총을 쏘고, 아직 30여 명의 생존자가 남아 있는 교회당에 불을 질러 어린아이를 포함한 28명을 무참히 학살했다.

또한 일제는 여러 곳의 재향군인과 소방대원까지 동원했다. 일본 민간인도 이른바 '방위단'을 조직해 "내지인(일본인) 가옥에 방화하는 자가 있으면 선인(조선인) 가옥 전부를 불태울 것, 내지인 한 사람이 살상되면 될 수 있는 한 많은 선인을 죽일 것"이라고 외쳐댔다.

일본 언론은 진상을 보도하지 않고 일제의 잔혹한 탄압 정책을 지지했다. 그들은 독립 만세를 부른 조선 민중을 '폭도', '범인'으로 몰아붙이며 "조선

3·1 민족해방운동 수감자의 계급·계층별 구성(3~5월) (단위 : 명, ( ) : %)

농민 (일부 지주 포함)	노동자	지식인·청년·학생 (교사/학생/종교인 등)	상공업자	무직자	계
4,969	328	1,776	1,174	264	8,511
(58.4)	(3.9)	(20.8)	(13.8)	(3.1)	(100)

출처 : 곤도 게이치近藤劍一 편,《만세소요사건》1, 1964, 223~224쪽

많은 애국지사가 순국한 서대문형무소

인은 세계 질서를 파괴하려는 과격 사상을 가지고 있다"라고 비난했다. 그
럴 뿐 아니라 "인도에서 벗어난 방자한 행위를 하기 때문에 철저한 탄압이
필요하다"라는 등의 망언을 서슴지 않았다.

　3·1운동은 1차 세계대전과 러시아혁명 뒤에 맞이한 '세계 개조의 대기운'
에 따라 촉진된 측면도 있지만, 그 기본 동인은 일제와 조선 민중 사이에 깊
어진 민족 모순이었다. 따라서 3·1운동은 일제의 식민 통치에 대항해 전국
에서 독립을 갈망하는 광범한 민중이 참가한 거족적인 항일운동으로 발전
할 수 있었다.

　그러나 3·1운동은 광범위한 민중의 참가를 효과적으로 이끄는 지도 조
직이 없어 분산적으로 벌어졌다. 3·1운동을 계획하고 준비했던 민족대표는
운동을 주도적으로 이끌기보다는 제국주의 열강의 속성을 깨닫지 못한 채
국제 정세에 따라 민족 독립을 해결하려는 한계를 가지고 있었다. 대외적인
독립 선포, 일제나 열강에 호소하는 독립 청원만으로도 독립을 이룰 수 있
다는 생각은 제국주의 속성을 제대로 이해하지 못한 '환상'이었다. 민족대
표가 운동 과정에서 드러낸 한계는 그 뒤 부르주아 민족주의 운동의 분화를

예고했다.

그렇지만 3·1운동은 민족해방운동사에 중요한 역사적 의의를 남겼다. 첫째, 3·1운동은 항일운동으로서 공화주의 운동을 뿌리내렸다. 복벽주의 운동이 3·1운동 뒤에도 일부 나타나기는 했지만 공화주의 운동이 큰 흐름이었다. 이 운동의 결과 우리 역사에서 맨 처음 공화주의를 내세우는 임시정부가 들어섰다.

둘째, 3·1운동은 무장 독립운동을 본격적으로 촉발시키는 계기가 되었다. 민족대표의 비폭력 운동에 한계를 깨달은 학생·농민·노동자 등이 주도하는 과정에서 폭력으로 나아갔지만 조직화·무장화하지 못함으로써 큰 희생을 치렀다. 이에 만주와 연해주로 망명한 시위 참가자는 1910년대에 만들어진 독립군 단체에 참가해 무장 항쟁에 나섰다.

셋째, 3·1운동은 조선 민족의 강한 저항에 부딪힌 일제의 통치 방식을 '무단'에서 '문화'로 바꾸게 만들었다.

넷째, 3·1운동은 대중운동을 고양하고 민족해방운동의 방향을 바꾸어 놓은 커다란 분수령이었다. 이 운동의 주체로 참가한 노동자·농민층의 계급의식과 민족의식이 높아지면서 독자적인 운동방침과 새로운 노선을 가지게 되었다. 노동·농민운동이 사회주의 운동과 결합하면서 민족해방운동 전선에서 중요한 몫을 차지하게 되었다.

참고도서

권태억 외,《한국근대사회와 문화 II : 1910년대 식민지통치정책과 한국사회의 변화》, 서울대학교출판부, 2005

반병률,《성재 이동휘 일대기》, 범우사, 1998

반병률,《여명기 민족운동의 순교자들》, 신서원, 2013

서중석,《신흥무관학교와 망명자들》, 역사비평사, 2001

임경석,《한국사회주의의 기원》, 역사비평사, 2003

한국역사연구회·역사문제연구소,《3·1민족해방운동연구》, 청년사, 1989

참고논문

김종준,〈1910년대 조선총독부의 지방통치논리와 실상〉,《한국사학보》60, 2015

김형목,〈1910년대 야학의 실태와 성격변화〉,《국사관논총》제94집, 국사편찬위원회, 2000

나카바야시 히로카즈,〈1910년대 조선총독부의 교육정책과 동화주의-식민지민에 대한 제국민의식 창출시도〉, 《역사문제연구》34, 2015

박걸순,〈1910년대 비밀결사의 투쟁방략과 의의〉,《한국독립운동사연구》46, 2013

오미일,〈1910년대 중후반 조선인 산업자본의 형성〉,《한국근현대연구》20, 2002

윤병석,〈1910년대의 한국독립운동〉,《한국근대사론》3, 지식산업사, 1977

윤상원,〈시베리아내전의 발발과 연해주 한인사회의 동향〉,《한국사학보》41, 2010

정상우,〈1910년대 일제의 지배논리와 지식인층의 인식-'일선동조론'과 '문명화론'을 중심으로〉,《한국사론》46, 서울대 국사학과, 2001

황민호,〈1910년대 만주지역 한인사회의 동향과 한인의 만주이동〉,《숭실사학》25, 2010

1920년대 민족해방운동의 전개

일제의 '문화정치'와 식민지 자본주의의 전개

문화정치 실시

문화정치

3·1운동에서 드러난 조선 민중의 저항에 놀란 일제는 무단통치를 '문화정치'로 바꾸고 기만적인 유화정책과 민족 분열 정책을 폈다. 1919년 8월 제3대 조선총독에 임명된 해군대장 사이토 마코토齋藤實는 부임하자마자 치안 유지, 교육 보급·개선, 산업 개발, 교통·위생 정비, 지방 제도 개혁 등을 내걸고 문화정치를 실시했다.

일제는 악명 높던 헌병 경찰제를 보통 경찰제로 바꾸었다. 그러나 경찰 업무와 군사 업무를 나눈 것에 지나지 않았고, 실제로는 반일 운동을 효과적으로 탄압하려고 경찰과 군대를 더욱 강화했다. 일제는 경찰관서와 경찰의 수를 1920년 2월 2761개소, 1만 8400여 명으로 3·1운동 이전보다 3배 넘게, 경찰 경비도 3배 넘게 늘려서 총독부 예산 가운데 가장 많은 비중을 차지했다. 또 일제는 '1군 1경찰서, 1면 1주재소' 제도를 확립하고 특고 형사·사복 형사·제복 순사·밀정 등을 편성해 더욱 조선 민중을 감시하고 억압했다. 악명 높은 치안 유지법(1925)을 만든 것도 이때였다.

일제는 조선인에게 언론·출판·집회·결사의 자유를 일부 허용했다. 그 결과《동아일보》《조선일보》등의 조선어 신문이 발간되고 여러 사회 단체도 결성되었다. 그러나 이것도 단재 신채호가 "검열·압수 모든 압박 중에 기계·신문·잡지를 가지고 '문화 운동' 목탁으로 자명하여 강도의 비위에 거슬리지 아니할 만한 언론이나 주창하여 이것을 문화 발전의 과정으로 본다면 그 문화 발전이 도리어 조선의 불행인가 하노라"고 꼬집었듯이, 일제의 식민지 지배를 인정한 위에서만 '자유'를 누릴 수 있었다.

일제는 문화정치의 본질을 숨긴 채 식민지 이데올로기를 퍼뜨렸다. 일제는 조선 민족이 열등하다고 널리 교육·선전해 패배주의와 허무주의를 강요하면서 우리 민족을 식민지 노예로 길들이려 했다. 일제는 이러한 기만적인 문화정치를 미끼로 조선인 대지주와 자본가, 지식인 등의 부르주아 민족주의 상층부를 식민지 지배 체제 안으로 끌어들여 민족을 분열시키려 했다. 일제는 "친일 분자를 귀족·양반·부호·교육가 등에 침투시켜 여러 친일 단체를 조직케 할 것, 친일적인 민간유지에게 편의와 원조를 제공하고 수재교육의 이름 아래 조선 청년을 친일 분자의 인재로 양성할 것, 조선인 부호 자본가를 일본 자본가와 연계시킬 것" 등 6가지 친일파 육성 방침을 세우기도 했다. 경무국장 마루야마 쓰루키치丸山鶴吉는 "조선은 당장에 독립할 능력이 없으니 항일 투쟁을 포기하고 일제의 보호를 받아 먼저 실력을 쌓은 뒤에 독립을 생각할 수 있으며, 그것마저도 일제가 인정할 때라야 가능하다" 하여 문화정치의 본질을 드러냈다.

조선인 대지주·예속자본가·지식인 등 부르주아 민족주의 상층부는 1920년대 문화정치에 발을 맞추었다. 이들은 일제가 실시한 회사령 철폐,

산미증식계획 등 식민지 경제정책에 적극 참여하여 민족개량주의 운동을 벌여 나갔다.

산미증식계획과 식민지 자본주의

산미증식계획과 쌀 수탈

일제는 1차 세계대전으로 막대한 자본을 축적하여 독점자본주의 체제를 확립했다. 농업과 공업이 불균등하게 발전하는 과정에서 노동자의 식량이 모자라 마침내 대규모 '쌀소동'이 일어났다. 일본 독점자본은 부족한 쌀을 조선에서 해결하려고 산미증식계획을 실시했다.

1922년 조선총독부가 '조선산미증식계획요령'에서 "첫째, 조선의 수요 증가에 대비하고, 둘째, 농가 경제 성장으로 반도 경제 향상을 꾀하고, 셋째,

쌀 생산과 수출·소비량

연도	총생산량 (천 석)	일본 이출량 (천 석)	조선인 1인당 미곡 소비량(석)	일본인 1인당 미곡 소비량(석)
1920	12,708	1,750	0.63	1.12
1921	14,882	3,080	0.67	1.15
1922	14,324	3,316	0.63	1.10
1923	15,014	3,624	0.65	1.15
1924	15,174	4,722	0.60	1.12
1926	14,773	5,429	0.53	1.13
1927	15,300	6,136	0.52	1.09
1928	17,298	7,405	0.54	1.13
1929	13,511	5,609	0.45	1.11
1930	13,511	5,426	0.45	1.08

출처 : 조선은행조사부, 《조선경제연감》, 1948

일본으로 가져갈 쌀가마니가 산더미처럼 쌓인 군산항

제국의 식량문제 해결에 이바지하는 데 있다"라고 밝혔듯이, 산미증식계획은 모자라는 식량을 조선에서 빼내어 일본 노동자의 저임금을 유지하려는 속셈이었다.

일제는 많은 자본을 투자해 1920~1925년 제 1차 산미증식계획과 1926~1934년 제 2차 산미증식계획을 시행했다. 그 기간 동안 토지개량사업을 실시해 쌀을 증산했고, 많은 양의 쌀이 일본으로 유출되었다.

산미증식계획이 중심이 된 일제의 농업정책은 조선 농민을 일본 자본 아래 놓이게 했다. 이에 따라 농업 사정도 빠르게 바뀌었다. 수리조합 건설과 수세 징세, 농사 개량을 빌미로 농촌에 침투한 일본 독점자본은 비료대·종자대금, 개량 농구의 강제 등으로 조선 농민의 몰락을 부채질했다. 농사 개량 자금이 지주에게 돌아가고 수리조합을 지주 중심으로 운영해 식민지 지주제가 강화되었다. 특히 수리 사업을 진행하면서 쌀 생산량은 눈에 띄게 늘어났으나, 소토지 소유자는 수리조합비와 온갖 세금을 떠안아야 했다. 또 거듭되는 농업공황의 물결이 농산물과 공산물의 가격 차를 더욱 벌려 농민을 끊임없이 토지에서 내몰았다.

회사령 철폐와 일본 자본 진출

1차 세계대전을 거치면서 크게 성장한 일본 자본주의는 1910년대 말부터 조선의 풍부한 원료와 값싼 노동력에 눈을 돌리기 시작했다. 총독부는 1920 년 4월 회사령을 철폐해 일본 자본이 자유롭게 들어올 수 있는 길을 열어 주었다.

1910년대 조선에 들어온 일본 자본은 대부분 상업이윤을 노리는 중소자 본이었기 때문에 회사령을 통해 조선인 자본의 성장을 억제하고 일본인 자본의 활동을 지원해야 했다. 그러나 1910년대 후반 일본 자본주의가 빠르게 성장함에 따라 일본 독점자본이 자유롭게 건너올 수 있도록, 자본 이동을 막는 모든 제한을 없앨 필요가 있었다.

1910년대 말부터 1920년대 후반까지 들어온 일본 독점자본은 제사, 면방직, 식료품(맥주, 제당) 등 주로 경공업 부문이었다. 그 당시 세계경제의 호황으로 조선에서도 '회사열會社熱'이 일어나 상업·공업 부문에 많은 공장과 회사가 들어섰다. 조선인 자본은 양조업, 정미업, 요업, 직물업 등 전통 산업과 고무신 공업, 양말 공업, 생선 기름 제조업 등으로 활발하게 진출했으나, 경기침체와 일본 독점자본의 압박으로 곧 정체되고 말았다. 이때 조선에 들어온 대표적인 일본 독점자본은 미쓰이三井, 미쓰비시三菱, 노구치野口 재벌 등이었다.

1920년대 자본의 민족별 구성을 보면, 일본인 자본이 70% 정도로 압도적이었고 조선인 자본은 10%에 도 미치지 못했다. 이때 일본 자본이 본격적으로 들어와 조선에 식민지 자본주의*의 기초를

식민지 자본주의 일본 독점자본주의가 조선에 진출하여 식민지에 이식된 자본주의를 말한다. 일제가 실시한 토지조사사업 등을 계기로 '식민지적 자본의 본원적 축적'이 시작되었다.

마련했고 이는 자본·임노동 관계를 둘러싼 모순을 심화시켜 노동운동이 성장하는 밑바탕이 되었다.

민중의 사회경제적 상태와 계급 구성 변화

민중의 사회경제적 처지

일본 독점자본이 조선에 들어오면서 식민지 자본주의의 기초가 마련되었고, 이에 따라 해가 갈수록 노동자 수가 늘어났다. 조선 노동자는 열악한 노동조건 속에서 산업재해와 직업병, 육체를 갉아먹는 장시간·저임금 노동에 시달렸다. 1929년 당시 조선 노동자는 일본 노동자의 임금인 2원 52전의 절반도 되지 않는 1원을 받는 민족 차별을 견뎌야 했다. 이때《동아일보》는 1924년 5월 16일 자에서 조선 노동자의 비참한 생활을 다음과 같이 보도했다.

> 서울 거주 재봉직공 모(나이 38)의 경우 가족은 안해(31), 노모(68), 아들(12)인데 전 가족의 한 달 수입은 12원에 불과한데, 생활비 내역을 보면 쌀 1원 54전, 잡곡 5원 85전, 신탄 60전, 담배 30전, 성냥 3전, 고기 75전, 야채 26전, 물고기 10전, 두부 5전, 떡 30전, 전차비 15전, 합계 10원 16전 … 일가 4인의 가족 저들은 참으로 '배를 채운다'는 그것이 타고난 인생의 목적이고 그 이외에 더 생각

조선 농가의 계층 구성 (단위 : 명, ( ) : %)

연도	지주	자작농	자소작농	소작농	순화전민
1920	90,930(3.3)	529,177(19.4)	1,017,780(37.4)	1,082,932(39.8)	
1928	104,601(3.8)	510,983(18.3)	894,381(31.9)	1,255,954(44.9)	33,369(1.2)

출처 : 조선총독부,《조선의 소작관행》하, 1932, 111~122쪽

정든 고향에서 쫓겨나 머나먼 타국으로 떠나는 조선인

할 수 없으리 만치 피곤했을 것이다.

　전체 인구 가운데 70~80%를 차지하던 농민의 처지도 노동자와 크게 다르지 않았다. 1920년대에 들어와서도 지주와 소작농·화전민은 해마다 늘어났으나 자작농·자소작농은 해마다 줄었다.

　소작농은 수확량의 절반이 넘는 소작료에다 본디 지주 몫인 비료·농기구 구입비는 물론 이자, 지세 공과금, 수세, 마름 보수, 소작료 운반비까지 떠안아 실제 부담은 수확량의 70~80%나 되었다. 이러한 고율 소작료 부담 속에서 농민 생활은 더욱 어려워졌고 고리대 부채도 늘어났다. 많은 농민이 토지를 빼앗기고 소작농이 되거나 화전민·세궁민細窮民*·걸인이 되었다. 1926년에 세궁민·걸인이 전체 인구 가운데 11%인 216만여 명이었는데, 1931년에는 세궁민이 전체 인구의 25%인 520만여 명으로, 걸인은 16만여 명으로 크게 늘었다.

　농민의 계급분화 현상은 소작농 등 빈농의 수를 크게 늘려 이들이 농업 노동자로, 임금

세궁민　매우 가난한 사람.

노동자가 되는 것을 부채질했다. 실업 상태에 있던 농촌 빈민 가운데 일부는 도시로 가서 빈민층을 형성해 토막민이 되기도 했다. 또 많은 농민이 일본·만주·시베리아 등 나라 밖으로 떠나갔다. 일본으로 옮겨 간 조선인은 1921~1930년에 130만여 명이나 되었다. 중국 간도 지방 등지로 이주한 농민은 1921~1929년에 36만여 명에 이르렀다. 《동아일보》는 1926년 11월 20일 자에서 농민의 탈농화 실상을 다음과 같이 보도했다.

> 요사이 경기도 양평·가평 양군을 중심으로 그 인근 각 촌에서는 빈한농민들이 하루에도 수백 명씩 왕십리·청량리·창동·의정부 등 경원선 정거장에서 북행 열차에 몸을 실어 … 지난 16, 17, 18 3 일간 왕십리·청량리 두 정거장에서 떠난 사람의 수효만 하더라도 젖먹이 어린아이는 제하고도 실로 5백여 명에 달한다더라.

소상인, 중소 수공업자의 사정도 크게 다르지 않았다. 이들은 일제의 독점자본과 경쟁에서 뒤처질 수밖에 없었고, 여러 정책과 무거운 세금 때문에 자유롭게 성장할 수 없었다. 따라서 이들도 끊임없이 몰락해 갔고, 그만큼 일본 독점자본의 진출과 지배 정책에 반감을 가지게 되었다.

부르주아 민족주의 운동의 분열과 쇠퇴

민족개량주의와 실력 양성 운동

민족개량주의의 등장

3·1운동 뒤 일제가 '문화정치'를 펼치면서 조선인 대지주, 자본가와 일부 지식인이 크게 흔들리기 시작했다. 이들은 총독부가 내건 문화정치를 아무런 비판 없이 받아들였다. 일제가 허용하는 범위 안에서 경제적으로는 실력을 기르고, 사상적으로는 민족성을 개조하고, 정치적으로는 자치권을 획득하자고 주장했다. 호남 지방의 대지주이자 자본가인 김성수의 《동아일보》 계열은 민족개량주의의 본보기였다. 여기에 이광수·최남선·최린 등의 지식인, 종교인이 모여들었다.

이광수는 1921년 5월 조선총독부에 포섭되어 대한민국임시정부의 기관지 《독립신문》의 주간직을 팽개치고 귀국한 뒤 《동아일보》 논설위원이 되었다. 그는 1922년 5월 최린이 경영하던 《개벽》에 '민족 개조론'을 실어 민족개량주의를 대중에게 선전하기 시작했다. 그는 이 글에서 3·1운동을 "무지 몽매한 야만인종이 자각 없이 옮겨 가는 변화"라고 하면서 "허위, 비사회적 이기심, 나태, 무신無信, 겁나怯懦, 사회성의 결핍" 등과 같은 타락한 민족성 때문에 독립을 이룰 수 없다고 했다. 독립을 하려면 민족성부터 개조하고, 수양동우회 같은 단체가 독립운동의 주도권을 잡아야 한다고 했다.

1924년 무렵 민족개량주의자들은 민족 독립을 드러내 놓고 부정하는 자치론을 주장하면서 본모습을 드러내기 시작했다. 이광수는 1924년《동아일보》신년 사설로 '민족적 경륜'을 실어 "독립운동을 일본이 허용하는 자치 운동으로 전환"해야 한다고 주장했다. 그러면서 일본의 식민 지배를 인정하고 일제 법률이 허용하는 범위 안에서 산업 진흥과 교육 개발로 민족의 실력을 기르자고 했다. 이 무렵 김성수·송진우·최린 등의 민족개량주의자들은 자치 운동을 펼쳐 나갈 정치결사로서 연정회를 조직하려 했다. 민족개량주의의 이러한 의도는《동아일보》불매운동과 같은 민중의 세찬 반발에 부딪혀 뜻을 이루지 못했다.

실력 양성론에서 자치론으로 이어진 민족개량주의는 민족 독립을 포기한 친일 타협 노선이었다. 3·1운동 뒤에 고양되던 사회주의 운동과 대립하면서 민중을 기만한 민족개량주의는 민족해방운동의 열기를 식히려는 일제의 식민 통치에 이바지했다.

부르주아 민족주의 세력 가운데《조선일보》계열을 중심으로 하는 신석우·안재홍·백관수·이상재 등이 비타협적 민족주의 운동을 벌였다. 이들은 문화정치의 기만성과 민족개량주의의 거짓됨을 폭로하면서 일제와 타협하지 않고 투쟁하는 길을 찾았다. 그리하여 1920년대 후반에는 사회주의 세력과 힘을 합하여 신간회 운동에 참여했다.

실력 양성 운동

1920년대 초 민족주의자들은 실력을 양성한다면서 여러 운동을 벌였다. 물산장려운동과 민립대학설립운동이 그 본보기였다. 처음 민중은 이 운동에 깊은 관심을 갖고 지지를 보냈다. 민족주의자들은 반일 운동 차원에서 문화 정치의 열린 공간을 이용하려고 이 운동에 참가했다. 그러나 이들은 이 운동의 주도권을 거머쥐고 3·1운동 뒤에 드높아진 반일 운동을 문화 운동에 묶어 두려 했다.

물산장려운동은 "민족의 경제적 파탄을 구제하자면 외화를 배척하고 불편하나마 국산품을 사용해야 한다"라는 취지로 일어났다. 1922년과 1923년 초 물산장려운동은 민중의 지지를 받으며 활발히 벌어졌으나 곧 주춤했다. 민족 산업의 비중과 생산력이 매우 보잘것없던 식민지 경제에서 광목·모자·고무신 등의 생필품은 곧 바닥이 났고 가격도 치솟았다. 원산지에서 한 필에 1원 60~70전 하던 원목이 상점에서는 3원 안팎에 팔렸다. 결국 이 운동에서 나오는 이익은 상인이나 자본가 계급의 몫이었고, 피해는 소비자인 노동자·농민 등 식민지 민중에게 돌아갔다.

이 운동을 이끈 조선물산장려회에 박영효·유성준 같은 친일파나 친일관료들이 적극 참여했다. 국산품을 애용하자는 슬로건도 '일본 상품 배척'으로 나아가지 못했다. 따라서 이 운동은 일제의 탄압을 받지 않고 전국 어디에서나 강연회, 시위행진 등과 같은 물산장려를 위한 행사를 성대히 치를 수 있었다.

일제와 타협하는 민족 개량의 성격이 드러나면서 처음에 참여한 이상재와 같은 민족주의자들이 떨어져 나가고 민중이 외면하자 물산장려운동은 곧 흐지부지되고 말았다. 이 운동은 조선인 기업의 힘을 키워 보자는 뜻이었지만 자산가 계층의 이익을 민족 전체의 이익으로 여긴 한계가 있었다.

부르주아 민족주의자는 1000만 원을 모아 민족 교육을 북돋우고 '민족 간부'를 양성하자며 민립대학설립운동을 벌였다. 이 운동도 처음에는 많은 호응을 받았지만 얼마 못가 흐지부지되었다. 식민지 수탈 체제 아래 일부 자산가 계층의 자녀를 빼고는 고등교육의 혜택을 받을 수 있는 계층은 매우 한정되었기 때문이다. 또 이 운동은 "시급한 것은 과다한 문맹 인구를 퇴치시키기 위한 대중 교육의 실시이며 고등교육은 그 다음"이라는 비판을 받았다.

실력 양성 운동은 반일 성향을 지닌 사회운동을 통제하려던 일제의 속셈과 민중운동·사회주의 운동의 힘을 누그러뜨려 부르주아 민족주의 운동의 주도권을 잡으려 한 민족개량주의자의 의도가 맞아떨어진 운동이었다.

대한민국임시정부의 성립과 활동

대한민국임시정부의 성립

3·1운동을 앞뒤로 서울·상하이·노령露嶺* 등지의 나라 안팎에서 독립운동을 총괄 지도할 조직이 필요하다고 깨달았다. 이러한 움직임은 이미 1917년 '대동단결선언' 이후 임시정부를 수립하려는 운동으로 이어졌다.

1919년 2월 연해주 니콜리스크에서는 전로한족회 중앙총회를 개편해 문창범과 김만겸을 의장·부의장으로 하는 대한국민의회가 생겨났다. 4월 11일 상하이에서는 나라 안팎에서 모여든 독립운동가들이 임시의정원을 개설하고, 국무총리 이승만, 내무총장 안창호, 군무총장 이동휘 등을 선출해 대한민국임시정부를 세웠다. 나라 안에서도 17일 집정관 이동휘, 국무총리 이승만으로 하는 신한민국정부를, 23일 이승만을 집정관총재, 이동휘를 국무총리총재로 하는 이른바 '한성정부'를 선언했다. 신한민국정부나 '한성정부'는 정부로서 실체가 없는 일종의 '전단정부'였다. 이들 임시정부

노령 러시아 영토. 시베리아 일대를 말한다.

는 모두 국민 주권의 민주공화제를 지향했다.

임시정부 가운데 실질적인 정부 형태를 갖춘 곳은 노령의 대한국민의회와 상하이의 대한민국임시정부였다. 한 국가에 한 정부가 있듯이 자연히 두 임시정부를 하나로 통합하자는 논의가 일어났다. 1919년 5월 대한국민의회 측의 원세훈과 대한민국임시정부 측의 안창호가 각각 대표가 되어 통합 논의를 시작했다. 이 과정에서 양 쪽은 통합 정부를 어디에 둘 것인지를 두고 의견이 팽팽히 맞섰다. 대한국민의회 측은 "노령·만주 지역이 실제 통치 가능한 국민 즉, 국내에서 이주해 온 수많은 동포가 있고 본국과 가깝다"라는 이유로 노령이나 간도에 둘 것을 주장했다. 그러나 상하이 임시정부 측은 "상하이가 일본군의 침입으로부터 안전하여 행동이 자유롭고 교통이 편리하며, 많은 나라가 교차하는 곳이기 때문에 국제적 활동이 편리하다"라는 이유로 상하이에 둘 것을 고집했다. 통합 정부의 위치 문제는 단순하지 않았다. 그것은 임시정부가 지향할 독립 방법, 즉 독립 전쟁에 중점을 둘 것인지 아니면 외교 활동에 집중할 것인지 하는 운동 노선과 맞물려 있었다.

통합 논의는 "대한국민의회와 상하이 임시정부는 동시에 해산하고 한성정부를 봉대할 것, 정부의 위치는 당분간 상하이에 둘 것, 정부 이름은 대한민국임시정부로 할 것" 등으로 합의해, 1919년 9월 통합 정부를 수립했다. 통합 정부를 세웠지만 곧바로 통합 원칙의 실행 여부를 두고 '승인·개조문제'가 불거졌다. 통합 원칙에서 한성정부를 봉대한다는 것은 상하이 임시정부의 임시의정원과 대한국민의회를 동시에 해산하고 한성정부의 각료를 그대로 이어받는다는 뜻이었다(승인). 그런데 대한국민의회는 약속대로 해산했으나 상하이 임시정부는 임시의정원을 그대로 둔 채 대통령제로 임시헌장을 개정하여 결과적으로 정부 형태만 대통령제로 변경한 꼴이 되었다(개조).

상하이 임시정부가 통합 원칙을 어기고 정부를 개조한 데는 임시정부의

대한민국임시정부 신년 축하 기념 촬영. 밑에서 두 번째 줄 왼쪽부터 김구·양현·도인권·김여제·이유필·송병조·손정도·신규식·이동녕·이동휘·이시영·안창호·김철·김립·?·윤현진·신익희·이규홍·이춘숙·정인과 등(1920.1.1.)

국무총리 이승만이 대통령 직함 사용을 고집한 것이 원인이었다. 위임통치 청원 문제와 미주 동포의 독립 자금 관할 문제로 상하이 임시정부와 갈등을 빚던 이승만은, '한성정부'에서 집정관총재로 선출된 사실을 알고 상하이 임시정부를 부정하고 대통령 행세를 하기 시작했다. 상하이 임시정부에서는 대통령 직함을 사용하는 것이 부당하다고 지적하며 여러 차례 항의했지만 이승만은 고집을 꺾지 않았다. 통합 정부를 세우더라도 이승만이 한성정부의 대통령을 자처하는 한 대외적으로는 2개의 정부가 생기는 꼴이 되었다. 이를 우려한 국무총리대리 겸 내무총장 안창호는 어쩔 수 없이 대한국민의회와 한 약속을 어기고 이승만을 대통령으로 만들기 위해 임시헌장을 대통령제로 개정했다.

이런 상하이 사정을 알지 못한 채 1919년 9월 노령에서 이동휘와 문창범이 통합 정부에 취임하려고 상하이로 왔다. 문창범은 상하이 측이 약속을 어겼다며 교통총장 취임을 거부하고 노령으로 돌아갔다. 한인사회당의 이동휘는 상하이 임시정부가 약속을 어겼지만 민족주의 세력과의 연합과 민족

단결을 더 중시해 국무총리에 취임했다. 이로써 통합 정부는 대한국민의회와 부분적으로 통합하는 데 그쳤고 노령 지역에 대한 영향력을 잃어버리고 말았다. 그 뒤 문창범 계열은 대한국민의회를 다시 복원하고, 상하이 임시정부의 외교 독립론을 반대하며 독립 전쟁론을 내세웠던 신채호·박용만 등 '베이징파'와 함께 강력한 반임정 세력이 되었다.

대한민국임시정부의 활동

1919년 4월 11일 닻을 올린 임시정부는 민주공화제를 채택하고 국민대표 기관으로서 임시의정원을 두었으며 기관지 《독립신문》을 발간했다. 또 외교 활동을 위해 프랑스에 파리위원부를, 워싱턴에 구미위원부를 두었다. 일제가 한반도를 강점한 상황에서 세워진 임시정부는 국민과 영토를 갖지 못한 한계가 있었다. 하지만 일제의 병합을 불법으로 규정하고, 특히 임시헌장 제10조에 "임시정부는 국토 회복 후 만 1년 안에 국회를 소집"해 정식 정부를 세운다고 규정하여 임시정부의 역사적 위상을 분명히 했다.

임시정부는 국민과 영토를 갖지 못한 한계를 극복하려고 국내외 각지에 연통제를 실시하고 임시교통국을 설치했다. 정부가 발행한 법령 및 공문의 전파와 독립 자금 모집 등을 위해 실시한 연통제는 서울에 총판을 두고 각 도에는 독판, 부와 군에는 부장과 군장, 면에는 면감을 두었으며, 간도에는 독판부를 두었다. 또 20세 이상의 남녀에게 1인당 1원씩의 인구세를 거두고 독립공채를 발행했다. 정부 수립 초기 평안도·함경도·황해도 등 일부 지역에 비밀리에 연통제를 조직했으나 1921년 일제에게 발각되어 무너졌다. 임시정부는 연통제와는 별개로 국내외 여러 독립 단체나 개인과 통신·연락을 하려는 기구로, 교통부 산하에 임시교통국을 두기로 했다. 그 결과 압록강 맞은편 단둥安東과 평양, 서울 등지를 연결하는 임시지방교통국을 비밀리에 설치했다. 이 임시교통국도 1921년 무렵 조직이 드러나 거의 무너졌다.

임시정부는 정부 수립 초기 외교 활동에 힘을 쏟았다. 1919년 1월 1차 세계대전의 전후 처리를 위한 파리강화회의가 열리자 이 회의를 독립을 청원할 수 있는 좋은 기회로 여겼다. 이미 신한청년당 대표로 파리에 가 있던 김규식을 외무총장 겸 파리강화회의 대한민국위원과 주 파리위원에 임명했다. 김규식은 이 회의에 '한민족의 해방과 독립 회복을 위한 청원서' 등을 제출하고 대한민국위원으로 참여하려 했다. 그러나 강대국들이 거들떠보지도 않아 회의에 참석조차 못했다.

파리강회회의에서는 성과를 거두지 못했지만 그 결과를 두고 미국과 일본이 크게 충돌했다. 일본은 파리강화회의 결과 패전국 독일의 식민지인 중국의 산둥山東반도와 태평양 적도 이북 지역에 대한 이권을 독점하여 태평양 방면으로 세력을 강화했다. 이에 불만을 가진 미국이 태평양 방면에서의 세력균형을 요구하며 일본과 대립했다. 1921년 11월 열기로 한 태평양회의(또는 워싱턴회의)는 이런 갈등을 해결하려고 미국이 주도한 군축회의였다. 임시정부는 또다시 이 회의에 기대를 걸고 외교 역량을 집중했지만 결과는 파리강화회의와 마찬가지였다.

파리강화회의 뒤 미국과 일본의 갈등이 깊어지면서 '미·일전쟁설'이 나돌았다. 노령과 북간도에서도 일본군의 시베리아 진출로 '소·일전쟁설'이 돌기 시작했다. 독립 전쟁론을 내세우던 국무총리 이동휘는 미·일 내지 소·일 사이에 전쟁이 일어날 경우 그 틈을 타서 독립군이 국내에 진공하면 독립할 수 있을 것이라 여기고 1920년을 '독립 전쟁의 원년'으로 선포했다. 임시정부는 서간도의 서로군정서, 북간도의 북로군정서 등 만주의 독립군 단체에 국내진공을 위한 독립 전쟁을 준비하자고 요구했다. 그러나 태평양 회의로 미·일의 갈등이 해결되어 기대한 전쟁은 일어나지 않았고 임시정부의 독립 전쟁은 선언에 그치고 말았다.

임시정부의 활동이 번번이 성과를 거두지 못하자 임시정부의 내분과 외교 활동을 비판하고 개혁을 요구하는 목소리가 안팎에서 터져 나왔다. 이런 가운데 1921년 2월 박은식, 신채호, 박용만 등이 '우리 동포에게 고함'을 선언하여 "전 국민의 의사에 의한 통일적 강고한 정부 조직"과 "독립운동의 최량 방침의 수립"을 요구했다. 이 선언은 국내는 물론 중국 관내와 간도·노령 등지의 지지를 받아 국민대표회의를 여는 계기가 되었다.

국민대표회의는 이승만을 지지하며 임시정부의 현상 유지를 고집하는 정부옹호파의 격렬한 반대를 무릅쓰고 1923년 1~6월에 상하이에서 열렸다. 여기에 나라 안팎의 지역·단체 대표 125명이 참가했다. 회의에서는 임시정부를 민족해방운동의 실정에 맞도록 현 정부를 개조하자는 '개조파'와 현재의 임시정부를 해체하고 새로운 기관을 세우자는 '창조파' 그리고 임시정부의 현상 유지를 고집하는 '정부옹호파'가 맞섰다. 임시정부의 존폐 문제를 둘러싼 각 파의 주장은 끝내 좁혀지지 않았고 회의는 결렬되었다.

국민대표회의가 결렬된 뒤인 1920년대 중반에는 중국 관내에 있는 의열단, 사회주의자, 민족주의자가 모두 민족 해방을 목표로 힘을 합쳐 민족유일당을 건설하자는 민족유일당 운동에 나섰다. 임시정부에서는 이를 위해 1925년 3월 먼저 임시정부 개혁의 걸림돌이었던 이승만을 대통령직에서 탄핵한 데 이어 헌법을 개정하여 대통령제를 폐지하고 국무령제를 채택했다. 그리고 민족유일당 운동이 진전되자 1927년 3월 민족유일당이 결성될 경우 최고 권력을 정부가 아닌 당에 두는 것으로 하는 헌법을 개정하여(신임시약헌) 민족유일당 운동에 대비했다. 그러나 이 운동은 1927년 장제스의 '반공 쿠데타'라는 급격한 정세 변화와 이념 차이를 극복하지 못하여 실패하고 말았다.

임시의정원의 임시대통령 이승만 탄핵심판서
정무를 총람하는 국가총책임자로서 정부의 행정과 재무를 방해하고 임시헌법에 의하여 의정원의 선거를 받아 취임한 대통령이 자기 지위에 불리한 결의라 하여 의정원의 결의를 부인하고 심지어 한성조직(한성정부)의 계통 운운함과 같은 것은 대한민국 임시헌법을 근본적으로 부인하는 행위라. 이와 같이 국정을 방해하고 국헌을 부인하는 자를 하루라도 국가원수의 직에 둠은 대업의 진행을 기대하기 불능하고 국법의 신성을 보존하기 어려울 뿐 아니라 순국재현의 명목치 못할 바요 살아있는 충용의 소망이 아니다. _《독립신문》, 1925.3.23.

기대했던 민족유일당 운동이 실패하고 장제스의 '반공쿠데타' 뒤에 관내 좌익 탄압이 심해지자, 임시정부 주변의 많은 독립운동가가 상하이를 떠났다. 임시정부는 겨우 그 명맥만 유지할 정도였다. 김구는 이런 상황을 타개하려고 1931년 임시의정원으로부터 전권을 위임받아 비밀리에 한인애국단을 조직했다. 한인애국단은 일제의 주구 처단이나 시설물 파괴와 같은 특무 활동을 통해 독립운동을 활성화할 생각이었다. 1932년 1월 8일 애국단원 이봉창이 도쿄 사쿠라다몬櫻田門에서 일본 왕에게 폭탄을 투척하여 일제의 간담을 서늘하게 했다. 그해 4월 29일에는 상하이 홍커우 공원에서 일본군이 천장절 기념식을 거행할 때 애국단원 윤봉길이 폭탄을 투척해 파견군 사령관 시라카와 요시노리白川義則, 일본 거류민 단장 가와바타 시다쓰河端貞次 등을 폭사시키는 의거를 단행했다.

이들 사건으로 한인애국단이 세상에 알려지게 되었고, 임시정부는 일본 군의 집중적인 탄압을 받아 상하이 시대를 마감했다. 윤봉길 의거는 중국인에게 한국인의 항일 의지를 새롭게 각인시켜 이후 한·중 연대를 꾀하는 중요한 계기가 되었다.

만주 지역 민족해방운동

만주 지역 항일 독립군 운동

3·1운동은 1910년대 이미 100만 명에 가까웠던 이주 동포 사회를 바탕으로 성장한 서북간도·노령의 수많은 민족주의 독립 단체를 크게 고무시켰다. 이 단체들은 비폭력 노선에 한계를 느끼고 '독립 전쟁론'을 내세우며 국내 진공을 목적으로 무장투쟁을 벌이기 시작했다.

동북만주 왕청汪淸에는 김좌진이 이끄는 북로군정서, 엔지延吉에는 대한독립군, 대한정의군정사, 광복단, 의군부 등의 민족주의 무장 독립 단체가 있었다. 남만주 류허에서는 '병합' 직전부터 신민회가 벌인 독립군 기지 건설 운동의 성과를 바탕으로, 1919년 임시정부 산하기관으로 성립한 서로군

만주 지역 항일 독립군 조직

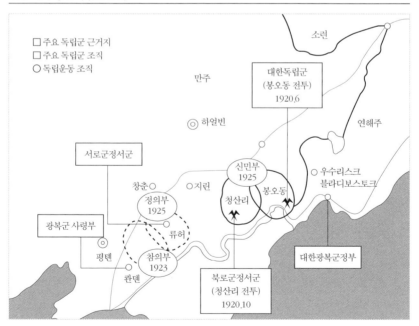

정서, 한말 의병장이 중심이 된 대한독립단 등의 무장 단체가 활동하고 있었다. 이 가운데서도 대한독립군과 북로군정서는 1920년대 독립 전쟁사에 빛나는 봉오동 전투와 청산리 전투를 승리로 이끈 대표적인 독립군 부대였다.

한말 의병장 출신인 홍범도가 이끄는 대한독립군은 1920년 3~6월 일본군과 32회의 전투를 벌였다. 혜산진, 갑산, 만포진 등지의 한·만 국경 근처를 공격하여 일본군수비대·경찰관서·통치기관 등을 여러 차례 습격하고 경찰서와 행정기관 34개소를 파괴했다. 안무의 국민회군, 최진동의 군무도독부군 등과 연합한 대한독립군은 그해 6월 1개 대대 병력으로 봉오동으로 쳐들어오는 일본군을 매복 공격으로 물리쳤다. 7월에는 다시 쳐들어오는 일본군 4개 대대를 완전히 물리치는 큰 승리를 거두었다(봉오동 전투).

김좌진이 이끄는 북로군정서는 1920년 8월 소속 병력이 1600여 명이나 되는 동북만주에서 가장 강한 무장 독립 단체였다. 북로군정서와 대한독립군이 일본군의 만주 출병을 피해 장백산의 안전지대로 이동하자 일본군은 '훈춘琿春 사건'*을 날조한 뒤 이를 구실로 독립군이 모여 있던 청산리를 조선주차군 19사단과 일부 시베리아 주둔군을 동원하여 공격해 왔다. 그해 10월 18일, 북로군정서는 일본군의 공격에 맞서 허룽현和龍縣 삼도구의 청산리 계곡에서 격전을 벌여 큰 승리를 거두었다(청산리 전투). 일본군은 독립군 소탕을 핑계 삼아 간도 지방의 조선인을 3개월 동안 무려 3만여 명이나 학살하는 만행을 저질렀다(경신참변).

훈춘 사건 일제가 중국 마적을 매수해서 1920년 10월 훈춘의 민가와 일본영사관을 습격하도록 한 사건. 일제는 이 사건을 구실로 2만 명 남짓한 병력을 서북간도로 침입시켰다.

봉오동과 청산리에서 큰 승리를 거둔 독립군은 일제의 보복을 피해 소·만 국경 가까운 밀산 지방으로 이동했다. 이곳에 모인 36개 독립군 단체는 1921년 초 총재에 서일, 부총재에 김좌진·홍범도·조성환, 총사령에 김규

식, 여단장에 이청천을 간부진
으로 하는 대한독립군단을 결성
했다. 이들은 소련의 지원을 받
아 대규모 독립 전쟁을 벌이려
고 소련 땅으로 들어갔다. 그러
나 혁명군과 반혁명군의 싸움

자유시사변 1917년 러시아 자유시(혁명 전 알렉세에프스크로 불리다가 혁명 뒤 자유라는 뜻의 스바보드니로 이름이 바뀌었다) 근처에 주둔하던 사할린 한인 의용대를 러시아 적군 제29연대와 한인 보병자유대대가 무장해제시키는 과정에서 많은 사상자가 생긴 사건.

이 한창이던 소련 사정 때문에 뜻을 이루지 못하고 일부는 다시 만주로 돌아갔다. 나머지는 헤이룽강 연안의 자유시로 이동했다. 여러 무장 부대는 통합 운동을 전개하는 과정에서 충돌한 비극적 사건을 겪기도 했다(자유시사변*).

옛 근거지인 연해주·만주로 돌아온 독립군은 항일 투쟁을 효과적으로 하기 위해 흩어진 독립 단체를 통일하려 했다. 남만주에서는 1923년 6월, 서로군정서와 대한독립단 등의 단체가 통합하여 대한통군부를 조직했다. 지안集安과 퉁화通化를 중심으로 활동한 통군부는 조직을 개편했으나 다시 의견이 갈려 참의부(1924)와 정의부(1925)로 나뉘었다. 북만주에서도 자유시사변 뒤 여기에 온 독립군을 중심으로 신민부(1925)를 결성했다.

이 독립군 단체들은 상하이 임정과는 달리 모두 만주 교포 사회를 바탕으로 행정·입법·사법부를 갖춘 일종의 군정부였고, 교포 사회에서 거둔 세금으로 정부를 운영하고 독립군을 양성했다. 1920년대 중반부터 이 단체를 중심으로 분산된 독립운동 단체를 통일하려는 민족유일당 운동이 벌어졌지만, 건설 방법을 둘러싼 의견 대립을 좁히지 못해 실패했다. 그 뒤 독립군 단체들은 여러 곳에서 무장 항쟁을 벌였지만, 끊임없는 일본군의 토벌과 지도부 대립으로 차츰 쇠퇴했다.

의열단의 활동

1919년 11월, 김원봉·윤세주 등 13명이 지린吉林에서 의열단을 결성했다.

3·1운동에 크게 자극받은 이들은 결사를 만들어 암살·파괴 활동으로 동포의 애국심에 호소하여 민중 폭동을 일으키고자 했다.

의열단은 본부를 베이징으로 옮긴 뒤, 폭탄 제조법을 배워 조선총독부의 고위관료·일본군부 수뇌·매국노·친일파 등을 암살하여 일제의 간담을 서늘하게 했다. 이 밖에도 동양척식회사·조선식산은행·경찰서 등 일제 통치기구와 수탈 기구를 파괴하는 활동을 했다.

1920년 6월 조선총독부 파괴 계획이 미리 드러나 6명의 의열단원이 체포된 뒤에도 활동은 계속됐다. 같은 해 9월 의열단원 박재혁이 부산경찰서에, 12월 최수봉이 밀양경찰서에, 이듬해 9월 김익상이 조선총독부에 폭탄을 던졌다. 1922년 3월 상하이에서는 김익상·오성륜 등이 일본군 대장 다나카를 저격했으나 뜻을 이루지 못했다.

1922년 겨울 김원봉이 베이징에서 신채호를 만나면서 의열단은 투쟁에 대한 이론 체계를 갖추었다. 신채호는 민족해방운동을 약화·분열시키던 실력 양성론·외교 독립론·자치론을 비판하면서 조선 독립을 위한 민중 직접 혁명을 주장하는 '조선혁명선언'을 발표하여 의열단의 활동을 북돋았다. 의열단원 김상옥은 1923년 1월 종로경찰서에, 나석주는 1926년 12월 동양척식주식회사와 조선식산은행에 폭탄을 던졌다.

> 민중은 우리 혁명의 대본영이다. 폭력은 우리 혁명의 유일무기이다. 우리도 민중 속에 가서 민중과 손잡고 끊임없는 폭력, 암살, 파괴, 폭동으로써 강도 일본의 통치를 타도하고 우리 생활에 불합리한 일체 제도를 개조하여 인류가 인류를 압박하지 않으며 사회가 사회를 수탈하지 않는 이상적 조선을 건설할지니라. _ 신채호, 《조선혁명선언》, 1923

1925년 무렵 의열단은 테러를 통한 폭력 투쟁이 민족해방운동을 조직적으로 벌이는 데 한계가 있음을 깨닫고 새로운 활동 방향을 찾았다. 사회주의사상을 받아들인 의열단원들은 중국 장제스 정부의 도움을 받아 황푸黃浦군관학교에 입학해 체계적인 군사훈련을 받았다. 또 조직을 확대하여 광둥廣東에 본부를 두고 상하이·난징·우창武昌 등지에 지부를 두었다.

의열단을 이끈 김원봉

그러나 1927년 4월 영국·미국·프랑스 등 제국주의 열강과 손잡은 장제스가 반공·반소 쿠데타를 일으키고 7월 국공합작이 깨지면서 의열단도 탄압을 받았다. 의열단원들은 뿔뿔이 흩어져 일부는 중국공산당에 가담했으나 대부분은 상하이로 돌아왔다. 이때부터 의열단은 국내에서 망명해 온 안광천 등 사회주의자와 손잡고 국내의 노동운동에 참여하기로 방향을 바꿨다. 의열단은 1929년 봄에 본부를 베이핑北平으로 옮기고 레닌주의 정치학교를 세워 청년들을 양성했다. 이 학교를 졸업한 청년들은 국내로 들어가 강릉·평양·서울 등 곳곳에서 국내 사회주의자와 힘을 합쳐 노농운동을 벌였다.

사회주의
운동의 성장과
민중운동의
발전

사회주의사상의 수용과 조선공산당

사회주의사상의 수용과 사회주의 세력의 등장

1917년 러시아 10월혁명은 식민지·반식민지 국가의 민족해방운동에 커다란 영향을 미쳤다. 민족주의자 박은식도 1920년 《독립운동지혈사》에서 "러시아 공산당은 선두에 적기를 내걸고 전제정치를 타도하여 민중에게 자유와 평등을 가져오고 제 민족의 자유와 자결을 선포했다. 과거에 극단적인 침략주의자가 극단적인 공화주의자로 바뀌었다. 이것은 세계 개조의 최초의 신호탄이 되었다"하며 러시아혁명에 벅찬 감격과 기대를 나타냈다.

1919년 3·1운동에서 민족주의 세력이 보여 준 무기력함에 실망한 국내 민중은 민족 해방을 이끌 새로운 사상을 요구했다. 러시아혁명과 1차 세계대전 직후 고양된 국제 혁명운동의 영향을 받아 사회주의가 국내에 수용되었다. 3·1운동 뒤에 민중의 정치의식이 높아지고 일제의 가혹한 식민 통치에 따른 민족 모순과 계급 모순이 깊어지면서 사회주의가 빠르게 확산되었다. 초기 사회주의사상은 일본·시베리아·상하이를 거쳐 흘러들어와 책과 신문, 잡지에 널리 소개되기 시작했으며, 강연회를 통하여 민중에게 전파되었다. 일제조차도 "그동안 독립운동이 실패를 거듭함으로써 초조해진 민중에게 사회주의 운동은 일종의 자극과 광명을 주었다"라고 지적할 만큼 사회주의 영향은 컸다.

1920년대 초 국내에 사회주의사상이 보급되자 지식인·청년·학생·선진 노동자들은 대중 단체와 여러 서클을 만들었다. 일부 사회주의자들은 서울 청년회, 북성회(뒤에 '북풍회'), 신사상연구회(뒤에 '화요회'), 조선노동당 같은 사상단체를 만들어 활동했다. 사상단체는 합법 간판을 내걸었으나, 사실은 그이면에 비밀 사회주의 조직을 두어 그 단체를 지도하고 있었다. 서울청년회 안에는 고려공산동맹, 북풍회 안에는 까엔당K.H.Дан(조선민중당), 조선노동당 안에는 스파르타쿠스당이라는 비밀 조직이 있었다. 화요회는 코민테른 Comintern(Communist International, 1919~1943)*과 직접 관계를 맺으면서 러시아에 있던 이르쿠츠크파 사회주의자들과 연계해 활동했다.

1921년 서울에서 김사국·이영 등이 서울청년회를 결성했다. 이들은 1922년 10월 '공산주의 그룹'(뒤에 '고려공산동맹')을 조직하고 독자적인 강령과 조직 체계를 갖춘 사회주의 정당을 건설하려 했다. '서울파'로 불린 이들은 김사국을 코민테른에 파견하여 조선공산당으로 승인받으려고 했으나 뜻을 이루지 못했다.

김약수·정태신 등은 일본에서 1923년 1월 북성회라는 사회주의사상단체

코민테른 제3인터네셔널이라고도 한다. 코민테른은 1919년 3월 소련에서 사회주의혁명을 성공시킨 뒤 레닌이 주도하여 만들었다. "세계혁명과 세계 노동 대중의 해방"을 목적으로 모스크바에 본부를 두었다. 국제공산당인 코민테른은 국제 혁명운동의 '참모부'로 자임했다. 1935년 7차 대회를 끝으로 1943년에 해체되었다.

를 조직하여 《해방운동》 등 기관지를 발행했다. 이들 북성회 그룹은 비밀 조직 까엔당을 만들어 노동·농민 운동에 영향을 끼치려 했다. 이들은 조직을 확대하여 1924년 11월 서울에서 북풍회로 이름을 바꾸었다.

1923년 7월 서울에서 홍명희·김찬 등은 신사상연구회를 조직하여 강습회와 토론회를 열고 책과 잡지를 펴냈다. 이들은 1923년 5월 꼬르뷰로고려국 국내부와 관련을 맺고 있었다. 신사상연구회는 1924년 11월 화요회로 이름을 바꾸고 행동 단체로 노선을 바꿀 것을 결의했다. '서울파'와 대립하여 '화요파'로 불린 이들은 조선공산당과 고려공산청년회 창립에 큰 역할을 했다.

조선공산당과 고려공산청년회가 사용한 인장

조선공산당의 창건

국내에서 조선공산당이 만들어지기에 앞서 일찍이 러시아에 건너간 조선인들은 러시아혁명의 영향을 받으면서 한인사회당, 고려공산당 등을 조직했다. 1918년 4월 이동휘·박진순 등은 하바로프스크에서 한인사회당을 만들었다. 이동휘가 1919년 9월 상하이 임시정부 국무총리에 임명되자, 그들은 활동 무대를 상하이로 옮겨 1921년 5월 고려공산당을 결성했다. 이들은 '상해파' 고려공산당으로 불렸다. 이르쿠츠크를 중심으로 바이칼호 북쪽에 있던 조선인 활동가 김철훈·남만춘 등은 1920년 1월 이르쿠츠크에서 한인공산당을 만들고 1921년 5월 자신들이 '유일 정통'이라고 선언하며 '이르쿠츠크파' 고려공산당을 창립했다.

상해파와 이르쿠츠크파는 운동 노선과 방법, 민족통일전선에 대한 인식 등의 차이로 대립하기도 했다. 그러나 '혁명운동의 지도부'인 조선공산당을 건설하려는 노력이 이어졌다. 드디어 민중운동자대회와 조선기자대회를 추진하면서 1925년 4월 17일 서울 황금정(을지로)에 있는 아서원에서 김재봉·김찬·김약수·조동호·박헌영 등 19명이 참석하여 조선공산당 창립 대회(1차 당 대회)를 비밀리에 열었다. 창당 무렵 당원 수는 120여 명이었다.

조선공산당은 창립 대회에서 책임비서 김재봉을 포함한 7명의 중앙위원회와 3명의 중앙검사위원회를 구성했다. 4월 18일에는 박헌영을 비롯한 20여 명이 모여 조선공산당 청년전위조직인 고려공산청년회(공청)를 조직했다. 1차 조선공산당은 화요회가 중심이었고 여기에 일부 활동가들이 참여했다. '서울파'의 핵심 활동가는 참여하지 않았다.

조선공산당의 활동

조선공산당 1차 당 대회에서 "조선 혁명은 민족 해방, 반제국주의 혁명이어야 한다"라고 선언했으며, 모든 '애국 세력'과 적극 동맹해야 한다고 결정했다. 대회는 조선공산당이 "첫째, 일본 제국주의에 대항하여 프롤레타리아의 이익을 포함하는 조선 인민의 일반적 운동을 지원해야 하고, 둘째, 조선인 자본가뿐만 아니라 일본인 자본가에 대항하여 투쟁해야 한다"라는 결정을 채택했다.

'1차 조선공산당'은 여러 차례 집행위원회를 열어 당 조직을 정비하고 조선노농총동맹의 분립, 기관지 발행, 만주총국 설치, 고려공산청년회 사업을 지원하는 문제 등을 토의했다. 고려공산청년회는 합법단체인 조선청년총동맹에 가입하여 27개 군 동맹과 9개 도 연맹을 조직하고 모스크바 공산대학에 21명을 보내기도 했다. 그러나 1925년 11월 신의주에서 일어난 폭행 사건을 수사하던 일본 경찰이 뜻하지 않게 조선공산당이 해외로 보내는 문서를 발견하고 당원 검거에 나서면서 조선공산당이 무너지기 시작했다(1차 조선공산당 사건).

이때 검거를 피한 사람을 중심으로 1925년 12월 중앙 부서를 재편하여 강달영을 책임비서로 뽑았다. 조선공산당은 1926년 3월에 코민테른으로부터 정식 지부 승인을 받았다. 비타협적 민족주의자들과 공동 투쟁을 모색했으며, 1926년 6·10 만세 운동을 조직하는 데 앞장섰다. 조선공산당은 순종 장례일인 6월 10일을 기회로 삼아 '제2의 3·1운동'을 일으킬 계획을 세우고, 권오설을 책임자로 '6·10운동투쟁지도특별위원회'를 구성했다. 그러나 대한독립당 명의의 〈격고문〉이 일본 경찰에 발각되면서 조선공산당은 일제 경찰에게 큰 타격을 입었다(2차 조선공산당 사건). 하지만 조선학생과학연구회를 비롯한 학생들은 일제의 철통같은 감시를 피해 태극기를 흔들고 격문을 뿌리며 '대한 독립 만세'를 외쳤다.

1·2차 조선공산당 사건으로 화요파 세력이 거의 검거되거나 나라 밖으로 망명하자, 조선공산당은 공산주의 운동의 통일을 주장하던 사람들과 합동하여 중앙 기구를 재편했다. 그리하여 김철수를 책임비서로 삼아 1926년 9월 'ML당'이라고도 불리는 3차 조선공산당을 결성했다.

조선공산당은 1926년 12월에 2차 당 대회를 열어 일월회계의 안광천을 책임비서로 하고, 화요파·서울파·무파벌 사회주의자 등이 참가한 통합공산당을 이루었다. 1927년에는 조선노농총동맹을 노동총동맹과 농민총동맹으로 분리했으며 청년총동맹을 강화했다. 조선공산당은 사회주의자와 비타협적 민족주의자 사이의 통일전선체인 신간회, 사회주의 여성계와 기독교 여성계가 한데 모인 근우회를 결성시켰다. 나아가 기관지 《이론투쟁》 등을 발행하고 각 도에 지방 당부를 조직했으며 만주총국, 상하이부, 일본부를 두는 등 해외 조직을 넓혔다.

일제의 감시망을 피하지 못한 채 주요 간부가 또다시 검거되자(3차 조선공산당 사건) 1928년 2월 말 조선공산당의 마지막 당 대회가 된 3차 당 대회를 열어 노동자 출신 차금봉을 책임비서로 뽑았다. 조선공산당은 신간회와 근우회에 더욱 관심을 쏟았으며,《조선지광》·《대중신문》·《현단계》·《불꽃》등을 발행해 선전 활동에 힘을 기울였다. 또한 대중운동에 적극 개입했으며, 특히 당 산하의 고려공산청년회는 학생위원회를 두어 학생운동을 지도했다. 그러나 수많은 사람이 검거되고 책임비서 차금봉과 공청책임비서 김재명이 일제 경찰의 고문으로 사망함으로써 당 조직이 거의 파괴되었다.

조선공산당은 네 차례에 걸친 일제의 혹심한 탄압을 받아 거듭 무너졌지만, 그때마다 당을 다시 만들어 일제에 맞섰다. 그들은 계급해방과 민족 해방을 서로 긴밀하게 연결시켜 새로운 독립 국가인 민주공화국 또는 인민공화국*(혁명적 인민공화국) 건설을 목표로 삼았으며, 노동운동·농민운동 등 여러 부문에 큰 영향을 미쳤다. 그러나 당원은 노동계급보다 지식인이 많았다. 조선공산당 사건으로 체포된 당원의 직업별 구성을 보면 지식인·학생·상인 등이 42.4%, 농민이 13%, 노동자 11.6%, 무직 29% 기타 4%로 노동자계급의 비율이 매우 낮았다. 이는 당을 처음 만들 때 흔히 나타나는 현상이기도 하지만, 아직 조선 노동계급이 크게 성장하지 못했음을 반영한 것이기도 했다. 사회주의자들은 조선공산당을 전국 운동을 지도할 튼튼한 조직으로 만들려 했지만, 일제의 탄압을 뚫고 대중에게 튼튼하게 뿌리박지는 못했다. 1930년대 당 재건 운동에 나서는 사회주의자들은 이러한 과제를 떠안아야 했다.

인민공화국 조선공산당이 상하이에서 발행한 《불꽃》 제7호(1926.9.1.)에 실린 〈조선공산당 선언〉은 강령의 하나로 "민주공화국을 건설하되 국가의 최고 및 일체 권력은 국민으로부터 조직한 직접·비밀(무기명 투표)·보통·평등의 선거로 성립한 입법부에 있을 일"을 제시했다. 또 인민공화국을 "민주공화국 가운데 제일 좋은" 것으로 개념 지었다.

노동운동

노동자 조직의 형성과 발전

1920년대 들어 노동계급이 성장하자 사회주의사상의 영향을 받아 합법 운동 영역에서 노동단체가 생겨났다. 곳곳에서 노동친목회·노동회·노우회 같은 지역합동노조를 만들었으며, 인쇄 직공·철공·고무 직공처럼 좀 더 숙련을 요구하는 직종에서는 직업별 노조를 만들었다. 1920년 4월에는 최초의 근대적·전국적인 노동단체인 조선노동공제회를 창립했다. 노동공제회는 기관지 《공제》를 발행해 노동조합주의, 사회주의사상을 선전하고 노동야학과 노동강연회를 여는 등 계몽 활동도 했다. 그러나 지도부가 통일되지 못한 채 갈등을 겪었으며, 노동자와 소작농민을 노동공제회로 묶으려 한 것은 조직에게 큰 약점이 되었다.

노동공제회를 대신할 새로운 조직을 만들려는 사람들은 1922년 10월 '신사회 건설', '계급적 단결'을 강령으로 내건 조선노동연맹회를 결성했다. 조선노동연맹회는 1923년 5월 1일 최초로 메이데이 행사를 조직했다. 또 서울의 양말 공장·고무 공장 직공의 파업을 지도하고 경성여자고무직공조합과 경성양말직공조합을 지원했다.

이와 같이 노동조직이 발달하면서 1924년 4월 전국 260여 노농단체와 5만 3000여 회원을 거느린 조선노농총동맹이 결성됐다. 노농총동맹은 "우리는 노동계급을 해방하여 완전한 신사회를 실현하는 것을 목적으로" "철저하게 자본가 계급과 투쟁"한다는 강령을 내걸었다. 노농총동맹은 노동문제·소작문제를 해결하는 데 앞장서려 했으며, 민족개량주의 사상을 선전하는 《동아일보》 불매운동을 결의하기도 했다. 그러나 일제의 탄압과 지도부의 대립은 가맹단체에도 영향을 미쳐 조직이 잘 운영되는 것을 가로막았다. 또 이해관계가 다른 노동자와 농민을 같은 조직으로 아울렀다는 것은 조직에서 큰 한계였다. 이 한계를 극복하려고 조선공산당의 영향 속에서 1927년 8월 노농총동맹을 노동총동맹과 농민총동맹으로 분리했다.

노동운동의 성장과 원산총파업

1920년대에 노동자 조직이 발전하는 것과 발맞춰 노동운동도 활발해졌다. 1921년 9월 부산 부두 노동자들이 최초로 대규모 연대 파업을 일으킨 것을 비롯해 크고 작은 파업이 곳곳에서 일어났다. 1923년 경성고무 여공 300명은 회사가 임금을 깎고 공장 감독이 인권을 짓밟자, 굶어 죽을 각오로 싸우겠다는 '아사 동맹'까지 맺어 파업했다.

1920년대 전반기 파업은 정미업·고무업·양말업 등 규모가 작은 공장노동자, 그리고 운수와 부두 노동자가 중심이었으며, 경기도·경상남도·전라북도에서 많이 일어났다. 1920년대 후반기에 들어가자 파업 기간과 참가인

방적공장에서 일하는 노동자(출처 : 《한일병합사》, 눈빛, 2009, 158쪽)

연도	발생 건수	참가 인원	평균 참가 인원
1921	36	3,302	92
1922	46	1,809	39
1923	72	6,041	84
1924	45	6,751	150
1925	55	5,700	104
1926	85	5,980	70
1927	94	10,523	112
1928	119	7,759	66
1929	102	8,293	81

출처 : 조선총독부, 《최근 조선치안상황》, 1938, 86쪽

원 수가 크게 늘고 파업 범위도 전국으로 확산되었다. 1926년 목포 제유 노동자 파업과 1927년 영흥 흑연광산 노동자 파업은 50~70일 동안이나 계속되었다. 이때 노동자들은 규찰대를 만들어 일제 경찰과 자본가의 탄압에 맞서 싸웠다.

1920년대 후반에 투쟁을 통해 조직과 계급의식이 강화된 노동운동은 1929년 원산총파업에서 절정에 이르렀다. 일제는 1920년대 후반부터 함경남도를 중심으로 중화학공업을 일으키고 대륙 침략을 위해 군수 체제를 정비했다. 원산총파업을 지도한 원산노동연합회(원산노련)는 원산 지역 노동조합 연합체로 산하에 8개 단위 노조가 있었다. 이들은 단위 노조의 노동쟁의를 적극 지도하여 대부분을 노동자에 유리하게 해결했다. 원산노련에 대응하는 자본가 단체로는 원산상업회의소(원산상의)가 있었다.

원산총파업은 1928년 9월 함남 덕원군 문평리에 있는 라이징 선Rising Sun 석유 회사의 일본인 악질 감독 고다마兒玉가 조선인 노동자를 구타한 사건이 발단이 되었다. 이 회사 노동자 120여 명은 일본인 감독 파면, 최저임금제 실시, 해고수당제 실시 등을 요구하며 파업에 들어갔다. 회사는 마지못해 요

구조건을 들어주겠다고 약속했으나 날짜가 지나도 아무런 소식이 없었다.

이에 원산노련은 문평제유노조에게 파업을 권고하고 다른 노조도 문평제유소의 화물을 취급하지 말도록 했다. 원산상의는 원산노련의 회원을 고용하지 않겠다고 으름장을 놓았다. 일제도 '치안'과 '사회 안정'을 핑계 삼아 경찰과 소방대, 일본군 제19사단 함흥연대 400여 명을 보내서 파업 노동자를 위협했다. 원산노련이 이에 굽히지 않고 1929년 1월 총파업을 선언하자, 자본가들은 파업에 참여한 노동자를 해고하고 다른 곳에서 노동자를 모집해 부두 작업을 시작하는 등 파업을 무력화시키려 했다. 또한 원산노련 위원장 김경식을 비롯한 핵심 간부 42명을 구속했다.

파업이 차츰 길어지고 확대되자 전국에서 파업을 격려하는 편지와 파업기금이 몰려들었다. 자본가들이 인천에서 데려온 노동자마저 함께 파업대열에 나섰다. 중국과 프랑스 노동자, 블라디보스토크 국제해원구락부 노동자에게서 격려 전문이 오는가 하면, 원산에 들어와 있던 일본 선원까지도 파업을 지지하는 등 노동자들의 국제적 연대가 시작되었다.

원산노련은 2월 위원장 직무대행으로 변호사 김태영을 선출하고, '한 잔의 술, 한 개비의 담배, 한 푼의 낭비도 반동'이라는 구호 아래 '1일 2식과 금연·금주운동'을 벌이며 장기 파업에 대비했다. 직무대행 김태영은 총독부에 진정을 하고 원산경찰서에 조정을 청원하는 등 타협적인 방법에 매달렸다. 그러나 원산노련 산하 노동자들은 타협하지 않고 전투적으로 일제 경찰과 자본가에 맞서 투쟁했다.

다가오는 3·1운동 10주년을 앞뒤로 파업이 전국으로 번질 것을 우려한 일제와 자본가들은 3월 함남노동회라는 어용노조를 만들어 원산노련을 불법화시키고 마침내 원산총파업을 무력으로 탄압했다. 1929년 4월 1일 노동자들은 함남노동회를 습격하는 가두 투쟁을 벌였지만, 파업을 더 지탱할 수 없어 4개월에 걸친 투쟁을 끝냈다.

원산 인구 가운데 1/3이 참여한 원산총파업은 일제와 자본가의 탄압으로 실패했지만, 가혹한 착취와 탄압을 일삼는 일제와 자본가의 본모습을 그대로 폭로한 계기가 되었다.

농민운동

농민운동 조직의 형성

1920년대 초반 전국 농촌에는 소작인조합·농민조합·소작상조회·농우회·농민공제회·작인동맹 등 농민 단체가 생겨났다. 이 단체는 대부분 지주와 소작인이 농사 개량·소작 관계 개선·생활 개선 등을 목적으로 만들어서 상호 부조적이고 계몽적인 성격이 짙었다. 그러나 일제와 지주의 수탈이 심해지고 소작쟁의가 크게 늘어나면서 차츰 농민을 위한 조직으로 바뀌었다.

농민 조직은 1922년 23개에서 1923년에는 107개로, 1925년에는 126개로 늘어났다. 소작인조합이 중심이 되어 "소작인회에 비상사태가 일어날 경우 인접 면에서 응원할 것" 등을 결정하여 연대 투쟁을 모색하기도 했다. 지주와 일제를 규탄하는 토론회·집회 등을 열어 농민의 계급의식을 높여 나갔다.

농민은 군 단위로 연대 투쟁을 하기 위한 연합회를 만들기도 했다. 1924년 4월에는 사회주의자와 노동단체의 지원을 받아 조선노농총동맹을 결성하여 전국 범위의 중앙 조직을 갖게 되었다. '소작료 인하, 소작권 박탈 반대, 동척이민 반대' 등의 소작쟁의 구호에서 나타나듯이, 농민 조직의 주요 구성원은 소작농이었다. 그 가운데서도 소작빈농이 중심이었다. 소작인조합에 자작농까지 참가하면서 농민 일반의 대중조직인 농민조합으로 확대·개편되었다.

1927년 8월 조선노농총동맹이 노동총동맹과 농민총동맹으로 분리되면서 조선농민총동맹은 32개 농민 단체와 2만 4000여 회원을 거느린 전국적 단일 조직으로 발전했다. 농민총동맹은 "농민들은 단결하여 단체의 위력으로 자본가계급과 싸우고, 농민계급을 해방하여 완전한 신사회를 기한다"라는 강령을 내세우며 전국 곳곳에서 일제와 지주의 소작료 인상 등에 맞서 싸웠다. 그 뒤 농민총동맹은 1933년 가맹단체 35개, 회원 3만 4000명으로 확대되었으나 일제의 끊임없는 탄압으로 차츰 힘을 잃어 갔다.

늘어나는 소작쟁의

1920년대 전반기 농민은 소작인조합의 지도를 받으며 대지주를 상대로 생존권 투쟁을 벌였다. 쟁의에서는 주로 높은 소작률을 문제 삼았다. 그 밖에 소작권 이동, 지세 부담 전가, 부당 노동 등이 문제가 되었다. 소작농민은 일본 경찰과 지주의 탄압에 맞서 지주가 소작료를 강제 징수할 때는 소작료불납동맹을, 소작지를 강제로 빼앗을 때는 공동경작동맹·불경작동맹 등을 그때그때 만들어 대응했다.

1922년에 21건이던 소작쟁의는 1923년에는 176건, 1925년에는 204건으로 해마다 늘어났다. 쟁의 지역도 확산되어 황해도 재령군·봉산군·신천군·사리원, 평안남도 대동군의 동척농장, 경상남북도와 전라남북도의 동척농장 등지에서 대규모로 일어났다.

무려 1년 가까이 싸운 전라남도 무안군 암태도 소작쟁의는 1920년대 전반기의 대표적인 농민운동이었다. 암태도 소작농민은 1923년 8월 암태소작회를 결성해 대지주 문재철의 높은 소작료 착취와 그를 두둔하는 일제 경찰에 맞서 싸웠다. 문재철은 섬에서만 1만 석 넘게 쌀을 거둬들이는 대지주였으며 수확의 7~8할에 이르는 가혹한 수탈을 일삼았다.

약 1년 뒤인 1924년 8월, 암태도 농민은 소작료를 4할로 낮추는 성과를 거두었다. 1924년 7월 13일 자《동아일보》는 암태도 농민들이 목포 재판소에서 단식투쟁을 하는 모습을 다음과 같이 보도했다.

> 600여 군중 가운데는 백발이 뒤덮인 칠십 노파와 어린아이를 안은 부인이 거의 200명이나 된다. 이곳저곳에 흩어져서 둘씩 셋씩 머리를 모으고 세상을 한탄하며 사람을 야속타 하고 지친 다리와 아픈 허리를 두드리며 아이고 대고 신음하는 늙은이의 비애와 아무것도 모르는 천사 같은 어린 것들의 젖 달라는 울음, 정신이 씩씩한 젊은 사람들의 기운과 함께 어우러져 하염없는 인생의 비애로 일시에 폭발되었다.

1920년대 후반에 들면서 조선농민총동맹 결성 등 조직 발전에 힘입어 농민운동은 더욱 활기를 띠었다. 그 결과 1926~1929년 2486건의 소작쟁의가 일어났으며 전반기 남부를 중심으로 조직되었던 농민조합이 북부와 동해안 지방에서도 생겨났다. 1927년 11월 전라북도 옥구군 이엽二葉농장 농민들은 소작료 불납 동맹 투쟁을 벌였다. 1928년 전라남도 신안군 하의도의 소작농 1200여 명은 농민조합을 파괴하려는 일본인 농장주를 상대로 격렬한 투쟁을 벌였다.

이러한 소작쟁의 말고도 농촌 곳곳에서는 산미증식계획과 관련하여 수리조합 설치와 운영을 둘러싼 분쟁이 자주 일어났다. 수리조합이 생기는 곳에는 반드시 민원民怨이 일어나고 분규가 끊이지 않았다. 황해도 안령수리

1920년대 소작쟁의 건수와 참가 인원

연 도	1921	1922	1924	1926	1928	1930
건 수	27	24	164	17	30	93
참가 인원	2,967	3,539	6,929	2,118	3,572	10,037

출처 : 조선총독부 경무국 편, 《최근 조선의 치안 상황》, 1936

조합(1926), 부평수리조
합(1927), 봉산수리조합
(1928) 등에서 농민들은
수리조합 반대 운동을 벌
이며 일제에 거세게 항의
했다.

1920년대 농민들은
조직을 바탕으로 항쟁을
벌여 산미증식계획 등을
통해 조선 수탈에 혈안이
던 일제 식민정책에 큰

소작인의 고통을 표현한 1924년 《조선일보》 신문 삽화

타격을 주었다. 일제는 농민조합이 농민운동의 강력한 거점이며, 사회주의
자들의 지도와 지원 아래 성장하고 있다고 판단해서 여러 집회를 금지시키
고 소작료 인하와 같은 경제 요구조차 가혹하게 탄압했다. 농민조합 등 합법
단체를 중심으로 벌인 농민운동은 1930년대 들면서 차츰 비합법적인 혁명
적 농민조합 운동으로 바뀌었다.

여러 부문 운동

청년학생운동

1920년대 들어 민중운동이 거세게 일어나면서 많은 청년 단체가 나타났다.
청년학생은 3·1운동에 앞장서 참여한 경험을 갖고 있었다. 또 식민지 현실
과 그들이 지닌 이상이 서로 충돌하면서 자신의 처지를 자각했다.

많은 청년 단체가 만들어지면서 자연히 이들을 하나로 묶는 전국 범위의

중앙 조직이 필요하게 되자, 1924년 4월 전국적인 청년 대중조직인 조선청년총동맹을 창립했다. 조선청년총동맹은 서울청년회 등이 중심이 되어 전국 600여 개의 청년 단체 가운데 250여 단체를 하나로 모은 조직이다. '대중 본위의 신사회 건설'과 '조선 민족해방운동의 선구자가 될 것'을 강령으로 내걸어 노동·농민운동 등을 지지하고 일제의 식민 교육에 맞서는 등 청년운동 발전에 큰 역할을 했다.

청년운동이 활성화되면서 각급 학교를 중심으로 1920년대 학생운동이 성장했다. 1920년 5월 1000여 명의 학생들이 독서회 등의 교내 조직을 바탕으로 조선학생대회를 결성했다. 조선학생대회는 중등학교 이상을 조직 대상으로 하여 주로 지·덕·체를 기르는 학생 계몽 단체였다. 그러나 일제가 탄압하고 서울사립중등학교 교장들이 단체 활동을 막았다. 결국 이 단체는 1923년 2월 전문학교 학생만으로 조선학생회를 새롭게 결성하게 되었다. 이와 함께 사회주의를 널리 받아들이면서 경성학생연맹(서울파), 서울학생구락부(북풍파), 조선학생과학연구회(화요파) 등 사회주의 학생단체가 만들어졌다.

학생단체가 만들어지면서 1920년대 각 학교에서는 일제의 식민 교육에 반

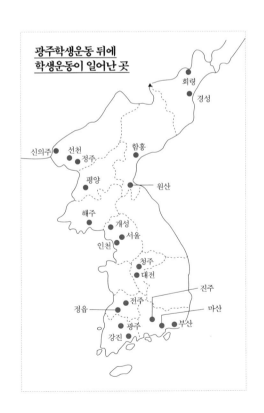

광주학생운동 뒤에
학생운동이 일어난 곳

1929년 10월 30일 통근 열차에서 일본인 학생에게 희롱당한 광주여고보 3학년 이광춘, 박기옥과 그 일본인 학생을 구타한 광주고보 2학년 박준채 (나주학생독립운동기념관 소장)

대하는 운동이 널리 일어났다. 학생들은 민족 멸시와 열악한 교육 여건의 개선을 요구하며 등교거부·수업거부·농성 등 동맹휴교로 일제에 맞섰다.

1925년 11월 조직한 조선학생과학연구회는 조선공산당의 학생 조직으로 순종 장례날을 맞아 전국적인 반일 운동을 일으키려고 치밀한 계획을 세웠다. 조선학생과학연구회는 1926년 6월 10일 경성제대·연희전문·보성전문·중앙고보·중동고보·휘문고보 등의 학생을 동원하여 장례 행렬이 지나가는 시내에서 과감하게 만세 시위를 벌였다. 6·10 만세 시위는 일제의 탄압으로 실패했지만 그 뒤 학생운동은 더욱 조직적으로 발전했다. 학교마다 사회주의 독서회, 비밀결사 등을 조직하여 동맹휴교를 이끌었다. 1920년대 후반 동맹휴교의 구호도 '조선어 교육', '조선 역사·지리 교육', '식민 교육 반대', '조선인 본위 교육' 등을 내걸어 일제의 민족 말살 교육 자체에 저항하는 등 반일 성격을 분명히 했다.

1920년대 학생운동은 1929년 11월 광주학생운동을 계기로 절정에 이르렀다. 10월 30일 광주에서 나주로 가는 통학 열차 안에서 일본인 남학생이 조선인 여학생에게 모멸적 행위를 한 것이 도화선이 된 이 사건은 성진회 등 비밀결사의 활동에 힘입어 전국으로 확대되었다. 또 11월 3일 광주 학생들은 "일본 제국주의를 타도하자", "피억압 민족 해방 만세" 등의 구호를 외치며 시위에 나서는 등 광주학생운동은 민족해방운동으로 발전했다. 이 운동은 곧바로 목포·나주를 거쳐 서울로 이어졌고, 해를 넘겨 1930년 새 학기가 되면서 전국 항일운동으로 번졌다. 광주학생운동은 전국 149개 학교에서 5만 4000여 명이 참가했고 투쟁 형태도 동맹휴교에서 가두시위로 옮겨 갔다.

여성·형평운동

1920년대 들어 노동·농민·청년학생운동 등 각 부문 운동이 성장해 가는 가운데 여성운동도 활기를 띠었다. 비록 식민지 상황이지만 봉건제가 해체되고 여성이 자신의 사회적 지위를 인식하면서 여성 단체를 만들어 여성 해방을 위한 사회운동에 나서기 시작했다.

1920~1922년 무렵 종교적·계몽주의적 성격을 띤 여성 단체가 먼저 만들어지기 시작했다. 조선여자교육회·경성여자청년회·조선여자기독교청년회(YWCA)·조선불교여자청년회 등 30개 남짓한 단체가 조직되었다. 1923년 뒤에는 사회주의 영향을 받은 여성 단체도 만들어졌다.

1924년 5월 주세죽·허정숙·박원희 등 사회주의 운동에 참여했던 여성 운동가들이 조선여성동우회를 만들었다. 이어 1925년 1월 화요파는 경성여자청년동맹을, 서울파는 경성여자청년회를 결성했다. 두 단체는 1926년 12월 중앙여자청년동맹으로 통합하여 "무산계급의 승리와 여성 해방을 위해 청년여자의 단결과 분투, 청년여자의 대중적 교양과 조직적 훈련"을 내걸고 활동했다. 이들 단체는 민족주의 세력의 계몽주의 단체와는 달리 여성 해방과 사회주의 운동을 결합시키려고 했다.

민족주의 세력과 사회주의 세력으로 나뉘었던 여성 단체는 1927년 신간회가 창립되면서 '조선 여자의 공고한 단결과 지위 향상'을 목적으로 전국 범위의 근우회를 출범시켰다. 근우회는 기관지《근우》를 발간하고 전국 순회공연과 강연회 등을 통해 여성 해방에 대한 인식을 확산시키는 한편, 노동·농민 등 사회운동에 적극 개입하여 민족해방운동의 중요한 부분을 맡았다. 그러나 1931년 신간회가 해소되면서 근우회도 해체되고 말았다.

1923년에는 4월에는 도살과 고기 파는 일을 하던 '백정'이라는 특수직업인이 자신의 신분 차별과 사회적 멸시를 타파하려고 경남 진주에서 조선형평사를 조직했다. 형평사는 1927년 전국 곳곳에 지사와 분사 147개를 두고, 사원 7681명을 거느린 대규모 전국 조직으로 발전했다. 형평사는 이러한 조직을 바탕으로 백정의 인권운동에만 그치지 않고 사회 각 부문 운동에도 참여했다. 그러나 형평사는 일제의 탄압을 받아 힘을 잃어갔다.

1920년대 노동·농민운동을 비롯한 청년학생·여성·형평운동 등은 다양한 사회경제적 처지를 개선하려는 대중운동이었지만, 일제의 억압과 수탈구조 때문에 반일의 성격도 띨 수밖에 없었다. 이 운동들은 민족해방운동의 폭을 넓히고 가혹한 식민 통치 아래서도 민족해방운동을 이어가게 하는 중요한 밑거름이 되었다.

신간회
운동

신간회 창립과 활동

반일민족통일전선의 등장

1920년대 초반 민족해방운동의 주도 세력으로 자리 잡기 시작한 사회주의자들은 단일한 반일 전선을 건설하려 했다. 1924년 4월 조선청년총동맹 임시대회에서는 "타협적 민족운동은 절대 배척하고 혁명적 민족운동은 찬성한다"라고 했고, 북풍회는 창립 선언에서 "사회운동과 민족운동의 일시적 협동·제휴가 필요"하다고 제기했다.

사회주의자들이 구체적으로 내놓은 '반일민족통일전선'에 대해 비타협적 민족주의자들은 "해방 전선에 두 진영이 나란히 나타난 것은 필연 또는 당연한 형세"라며 반일민족통일전선이 필요하다고 인정했다.

이러한 반일민족통일전선 논의는 조선공산당이 창건되면서 더욱 활발해졌다. 1926년 무렵 조선공산당은 천도교 구파의 권동진 등을 만나 민족운동과 사회운동 세력이 함께 행동하기로 합의했다. 반일민족통일전선을 건설하려는 두 진영의 노력은 1926년 11월 '정우회 선언'으로 촉진되었다. 정우회 선언에서는 "사회주의 운동의 파벌 투쟁을 극복하여 운동의 통일을 꾀하고, 경제 투쟁을 정치적 형태로 비약시켜야 된다"는 방향 전환을 주장했다. 또 "민족주의 세력의 부르주아 민주주의적 성질을 인식함과 아울러 동맹자적 성질을 인정하여, 그것이 타락하는 형태로 출현하지 않을 때에 한해서 적극 제휴해야 함"을 강조했다.

이 무렵 민족개량주의자들이 비밀리에 연정회와 같은 자치 운동 단체를 만들려 하자 반일민족통일전선으로서 신간회를 창립하려는 발걸음이 더욱 빨라졌다. 1926년 말에서 1927년 1월 사이 민족·사회 두 진영은 신간회 창립을 위한 발기인 모임을 거듭하면서 창립 준비를 서둘렀다.

신간회 조직과 활동

1927년 1월 조선공산당의 김준연·한위건, 언론계 대표 신석우·안재홍·홍명희, 기독교 대표로 이갑성·이승훈, 천도교의 권동진, 불교대표로 한용운 등 27명이 발기인이 되어 신간회 결성을 발표했다.

2월 15일 서울 종로 기독교청년회관에서 250명 남짓한 회원이 출석한 가운데 신간회 창립 대회를 열었다. 이 날 대회는 방청인까지 더하면 1000명이 넘는 성황을 이루었다. 대회에서 회장에 이상재, 부회장에 홍명희를 뽑고 "우리는 정치적·경제적 각성을 촉진한다", "우리는 단결을 공고히 한다", "우리는 기회주의를 일체 부인한다"라는 강령을 내걸었다.

신간회는 단체 가입을 허용하지 않는 개인 본위의 조직이었으며 경성에 본부를, 군 단위에 지방 지회를 두었다. 10개월 뒤에는 지회 100개 돌파 기념식을 할 만큼 조직을 넓혔다. 지회 100개 돌파 기념식 뒤에, 본부의 개편과 일제의 탄압 그리고 내부 분열과 여러 어려움이 있었지만 지회 조직과 회원 수는 계속 늘어 신간회가 해소될 때인 1931년 5월 지회 수는 141개, 회원 수는 4만여 명에 이르렀다.

신간회 창립총회 관련 《조선일보》 기사

창립 뒤 지회와 회원이 늘어나는 데도 민족주의 세력이 우세한 중앙 본부에서는 합법성을 지키는 데 힘을 쏟아 구체적 활동을 하지 못했다. 이에 견주어 사회주의 세력이 우세한 지회는 일제가 "반항적 기운을 선도하고 민족적 반감을 유발한다"라고 평가할 만큼 활동이 활발했다. 지회는 각 지방의 노동·농민운동과 크고 작은 사건에 직접 개입하여 민중 이익을 대변하고 일제의 탄압과 수탈에 맞섰다.

시간이 지나면서 일부 지회에서는 신간회가 단체 가입을 배제하는 중앙 집권적 조직 형태와 모호한 강령 때

복대표 대회 전체 대회가 각 지방 지회의 대표위원으로 구성되는 것과는 달리 몇 개의 지회가 한 사람을 선출하여 도마다 몇 사람씩 복대표를 중앙에 보내서 약식 전체 대회를 여는 것을 말한다.

문에 정치투쟁으로 나아가지 못하고 노동자·농민 등으로 구성된 튼튼한 하부 조직도 갖출 수 없다며 조직 형태와 강령 개정을 요구했다.

일제 탄압으로 해마다 열기로 했던 전국 대회를 열 수 없게 되자, 1929년 6월 몇몇 지방 지회끼리 대표를 뽑아 정기 대회를 대신하는 복대표 대회*를 열어 신간회 강령과 규약을 개정했다. 간사제를 중앙 집행 위원제로 바꾸고 지역 연합 기관으로 도연합회를 두고 지회를 분회로 세분하여 직업별·지역별 조직을 갖출 수 있게 되었다. 또 집행부도 개선했다. 허헌이 집행위원장

으로 선출되는 등 사회주의자들이 적극 진출하여 새 집행부 가운데 46%를 차지했다. 그러나 신간회 조직 강화를 목적으로 제기되었던 단체 가입제는 채택되지 않았다.

복대표 대회를 계기로 활기를 되찾은 신간회는 그 뒤 여러 사회문제에 개입하며 반일 정치투쟁에 나섰다. 1929년 원산총파업 때 원산지회가 적극 개입해 노동운동을 지원했고, 전라남도 소작쟁의 사건, 함경남도 수력발전소 매입 지구 토지상환 사건 조사단 파견, 함경남도 단천 산림조합 시행령 반대 등 여러 쟁의나 사회문제에 적극 개입하여 민중의 권익을 옹호했다. 특히 신간회는 7월 일제가 갑산 화전민 부락에 불을 지르고 화전민을 추방하는 데 항의해 진상 보고 연설회를 열었다.

11월 3일 광주학생운동이 일어나자 신간회는 곧바로 조사단을 구성하여 대표를 광주에 보냈다. 광주학생운동의 항일 열기를 전국 형태의 시위로 확산시키려고 12월 13일 '민중 대회'를 열 계획을 세웠다. 그러나 이를 미리 알아챈 일제가 민중 대회가 열리기 8시간 전에 허헌·홍명희 등 신간회 간부 44명을 체포해 대회를 무산시켰다.

민중 대회 사건 뒤 신간회는 김병로를 위원장으로 하는 새로운 집행부를 갖추었다. 이 과정에서 신간회의 비타협적 투쟁을 비판하고 타협노선을 적극 옹호하는 인물이 많이 참여했다. 그러면서 신간회의 노선도 빠르게 우경화했다. 새 집행부는 "종래 신간회의 운동이 쓸데없이 관헌과 항쟁·대립하여 그 억압을 받게 되어 하등 조선 민족을 위하여 공헌하는 것이 없음"을 반성하고 자치 운동파와 손잡자고 주장했다.

각 지회는 새 집행부의 주장에 크게 반발했고, 이는 사실상 신간회를 해체하게 될 '해소론'이 등장하는 배경이 되었다.

신간회 해소와 역사적 의의

신간회 해소

신간회 해소는 코민테른의 노선 변화에 큰 영향을 받았다. 코민테른은 1927년 4월 장제스 군대가 쿠데타를 일으켜 중국 국공합작이 깨지자 '식민지 반제민족통일전선'에 부정적 인식을 갖게 되었다. 그 뒤 열린 1928년 코민테른 6차 대회는 식민지 민족해방운동에서 민족부르주아는 큰 역할을 할 수 없다고 결론 내리고 이들과 투쟁해야 한다는 '계급 대 계급' 전술을 내걸었다. 코민테른과 산하 조직에서는 신간회를 민족개량주의 단체라고 못박았다.

이것은 조선 사회주의자들이 신간회 해소를 주장하는 한 근거가 되었다. 코민테른의 노선 변경은 민중 대회 사건 뒤 국내 정세와 맞물리면서 신간회 해소를 서두르게 했다. 1930년 12월 6일 부산지회에서 신간회 해소론이 처음으로 결의되었다. 뒤이어 함남의 이원·평양·경서·인천·단천·성진·칠곡·서울 등지의 지회에서도 해소를 결의했다.

해소론자들은 신간회를 만든 근본정신인 비타협주의가 무시되고 도리어 개량화했다고 주장했다. 또 신간회가 개인가입제의 중앙집권적 정당 조직 형태이기 때문에 민중의 계급 이익을 옹호할 수 없고, 강령도 구체적 운동 지침이 없어 투쟁 의식을 말살시키고 있다고 했다. 그리하여 해소론자들은 해소란 "한 조직체의 해산을 뜻하는 '해체'와는 다른, 한 운동에서 다른 형태의 운동으로 전환하는 자기 발전을 뜻한다"라고 했다.

비타협적 민족주의자들은 해소를 비판하거나 보류하자는 태도를 보였다. 이들은 "신간회 이상으로 진보적인 조직 형태가 나타나기까지 해소해서는 안 된다"거나 "신간회가 결집시킨 대중적 역량을 분산시키지 않고 재조직하기까지 해소해서는 안 된다"는 현실론을 내세웠다.

해소론을 두고 의견이 갈리는 가운데 김병로 집행부는 해소론을 반대하고 신간회를 유지시키려고 일제의 허가를 받아 1931년 5월 16일 창립 대회 뒤 처음이자 마지막 전체 대회를 열었다. 일본 경찰이 찬반 토의를 금지시킨 가운데 해소안은 대의원 76명 가운데 찬성 43, 반대 3, 기권 30으로 가결되었다.

역사적 의의

해소 결의안이 통과된 뒤, 대회에서는 "앞으로 해소 운동에 대한 구체적인 선언, 방침 발표는 신임 중앙집행위원회에서 결정할 것"이라고 선언했다. 그러나 이 대회는 끝내 신간회 해체 대회가 되고 말았다. 해소론자들은 해소를 해체와 구별했지만, 일제가 해소 뒤 어떠한 집회도 허용하지 않아 실제로 해소 대회는 해체 대회가 되었다.

일제 탄압과 민족개량주의자의 방해로 타격을 받아 활동이 침체되고 우경화했지만, 민족주의와 사회주의 진영이 함께 일제에 대항할 수 있는 유일한 대중적 합법 공간을 스스로 허물어뜨린 것은 잘못이었다는 평가도 있다. 신간회 해소는 반제투쟁의 주요한 역량인 비타협적 민족주의 세력이 구심점을 잃고 분산·고립되어 일부가 친일의 길을 걷는 원인이 되기도 했다. 하지만 신간회는 1920년대 중반 새롭게 발흥하는 사회주의 세력과 비타협적 민족주의 세력이 힘을 합쳐 결성한 최초의 반일민족통일전선이라는 점에서 역사적 의의가 크다.

참고도서

국사편찬위원회 편,《한국사 49 : 민족운동의 분화와 대중운동》, 2001

김경일,《일제하 노동운동사》, 창작과비평사, 1992

박경식,《일본제국주의의 조선지배》, 청아출판사, 1986

신주백,《중국지역 민족운동사》, 선인, 2005

역사학연구소,《한국공산주의운동사연구 : 현황과 전망》, 아세아문화사, 1997

윤대원,《상해시기대한민국임시정부연구》, 서울대학교출판부, 2006

이균영,《신간회연구》, 역사비평사, 1993

이기훈,《청년아 청년아 우리 청년아 : 근대, 청년을 호명하다》, 돌베개, 2014

이준식,《일제강점기 사회와 문화: 식민지 조선의 삶과 근대》, 역사비평사, 2014

임경석,《한국사회주의의의 기원》, 역사비평사, 2003

전명혁,《1920년대 한국사회주의 운동연구》, 도서출판 선인, 2006

정연태,《식민권력과 한국 농업 : 일제 식민농정의 동역학》, 서울대학교출판문화원, 2014

정태헌,《일제의 경제정책과 조선사회》, 역사비평사, 2007

한국역사연구회,《한국근현대청년운동사》, 풀빛, 1995

허수,《근대를 다시 읽는다》1 · 2, 역사비평사, 2006

허영란,《일제시기 장시 연구》, 역사비평사, 2009

참고논문

강동진,〈3·1운동 이후의 노동운동과 원산총파업〉,《한국노동문제의 구조》, 광민사, 1980

미즈노 나오키水野直樹,〈코민테른의 민족통일전선론과 신간회운동〉,《역사비평》, 1988년 봄, 1988

일제 전시체제와
민족해방운동의
발전

일제
전시체제와
식민지
지배 정책

세계공황과 일본 제국주의의 지배 정책

세계공황과 일본

1929년 미국에서 시작된 경제공황은 수많은 생산 시설을 멈추고 1차 세계 대전 뒤에 안정되던 자본주의 체제를 뒤흔들었다. 상품이 한 쪽에서는 썩어가는데도 기계가 멈춘 공장 밖에서는 수많은 굶주린 실업자가 거리로 내몰렸다. 공황은 미국 증권가에서 주식가격이 폭락하면서 처음 모습을 드러냈지만, 그 근본 까닭은 자본주의 자체 모순 때문이었다. 미국은 국가가 경제에 개입해 유효수요를 창출하는, 이른바 뉴딜정책으로 산업을 재건하고 수요를 늘림으로써 실업 문제를 해결하려고 했다. 영국과 프랑스는 식민지와 식민지 모국을 블록경제로 만들어 공황의 위기를 벗어나려 했다. 후발 자본주의국가인 독일과 이탈리아의 파시즘 세력은 대외 침략을 통해 위기를 벗어나려 했다.

세계공황은 후발 자본주의국가인 일본에도 큰 영향을 미쳤다. 1차 세계대전 동안 급격히 발전한 생산력을 바탕으로 경제 호황을 누리던 일본 경제는 전쟁이 끝나자 판매 시장을 잃어버리고 만성적인 불황에 빠졌다. 공황으로 생사를 비롯한 상품 수출이 크게 줄고 많은 공장이 문을 닫았으며, 실업자가 크게 늘어났다. 농업 공황도 심각했다. 실업자가 도시에서 농촌으로 돌아오고 누에고치와 쌀값이 크게 떨어지는 가운데 지주가 농민을 더욱 수탈했다. 1931년 일본 농가 소득이 1926년에 견주어 50~60%나 줄어들 만큼 농촌 경제가 무너져 내렸다. 이런 상황에서 일본 노동자와 농민의 투쟁이 많이 일어났다.

공황의 여파로 위기가 깊어진 일본 독점자본은 자본 수출을 확보하기 위해 일본·조선·만주 블록 체제를 만들어 공황에서 벗어나려고 했다. 일본은 1931년 만주 침략을 계기로 군수 부문과 만주에 투자하면서 중화학공업화로 나아갔으며, 한동안 불황을 어느 정도 이겨낼 수 있었다. 그러나 중화학공업에 필요한 제품과 원료는 여전히 미국과 유럽에서 들여와야 했으므로 무역 적자가 차츰 심해졌다. 이에 일제는 군수공업을 바탕으로 하는 중화학공업을 키워 적자를 줄이고 새로운 시장을 개척하려고 침략 전쟁을 계획했다. 마침내 1937년 중일전쟁, 그리고 1941년 태평양전쟁을 일으켰다.

억압 기구 강화와 사상 통제

1930년대 초 일제는 식민지 조선 민중을 탄압하고 만주로 진출하려는 사전 작업으로 경찰력과 군사력을 늘렸다. '문화정치'때 2개 사단이던 조선 주둔 일본군은 만주사변 뒤에 1개 사단이 더 늘어났다. 차츰 군사력을 강화해 태평양전쟁이 끝날 무렵에는 23만 명 남짓한 군대를 두었다. 만주사변 뒤 경찰은 치안을 유지하고 전시 물자를 동원하는 임무까지 맡았다. 일제는 경찰 조직을 보조하고 조선 민중을 더욱 통제하려고 지방 공공단체를 활용했다.

일제는 관변 청년 단체·자경단·경방단·방공단·재향군인회 등 반민반관半民半官 단체를 이용하여 경찰 임무를 보조했다.

1930년대 초반 일본에서 공산주의자를 검거하는 데 효과를 본 '경무관' 제도를 조선에도 실시했다. 경무관이 사상운동 탄압을 전문으로 맡아 지방 경찰과 중앙의 보안과를 밀접하게 연결시키려는 것이었다. 일제 경찰이 통일적인 공조 체제를 마련한 것은 조선 곳곳에서 혁명적 농민운동과 노동운동이 일어나고, 사회주의 운동도 생산 현장과 결합하고 있었기 때문이다. 일제는 1932년 사상경찰망을 크게 늘려 사회주의 운동이 민중과 결합하는 것을 막으려고 했다.

또한 일제는 군대·경찰·사법기관 같은 억압 기구와 그 밖의 보조기관을 이용해 민중을 옥죄는 한편, 사상마저 철저하게 통제하려고 했다. 치안 유지법을 비롯한 사상통제법으로 민족해방운동가와 대중을 분리시키려 했으나 큰 효과를 거두지 못했다. 이에 1930년대 전반기부터 '사상선도'를 빌미로 운동가들에게 사상 전향을 강요했다. 1936년에는 '조선사상범보호관찰령'을 만들어 사상 전향 정책을 뒷받침했다. 일제는 경성·함흥·청진·평양·신의주·대구·광주 등 7곳에 보호관찰소를 마련하고 사상범을 보호관찰 대상으로 삼아 '국체의 본의本義'를 몸에 익히라고 강요했다. 또한 전향자에게 형을 감면, 면제해 준다고 선전하며, 가족을 통해 비전향자를 압박하기도 했다. 1930년에서 1935년 사이에 사상 사건으로 일제에 체포된 조선인은 2만여 명에 이르렀다.

'지방자치' 정책

일제는 허울뿐인 자문 기구를 만든 뒤 조선인에게 참정권을 준다면서 일부 조선 자산 계층을 끌어들여 식민지 지배를 돕는 세력으로 이용하려 했다. 이러한 일제의 구상에 발맞춰 1920년대부터 자치운동을 벌이던 민족개량주의자들은 자본가, 천도교 신파와《동아일보》간부들을 중심으로 다시 나섰다. 이들은 자본이 성장하려면 최소한의 정치적 권리를 가져야 하며, 일제가 조선을 지배하는 것을 현실로 받아들이고 일제 권력과 타협하는 것이 중요하다고 여겼다.

그러나 일제는 조선인에게 자치 의회나 참정권을 주는 것은 아직 이르다고 생각하고, 1930년 말 지방자치 문제를 단순한 지방 제도 개정으로 매듭지었다. 이것은 자문기관의 성격만 가진 도 평의회·부 협의회·면 협의회 등을 형식적인 의결기관인 도회道會·부회府會·면회面會로 바꾸는 정도의 지방 제도 개혁이었다.《동아일보》는 1931년 5월 21일 자에서 "조선인으로서 최선 또는 최강한 항의를 주장할 만한 자를 뽑아 부의원으로 내보내는 것이 오늘날 가장 타당한 문제다"라고 하면서 일제의 정책을 지지했다. 지방 행정에 참여한 자본가나 지주 출신들은 부·읍·면의 공사를 맡거나 금융기관을 쉽게 이용하는 등 이권과 특권을 받을 수 있었다.

자치 운동을 펼치던 조선인은 전시체제가 되자 총독부 동원 기구에 참여해 조선인을 동원하는 데 적극 앞장섰다. 도회의원인 김갑순·민규식·방의석·현준호 등은 조선임전보국단, 황도선양회 등 갖가지 일제 동원기구의 간부를 맡아 온갖 친일 행동을 서슴지 않았다.

일제의 식민지 경제정책 변화와 민중의 생활

식민지 공업화 정책과 노동 통제

일본에 밀어닥친 대공황의 여파는 조선에도 그대로 영향을 미쳤다. 쌀값이 크게 떨어져 농촌 경제는 무너졌고, 도시에서는 상공업 침체로 실업자가 쏟아져 나왔다. 일제는 공황에 따른 식민 지배의 불안정을 해소하고 만주 진출을 위한 토대를 만들려고 '조선 공업화'를 추진했다. 공업화의 중심 방향은 일본을 정精공업 지대로, 만주를 농업·원료 지대로, 조선을 1차 원료를 가공하는 조細공업 지대로 구성하는 것이었다. 이 정책은 일본 독점자본에게 투자시장을 마련해 주고 만주 시장을 손쉽게 이용하려는 것이었으며, 농촌 과잉 노동력을 도시로 흡수함으로써 농촌을 안정시키려는 것이었다.

먼저 '공업화'의 토대인 전력을 개발해 기계공업을 빠르게 자랄 수 있도록 했다. 총독부 지원을 받은 일본 독점자본은 시멘트·비료·화학 등 중화학공업과 만주 시장을 노리는 제사·방직업 분야로 진출했다. 그리하여 1920년대는 정미업을 바탕으로 한 식료품공업과 방직공업이 중심이었으나, 1930년대 들어서 군수산업과 관련된 부문이 눈에 띄게 성장했다. 또한 중화학 공업의 원료이면서 에너지원인 광물 수탈에 더욱 힘을 쏟았다.

조선 공업은 근대적인 공장공업과 전근대적인 가내공업이 뒤섞여 있고, 공장공업 안에서도 대공업과 중소 공업이 서로 연관되지 못하는 등 모순을 드러냈다. 제사·면방직과 같은 집약적 노동이 필요한 공장에서는 낮은 임금을 주고도 여성과 유년 노동자 등 미숙련 노동력을 이용할 수 있었다.

조선 공업화는 민족자본이 무너져 내리고 일본 독점자본이 식민지 경제를 완전히 지배하여 식민지 민중과 노동계급을 더욱 착취하는 것을 뜻했다. 1930년대 전반 일제는 자기 나라에서 시행한 '중요산업통제법'이나 '공장법' 등 여러 정책을 조선에는 적용하지 않아 독점자본이 더욱 자유롭게 노동력을 착취하고 이윤을 보장할 수 있게 만들었다. 조선 경제는 일본 경제의 재생산 구조에 깊이 예속되었으며, 잉여의 유출도 커졌다.

일제는 조선 공업화 정책을 추진하는 한편, 노동 통제 정책을 강화했다. 일제는 집회 금지, 기존 노조 해체, 노조 신설 금지, 어용노조 설립 등 여러 방법을 써서 노동자와 노동단체를 탄압했다. 그와 함께 일제는 노동자 통제를 강화하려고 자본가·경찰 사이에 연락망을 만들어 생산 현장을 감시하기

공장 노동력의 업종별·성별 구성

연도 구분	1934			1937		
	남성	여성	여성 비율(%)	남성	여성	여성 비율(%)
방직	405	2,131	84.0	1,568	6,744	81.1
금속	1,170	–	0	1,535	7	0.5
기계	1,854	10	0.5	3,816	74	1.9
요업	438	23	5.0	1,225	162	11.7
화학	776	1,231	61.3	2,670	2,245	45.7
제재	919	5	0.5	1,332	28	2.1
인쇄	3,190	107	3.2	3,659	225	5.8
식료품	1,415	627	30.7	2,297	1,011	30.6
기타	1,877	209	10.0	2,549	532	17.3
계	12,044	4,343	26.5	20,615	11,208	34.8

출처 : 배성준, 〈일제하 경성 지역 공업 연구〉, 서울대학교 국사학과 박사학위논문, 1988, 114쪽

까지 했다. 또 파업이 일어났을 때는 일찌감치 파업을 끝내려고 폭력을 동원하기도 했으며, 때에 따라 자본가의 횡포를 경계하기도 했다. 그 밖에도 '노자협조'를 앞세운 노동자 통제 기구를 만들기도 했다.

일제는 노동 파업에 근본 대책을 세우고, 늘어난 유년 노동에서 비롯된 사회문제 등에 대응하려고 '공장법'을 조선에 실시할지를 검토했다. 그러나 일제는 조선에서 '공장법'을 실시하면 일본 독점자본이 들어오는 데 방해가 된다고 판단하여 공장법을 실시하지 않았다.

자본가도 보통 때에는 파업을 미리 막으려고 위안회와 상벌 제도를 두었으며, 기숙사 제도나 중간 관리자를 통한 감시망을 강화했다. 게다가 일단 파업이 일어나면 교묘한 방법을 써서 파업을 무너뜨렸다. 통근 노동자와 기숙사 노동자를 분리하거나 일반 노동자와 기계 노동자를 분리하는 방식을 썼다. 1930년 부산 조선방직 파업에서는 통근 노동자들을 공장 안으로 들어가지 못하게 한 반면 기숙사 노동자들은 공장 밖으로 나가지 못하게 했다.

자본가들이 쓴 파업 파괴책 가운데 가장 두드러진 것은 파업 노동자를 집단 해고하고 새로운 노동자를 뽑는 것이었다.

'농촌진흥운동'

1930년대 일제는 식민 지배의 안정화를 위해 '농가의 자급자족'을 내세우며 농촌진흥운동을 펼쳤다. 일본에서는 이미 1920년대 자작농 창설 사업을 만들어 농민을 어느 정도 통제할 수 있었다. 일제는 그 정책을 식민지 조선에 그대로 적용하려고 했다. 일제는 법 테두리 안에서 지주·소작제의 모순을 줄이고 농촌진흥운동을 뒷받침하는 법령을 잇달아 공포했다.

1932년부터 총독부가 주관한 관제 농민운동인 농촌진흥운동은 농촌의 경제적 '갱생'과 농민 생활의 안정을 목표로 했으나, 실제로는 소작쟁의를 줄이기 위한 것이었다. 자작농지 창설 유지 사업은 조선총독부와 금융조합 등에서 농민에게 자금을 빌려 주고 자작농지를 사들이도록 한 정책이었다. 소작농을 자작농으로 만들어 날로 날카로워지는 계급 대립을 줄이려 한 것이다. 소작조정령은 일제 사법기관이 소작쟁의를 조정해서 어떻게든 농민의 저항을 막아보려는 것이었다. '지주와 소작인의 협조·융화 정신'을 뼈대로 한 조선 농지령은 마름이 중간에서 수탈하는 것을 단속하고 소작 기간을 정하는 등 농민의 소작권을 보호하는 듯했다. 그러나 실제로는 지주가 거두는 높은 소작료를 그다지 제한한 것도 아니었고 그나마 제대로 실행하지도 않았다.

농촌진흥운동이나 농지령 등은 겉으로는 소작농민의 생활을 보호하려는 조치였다고 선전했으나, 실제는 농촌을 통제하려는 사회 개량적 농업정책이었다. 또 이때 크게 일어났던 혁명적 농민조합 운동을 막으려는 정책이었다.

개량적 농민운동의 확산

일제는 민족개량주의자들이 합법적이고 개량적인 단체를 세우는 것을 도와 사회운동을 가로막는 안전판으로 활용했다. 지방자치제에 적극 호응해 온 민족개량주의자들은 일제의 농촌진흥운동에 발맞춰 농촌 계몽운동에 적극 나섰다.

자치운동을 앞장서 이끌었던 최린을 중심으로 한 천도교 신파는 1930년대 들어 천도교 청년당을 디딤돌로 삼아 조선농민사를 확대하여 농촌 계몽, 생활 개선, 소비조합 운동을 벌이면서 농민들이 정치의식을 갖는 것을 막으려 했다. 조선농민사는 1933년 말에 143개 산하 조직과 4만 명 남짓한 조직원을 거느린 전국 규모의 농민운동 단체로 성장했다. 그들은 일제가 폭압으로 수탈을 일삼는 현실을 외면하고 "도저히 이룰 수 없는 정치적 주장보다는 당면 이익 획득에 힘을 쏟아야 한다"라고 강조했다. 이런 조선농민사의 운동은 사회주의자가 이끌던 혁명적 농민운동에서 농민을 떼어내 자신들의 영향권에 두려는 속뜻이 있었다.

YMCA를 비롯한 기독교 단체도 농사 강습회나 야간 강습회를 열고 농사 기술 개량, 생활 개선, 부업 장려 등을 지도했다. 이들은 토지문제를 근본적으로 해결하는 일이 아니라 농사 개량과 소작율을 조정하는 등의 활동을 펼쳤다. 이러한 운동은 총독부가 벌이던 '자작농지 창설 유지 사업'이나 '중견 인물 양성' 정책과 비슷한 성격을 띠었다.

이 무렵 언론기관이 주도한 민족개량주의 운동은 농촌 계몽운동으로 나타났다. 《조선일보》는 '한글 보급 운동'(1929~1934)을, 《동아일보》는 '학생 브나로드운동'(1931~1934)을 벌였다. 이 가운데 브나로드운동*이 규모가 컸

> **브나로드운동** 《동아일보》가 1931년부터 1934년까지 4회에 걸쳐 전국적 규모로 전개한 문맹퇴치운동. 1935년 일제는 이 운동이 민족적 성격을 갖는다는 이유로 금지시켰다. 'Vnarod'는 '민중 속으로 가자'라는 뜻의 러시아 말이다.

농촌 어린이

다.《동아일보》는 '민중 속으로'라는 뜻을 지닌 브나로드운동을 벌이면서 "힘써 배우자, 아는 것이 힘이다" 등의 구호를 내세웠다. 농민이 열심히 배우고 절약한다면 잘 살 수 있으며 민족의 실력도 길러진다고 주장했다. 이들의 주장은 일제가 농촌진흥운동을 추진하면서 내세운 '자력갱생' 논리와 크게 다르지 않았다. 브나로드운동 지도부는 농민뿐만 아니라 비밀독서회 운동과 반제동맹 운동에 열심인 학생도 계몽하고자 했다.

그러나 이 운동에 참여한 학생 가운데 일부는 "민중 속으로 가자"라는 깃발을 내걸고 농촌으로 들어가 농민과 함께 생활하고 농촌 계몽과 문맹 퇴치 운동을 하면서 개량주의자들의 의도를 벗어나기도 했다. 학생들은 문맹 퇴치 운동만 한 것이 아니라 농민에게 현실 인식과 민족의식을 불어넣기도 했다. 상황이 이렇게 되자 일제는 1935년 무렵 이러한 개량적 운동마저도 불법이라면서 금지시켰다.

개량 운동마저도 금지되면서 영향력을 잃은 민족개량주의자들은 전시체제가 강화되는 가운데 일제의 정책에 저항 없이 포섭되어 갔다.

민중의 생활

일제는 경제공황으로 어려워진 일본 독점자본이 조선에 진출하는 것을 돕고 조선을 대륙 침략을 위한 병참기지로 만들려고 '농공병진' 정책을 추진했다. 조선 노동계급은 식민지 공업화 정책에 따라 그 수가 빠르게 늘어났다. 공장노동자 수에 교통·통신·운수·임산·수산 분야의 노동자를 더한다면, 1940년대 노동자 수는 100만 명을 훨씬 넘어 200만 명에 이르렀을 것으로 보인다.

노동계급의 구성도 크게 바뀌었다. 1930년대 말에 이르면 화학·금속 등 중화학공업 노동자가 전체 노동자 가운데 50% 가까이 되었다. 또 자본이 집중됨에 따라 이미 100명 넘게 고용하는 공장의 노동자 수는 전체 노동자의 절반을 넘었다.

이때 노동자들은 독점자본의 '합리화 정책' 속에서 말할 수 없이 열악한 노동조건을 참아 가면서 하루 12시간 넘게 일하고 저임금에 시달려야 했다. 조선 노동자는 일본 노동자의 절반에도 미치지 못하는 임금을 받았으며, 여성 노동자는 남성 노동자가 받는 임금의 1/2정도밖에 받지 못하고 일했다. 공장 노동에는 많은 규율과 폭력이 뒤따랐으며, 이는 조선 노동자를 순종하는 도구로 길들였다. 열악한 노동환경 속에서 잦은 산업재해를 당해도, 일제와 자본가는 "조선 노동자들은 주의력과 책임감이 없기 때문에 다치는 일이 잦다"라고 몰아붙였다.

공장의 기계는 우리 피로 돌고
수리조합 봇돌은 내 눈물로 찬다
아리랑 아리랑 아라리오
_ 이북명, 〈질소비료공장〉

조선 인구 가운데 70~80%를 차지한 농민도 일제의 농업정책과 공황 탓으로 빠르게 몰락했다. 농민은 50%가 넘는 높은 소작료와 갖가지 조세, 엄청나게 오르는 비료값·농기구 가격을 감당할 수 없었다. 대륙을 침략하려면 조선을 반드시 안정시켜야 한다고 생각한 일제는 농촌의 넘쳐나는 인구를 만주로 이주시키거나 중화학 공장이 많이 들어선 북부 지방으로 보내 노동력 문제를 해결하려 했다. 그러나 대륙 침략에 필요한 식량 확보와 황국신민화를 목적으로 한 정책은 큰 효과를 거두기가 어려웠다. 자작농과 자소작농은 소작농으로, 소작농은 농업 노동자로 몰락하는 일이 흔했다. 거꾸로 몇몇 지주들은 농민의 몰락을 이용해 토지를 늘려 갔다.

가난한 농민은 정월부터 봄이 올 때까지 식량이 다 떨어지는 '춘궁기'를 겪으면서 더욱 배를 곯았다. 뽕나무 밭에 비료로 뿌린 콩깻묵을 몰래 파서 배를 채우는 사람이 있는가 하면 산의 백토白土를 긁어먹는 사람도 있었으며, 풀뿌리를 캐다가 굶주림에 지쳐 쓰러지는 사람도 있었다.

농촌을 떠난 농민들은 새로운 노동시장을 찾아 도시로 몰려들었지만, 공장에 들어갈 수 있는 사람은 얼마 되지 않았으며 값싼 일자리마저 찾기 어려웠다. 대부분은 화전민火田民이 되거나 도시 외곽에 머물면서 실업자나 날품팔이꾼 등 도시 빈민이 되었다. 도시 빈민은 다리 밑이나 산언덕 등에 움집을 짓고 토막민을 형성했다. 날품팔이나 지게품팔이, 공사장 인부 등으로 생계를 이어가는 토막민들이 사는 집은 거적으로 만들어 두른 벽, 양철 조각

공장 수와 노동자 수

연도	공장 수(개)	지수(%)	노동자 수(명)	지수(%)
1936	5,927	100	188,250	100
1939	6,952	117	270,439	144
1943	14,856	250	549,751	292

출처 : 조선은행조사부, 《조선경제연보》, 1948, I -99쪽

토막집(출처 :《한일병합사》, 눈빛출판사, 2009)

을 덮어 돌로 누른 지붕, 맨 흙에 거적을 깐 방바닥이 고작이었다. 일제는 토막민이 도시 미관과 위생을 해친다는 이유를 내세워 그들을 도시 바깥의 일정한 장소로 옮기는 대책을 세웠을 뿐이었다.

서울을 비롯한 도시는 한쪽에서는 백화점이 들어서는 등 소비문화가 확산되고, 다른 쪽에서는 그날 벌어 그날 먹기도 어려운 빈민이 공존하는 모순을 보여 주었다. 나라 밖으로 이주하는 조선인도 크게 늘어났다. 1930년대 만주에 100만 명, 연해주에 50만 명의 조선인이 살고 있었으며, 해마다 10만 명 넘는 조선인이 일본으로 건너갔다.

국내 사회주의
운동과
민중의 투쟁

조선공산당 재건 운동

조선공산당 재건 운동

1928년 4차 조선공산당이 거의 무너진 상태에서 코민테른은 그해 12월 '조선의 혁명적 농민과 노동자의 임무에 관한 테제'(12월 테제)를 내세웠다. 조선공산당을 코민테른 지부로 승인한 것을 취소하고 새로운 운동방침을 제시한 것이다. '12월 테제'는 조선 혁명을 '제국주의의 타도와 토지문제의 혁명적 해결'을 주요 내용으로 하는 부르주아 민주주의혁명이라고 규정했다. 이러한 혁명을 이룩하려면 파벌 투쟁을 멈추고 소수 지식인이나 학생이 아닌 노동자와 농민이 당 재건 운동의 밑바탕이 되어야 한다고 했다. '12월 테제'에서는 민족 부르주아지는 제국주의에 반대해 투쟁하는 세력이 아니라는 부정적 평가를 내렸다.

'12월 테제'에 영향을 받은 여러 정파의 사회주의자들은 당 재건 운동에 나섰다. 이들은 전국 단위의 당 재건 준비 조직을 만든 뒤, 생산 현장에 조직원을 보내 혁명적 대중조직을 만든다는 계획을 가지고 있었다. 당을 재건하는 데 필요한 토대를 마련하기 위해서였다. 초기 당 재건 운동은 "공장으로! 광산으로! 농촌으로!"라는 슬로건을 내걸고 공업 중심지와 농촌 지역에서 투쟁 의지가 있는 민중과 결합하여 당세포를 만들려고 했다. 사회주의자들이 노동자·농민과 직접 연계해 여러 건을 실천에 옮겼지만, 지역적인 운동을 전국적으로 통합하려는 노력은 큰 성과를 거두지 못했다.

당 재건 노선의 변화

사회주의자들은 1931~1932년 무렵부터 혁명적 노동조합과 농민조합을 먼저 만들고 그 가운데 뛰어난 활동가를 중심으로 공산주의자 그룹을 강화한 뒤에 조선공산당을 재건한다는 계획을 세웠다. 서울 상해파는 혁명적 노동조합·농민조합 운동을 바탕으로 당을 다시 만든다는 방침을 세우고 좌익 노동조합 전국 평의회를 조직했다. ML파 공산주의자들도 공산당과 공산청년회를 먼저 만들려던 방침을 바꿔 혁명적 노동·농민조합 건설에 힘을 쏟았다. 코민테른도 모스크바 공산대학 출신자들을 국내로 보내 새로운 공산주의자 그룹을 만들었다. 만주의 조선 공산주의자들은 민족과 국경을 구별하지 않고 그 국가의 당에서 활동해야 한다는 코민테른의 '일국일당' 원칙에 따라 조선공산당 만주총국을 해산했다. 이에 따라 만주에 있던 조선공산당은 중국공산당 만주성위원회로 합류하고 조선국내공작위원회를 세워 국내에 당을 재건하려고 힘썼다.

　이렇게 당 재건 운동이 벌어진 결과, 1936년 즈음까지 혁명적 노동조합·농민조합 운동을 지도하면서 당 재건의 토대를 쌓아 가던 많은 지역 단위 공산주의자 그룹이 곳곳에서 생겨났다. 특히 경성 지역 노동 현장에서 활동한 이재유 그룹의 활동이 두드러졌다. 이재유 그룹은 '트로이카*'라는 독창적

인 운동 방법을 만들었다. '트로
이카 운동'은 전위가 직접 노동
자가 되어 함께 활동할 노동자
를 확보해서 노동자 대중에 기
반을 마련한 다음 당을 조직하
는 것이었다. 여기에는 이제까

트로이카　이재유는 몇몇 활동가가 곧바로 당의 체계를 만들기보다는 "모두 자유롭게 선전하고 투쟁하며" 각 부문에서 활동가를 기르고 획득해야 한다고 주장했다. 이러한 활동 방식이 "세 마리 말이 자유롭게 마차를 끄는 것과 같다" 하여 자신들을 '경성트로이카'라고 이름 지었다.

지 당 재건 운동이 대중에 뿌리를 두지 않아 전위 활동가와 노동 대중이 쉽게 분리되는 한계가 있었다는 문제의식이 담겨 있었다. 이재유 그룹은 "동대문의 공장 지대를 모조리 수중에 넣고 직공을 선동하여 계속 쟁의를 일으키게 했다"라고 일제가 지적했을 만큼 노동계급에 큰 영향을 끼쳤다.

1931년부터 1936년 사이에 활발하게 일어났던 당 재건 운동은 운동 과정에서 파벌을 어느 정도 극복하고 노동자·농민 출신의 새로운 활동가들을 배출했으며, 새로운 운동 노선을 모색하는 등 적지 않은 성과를 거두었다. 그러나 서로 흩어져 운동을 벌였고 한 지역에 고립되어 활동함으로써 일제의 탄압을 이겨내지 못했다.

혁명적 노동조합 운동과 노동운동

혁명적 노동조합 운동

식민지 조선의 노동자와 농민은 1929년 공황의 여파로 일제가 탄압의 고삐를 죄어 오자 무엇보다 자신의 생존권을 지키려고 파업 투쟁과 소작쟁의를 활발하게 벌였다. 이때 사회주의자들은 혁명적으로 진출하는 노동자와 농민에게서 힘을 얻어 새로운 운동 노선을 실천했다. 이런 배경에서 일어난 운동이 혁명적 노동조합 운동과 혁명적 농민조합 운동이었다. 혁명적 노동조합은 생산 현장에서 노동자 투쟁을 조직할 뿐만 아니라, 노동자·농민에 뿌리내린 조선공산당을 재건하는 임무도 가지고 있었다.

혁명적 노동조합 운동가들은 노농총동맹을 비롯한 개량주의 노동조합 지도부가 노동계급의 대중투쟁 역량을 제대로 담아내지 못했을 뿐만 아니라 노동운동을 왜곡시키고 있다고 판단했다. 그리하여 노동운동을 '혁명적'으로 변화시킬 새로운 노동운동 방침을 마련하려고 했다. 새로운 방침은 1930년 9월 프로핀테른(혁명적 노동조합 인터내셔널)의 '9월 테제'와 1931년 10월 범태평양노동조합 비서부의 '10월 서신'에서 제시되었다.

혁명적 노동조합 운동가들은 민족개량주의자들이 파시스트가 되었기 때문에 배격해야 한다고 생각했다. 나아가 기존의 합법적 노동조합을 개량주의 조합이라 비판하면서 이에 맞서는 혁명적 노동조합을 만들어야 한다고 했다. 혁명적 노동조합 운동을 통해 조직되지 못한 노동자를 새로 조직하고 기존의 '개량주의 노동조합'을 계급에 뿌리를 둔 조직으로 바꾸려 했다.

사회주의자들은 옛 공업중심지와 1930년대부터 진행된 '병참기지화 정책'에 따라 새로 발달한 공업지대를 중심으로 혁명적 노동조합 운동을 벌였다. 그들은 반班이나 공장 그룹 등의 '세포조직'을 기초로 분회를 두고 그 위에 공장 위원회나 파업 위원회, 또 그 위에 산업별 노동조합을 만든 뒤에 전국적 산업별 노동조합을 만드는 것을 목표로 삼았다.

1929년부터 1931년 무렵까지 혁명적 노동조합 운동은 전국을 아우르는 당을 재건한다는 데 더 큰 뜻을 두었다. 이때 혁명적 노동조합 운동은 '혁명적 대중조직 건설'을 내세우긴 했지만, 공장 안의 많은 노동자 대중에게 뿌리내리지 못했으며 오히려 학생이나 지식인을 중심으로 한 반제동맹과 같은 것이 더 많았다.

1931년 뒤부터 사회주의자들은 튼튼한 혁명적 노동조합을 만들어 토대를 닦은 다음, 전국을 포괄하는 당을 재건한다는 노선을 실천에 옮겼다.

1933년부터 1936년 사이에 경성을 중심으로 활동한 이재유 그룹은 "공장에서 노동자를 끌어들여 연대하여 공산주의적으로 훈련하고, 화학·섬유·금속 등 산업별로 나누어 혁명적 노동조합을 만든다"라는 방침을 세웠다. 이에 따라 이재유 그룹은 동대문과 서울의 공업 지대에서 산별 노동조합을 만드는 운동을 했다. 또한 여주·양평 지역에서 혁명적 농민조합 운동을 지도했으며, 경성제국대학을 중심으로 반제학생운동을 조직하기도 했다.

원산 지역에서는 1936년에서 1938년 사이 이주하 등이 중심이 되어 '적색노조 원산좌익위원회'를 만들었다. 이들은 철도·금속·화학공업 부문에 산업별 위원회를 만들고 그 하부 조직으로 '적로반'을 결성했으며, '철우회'를 만드는 등 대중 기반을 넓히려고 했다. 원산 지역 운동가들은 지역 운동의 한계를 뛰어넘어 운동 세력을 통일하려 했지만, 이 운동을 벌이기에 앞서 일제의 탄압을 받아 성공하지 못했다.

이 밖에도 평양·신의주·마산·부산 등 여러 곳에서 혁명적 노동조합 운동이 일어났다. 일제가 만든 통계로도 1931년부터 1935년까지 혁명적 노동조합 관련 사건이 70여 건이 일어나 1700여 명이 연루된 사실에 비춰 보면 이 운동이 널리 퍼졌음을 알 수 있다. 혁명적 노동조합 운동은 일제의 탄압이 거세지고 민족개량주의자들이 친일로 돌아서는 가운데서도 쉼 없이 일어났다.

파업 투쟁

공황을 맞이한 일제와 자본가가 '산업합리화'를 내걸고 임금을 인하하거나 노동시간을 늘이는 것에 맞서 파업 투쟁이 격렬하게 일어났다. 숙련공과 미숙련공, 남성과 여성 그리고 한 지역의 같은 직종에 있는 노동자가 함께 파업에 참여하는 일도 많았다. 1930년대 북부 지방에 대규모 중화학 공장이 생겨나자 파업 투쟁도 평안도·함경도 등 북부 지방에서 많이 일어났다. 공업 중심지에서 일어난 파업은 매우 조직적이었다. 일제가 단순한 파업조차 정치범죄로 다루었기 때문에 파업은 경제투쟁에서 정치투쟁으로 옮겨 가기도 했다. 노동자들은 오래도록 굳세게 싸웠고, 파업은 그 어느 때보다 많이 일어났다. 파업 전술도 점점 발전했으며 노동자 투쟁이 폭동으로 이어지는 일도 잦았다.

1930년 부산 조선방직 노동자들은 임금 인상, 8시간 노동제 확립, 조선인 차별 대우 폐지 등을 내걸고 파업에 들어갔다. 조선방직에서 내건 요구 조건은 1930년대 파업 투쟁에서 늘 내걸던 것이었다. 이 가운데 임금 문제가 가장 큰 비중을 차지했다. 조선방직의 경우 1936년 기숙사 세 끼 식사 가격이 15전 정도였는데, 여성 노동자의 임금이 "1일에 15, 16전이 최고이고 6, 7년이 되어도 최고 30, 40전"이었다. 1937년까지도 9시간 노동제를 실시하는 공장은 전체의 6%에 지나지 않았고 12시간 넘게 노동하는 공장이 41%나 되었다. 군수공장의 경우는 보통이 14~16시간 노동이었다. 이 밖에도 일본인 관리들의 조선 여성 노동자 희롱, 사생활까지 간섭하는 기숙사 생활, 불량품 배상, 지각·결근 등에 따른 벌금제, 강제 저축 등 노동자는 엄청난 책임과 의무를 져야만 했다.

> 그는 칠년 동안의 로동생활을 회상해 보앗다. 처음에 방적공장에 드러갓슬 때 감독의 학대와 공장주의 무리한 ××로 쉴새업시 로동하는 수천명 직공의 참담한 생활을! 긔숙사에서 마치 ××와가티 갓쳐서 햇빗을 못보는 녀직공들의 얼골! 폐병들린 그들의 기침과 각혈! _ 이기영, 〈홍수〉, 1931

1930년 8월에는 평양 평원고무공장 노동자들이 파업을 벌이고 공장을 점거했다. 자본가와 일제 경찰은 폭력으로 이들을 공장 밖으로 내몰았다. 파업을 이끌던 여성 노동자 강주룡은 사람들에게 파업을 알리려고 밤새 광목을 찢어 만든 줄을 타고 홀로 12미터 높이의 을밀대 지붕 위로 올라가 단식 농성을 했다. 을밀대에 올라간 강주룡은 노동자를 착취하고 수탈하는 행태를 고발했다. 평양서로 끌려간 강주룡은 76시간 동안 단식으로 일제에 대항하기도 했다.

베 짜고 실 켜는 여직공들아 너희들 청춘이 아깝고나
일년은 열두 달 삼백은 예순날 누구를 위하여 길쌈이더냐?
어머니 아버지 날 보고 싶거든 인조견 왜삼팔 날 대신 보소!
공장의 굴뚝엔 연기만 솟고 이내의 가슴엔 한만 쌓이네.

_이기영, '여공의 노래', 〈고향〉(상), 1933

조선 노동자는 산업재해에도 그대로 노출되었다. 진남포 제련소 노동자들은 20년이 지난 낡은 기계가 언제 폭발할지 모르는 상황에서 마스크도 쓰지 못 숨이 턱턱 막히고 뜨거운 물이 튀어도 참아야 했다. 6명 식구가 좁쌀죽만 먹더라도 한 달에 13원이 필요한데, 임금 16원이 전부였다. 이런 가운데 1935년 6월, 진남포 제련소에서는 노동 안전 시설을 갖추지 않은 탓에 20여 명의 노동자가 굴뚝 청소를 하다 떨어져 죽은 일이 있었다. 1200여 노동자들은 7월 13일 "무산대중 단결하라"는 구호와 '임금을 5할 올릴 것', '하루 3교대 8시간제

1930년 8월 평양 을밀대에서 농성하는 강주룡

를 실시할 것', '조선 노동자와 일본 노동자를 차별하지 말 것' 등 13개 요구 조건을 내걸고 파업을 시작했다. 자본가들은 요구 조건을 들고 담판하러 들어간 노동자 대표들을 몰래 경찰에 넘기고 헌병까지 불러들여 파업을 깨려고 했다. 또한 일본 노동자를 데려와 멈춘 기계를 다시 돌리려고 했다. 이에 노동자들은 규찰대를 만들어 회사쪽에서 새 노동자를 모으는 것을 막고 파업단을 나누어 투쟁하는 등 새로운 파업 전술로 자본가에 저항했다. 파업은 일주일 만에 끝나고 말았지만 노동자들은 값진 투쟁 경험을 얻었고, 일제와 자본가는 노동자의 단결에 충격을 받았다.

이 밖에도 크고 작은 파업 투쟁이 곳곳에서 잇달아 일어났다. 일제와 자본가들의 탄압과 착취로 가득 찬 공장 노동이었지만 일자리가 부족한 현실에서 노동자 대중의 파업 투쟁은 분산적으로 펼쳐졌으며, 파업에 참여하는 인원도 점점 줄어들었다.

혁명적 농민조합 운동과 농민운동

혁명적 농민조합 운동

혁명적 농민조합 운동은 혁명적 노동조합운동보다 더 많은 곳에서 활발하게 일어났다. 일제가 만든 자료에 따르면 1931년에서 1935년 사이 혁명적 농민조합 운동 관련 사건은 103건이었으며, 이 과정에서 4000여 명이 검거되었다. 또 전국 220개 군과 도 가운데 80여 곳에서 혁명적 농민조합 운동이 일어났다. 그 가운데 함경남북도·경상남북도·전라남도·강원도에서 활발했다. 함경북도 명천농민조합은 1934년부터 1937년 무렵까지 세 번에 걸친 탄압으로 1000명 남짓한 농민이 일제 검찰에 송치될 만큼 격렬하게 싸웠다. 다른 혁명적 농민조합이 거의 무너진 1937년 중반까지 명천농민조합은

연도	발생 건수(건)	참가 인원(명)	평균 참가 인원(명)
1929	102	8,293	81
1930	160	18,972	118
1931	201	17,114	85
1932	152	14,824	98
1933	176	13,835	79
1934	199	13,098	65
1935	170	12,187	72
1936	138	8,248	60
1937	99	9,146	92
1938	90	6,929	77

출처 : 조선총독부 경무국 편,《최근 조선치안 상황》, 1938, 86~87쪽

농민에게 뿌리내려 춘궁기 기아 반대, 소작료 납부 거부, 고리대 상환 반대, 혁명 기념일 투쟁, 검거된 동지 탈환 투쟁 등을 벌였다.

혁명적 농민조합 운동가들은 3~5명 또는 7명으로 동·리 단위의 농조반을 만들고, 이를 바탕으로 면 단위 농민조합 지부를 결성한 뒤 군 단위 농민조합을 조직하려고 했다. 이들은 토지혁명과 노농소비에트 건설을 내세우면서 "토지는 밭갈이 하는 농민에게!", "노동자와 농민이 주인인 세상을 만들자!"라는 슬로건을 내걸었다. 이들은 농촌에서 가장 혁명적 세력인 빈농과 농업 노동자를 조직하는 데 힘을 기울여 농민조합을 '전투적인 비합법 혁명적 농민조합'으로 다시 만들거나, 농민조합이 없는 지역에 새로운 혁명적 농민조합을 세우려고 했다.

혁명적 농민조합 운동가들은 소작료 인하뿐만 아니라 공과금 납부 거부, 군수물자 강제수매 반대, 부역 동원 반대 운동 등을 벌여 일제의 전시 수탈 정책에 맞섰다. 이들은 투쟁 과정에서 면사무소, 주재소, 경찰서 등을 습격하기도 했다. 또 야학·독서회·강연회·노래 활동을 통해 민중 문화를 발전

시키고 농민들의 의식을 높였으며 반전의 날, 노동절 투쟁 같은 정치투쟁도 벌였다.

혁명적 농민조합 운동도 당 재건 운동과 깊은 관계가 있었다. 혁명적 농민조합 운동은 선진적인 농민을 조직하고 빈농 출신의 활동가를 양성하면서 당 재건의 토대를 마련하려고 했지만 당을 재건하는 데까지는 이르지 못했다. 이 운동은 총독부의 농민 개량화 정책과 개량적인 농민운동에 맞서 농민의 투쟁 의식을 북돋으려 했다.

혁명적 농민조합 운동은 농민운동이 민족해방운동에서 큰 몫을 차지하는 데 이바지했고, 이 과정에서 농민 출신 토박이 활동가가 많이 배출되었다. 또 이 운동 경험은 해방 뒤 전국적인 농민조합과 지방 인민위원회가 조직되는 밑거름이 되었다.

소작쟁의

1920년대에는 주로 높은 소작료가 문제가 되었지만, 1930년대에 들어서면 지주들이 소작권을 자주 옮기는 것이 문제가 되어 소작쟁의가 일어나는 일이 흔했다. 1930년대 일어난 소작쟁의는 소작위원회나 지방법원에서 해결되는 때도 많았다. 이는 일제가 1932년 농촌진흥운동, 1933년 소작조정령 등을 통해 혁명적으로 나아가던 농민운동을 체제 안으로 끌어들여 안정시키려던 정책과 관련이 있었다. 이때 소작쟁의는 지주와 소작인 사이의 집단적인 갈등보다는 소작권이나 소작료 문제에 따른 개인적인 갈등의 성격이 컸기 때문에 소작위원회나 지방법원이 중재하여 쟁의가 곧바로 해소되는 일이 많았다.

혁명적 농민조합 운동가들은 '부농층의 반동화, 지주와 소작인 사이의 갈등을 개인적 문제로 해결하는 소작쟁의의 한계'를 지적하면서 합법적인 농민조합 운동을 비판했다. 특히 천도교의 영향 아래 있던 개량적인 '조선농민

연도	발생 건수(건)	참가 인원(명)	평균 참가 인원(명)
1929	36	2,620	73
1930	92	10,137	108
1931	57	5,486	96
1932	51	2,910	57
1933	66	2,492	38
1934	106	4,113	39
1935	71	2,795	39
1936	56	3,462	62
1937	24	2,234	93
1938	30	1,338	45
1939	24	969	40

출처 : 조선총독부 경무국 편,《최근 조선치안 상황》, 1938, 98~99쪽

사'를 타격 대상으로 삼았다.

소작쟁의 가운데는 일본인 대농장에서 폭동 형태로 벌어지는 일도 적지 않았다. 1931년에는 강원도 양양·삼척·강릉을 중심으로 하는 동해안 일대에서, 전라남도 순천·벌교·강진, 평안북도 용천의 불이不二농장 등에서 폭동의 성격이 짙은 농민시위가 일어났다. 1932년에는 김해 박간迫間농장의 소작쟁의, 용천 불이농장의 집단시위 그리고 1933년 전라북도 옥구의 웅본熊本농장에서도 이러한 쟁의가 일어났다. 이들은 투쟁 과정에서 사무소나 경찰서를 습격하고 수리조합을 파괴했으며, 일본 경찰과 직접 부딪치면서 식민지 권력과 맞섰다. 대규모 소작쟁의에서는 소작인 대표자 회의나 불不경작동맹·추수거부동맹·아사동맹 등을 만들었으며, 투쟁 방법도 조직적인 시위와 농성, 사회단체와 연대 투쟁을 하는 등 차츰 다양한 모습을 보였다.

중일전쟁 뒤
일제 정책과
민족해방운동

황국신민화 정책과 친일파 활동

황국신민화 정책

일제는 전시체제로 들어서면서 조선인을 '황국신민'으로 만들려는 황국신민화 정책을 적극 펼쳤다. 민족해방운동을 탄압하고 민중 생활을 통제하는 것만으로는 마음을 놓을 수 없었기 때문에 조선인의 민족의식을 뿌리 뽑아 식민지 노예로 만들려고 '내선융화', '내선일체'를 강조했다.

1931년 6월에 조선총독으로 부임한 군국주의자 우가키 가즈시게宇垣一成는 "일본이 침략 전쟁에 이기느냐 지느냐 하는 것은 조선 2천만 민심의 향배에 달려 있다"라고 말하며 '내선융화'를 내세웠다. 우가키 뒤를 이어 1936년 8월에 조선총독으로 부임한 전직 관동군사령관 미나미 지로南次郎는 전임 총독의 내선융화 정책을 계승하여 "조선인과 일본인은 형태도 마음도 피도 살도 하나가 되어야 한다"라고 강조했다.

이에 따라 일제는 1937년 "우리들은 대일본제국의 신민입니다. 우리들은 마음을 합하여 천황폐하께 충성을 다합니다" 등의 내용이 담긴 '황국신민서사'를 만들어 조선 사람에게 외우게 했다. 또 전국의 모든 읍·면에 신사(神社)를 만들어 조선인을 강제로 참배시켰다(신사참배). 나아가 1939년부터 일본인 조상과 조선인 조상은 같다(일선동조론)고 하며 조선인의 고유한 성씨를 일본식 성씨로 바꾸도록 강요했다(창씨개명). 또한 일제는 조선 사람에게 일본어를 강요하는 정책을 썼다. 조선 사람을 침략 전쟁에 동원하려면 말이 통해야 하기도 했지만, 그보다는 민족성을 빼앗는 가장 좋은 방법이 조선말을 쓰지 못하게 하는 것이기 때문이다. 일제는 이를 위해 학교에서 조선어 시간을 차츰 줄이다가 1941년에 아예 없앴다.

1941년 일제는 황민화 교육의 수단으로 '황국신민학교'라는 뜻의 국민학교제를 실시했다. "우리들은 일본의 어린이입니다. 하나님의 혈통을 받으신 천황폐하를 받들고 한없이 번영해 가는 일본에 태어난 것입니다"라는 내용이 담긴 수신(도덕) 교과서를 통해 어린 학생을 황민으로 길들였다.

신사참배 하는 학생들

노동자에게도 황국신민화 정책을 적용했다. 일제는 "근로를 통해 국가에 봉사할 수 있는 황국 노동자를 양성한다"라는 구실로 '연성소鍊成所'를 만들었다. 주로 공장과 광산에 만든 '연성소'는 군대식 노동규율을 되풀이해 노동을 통제할 뿐 아니라, "황국신민의 정신을 뼛속 깊이 스며들게 하는" 과정이었다. 연성소 노동자는

황국신민서사 '대일본은 신의 나라입니다. 천황 폐하는 현인신現人神입니다. 저희들은 일본신민입니다. 저희들은 천업익찬天業翼贊을 위해 태어났습니다. 저희들은 천업익찬을 위해 행동합니다. 저희들은 천업익찬을 위해 죽습니다.'

조선사상범보호관찰령 치안 유지법 위반자를 대상으로 '전향'하지 않은 사람을 감시하는 한편, 석방된 뒤에도 2년 동안 '보호관찰'했으며, 필요한 경우에는 그 기간을 연장할 수 있는 제도. 일제는 경성·함흥·청진·평양·신의주·대구·광주에 보호관찰소를 마련하고 사상범을 보호관찰 대상으로 삼아 '국체의 본의本義'를 익힐 것을 강요했다.

아침 6시에 일어나 반별로 궁성을 향해 인사하고(궁성요배宮城遙拜), '황국신민서사'*를 제창한 뒤 하루를 시작했다. 일본어 강습을 하루 3시간씩 하는 공장도 있었으며, 작업이 끝난 뒤에도 강연회, 영화 등을 통해 황민화 교육이 이어졌다. 이처럼 조선 노동자들은 연성소에서 군대식 편성과 규율에 따라 전시체제에 절대 복종하는 '노동하는 군인'으로 만들어졌다.

중일전쟁을 일으킨 일제는 1938년 5월부터 '국가총동원법'을 일본, 대만, 사할린뿐만 아니라 조선에도 적용해 조선 민중의 일상생활을 통제하고, '국민정신총동원운동'을 실시했다. 이어 7월에는 국민정신총동원조선연맹을 만들었다. 이 연맹 산하조직인 지방 연맹 밑에 10가구를 한 단위로 묶은 애국반을 조직하여 조선인의 일상생활까지도 감시·통제했다. 1942년 당시 448만여 명이나 된 애국반은 때마다 '반상회'를 열어 일장기 걸기, 신사참배, 천황 궁성에 절하기, 일본어 쓰기, 방공방첩, 애국 저축 등을 강요했다. 일제는 1940년 국민정신총동원운동을 국민총력운동으로 바꾸고 1942년부터 전체주의·국가주의 아래 천황제 이데올로기를 퍼뜨렸다.

일제는 천황제 이데올로기에 뿌리를 둔 내선일체에 저항하거나 방해가 되는 어떤 사상도 허용하지 않았다. 이미 1936년 12월 '조선사상범보호관찰령'*을 공포한 데 이어 1938년에는 사상 전향자를 모아 시국대응전선사상보국연맹으로 끌어들여 사상 탄압을 강화하고 친일 세력을 넓혔다. 1941년에는 '조선사상범예방구금령'을 만들어 전향하지 않은 사상범뿐만 아니라 의심이 가는 사람을 마음대로 서대문형무소에 있는 예방구금소에 강제수용하기까지 했다.

인력과 물자 수탈

일제는 '국가총동원법'을 구실로 조선의 인적·물적 자원을 마음대로 동원했다. 중국 만주 지역의 모자라는 전쟁 인력을 채우려 한 일제는 1938년 지원병 형태로 조선 청년을 전쟁에 끌어들였다. 1943년에는 '학도지원병' 제도를 강행했다. 1944년에는 마침내 징병제를 실시하여 일제가 항복할 때까지 20만여 명의 청년을 전쟁터의 총알받이로 내몰았다.

조선 청년의 강제 징병

또 일제는 모집·징용·보국대·근로 동원·정신대 따위의 간판을 내걸고 노동력을 강제로 수탈했다. 1939년에 실시한 '국민징용령'은 이를 법으로 뒷받침했다. 처음에는 모집하는 형식을 갖추었지만 전쟁 말기에는 강제로 끌고 가 모자라는 노동력을 메웠다. 조선인은 가족에게 연락조차 못하고 어디로 가는지도 모른 채 끌려가는 일도 많았다. 1939년부터 1945년 전쟁이 끝날 때까지 강제 동원된 조선인은 100만 명이 훨씬 넘었다. 이들은 탄광, 광산, 토건공사장, 군수공장과 같은 곳에서 전쟁터 못지않은 조건에서 노예노동을 해야만 했다. 국민학생까지도 '근로 동원'으로 군사시설 공사장에 끌려갔다.

전쟁 막바지인 1944년 8월에는 '여자정신대근무령'을 만들어 몇 십만 명의 조선 여성을 강제로 동원했다. 일본과 조선의 군수공장으로 보낸 일도 있었지만, 수많은 여성을 전쟁터 군 위안소의 '위안부'로 삼았다. 군 위안소는 1932년부터 1945년까지 생겨났으며, 1937년부터 그 수가 크게 늘어났다. 일제는 수많은 조선 여성을 강제로 끌고 가거나, 일본에 가면 좋은 일자리를 얻을 수 있다고 속이는 등 여러 방법을 써서 일본군의 성노예로 삼았다. 한편 조선에 남은 조선 여성은 농촌과 공장에서 징용과 징병으로 끌려간 남성을 대신해서 더 많은 짐을 져야만 했다.

일제는 조선인에 대한 인력 수탈과 함께 물적 수탈에 발 벗고 나섰다. 일제는 중일전쟁과 태평양전쟁을 일으킨 뒤 물자동원 계획을 세워 많은 지하자원을 약탈했으며, 조선 민중에게 위문 금품을 모집하고 국방헌금을 강요했다. 무기를 만들려고 고철, 동銅 제품이면 모조리 빼앗았다. 학교 철문과 쇠난간을 뜯고 농기구와 가마솥까지 훑어가 비행기로 둔갑시켰으며, 놋그릇, 수저, 제기祭器, 교회종, 심지어 불상佛像까지 빼앗아 총알을 만들었다.

일제는 전쟁에 필요한 식량을 확보하려고 쌀 증산 계획을 세웠다. 이를 위해 농업 공동 작업반을 만들어 여성과 어린 학생까지 강제 동원해 징용과 징병으로 부족한 남성 노동력을 메웠다. 또 조선총독부는 공출제도를 실시했다. 농가마다 공출량을 할당하고 행정력과 경찰력을 동원하여 농민들을 서로 감시하게 만들면서, 농산물의 전체 생산량 가운데 40~60%를 강제로 빼앗아 갔다.

깊이 보는 일본군 '위안부'

일제는 전쟁을 효율적으로 치른다는 명분으로 여성을 동원해 성노예로 활용하는 일본군 '위안부' 제도를 마련했다. 일제는 점령지 여성 성폭력과 병사의 성병 감염을 군기 해이의 문제로 인식했다. 중일전쟁 직후인 1937년 9월 29일에 '야전주보규정野戰酒保規程'을 개정하여 전쟁 지역에 있었던 주보, 곧 물품 판매소에 '위안 시설'을 둘 수 있도록 했다. 위안소를 군의 후방 시설로 설치하고 '위안부'를 전쟁 수행에 필요한 물자의 하나로 취급했다. 1932년부터 1945년까지 일본군이 전쟁을 치르러 가는 곳 어디에나 위안소가 있었다.

일본군은 일본 본토, 식민지 조선과 타이완, 그 밖의 여러 점령지의 여성을 동원했다. 그 가운데 식민지 조선의 여성이 조직적이고 체계적인 '위안부' 동원의 대상이 되었다. 일본군은 모집 업자를 선정하고 지역 경찰과 헌병의 협조를 지시했다. 여기에는 마을 이장과 구장, 면사무소 등도 개입했다. 그들은 취업 사기, 유괴 유인, 폭력 협박, 납치, 인신매매 등의 방법으로 조선 여성을 강제 동원했다. 1942년 7월 10일 부산항을 출발한 '제4차 위안단'만 하더라도 조선 여성 703명을 '공장 취직', '간호부 근무'라는 취업 사기로 동원했다는 기록이 있다.

일본군은 위안소를 직접 경영하거나, 민간인 업자에게 경영을 맡기거나, 민간의 성매매 시설을 일시적으로 지정하여 운영했다. 이를 위해 이용 규칙을 만들어 군인들의 위안소 이용 시간, 요금, 절차 등을 정하고, 성병 검진과 외출 제한 등 '위안부'의 일상생활을 감독했다. 위안부는 임신을 하면 강제 유산하거나 '말을 고분고분 듣지 않는다'는 이유로 매질을 당했다. 더구나 '위안부'가 위안소 안에서 먹고 자고 입는 것은 빚으로 남았다.

1945년 일본이 전쟁에서 지자 일본군은 '위안부'를 현지에 내버려 두고 자신들만 귀국했다. 살아남은 조선인 '위안부' 피해 여성은 그곳에 남거나 동포의 도움을 받아 귀국했다. 아니면 홀로 돌아올 방도를 모색하면서 생존해 나가야 했다.

50여 년의 세월이 흐른 1990년대 이후에야 피해자들은 일본군 '위안부'의 실상을 밝힐 수 있었다. 일본이 패전하고 적어도 약 300만 명의 옛 일본군 병사와 5만~20만 명의 일본군 '위안부' 피해자가 전쟁 때 위안소에서 벌어진 일을 기억하고 있었지만, 그것을 제대로 이야기한 사람은 거의 없었다. 일본군의 회고록이나 전쟁 체험기 속에서 '병사의 애인'이나 '가난하고 불쌍한 여자들' 정도로 등장했을 뿐, '위안부'를 전쟁 범죄의 피해자로 인식하는 시각은 없었다. '위안부' 피해 여성은 '수치스러운 몸'이라는 낙인 속에서 죄인 아닌 죄인이 되어 숨죽이며 살아갔다.

1980년대 후반 한국 사회에서 민주주의가 진척되고 여성운동이 활발해지면서 일본군 '위안부' 문제는 수면 위로 떠올랐다. 여성학자들과 시민단체가 진상 규명이 필요하다고 했지만, 일본 정부는 일본군 '위안부'를 부정하고 한국 정부도 소극적으로 대응했다. 1991년 8월 14일 한국인 피해자 김학순이 세계 최초로 공개 증언을 했다. "우리가 겪은 일을 역사에 기록해야 다시는 이런 일이 반복되지 않는다"라고 증언한 까닭을 밝혔다. 이어서 문옥주, 김복순도 일본군 '위안부' 피해자라고 증언했다.

이를 계기로 호주에 살던 네덜란드계 호주인 얀 루프 오헤른도 공개 증언을 결심했다. 오헤른은 인도네시아에서 살던 1944년, 19세 때 점령군 일본군에게 끌려가 스마랑 위안소에서 약 2개월간 성노예 생활을 강요당했다. 결혼하고 행복한 가정을 이뤘지만, 50여 년 동안 시시때때로 "압도적인 공포가 밀려들어 몸을 태워버릴 듯한 느낌에 사로잡혔다"라고 말했다. 김학순과 오헤른의 증언을 듣고 잠을 이룰 수 없었던 타이완의 피해자, 말레이시아의 피해자도 본인이 겪은 일을 증언했다.

평화와 인권을 만들어 가는 일본군 '위안부' 역사 쓰기는 이렇게 시작되었다. 진실을 밝히려는 '위안부' 피해자의 증언과 노력, 이들이 겪은 고통에 깊이 공감한 여성과 시민의 지원 그리고 가해자의 진정한 사죄와 미래 세대에 대한 올바른 역사교육만이 똑같은 비극을 되풀이하지 않는 길이다. 이러한 피해자와 시민의 역사적 책임감은 30년 남짓 일본군 '위안부' 역사 쓰기를 이어가는 동력이 되었다.

친일파 활동

일제가 중일전쟁 뒤 전시체제로 들어서면서 황민화 정책을 강화하자, 민족개량주의자들은 '철저한 일본인화'를 내세우며 본모습을 드러냈다. 민족개량주의자들은 이곳저곳에서 강연하면서 "일제가 침략 전쟁을 일으킨 것은 정당하기 때문에 조선인들은 징병·징용에 기쁘게 참여해야 한다"라고 선전했다.

1930년대 초반까지 민족개량주의자들은 민족적 가치를 완전히 부정하지는 않았다. 그러나 전시체제에 들어서자 일제의 대륙 침략 정책을 '조선 민족의 살 길'로 여기고 "조선은 도저히 독립할 수 없으며 조선인은 일본을 맹주로 하는 '대동아공영권'에 참가하여 '이등국민'으로서 지위를 높이는 데 힘써야 한다"라고 외쳐댔다. 또 일본군이 반드시 이겨야 한다거나 일제가 민족말살정책을 펴는 일이 우리 민족을 위한 일이라고 맞장구치면서, 자신들이 '일본인'이라는 것을 보여 주려 했다.

1938년 일제가 '조선지원병령'을 공포하고 조선 청년을 일제의 총알받이로 몰아내려 할 때, 친일파들은 "조선민족도 천황의 적자赤子 노릇을 할" 기회를 얻었다고 환영했다. 대표적인 친일 지식인인 이광수는 "힘! 오늘의 영광은 힘에 있다. … 평화의 흰 옷은 다 무엇이냐, 병대의 붉은 복장을 입고 몸과 맘을 다 무장하여라" 하면서 전쟁을 찬양했다. 최남선은 1943년 11월 25일 자《매일신보》에서 "미·영 격멸의 용사로서 황군이 된 참 정신을" 떨치라고 조선 청년들에게 외쳤다.

징병·징용을 찬양하는 친일파 연설은《동아일보》와《조선일보》등 언론을 통해 선전되었다.《조선일보》는 "황국신민 된 자로 그 누가 감사치 아니하랴"라고 했다(1938.6.15). 이에 뒤질세라《동아일보》도 "장래 국가의 군인으로서 최초의 선발을 당한 합격자도 마땅히 그 임무가 중차대함을 자각하고 그 본무를 다하도록 노력"하자고 선전했다(1938.6.15). 이들 언론은 중일전쟁이 터지자마자 일본 군대를 '아군', '황군'이라 부르면서 국방헌금을 내라고 부추겼다. 경성방직 김연수나 화신백화점 박흥식 등 자본가들은 적잖은 국방헌금을 냈고 비행기도 헌납했다.

불교·천도교·기독교·유교 등 종교계도 일본군을 위문하는 시국 행사에 참여해 조선인에게 대륙 침략 전쟁에 적극 참여할 것을 선전하는 데 앞장섰다. 불교계는 1937년 "조선 불교를 대동단결시켜 국민정신 진흥 운동에 앞장세우자"라는 취지로 모임을 갖고 일본군을 위문하는 등 시국 행사에 참여했다. 천도교도 청년단이 앞장서 시국 행사에 참여했으며, 유교계도 조선유림연합회를 결성한 뒤 '유도 황민화 체제'를 갖추어 친일 활동을 벌였다. 기독교계 가운데 안식교·감리교·천주교는 일찍부터 신사참배에 참여했고, 몇몇 기독교인만이 일제에 저항했을 뿐이었다. 연희전문학교 교장 언더우드는 기독교계가 '신사참배를 결의한 일은 잘된 일'이라고 친일을 부추겼다. 종현(명동) 천주교 청년회가 황군위문금을 모금한 것을 비롯해 천주교 교단이 전시 동원 체제에 적극 참여하기도 했다.

교육계에서도 친일한 사람이 적지 않았다. 학생들의 의식에 직접적인 영향을 미치던 이들의 친일 행동은 사회적 파장이 컸다. 이화여전 교장은 1938년 이화여전과 이화보육학생 400여 명을 동원해 애국여자단을 조직하고 스스로 단장이 되었다. 또 강연회를 마치고 '장내 정리비'로 돈을 거둬 국방헌금을 냈으며 여러 곳에 글을 실어 친일 활동을 했다. 김활란은 '징병제와 여성의 각오'라는 글로 징병·징용이 정당하다고 강조했다.

> 이제야 기다리고 기다리던 징병제라는 커다란 감격이 왔다. … 지금까지 우리
> 는 나라를 위해서 귀한 아들을 즐겁게 전장戰場으로 내보내는 내지의 어머니들
> 을 물끄러미 바라만 보고 있었다. 막연하게 부러워도 했다. … 우리는 아름다운
> 웃음으로 내 아들이나 남편을 전장으로 보낼 각오를 가져야 한다. … 이제 우리
> 에게도 국민으로서의 최대 책임을 다할 기회가 왔고, 그 책임을 다함으로써 진
> 정한 황국신민으로서의 영광을 누리게 된 것이다. _ 김활란, 〈징병제와 반도여성
> 의 각오〉,《신시대》, 1942.12

덕성여자실업학교장인 송금선은 "이제 어디를 가든지 정말로 황국신민
이 완전히 되었다는 자랑과 의무를 느낀다"라고 하면서 "여학교의 생도들
도 어디까지나 군국의 어머니로서 교육되어야 한다"라고 했다(《매일신보》,
1942.5.10). 성신가정여학교장 이숙종은 조선에도 징병령이 실시되어 "그 감
격을 이루 헤아릴 수 없다", "앞으로 더욱 정신과 육체가 황국신민이 되도록
교육해야 한다"라고 했다(《매일신보》, 1942.5.12).

친일파는 일본 정부에 직접 참여하거나 친일 단체에 들어갔으며, 그렇지
않으면 개인으로 친일 활동을 했다. 이들은 국민정신총동원연맹·조선방공
협회·녹기연맹·조선문인보국회·대의단·임전보국단과 같은 친일 단체를
통해 황국신민화와 방공 운동을 펼쳤으며, 일제 침략 정책을 적극 지원했다.
문학가들도 빼어난 문필로 친일 활동을 했다. 이광수는 학생들에게 공부는
나중에 하고 곧바로 전쟁에 참가해야 한다는 친일 시를 썼다. 주요한은 일제
가 1943년 조선인 해군지원병제를 마련하자, 조선 사람은 "너도 나도 바다
로 나가" 힘차게 전쟁을 치러야 한다는 등의 시를 썼다. 서정주는 친일 문학
잡지를 편집하면서 많은 친일 작품을 쏟아냈다. 모윤숙·노천명 등 이름을

날린 여류 문인도 이들에 뒤지지 않는 친일 활동을 했다.

일제의 징병·징용 정책을 선전·미화했던 친일파는 '어쩔 수 없는 시대적 상황'이었다고 말한다. 같은 친일파라 하더라도 일본 사람도 놀랄 만큼 적극 친일한 사람과 일제의 위협에 견디지 못하고 마지못해 친일한 사람을 가려 내야 한다고도 말한다. 그러나 이들은 징병·징용 등 선전 활동을 하면서 자신의 안위를 지켜낼 수 있었지만, 함부로 쓴 글과 마구 놀린 세 치 혀는 수많은 조선 사람을 죽음으로 내몰았다. 또 적잖은 친일파가 사법, 군대, 경찰 등의 억압 기구와 정치뿐만 아니라 경제·사회·문화·교육 등 모든 분야에 걸쳐 그물망처럼 뻗어 있었던 것도 숨길 수 없는 사실이다.

중일전쟁 뒤 국내 민족해방운동

이어지는 조직 운동

1930년대 후반 민족해방운동 세력은 움츠러든 모습을 보였다. 1930년대 전반기 일어났던 혁명적 노동조합·농민조합 운동은 후반에도 일부 지역에서 끈질기게 이어졌지만, 일제의 탄압으로 많은 조직이 모습을 감출 수밖에 없었다. 신간회 해소 뒤 이렇다 할 조직 활동을 하지 못하던 안재홍·정인보 등 비타협적 민족주의자들은 민족개량주의에 맞서 '조선학 운동'을 벌였지만, 노동자·농민에게 공감을 얻지 못하고 '조선어학회 사건'을 끝으로 개별화되거나 은신했다. 이런 가운데 사회주의자의 투쟁이 이어졌다.

독일·이탈리아·일본에서 파시즘이 위세를 떨치고 전쟁의 소용돌이가 휘몰아치자, 1935년 7월 코민테른 제7차 대회에서는 이전의 '계급 대 계급' 노선을 바꿔 '반파시즘 인민전선'을 내세웠다. '반파시즘 인민전선'은 파시즘에 반대하는 '평화를 위한' 투쟁에 힘을 합쳐야 한다는 것이었다. 코민테른의 이러한 방침은 일제가 병참기지로 만들려 한 조선에도 영향을 미쳤으며, 국내에서도 반제민족통일전선 움직임이 일부 나타나기도 했다.

1937~1938년 함경남도 원산을 중심으로 혁명적 노동조합 운동을 벌이던 이주하·김태범 등이 이끈 '원산그룹'은 여러 운동을 통일하면서 전국을 포괄하려고 노력했다. 그들은 "공산주의자는 조선의 반일적 모든 요소를 규합해 광범한 조선 민족에 의한 민족해방 전선 결성을 긴급한 임무로 한다"라고 주장하기도 했다. 그러나 1938년 10월 관련자들이 검거될 때까지 전국을 아우르는 조직을 만들지는 못했다.

'이재유 그룹'에서 활동하던 이관술·김삼룡·이현상 등이 박헌영을 지도자로 받아들여 '경성콤그룹'을 결성했다. 이들은 1938년 12월부터 1941년 12월까지 경상남북도와 함경도 지방에서 활발하게 활동하면서 하부 단위에 노동자와 농민을 적잖게 참여시켰다. '경성콤그룹'은 인민전선부를 비롯한 노동조합부·가두부·학생부·출판부 등의 부서를 갖추고 전국 주요 산업 중심지에 조직 책임자를 두었다. 그들은 서울을 중심으로 산업별 조직 원칙에 따라 노동자를 조직하고 학교별로 '독서반'과 위원회를 결성하는 등 많은 성과를 거두었다. 또 일제의 탄압과 회유 공작에도 굽히지 않고 오랫동안 투쟁했다. 이런 까닭에 경성콤그룹은 해방 직후 조선공산당을 앞장서 건설할 수 있었다.

그 밖에 서중석을 책임자로 하여 이정윤·김태준 등이 참여한 공산주의자협의회(1944)를 비롯한 크고 작은 공산주의자 그룹이 있었다. 공산주의자협의회는 건국동맹과 함께 군사위원회를 조직해 전국 범위의 노농군을 편성하려고 전국을 8개 지구로 나누어 책임자를 파견하는 등의 활동을 했다.

일제가 항복하기 1년 전인 1944년 8월에는 여운형이 중심이 되어 건국동맹을 만들었다. 건국동맹은 10개 도에 책임자를 두어 지방조직을 갖추면서 반일 세력을 모으려고 노력했다. 또 대중을 조직하는 데도 힘을 기울여 10

월 경기도 용문산에서 농민 동맹을 결성해 식량 공출, 군수물자 수송, 징용·징병을 방해하는 활동을 했다. 민족 해방이 가까이 다가왔다고 확신한 건국동맹은 나라 안팎의 민족해방운동 세력과 힘을 합치려 했다. 또한 철도 파괴와 국내 무장봉기를 준비하려고 공산주의자협의회와 함께 군사위원회를 만들어 연안의 독립동맹과도 연계하려고 했다. 이들의 활동은 해방 뒤 건국준비위원회를 세우는 밑거름이 되었다.

민중 투쟁

전쟁의 소용돌이 속에서도 노동자·농민을 비롯한 청년학생은 끈질기게 대중 투쟁을 벌였다. 노동자의 파업 투쟁도 이어졌다. 이때 노동자들은 주로 군수산업 부문을 중심으로 파업 투쟁을 벌이면서 침략 전쟁에 날뛰는 일제를 괴롭혔다. 전쟁을 치르는 동안에도 연평균 107건에 6000명 남짓한 노동자가 파업에 참여했다. 1943년 한 해 동안에만 성진공장 운반 노동자 파업, 나진 항만 노동자 파업, 만포 수력발전소 노동자 파업 등이 있었으며, 흥남의 조선질소화학공장에 폭파 사건이 일어나기도 했다. 노동자들은 직접 파업을 벌이기도 했지만 전시 산업의 생산을 흐트러뜨리는 태업, 결근, 공사방해 등을 자주 일으켜 일제에 맞섰다. 또 일제가 징병과 징용으로 노동력을 강제 동원·수탈하는 정책을 펴자, 수많은 노동자가 집단으로, 또는 개인으로 도망가는 등 비록 소극적이기는 했지만 일제의 정책을 방해하는 일을 멈추지 않았다.

농민은 일본인 농장을 중심으로 소작쟁의를 일으키고 강제 공출, 노동력 강제 동원, 군수 작물 재배 강요, 강제 징발 등의 전시 수탈 정책에 반대하는 투쟁을 벌였다. 공출에 반발하여 곡물을 숨기거나 모아둔 농산물에 불을 지르기도 했다. 이렇게 공출을 둘러싸고 마을마다 농민과 면서기, 경찰 사이의 충돌이 잦았다. 일제가 "실로 우려할 만한 일이 벌어지고 있다"라고 말할 만

조선 사상범 검거 상황

연도	1935	1936	1937	1938	1939	1940	1941	1942	1943	1944
건수	172	167	134	145	95	103	232	183	322	132
참가 인원	1,740	2,762	1,637	1,344	1,042	1,193	861	1,142	1,002	337

출처 : 1935~1938년 : 조선총독부 경무국 편,《최근 조선치안 상황》, 1938, 16~17쪽
1939~1944년 : 박경식,《일본제국주의의 조선지배》, 청아, 1986, 52쪽 재인용

큼, 농민들의 생존권 투쟁은 반일·반전의 성격을 띠었다.

이 밖에도 비록 소극적인 형태이기는 하지만 일제의 전시체제 정책에 반발하는 크고 작은 저항이 곳곳에서 일어났다. 징용·징병 대상자들은 집을 떠나거나 호적과 나이를 고쳐 징발되지 않으려 했다. 마지못해 전선으로 끌려간 조선 청년 가운데 일부는 전쟁터를 도망쳐 항일 무장 세력에 가담하기도 했으며, 부대 안에서 폭동을 일으키는 등 자신의 조건에 따라 갖가지 모습으로 저항했다. 일본에 강제로 끌려간 조선 노동자들도 파업 투쟁, 태업, 시위 등을 벌이거나 도망쳤다.

이에 일제는 "내선일체론에 따라 온정을 베푼다면 쟁의가 다시 일어날 것"이라며 더욱 크게 탄압했다. 조선인은 학교, 시장, 관공서, 교회 등 사람들이 모이는 곳이면 어디서든 일제의 선전이 거짓임과 일제가 전쟁에서 패망할 것이라고 말했다. 일제는 이들에게 '유언비어', '불온언사', '반시국적 악질 언동'과 같은 온갖 죄목을 씌워 처벌하기에 바빴다. 조선인의 크고 작은 저항은 사상범 검거 상황에서도 잘 나타난다. 8·15 때 감옥을 가득 채웠던 그 많은 정치범은 민족해방운동이 얼마나 끈질겼으며 일제가 얼마나 이들을 탄압했는지 잘 보여 준다.

해외
항일 무장투쟁

재만조선인의 유격대 건립과 민족해방운동

재만조선인의 처지와 만주사변

일제의 식민 지배가 깊어질수록 조선과 국경을 마주한 만주 지방으로 항일 근거지를 찾는 독립운동 세력과 일제의 수탈을 피해 건너온 조선 사람이 해마다 늘어났다. 1930년에 이미 60만 명을 넘어선 재만조선인은 1938년에는 100만 명, 1942년에는 150만 명으로 늘어났고, 1945년 무렵에는 200만 명에 이르렀다. 특히 간도의 4개 현縣인 옌지延吉·허룽化龍·왕칭汪淸·훈춘에는 조선인이 전체 주민 가운데 76.4%나 되었다.

재만조선인은 지연·혈연을 바탕으로 소규모 촌락을 형성했다. 이러한 형태는 조선인만의 공동체 문화를 유지하고 결집력을 높이는 데 유리했다. 그러나 거대한 만주에서 조선인이 모여 산다고 해도 분산성을 피할 수 없었다.

재만조선인의 사회경제적 처지는 항일 투쟁을 활발히 펼칠 수 있는 조건을 만들었다. 재만조선인은 토지를 가질 권리가 없었다. '만몽조약'*의 체결로 일제와 중국의 대립은 조선인을 국적 없는 민족으로 만들었다. 재만조선인은 무국적 또는 이중국적으로 살아야 했고, 경제적으로도 곤궁한 소작농·자소작농이 많았다.

일제 관동군은 만주 침략을 위한 구실을 만들려고 1931년 7월 만보산사건을 조작했다. 일제는 중국인을 매수하여 만보산농장을 설치하고 조선인 농민을 소작농으로 고용했다. 조

만몽조약 1915년 중국과 일제가 체결한 21개조 조약. 일제는 남만주와 동부 내몽고의 '일본 신민'에 대한 영사재판권과 남만주에서의 토지상조권土地相助權을 갖게 되었으며, 조선인이 중국에 귀화하는 것을 인정하지 않으려 했다. 그러나 중국은 조선인을 제제하는 여러 법률을 만들면서도 보호정책을 펴지 않았다.

선인 농민은 이퉁허伊通河를 차단하여 수로를 개척했다. 그런데 여름이 되자 중국인 지주와 주민이 수로 때문에 이퉁허 범람할 것을 우려하여 수로를 파묻어 양측 사이에 충돌이 일어났다. 이 일은 다행히 피해자 없이 중국인이 물러나 해결되었다. 그런데 일본 관동군은 이 사건에 대한 허위 과장 정보를 조선 국내 신문에 제공했다.《조선일보》,《동아일보》등은 사실을 확인하지 않은 채 7월 2일과 3일 두 차례에 걸쳐 "중국 관민 팔백여 명과 이백동포 충돌 부상, 주재 경관대 급보로 창춘長春 주둔군 출동 준비"라며 대대적으로 보도했다. 이 보도를 보고 분노한 국내 곳곳에서는 중국인을 공격하는 사건이 빠르게 번졌다. 이 일로 중국인은 조선인을 일제의 앞잡이라며 서로 배척하고 대립했다. 일제는 대륙 침략에 앞서 조선인과 중국인을 이간질하려고 만보산사건을 조작했던 것이다.

만보산사건이 있은 지 2개월 뒤인 1931년 9월 일제는 만주사변을 일으켜 만주를 점령하고 이듬해 3월 만주국을 세웠다. 이제 만주는 동아시아 민중과 일제가 맞부딪치는 최전선으로 항일 무장투쟁의 근거지가 되었다.

만주의 이런 정세 변화에 따라 북만주에서는 한국독립당의 한국독립군

이, 남만주에서는 조선혁명당의 조선혁명군이 중국군과 한중연합부대를 형성하여 항일 무장투쟁에 나섰다. 이청천을 총사령으로 하는 한국독립군은 1932년 8월 이후 반만항일의 기치를 내건 중국군 부대와 연합해 본격적인 투쟁에 나섰다. 그 결과 9월에는 헤이룽장성黑龍江省 쌍성보雙城堡 전투 등 크고 작은 전투에서 승리했다. 이듬해 6월에는 대전자령전투에서 일본군을 섬멸하는 대승리를 거두었으나, 이 전투에서 얻은 전리품을 분배하는 과정에서 중국군과 마찰이 생겨 항일 연합이 무너지고 말았다. 그 뒤 독자적으로 활동하던 한국독립군은 1933년 말 김구의 요청을 받아 총사령 이청천 등 간부 40여 명이 중국 관내로 이동하면서 사실상 해체되었다.

남만주의 조선혁명군은 1931년 12월 간부회의 도중 일본군의 습격을 받아 간부 10여 명이 체포되는 등 한때 위기를 맞았다. 이 사건 뒤에 조선혁명군도 중국의 항일 의용군과 연합해 항일 무장투쟁에 적극 나섰다. 1933년 5월 일본군과 만주군 1500명이 랴오닝성遼寧省 신빈현 영릉가永陵街를 공략해 오자, 한중연합군은 이를 역습하여 이틀간의 격전 끝에 격퇴시키는 등 활발한 투쟁을 벌였다. 그러나 1934년 8월 12일 총사령 양세봉이 일본군의 밀정에게 속아 타이라쯔거우太拉子溝에서 일본군에게 사살되고 말았다. 이후 조선혁명군은 일본군의 토벌을 받아 1936년 막을 내리고 일부 잔여 부대가 1938년까지 무장투쟁을 이어갔다.

만주 유격대 창건과 동북인민혁명군

'조선공산당 만주총국'은 1928년 국내 조선공산당이 무너지고 '일국일당주의'를 주요 내용으로 하는 코민테른의 '12월 테제'가 전달되면서 해체되었다. 한 나라에 두 공산당을 둘 수 없게 되자, 만주 지역 사회주의자들은 중국공산당 만주성위원회의 지도 아래 항일 무장투쟁을 벌여 나갔다. 중국공산당의 지휘를 받게 된 조선인 사회주의자들은 중국 혁명과 조선 혁명을 함께 수행해야 하는 '이중의 임무'를 맡게 되었다.

1930년대 들어 만주에도 공황의 물결이 밀어닥치고 중국 군벌과 일제의 수탈이 심해지자 간도 지방을 중심으로 혁명 분위기가 높아졌다. 1931년 가을 조선 농민은 소작료 인하 등을 내걸고 추수 투쟁을 일으켰으며, 이듬해 봄에는 쌀을 구하려는 '춘황 투쟁'을 벌였다. 일제의 탄압 속에서 농민의 생존권 투쟁은 무장투쟁으로까지 발전하기도 했다. 중국공산당은 1931년 10월 '만주병사공작에 관한 지시'에서 대중투쟁을 바탕으로 유격대를 만들고 유격구를 개척하라는 항일 무장투쟁 방침을 내렸다. 이에 따라 만주 지역에는 유격구가 만들어지고 유격대가 조직되었다. 1932년 봄 안투安圖·왕칭·훈춘·허룽에서 조선 사람을 중심으로 항일유격대가 만들어졌다.

만주사변 뒤 일본에 맞서 조선과 중국 사람이 함께 투쟁해야 한다는 의식이 더욱 높아졌다. 1933년 중국공산당 만주성위원회의 '1월 서한'*에 따라 사회주의 계열 항일유격대가 동북인민혁명군을 조직했다. 동북인민혁명군은 만주 지역에 퍼져 있던 무장 부대를 통일한 부대다. 남만주 지역은 동북인

1월 서한 일제와 친일주구의 재산을 몰수하고 소수민족의 기본적인 권리와 이익을 보장하며 유격대를 인민혁명군으로 개편하고 소비에트 정권을 인민혁명정부로 바꾸라는 내용이 담겨 있다.

민혁명군 1군, 동만주 지역의 유격대는 동북인민혁명군 2군으로 개편되었다. 이들 무장 세력은 조선인을 주력으로 한 핵심 부대였다. 북만주 지역은 동북인민혁명군 3군·4군·6군으로 개편되었다. 만주사변 뒤 중국공산당이 지도하는 항일 무장투쟁은 조선인이 큰 몫을 차지했으며 조선인을 바탕으로 세력을 넓힐 수 있었다.

그러나 항쟁이 결코 순조로운 것은 아니었다. 중국공산당이 유격대를 인민혁명군으로 개편해 소수민족의 이익을 보장하는 방향으로 바뀌게 된 것은 '반민생단 투쟁' 영향이 컸다. 민생단은 1932년 일본영사관이 지시해서

만주 지역 조선인 자치를 내걸고 만들어진 '친일 스파이' 조직이었다. 민생단은 얼마 못가 해체되었지만 친일 단체인 간도협조회는 중국공산당 안에 있는 조선인의 대부분이 민생단원이라는 소문을 퍼뜨려 내부 분열 공작을 펼쳤다. 일부 중국인 당원은 조선인 유격대원 가운데 80~90%가 민생단원이라고 의심할 만큼 내부 분열이 생겼다. 중국공산당은 민생단 문제를 처리하면서 '파벌주의자', '개량주의자'뿐만 아니라 민족주의자까지도 민생단이라고 몰아붙였다. 반민생단 투쟁은 중국인 당원이 조선인 당원을 배척하게 하여 중국공산당 안에서 민족 사이의 대립으로 나타났으며, 동만주 지역 항일 무장투쟁에 큰 타격을 주었다. 반민생단 투쟁의 소용돌이 속에서 500여 명 남짓한 조선 혁명가들이 민생단으로 몰려 목숨을 잃었으며 수많은 사람이 유격대를 떠났다.

간도 5·30폭동으로 막이 오른 만주 항일 무장투쟁에서 조선 공산주의자는 중국공산당 이름으로 일제와 싸웠다. 조선인이 모여 있던 동만주 지역을 비롯한 만주 여러 곳에서 유격 투쟁을 이끌었다. 조선인은 코민테른이 내린 '일국일당 원칙' 때문에 국내 민족해방운동에 참여하는 것이 가로막혀 있기도 했지만, 중국 혁명의 성공이 곧 식민지 조선의 해방과 연결된다는 생각으로 일제와 열심히 싸웠다.

재만조선인 조국광복회 결성과 국내 진공

동북항일연군과 재만조선인 조국광복회

민생단 사건으로 항일유격대가 엄청난 손실을 입은 1933년에서 1935년 사이, 일제는 대토벌을 벌였다. 1933년과 1934년에 1, 2차 토벌을 감행한 일제는 1934년 가을부터 1935년 초까지 3만 명의 병력을 동원해 3차 토벌을 벌

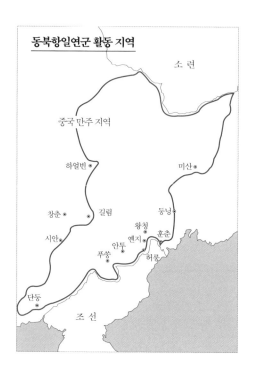

동북항일연군 활동 지역

소련

중국 만주 지역

하얼빈   미산

창춘   길림   둥닝
             왕청
시안   안투 옌지 훈춘
     푸쑹   허룽

단둥
      조 선

였다. 이러한 상황에서 1935년 7월 코민테른 7차 대회는 파시즘에 대응하여 반파시즘 인민전선과 식민지에서 민족통일전선을 이루어야 한다는 방침을 내렸다. 이에 따라 중국공산당이 1935년 12월 '만주에서의 반제 단일전선에 대하여'를 발표해 조선 혁명에 새로운 방침을 제시했다. 그것은 동북인민혁명군 2군을 중심으로 동북항일연군을 편성하고, 조선 민족 독립을 목표로 하는 항일민족통일전선당으로서 조선항일혁명당을 만든다는 것이었다. 동북항일연군은 동북인민혁명군과 여러 항일 부대를 합친 부대였다.

동북항일연군은 1군에서 11군까지 편성되었다. 동북인민혁명군 2군은 동북항일연군 제2군으로 개편되었으며 그 밑에 3개의 사師와 교도대에 2000여 명의 대원을 두었다. 중국공산당은 미혼진회의에서 대부분 조선인으로 이루어진 3사(사장 김일성)에게 백두산 지구에 근거지를 두고 국내로 진출할 것과 조국광복회를 만들 임무를 맡겼다. 백두산 지역은 이제 만주 지역 조선인이 벌이는 항일 무장투쟁에서 중심지가 되었다. 동북항일연군 2군은 1937년 7월 남만의 동북인민혁명군 1군과 통합하여 동북항일연군 1로군으로 재편되었다. 조선인이 절반을 넘었던 동북항일연군 제2군은 조선·중국의 국경지대와 백두산 지역으로 진출하여 '조국광복회'를 만들 터전을 마련했다.

1936년 5월 조직된 조국광복회는 조선 민족을 총동원해 반일민족통일전선을 실현함으로써 '조선의 독립적 인민정부를 실현할 것, 중국 땅에 사는 조선인의 진정한 자치를 실현할 것, 조선 독립을 위해 싸울 수 있는 혁명 군대를 조직할 것, 일본과 매국적 친일 분자의 모든 재산과 토지를 몰수해 독립운동의 경비와 빈곤한 인민을 구제할 것, 언론·출판·집회의 자유를 전취하고 모든 정치범을 석방할 것' 등을 주요 내용으로 하는 '10대 강령'을 내세웠다.

동북항일연군 2군이 백두산 지구로 진출하여 유격 근거지를 마련하자 조국광복회의 활동도 본격화했다. 조국광복회는 조직을 확대해 만주 창바이현長白縣일대와 국내의 함경도 북부, 평안도 북부, 그리고 흥남·함흥·원산 등지에 조직망을 갖추었다. 국내로 파견된 조국광복회 정치 공작원은 1936년 함경도 갑산에서 박달·박금철 등이 조직한 '갑산공작위원회'와 손을 잡았다. 갑산공작위원회는 조국광복회의 노선을 받아들이고 1937년 2월 '한인민족해방동맹'으로 이름을 바꿨다. 조국광복회는 만주 지역 민족주의 계열 무장 단체인 조선혁명군과 연합하려고 힘쓰면서 반일에 동의하는 모든 계급과 계층을 포괄하려고 했다.

유격대의 국내 진공 작전

항일유격대는 조국광복회 국내 조직의 지원을 받아 여러 차례 국내 진공 작전을 벌였다. 그 가운데 1937년 6월에 일어난 보천보 전투가 대표적인 사례다. 동북항일연군 2군 6사는 보천보와 무산을 공격하기로 결정했다. 김일성이 지도한 6사 80여 명은 국경지대인 함경남도 혜산 보천보로 통하는 도로와 통신선을 끊은 뒤 보천보를 점령하여 경찰 주재소와 면사무소 등 일제 통치 기구를 불태우고 돌아갔다. 유격대는 뒤쫓아오는 일제 토벌대를 창바이현 간삼봉에서 다시 물리쳤다. 국내 신문에도 널리 실린 보천보 전투는 유격

보천보 전투 소식이 실린《동아일보》호외 기사와 조국광복회 대원

대원에게 자신감을 주었을 뿐만 아니라 조선 민족의 독립 의지를 드높인 저항이었다.

보천보 전투에 놀란 일제는 조국광복회 조직을 샅샅이 찾아내어 1937년 10월부터 1938년까지 700명이 넘는 조선 활동가를 검거했다. 이 '혜산 사건'으로 조국광복회 창바이현 조직과 국내 조직은 큰 타격을 입었다. 여기에 그치지 않고 일제는 1939년 말부터 1940년에 걸쳐 '동계 대토벌'에 나섰고, 항일유격대는 큰 타격을 입었다. 이제 유격대의 역량을 지키는 것이 무엇보다 중요했다. 대부대 활동이 어려워지자 1940년 8월 '소할바령 회의'에서는 2차 세계대전에서 일제가 반드시 질 것이므로 유격대 역량을 지키고 정치·군사 간부를 기르려면 유격대 활동을 소부대 활동으로 바꿔야 한다는 결정을 내렸다. 이에 앞서 1940년 1월 하바로프스크 회의는 동북항일연군을 소련으로 옮길 것을 논의했고, 동북항일연군은 소련과 만주 국경을 넘어 소련으로 들어갔다. 이들은 1942년 7월에는 동북항일연군 '교도려'로 편제되었고, 교도려는 소련군 아래 있는 국제홍군 '제88특별여단'이 되었다.

교도려 조선인은 1945년 2월 얄타회담에서 소련이 태평양전쟁에 참가하기로 결정하고, 5월 독일이 항복하는 등 일제의 패망이 눈앞에 다가오자, 조선 해방과 새로운 국가 건설을 목표로 '조선공작단'을 결성했다. 이들은 소련이 1945년 8월 9일 대일선전포고를 발표하자 소련군과 함께 국내 진공작전에 참여했으며, 소련군이 만주와 국내로 진격할 때 함께 들어왔다.

중국 관내 민족해방운동

통일전선 운동과 조선민족혁명당

일제가 조선을 강점한 뒤부터 중국 산해관 남쪽 지역은 보수적 민족주의자·무정부주의자·공산주의자 등 여러 성격을 지닌 항일 세력이 활동해 오던 곳이었다. 일제가 만주를 점령하자, 중국 관내의 항일 투쟁 세력들은 일본에 맞서는 모든 세력을 통일해야 한다고 생각했다. 또 대일전선이 화북 지방으로 옮겨오면서 중국 관내는 무장투쟁의 중요한 거점으로 떠올랐다. 더구나 만주에서 활동하던 민족주의계 항일 세력이 1933년 무렵 남쪽으로 많이 내려와 중국의 민족주의계 항일 세력에 큰 영향을 미쳤다.

1932년 10월 한국독립당·조선의열단·조선혁명당·한국혁명당·한국광

복동지회 등 반일 혁명 세력은 협의 기관의 연합체로서 '한국대일전선통일
동맹'을 만들었다. 이 동맹의 중심 세력은 김원봉이 이끄는 조선의열단과 이
동녕·김두봉 등이 중심이었던 한국독립당이었다. 한국대일전선통일동맹
은 전선 통일을 이루어 혁명 역량을 강화하고 중국 정부와 힘을 모아 공동전
선을 만드는 것을 과제로 삼았다. 그러나 협의체 성격을 띤 통일전선으로는
구속력을 갖기 어려웠으며 분산적인 활동을 넘어서지 못했다.

이러한 한계를 극복하려는 방안으로 중국 관내 항일 세력들은 1934년부
터 통일전선 운동을 펼쳤다. 여러 운동 세력은 사상과 임시정부에 대한 태도
가 서로 달라 어려움이 있었으나, 1935년 7월 5일 이미 있던 정당과 단체를
해소하고 '조선민족혁명당'을 조직했다. 이 당은 '좌편향'과 주도권 쟁탈을
극복한 통일전선당을 만들려 했다.

조선민족혁명당은 중국 관내 지역에서 완전한 통일전선 정당을 만들려면
조선의열단·한국독립당·조선혁명당 등 기존 단체를 모두 해체해야 할 뿐
만 아니라, 임시정부도 해체해야 한다고 생각했다. 그러나 김구 등을 중심으
로 하는 이른바 임시정부 유지파들은 조선민족혁명당에 참여하는 것을 반
대했다. 또 조선민족혁명당이 결성된 뒤 조선의열단 계열이 영향력을 키워
나가자 조소앙을 중심으로 하는 한국독립당 세력 일부와 이청천을 중심으
로 하는 조선혁명당 세력 일부가 떠나면서 조선민족혁명당은 힘을 점점 잃
어 갔다.

조선민족전선연맹과 조선의용대

1937년 중일전쟁이 일어나자 민족해방운동은 활기를 띠면서 여러 운동 단
체를 통일하려는 운동이 다시 일어났다. 그 결과 12월 조선민족혁명당은 조
선민족해방운동자동맹·조선청년전위동맹·조선혁명자연맹 등 좌파 정당
과 단체가 연합하여 '조선민족전선연맹'을 만들었다.

조선민족전선연맹은 기본 강령으로 '진정한 민주주의 독립 국가 건설'을 내세우면서 창립 선언문에서 '조선 혁명은 민족혁명이며, 우리의 전선은 민족전선'이라고 하여 우익 세력과 전선을 통일할 것을 분명히 했다. 그러나 조선민족혁명당을 떠났던 한국독립당과 조선혁명당은 김구의 한국국민당과 함께 1937년 7월 우익 전선 연합체로서 '한국광복운동단체연합회'를 만들었다.

조선민족전선연맹은 국민당 정부의 원조를 받아 1938년 10월 우한武漢에 자신의 군사 조직으로 조선의용대를 만들었다. 조선의용대원은 대부분 중국 군관학교를 졸업한 군사 인재들이었다. 조선의용대는 중국군사위원회 정치부 산하 조선의용대 지도위원회의 지도를 받도록 되어 있었는데, 이 지도위원회는 중국군사위원회 정치부 인원과 조선민족전선연맹의 대표로 이루어져 있었다. 조선의용대는 국제 지원부대이면서 조선민족전선연맹 산하 민족해방군의 성격을 가지고 있었다. 김원봉을 대장으로 한 의용대는 실제 전투에 참전하기보다는 중국인·일본군을 대상으로 정치 선전을 주로 하면서 정보 수집과 포로 심문, 후방 교란 등의 활동을 맡았다.

조선의용대는 중국국민당의 지원을 받아 창설되었으나 화북의 중국공산당 팔로군 지구로 이동하면서 팔로군 산하 부대가 되었다. 중국 국민당이 점점 우경화·반공화하고 일제에 맞서기를 꺼리자 국민당 지역 안에서 조선의용대가 제대로 항일 투쟁을 벌일 수 없었다. 더욱 적극적인 항일 투쟁을 바랐던 조선의용대는 이에 불만을 품고, 1938년 말부터 20여만 명의 조선인이 이주해 있어 유격전을 펼치는 데 유리한 화북 지역으로 옮겨 가기 시작했다.

그러나 화북 지역으로 이동하려면 중국공산당의 협조가 중요했다. 중국공산당은 화북 지역에 조선인이 늘어난다는 것뿐만 아니라 일제 패망 뒤 한반도 문제에 대비한다는 의도를 가지고 조선의용대가 화북 지역으로 이동하는 것을 승인했다. 1941년 조선의용대 주력 80여 명은 황허黃河를 건너 팔로군 지역으로 들어갔다. 이에 앞서 관내에서 활동하던 최창익, 허정숙 등 많은 사회주의자들은 중국공산당의 해방구인 옌안延安으로 옮겨 갔다. 이들은 1941년 중국공산당 안에서 투쟁해 오던 조선인 김무정金武亭과 함께 '화북조선청년연합회'를 만들었다.

화북조선독립동맹과 조선의용군

국민당 통치 지역에서 화북의 공산당 팔로군 지구로 들어온 조선의용대 대원들은 현지 조선인과 힘을 합쳐 1941년 7월 조선의용대 화북지대를 만들었다. 이 부대는 팔로군과 결합하여 소련 침략 반대, 반파쇼대동맹 지지 옹호, 국민당 통치 지역의 조선 동포 획득을 목표로 강력한 항일 무장선전활동을 펼쳤다. 조선의용대 화북지대는 충칭에 있던 조선의용대 대본부와 중국공산당 팔로군의 지도를 받는 부대였을 뿐 아니라 화북조선청년연합회의 무장부대였다.

조선의용대의 주력이 팔로군 지구로 들어오고 세력이 늘어나자, 화북조선청년연합회는 1942년 7월 '화북조선독립동맹'으로 다시 편성됐다. 화북조선독립동맹은 "일본 제국주의의 조선 지배를 전복하고 독립 자유의 조선 민주공화국을 건립함을 목적으로 한다"라는 강령을 만들고 "각당 각파를 망라하여 항일 애국은 총단결하자"라는 슬로건을 내걸었다. 이 동맹에는 공산주의자나 민족주의자, 학도병 등으로 강제 징병되었다가 탈출한 병사와 화북 지역 조선인이 두루 참여했다.

팔로군 지역으로 들어간 조선의용대 화북지대는 팔로군의 지원을 받아 독자적인 활동을 펼치며 호가장 전투(1941.12)와 반소탕전(1942.5) 등 전투를 치렀다. 그러나 호가장 전투 뒤 조선의용대는 팔로군에 편입되었다. 화북조선독립동맹이 만들어지자 조선

정풍운동 1942년 2월 마오쩌둥이 촉발시켰으며, 중국공산당 안에 있는 '쁘띠부르주아 요소'를 없앨 것을 목표로 삼았다.

의용대 화북지대는 조선의용군 화북 지대로 개편되었다.

조선의용군은 1943년 큰 변화를 겪었다. 그것은 독립동맹과 의용군 안에서 일어난 정풍운동整風運動[*] 때문이었다. 김무정은 정풍운동을 이끌면서 국내 사회주의 운동을 기회주의 운동으로, 국민당 지구에서의 활동을 반혁명 운동이라 비판했다. 그리하여 의용대를 이끌었던 최창익과 김원봉 등의 영향력은 줄어들었고 지도력은 중공당원인 김무정에게 모아졌다.

조선의용군에는 중국 광둥의 황푸군관학교, 난징 중앙군관학교 등에서 교육받은 지식인이 많았고 포로가 된 뒤 전향한 일본인도 섞여 있었다. 조선의용군은 유격지에서 일본군과 직접 싸우기보다는 팔로군의 활동을 돕는 일이 많았다. 그러나 1944년이 되면서 조선의용군은 좀 더 적극적으로 항일 투쟁에 나섰다. 일본군 후방 곳곳으로 나아가 일본군을 상대로 한 반전사상 선전과 일본군에 동원된 조선인 병사의 탈출 공작 등에 큰 성과를 올렸다. 1944년에 옌안으로 옮겨 간 조선의용군은 조선청년혁명군정학교를 세워 대원들의 군사·정치·교육을 강화했다.

조선의용군은 1945년 8월 9일 소련군이 만주를 공격하자 사령관에 김무정을 임명하고 만주로 진격했다. 무장한 정치선전대의 성격이 컸던 조선의용군은 사령부 설립을 계기로 전투부대로 바뀌었다. 일제가 패망한 뒤 여러 곳에서 활동하던 대원들은 선양瀋陽에 모여 4개 지대로 편성된 뒤 중국 국공내전에 참전했다가 한국전쟁 직전 북한으로 들어와서 인민군에 편입되었다.

충칭 임시정부와 한국광복군

한국광복운동단체연합회와 충칭 임시정부

일제에 대항해 독립운동을 하던 민족주의자들은 상하이에 본부를 둔 임시정부가 쇠퇴한 뒤 임정 간판을 끌어안고 분열을 거듭하면서 제대로 활동하지 못했다. 통일전선당을 지향한 조선민족혁명당에 참가하지 않고 임시정부 해체를 반대한 김구 등은 1935년 11월 한국국민당을 만들었다. 조선민족혁명당에서 나왔던 한국독립당, 조선혁명당은 1937년 7월 중일전쟁이 일어나자 그해 8월 한국국민당과 함께 우익 전선의 연합체로서 한국광복운동단체연합회를 만들었다. 이렇게 해서 중국 관내의 민족해방운동 세력은 우익의 한국광복운동단체연합회, 좌익의 조선민족전선연맹으로 나뉘었다. 두 단체는 1939년 9월 전국연합진선협회를 만들려고 하는 등 통합에 힘썼으나 정치 노선과 임시정부에 대한 의견 차이를 좁히지 못했다.

1940년 5월 광복운동단체연합회에 참가한 한국국민당·한국독립당·조선혁명당 등 3당은 합당해 새로운 한국독립당을 만들어 임시정부의 여당이 되었다. 임시정부는 일본군이 중국 대륙을 침략하자 항저우 등 여러 지역을 옮겨 다녔다. 그러다가 9월 중국국민당 정부가 임시 수도로 삼은 충칭에 자리 잡았는데, 임정은 해방 때까지 이곳을 중심으로 활동했다.

임정은 조직과 체제를 확대·정비했다. 1940년 개헌을 단행하여 국무위원회 중심의 집단지도체제에서 주석 중심의 단일지도체제로 바꿨으며 주석에는 김구가 뽑혔다. 임시정부는 일제가 패망할 것에 대비해 1941년 11월 '건국강령'을 발표했다. "새로운 민주주의를 확립하고 사회 계급을 타파함을 목적으로 한다"라는 건국강령은 민족 전체의 행복을 실현할 수 있는 균등

삼균주의　조소앙이 1930년대 초 쑨원孫文의 삼민주의와 사회주의 영향을 받아 제창한 이념. 개인과 개인, 민족과 민족, 국가와 국가 사이의 완전한 균등을 실현하려면 정치·경제·교육에서 균등을 이루어야 한다고 주장했다. 이를 위해 개인 사이의 균등은 정치·경제·교육의 균등으로, 민족 사이의 균등은 민족자결로, 국가 사이의 균등은 식민정책과 자본 제국주의를 부정하고 침략 전쟁을 막아야 이룰 수 있다고 했다. 삼균주의는 1931년 상하이 대한민국임시정부의 여당으로 조직된 한국독립당의 이념이 되었고 1941년 충칭 임시정부가 주창한 '건국강령'의 기본 이념이기도 했다.

사회 건설을 지향한 조소앙의 삼균주의*를 기본 이념으로 삼았다. 임시정부는 건국강령 제3장에서 "경제적 균등주의를 실현하기 위하여 모든 토지는 국유로 한다. 대생산과 기계는 국유로 한다. 일체의 적산은 몰수하여 국가가 이를 빈공·빈농 및 무산자에게 분배하거나 국영 또는 공영화한다" 하여 사회주의적 요소를 받아들였다. 일제의 패망이 다가오는 상황에서 반일 독립운동 역량을 모으려면 좌·우 세력이 수긍할 수 있는 공동의 목표와 지도이념이 필요했기 때문이다.

한국광복군

임정이 충칭에 자리 잡고 추진한 대표적 활동은 한국광복군을 만든 것이다. 1940년 9월 한국광복군은 총사령관 이청천을 중심으로 30여 명이 부하도 없고 무기도 제대로 갖추지 못한 채 만들어졌다. 이들은 1930년대 중국 관내로 이동하여 임정에 참여한 한국독립군 출신과 중국의 여러 군사학교를 졸업한 군사간부였다. 한국광복군은 1942년 5월 조선의용대 가운데 화북지역으로 가지 않고 남아 있던 세력을 끌어들이고 국민당의 군사원조를 받아 점차 부대 모습을 갖추기 시작했고, 1945년에는 총 3개 지대를 포함하여 800여 명으로 늘어났다.

중국국민당은 1941년 말부터 임정에 군사원조를 했다. 그러나 1941년 11월 중국국민당과 맺은 '한국광복군 행동 9개 준승' 때문에 임정은 더 이상 광복군에 대한 통수권을 가질 수 없었다. 9개 준승에 따라 활동 구역·작전·조직·훈련 등 광복군의 모든 활동은 중국군사위원회의 지휘를 받아야 했기 때문이다. 광복군은 중국군 장교가 절반이 넘고 중국 군복과 표지를 써야 했으며 독자적인 행동권을 갖지 못했다. 임정 외무부장이던 조소앙은 "광복군이 '준승'에 얽매여 일본군과 대적하기는커녕 중국군을 위해 하잘것없는 정보나 제공해 주고 책상에 앉아 정훈사무나 보고 있으니 지상담병紙上談兵에 지나지 않는다"라고 분개했다.

> 광복군 총사령부는 임정청사에서 거리가 좀 떨어져 있었으며, 그 곳에는 중국
> 군 고문관들이 많이 파견나와 있었다. 우리 광복군은 그때까지만 해도 아주 독
> 립된 작전활동이 없었고 중국군의 작전을 측면에서 지원하는 부분적인 항일
> 투쟁을 하고 있었을 뿐이었다. 물론 보급품 일체는 중국군에서 지급되었으니
> 고문관들이 나와 있는 것도 당연한 것이었다. _ 장준하,《돌베개》

임정은 '9개 준승' 폐지 운동을 적극 벌였다. 그 결과 1945년 5월 중국이
'원조한국광복군변법'을 공포함에 따라 광복군 지휘권은 임정으로 넘어왔
다. 광복군이 임정에 귀속됨으로써 임정의 위상이 높아졌다. 임정은 1941년
12월 일제가 진주만을 공격하여 태평양전쟁이 일어나자 일본에 선전포고
를 했다. 광복군은 영국군·미국군과 공동작전을 벌이면서 일본과의 전쟁에
참여했다. 1943년 영국
군이 도움을 요청하자 인
도·미얀마전선에 9명으
로 꾸려진 공작대를 보냈
다. 인도·미얀마전선에
서 광복군 대원은 영국군
에 속해서 일본군을 상대
로 대적 방송, 일본군 문
서 번역, 정보 수집, 포로
심문, 삐라 제작 등의 임
무를 맡았다. 또 광복군
은 대원들을 중국에 주둔

사격 훈련을 하는 한국광복군

하고 있던 미국의 전략 첩보 기구인 OSS와 함께 특수훈련을 시킨 뒤 국내로 들여보내기로 했다. 광복군은 국내로 들여보낼 대원들을 출신지 중심으로 나누고, 도 단위로 활동 구역을 정하고 공작반을 만드는 등 준비를 갖추었다. 그러나 일본이 너무 빨리 항복하는 바람에 국내 진입 작전은 이루어지지 못했다.

해방된 뒤 광복군은 이렇다 할 역할을 하지 못했다. 대한민국에서 군을 창설하는 과정에서도 만주사관학교와 일본사관학교 출신들에게 밀려났다. 또 김구를 비롯한 임정 요인들은 미군정이 임시정부를 인정하지 않아서 1945년 11월 하순 개인 자격으로 귀국했다.

참고도서

강만길,《일제 강점기 빈민생활사 연구》, 창작사, 1987

구로역사연구소,《우리나라 지방자치제의 역사》, 1990

김경일,《이재유, 나의 시대 나의 혁명》, 푸른역사, 2007

김영희,《일제 강점기 농촌통제정책 연구》, 경인문화사, 2003

김인호,《식민지조선경제의 종말》, 신서원, 2000

김진균·정근식 편저,《근대주체와 식민지 규율권력》, 문화과학사, 1997

변은진,《파시즘적 근대 체험과 조선민중의 현실 인식》, 도서출판 선인, 2013

신주백,〈박헌영과 경성콤그룹〉,《역사비평》13, 1991

신주백,《만주 지역 한인의 민족운동사》, 아세아문화사, 1999

한국근현대사연구회,《일제말 조선사회와 민족해방운동》(안태정,〈1930년대 서울지역의 조선공산당 재건운동〉),
일송정, 1991

역사학연구소,《한국 공산주의운동사 연구》, 아세아문화사, 1997

와다 하루키 지음, 이종석 옮김,《김일성과 만주항일전쟁》, 창작과 비평사, 1992

이송순,《일제하 전시 농업정책과 농촌 경제》, 선인, 2008

한국역사연구회 1930년대 연구반,《일제하 사회주의 운동사》(임경석,〈국내 공산주의운동의 전개 과정과 그 전
술〉), 한길사, 1991

임경석,《한국 사회주의의 기원》, 역사비평사, 2003,

정연태,《식민권력과 한국 농업》, 서울대학교출판부, 2014,

지수걸,《일제하 농민조합 운동 연구 : 1930년대 혁명적 농민조합 운동》, 역사비평사, 1992

최규진,《조선공산당 재건 운동》, 독립기념관, 2009

최승희,《한국사론》23 (전우용,〈1930년대 조선공업화와 중소공업〉), 현음사, 1990

한국역사연구회 1930년대 연구반,《일제하 사회주의 운동사》, 한길사, 1991

참고논문

강창일,〈일제의 조선지배 정책〉,《역사와 현실》12, 역사비평사, 1994

곽건홍,〈일제하 조선의 전시 노동정책연구〉, 고려대학교 사학과 박사학위논문, 1998

김민철,〈조선총독부의 촌락지배와 촌락사회의 대응–1930~40년대를 중심으로〉, 경희대학교 박사학위논문, 2008

김윤정,〈조선총독부 중추원 연구〉, 숙명여자대학교 박사학위논문, 2009

동선희,〈일제하 조선인 도평의회·도회의원 연구〉, 한국학중앙연구원 박사학위논문, 2006

염인호,〈조선의용군 연구〉, 국민대학교 사학과 박사학위논문, 1994

이상의,〈1930~40년대 일제의 조선인노동력 동원체제 연구〉, 연세대학교 사학과 박사학위논문, 2002

이태훈,〈일제하 친일정치운동 연구자치·참정권 청원운동을 중심으로〉, 연세대학교 박사학위논문, 2010

최규진,〈코민테른 6차대회와 조선 공산주의자들의 정치사상 연구 – 만주 지역 한인의 민족운동사〉, 성균관대 박
사학위논문, 1996

현

대
現代

해방과
분단국가의
수립

해방과
건국준비위원회

해방과 민중의 움직임

해방의 의미

1945년 8월 15일 일제가 항복하여 조선 민중은 꿈에 그리던 해방을 맞이했다. 해방 뒤 조선은 무엇보다 자주적 민족국가를 세우는 일이 급했다. 새로운 국가는 민족해방운동 세력을 중심으로 외세의 영향력을 극복하면서 민중의 뜻을 담아내는 참 민주주의를 실현해야 했다. 사회의 모든 분야에서 식민지 잔재를 청산하는 일도 서둘러야 했다. 식민 잔재를 청산하는 일은 자주적 민족국가의 기틀을 튼튼히 하는 것이었다. 그 가운데서도 친일파를 처단하는 일이 무엇보다 중요했다.

또 일제 식민지 아래서 왜곡된 경제를 바로잡아야 했다. 그것은 민중의 경제생활을 안정시키고 자립 경제의 기틀을 닦는 일이었다. 농업에서 조선의 경제 발전을 가로막는 가장 큰 걸림돌은 지주 중심의 반(半)봉건적 토지 소유*

였다. 해방 직후 전체 농가 가운데 3%에 지나지 않는 지주층이 경작 면적의 58%를 차지하고 소작농민에게서 5~6할의 높은 소작료를 거둬들였다. 농민을 해방시키고 경제를 발전시키려면 이러한 반봉건적인 관계를 철폐해야 했다. 또 일제는 식민지 시기 조선 공업자본 가

운데 90 % 이상을 소유하고 있었다. 공업에서도 이러한 식민지 구조를 청산해야 했다.

그러나 이러한 과제를 실현하는 것은 쉬운 일이 아니었다. 해방은 우리의 주체적인 힘보다는 연합국의 승리로 '주어진 해방'이었다. 그 결과 해방과 함께 38선을 경계로 남북한을 나누어 점령한 미국과 소련이 해방 정국의 주도권을 거머쥐게 되었다. 자본주의 국가인 미국과 사회주의 국가인 소련은 2차 세계대전에서는 파시즘이라는 공통의 적에 대항해서 힘을 합쳤지만 2차 세계대전이 끝난 뒤에는 서로 등을 돌리기 시작했다. 서로 적대적인 미·소가 한반도를 분할 점령한 것은 조선인이 새로운 국가를 건설하는 데 큰 걸림돌이 되었다.

민중의 움직임

민중은 해방을 맞이하자 거리로 뛰쳐나와 해방의 감격을 마음껏 누렸다. 삼천리 곳곳에서 해방을 경축하는 집회가 열렸다. 해방 소식은 전국 곳곳으로 눈 깜짝할 사이에 퍼져 갔으며 그 기쁨은 무엇과도 바꿀 수 없었다. 해방이란 민족이 독립했다는 것만이 아니라, 민중의 생존을 위협하던 공출과 징용이 없어진다는 것을 뜻했다. 민중은 자신들의 삶이 나아질 것이라는 벅찬 기

대를 품고 해방을 맞이했다.

해방이 되자 민중과 민족해방운동 세력은 사회의 모든 분야에서 활동하기 시작했다. 이들의 활동은 새로운 국가를 건설하려는 노력으로 모아졌다. 민중은 전국 곳곳에서 사회 혼란을 방지하고 새로운 세상의 기틀을 다지려고 여러 운동을 벌여 나갔다.

노동자는 일제의 파괴 행위를 막고 생산 활동을 계속하려고 자신들이 직접 공장을 관리하는 자주관리운동을 벌였다. 용산공장, 조선피혁, 삼영 등 영등포 지역 공장노동자는 사택과 사무실에서 일제와 일제 자본가를 상대로 금고와 창고 열쇠를 빼앗아 냈다. 또 조선인쇄주식회사 노동자는 1945년 9월 11일, 일본인 지배인이 회사물품과 자본을 몰래 빼내려 하자 공장관리위원회를 조직하고 직장을 접수하는 투쟁을 벌였다.

화순탄광에서도 노동자는 직장관리자치위원회를 만들어 탄광을 자주관리했다. 이때 직장관리위원회에 참여했던 한 노동자는 그날을 이렇게 회상했다.

> 해방되니 일본놈들 두말 못하고 쫓겨 갔제. 압박받고 살다 우리 세상되니 만세도 부르고 좋아서 죽고 못살았구만. 서러움 그만 당하고 우리도 좀 살아 보자고 맘먹고 직장관리자치위원회를 바로 맨들었제. 긍께로 우리가 탄광 주인이된 것이었구만. 방대한 운영 체계를 이끌었던 일본인이 일순간에 없어지니 처음에는 혼란스러웠지만 곧 정상적으로 가동이 됐어. 실무 일을 거의 모두 한국사람들이 해 왔기 때문에 금방 질서가 잡혀 오히려 일제 때보다 생산량이 더늘어났어. _《말》, 1989. 4

농민도 주로 일본인이 소유한 토지를 접수하고 관리했다. 동양척식주식회사가 소유한 농장에서는 자치위원회를 만들어 토지를 관리했다. 일본인 지주가 소유한 토지에서도 일본인이 토지를 매매하는 것을 저지하고 농민의 소유권을 확보하려 했다. 노동자와 농민의 활동은 자신들의 생존권을 보호하고, 새로운 국가를 건설하는 데 필요한 경제 기반을 마련하려는 뜻을 갖고 있었다.

건국준비위원회와 인민위원회의 활동

건국준비위원회

1945년 8월에 들어서면서 일제 패망이 눈앞에 다가오자, 조선총독부는 조선에 살고 있는 일본인의 생명과 재산을 걱정했다. 이에 조선 민중에게 신망을 얻고 있던 여운형을 만나 자신들의 안전을 보장받으려고 교섭을 했다. 일본의 패망을 확신하면서 건국동맹을 결성하여 해방 뒤를 준비해 온 여운형은 해방되기 전날 조건을 붙여 총독부의 제의를 받아들였다. 여운형이 제시한 조건은 모든 정치·경제범의 석방, 3개월분의 식량 확보, 조선인의 활동에 대한 불간섭 등이었다.

여운형은 곧 자신이 조직했던 건국동맹을 기반으로 8월 15일에 안재홍 등과 함께 조선건국준비위원회(건준)를 결성하고, 25일에는 건준강령을 발표했다. 해방의 감동과 환희 속에서 건준은 새 정부 수립을 준비하는 기구로 인식되었다. 이때 발표한 건국 강령은 다음 세 가지였다.

건국준비위원회 강령

1. 우리는 완전한 독립 국가의 건설을 기함.
2. 우리는 전민족의 정치적·사회적 기본 요구를 실천할 수 있는 민주주의 정권 수립을 기함.

3. 우리는 임시적 과도기에 있어서 국내 질서를 자주적으로 유지하여 대중 생활의 확보를 기함.

건준은 여운형을 위원장, 안재홍을 부위원장으로 하여 치안 회복과 질서 유지를 위해 지역별·직장별로 건국치안대를 조직하고, 식량대책위원회를 만들었다. 1945년 8월 16일 창설된 건국치안대에 약 2000명의 청년과 학생이 참여했고 100명이 넘는 사람이 지방치안대를 조직하려고 지방으로 내려갔다. 중앙건국치안대는 지방치안대와 학도대·청년대·자위대·노동대 등의 활동을 지도했으며, 전국에 162개소의 지부를 두었다. 건준은 중앙뿐만 아니라 지방에도 조직을 확대했다. 8월 말에는 북쪽의 회령에서 남쪽의 제주도까지 145개의 건준이 설치되어 각 지방의 치안과 행정권을 맡았다.

건준은 친일파와 부일협력자 등을 뺀 모든 정치 세력이 참여한 민족연합전선의 성격을 띠었다. 건준에는 민족주의자·사회주의자·언론인·지식인뿐만 아니라 지방유지와 지주까지 참여했다. 우익 성향을 지닌 인물까지 참

해방 다음날인 8월 16일 휘문 중학교에서 '건준'의 여운형 위원장을 환호하는 시민들

여할 수 있었던 것은 건준의 활동이 질서 유지 차원에 머물러 있었기 때문이다. 건준은 이러한 내부 구성 때문에 정치적으로 통일되기 어려웠지만, 민중의 폭넓은 지지를 얻어 미군정이 들어서기 전까지 실질적인 행정기관의 역할을 할 수 있었다.

그러나 처음 민족연합적인 성격을 띠었던 건준은 차츰 좌익 세력이 주도권을 쥐면서 분열하는 모습을 보였다. 우파를 대표했던 안재홍은 건준에서 공산주의 세력이 강화되자 건준을 탈퇴했다. 우파 정치 세력이 탈락한 뒤에 건준은 사회주의 세력이 주도하여 인민공화국으로 전환했다.

인민위원회

건준 지도부는 미군 진주가 눈앞에 닥치자 1945년 9월 6일 인민대표자대회를 열었다. 이 대회에 참여한 1000명 남짓한 인민대표는 이날 이승만을 주석, 여운형을 부주석으로 하는 조선인민공화국(인공)을 선포했다. 인공은 9월 14일에 4개조의 정강을 발표했다.

1. 정치적·경제적으로 완전한 자주독립 국가의 건설을 기함.
2. 제국주의와 봉건적 잔재 세력을 일소하고 전 민족의 정치적·경제적·사회적 기본 요구를 실현할 수 있는 진정한 민주주의에 충실하기를 기함.
3. 노동자·농민과 기타 대중 생활의 급진적 향상을 기함.
4. 세계민주주의의 일원으로 상호 제휴하며 세계 평화의 확보를 기함.

정강의 기본 내용은 대체로 건준의 활동 목표를 이어받은 것으로, 민주주의의 중요성을 강조하고 일본 제국주의와 봉건적 잔재를 일소한다는 내용을 덧붙였다. 이를 위해 인공은 일제의 법률제도 즉시 폐지, 일제와 반역자의 토지 몰수와 무상 분배, 독립 국가 건설, 사회경제 개혁, 우방과의 협력,

노동자·농민계급 생활의 급진적 향상, 일제·봉건제 잔재 일소 등 27개 조항의 시정 방침을 중요한 정책으로 제시했다.

미군이 진주하기에 앞서 자주적인 독립 국가를 건설하려는 비상조치로 인공을 선포했다. 인공은 토지와 주요 산업의 국유화와 같은 일부 사회주의적 경제 제도를 내세워서, 지난날 친일 경력이 있거나 지주·자본가 등 기득권을 지키려는 세력은 강력하게 반발했다.

1945년 9월 6일 중앙에서 인공이 선포되자 지방의 건준 지부는 인민위원회로 개편되었다. 지방인민위원회는 10월 말까지 남한 8도와 13개 도시, 132개 군에 조직되었다. 인민위원회는 건준과 마찬가지로 친일파를 뺀 여러 계층이 참여한다는 민족통일전선 원칙에 기초를 두고 있었다. 사회주의자들의 영향력이 가장 강했지만, 민족주의 세력이 주도한 곳과 두 세력이 합작한 곳도 있었다. 각 지역 인민위원회의 정치적 견해는 주도 세력에 따라 달랐다. 대부분의 인민위원회는 조직부·선전부·치안대·식량부·재정부 등을 두었으며, 지역 특성에 따라 보건 위생·귀환 동포·소비 문제·노동관계 등을 다루는 부서가 있었다. 치안대와 청년대는 지방의 치안 유지에 힘썼고, 일제가 남기고 간 재산을 관리했다. 특히 일본이 남기고 간 재산, 즉 적산

지방인민위원회 조직 상황(1945.11) (단위 : 개)

전국	총수	38도선 이남			38도선 이북		
		총수	기조직	미조직	총수	기조직	미조직
면	2,244	1,680	1,667	13	564	564	
읍	103	75	75		28	28	
도(島)	2	2	2				
군	218	148	145		70	70	
시	22	12	12		9	9	
도	13	9	7		7	6	1

출처 : 민전사무국, 《조선해방연보》, 1946

敵産 관리와 운영은 인민위원회의 경제적 기초를 마련한다는 점에서 중요했으며, 친일파를 비롯한 지배 세력이 다시 등장하는 것을 막는다는 뜻도 있었다. 이와 같이 인민위원회는 여러 계층의 대표자로 구성한 민중 권력 기구였으며, 친일 세력을 청산하고 민중에 뿌리를 둔 새 국가 건설을 지향했다.

그러나 미군정은 인민공화국을 철저하게 부정했다. 좌익이 건준을 인민공화국으로 개편한 이유는 소련군이 북한에서 행정권을 조선인에게 넘겨주었듯이, 미군도 남한에 행정권을 넘겨주리라고 예상해서 대비한 것이다. 그러나 한반도에서 좌익 세력의 기반을 제거하려고 했던 미국은 좌익이 중심이 된 인공을 부인했다. 이에 인공은 현실에서 힘을 갖지 못하게 되었다.

미·소의
한반도 점령과
정치 세력의
동향

미국의 한반도 정책

미국의 한반도 정책

파시즘 국가와 반파시즘 국가의 대결이었던 2차 세계대전은 미·소를 중심으로 한 반파시즘 진영이 승리함으로써 막을 내렸다. 2차 세계대전 뒤 파시즘 세력이 몰락하면서 세계 체제는 재편되기 시작했다. 2차 세계대전을 치르면서 자본주의 진영의 맹주로 성장한 미국은 전쟁이 끝난 뒤 경제 위기를 맞았다. 안으로는 전시경제가 해체되는 과정에서 독점자본의 생산 기반이 흔들렸고, 밖으로는 독점자본의 상품 시장을 잃어버릴 위기에 부딪쳤다. 이는 구식민지 체제가 무너지고 민족해방운동이 고양되었으며, 동유럽을 중심으로 한 13개국이 사회주의 진영으로 편입되었기 때문이다. 이에 미국은 잃어버린 세계시장을 되찾고 식민지에서 해방된 신생국가에 사회주의가 뿌리내리는 것을 막아 그 나라를 자본주의 질서 속으로 편입시키려 했다. 미국의 세계정책은 반공·반혁명을 통해 세계 자본주의를 재편하는 길로 나아갔다.

미국의 이러한 정책은 '국제주의'로 나타났다. 식민지에서 혁명과 전쟁이 일어나는 것을 막으려고 미국은 단독 식민 통치보다 여러 나라가 신탁통치 하는 방안을 선택했다. 이는 국제 질서에서 미국이 경제·군사적 주도권을 확보해야만 실현할 수 있는 구상이었다.

'국제주의'에 뿌리를 둔 신탁통치 구상이 한반도 전후 처리에서 처음 나타난 것은 카이로회담(1943.11)이었다. 여기서 미국은 소련이 전쟁에 참가하도록 적극 유도했다. 소련도 부동항을 확보하고 사할린 열도와 쿠릴 열도를 넘겨받는 조건으로 대일전에 참가하기로 결정했다. 이 회담에서 발표한 '카이로공동선언'은 루스벨트의 신탁통치안에 따라 한국을 '적당한 시기에(in due course)' 독립시킬 것이라고 하여 즉시 독립을 유보했다. 한국의 신탁통치안은 같은 해 11월 28일 테헤란회담에서 다시 논의되었다. 여기서 루스벨트는 한국인이 완전한 독립을 얻기 전에 약 40년 동안 수습 기간(apprenticeship)을 필요로 한다고 말했고 스탈린은 이에 찬성했다. 1945년 2월에 열린 얄타회담에서 루스벨트는 미·영·중·소가 20~30년 동안 한국을 신탁통치 한다는 구상을 제시하여 스탈린의 동의를 받았다. 이렇듯 미국은 '국제주의' 원칙 아래 소련의 협조를 받아 한반도 전역에 친미 정부를 세우려고 했다.

미군정의 정책

미군은 1945년 9월 8일 인천에 상륙했다. 바로 전날인 9월 7일 맥아더 태평양 방면 미 육군 총사령관은 포고문 제1호에서 점령군에 대한 반항 운동을 하거나 질서를 교란하는 자를 엄벌에 처한다고 발표했다. 이 무렵 국내 정치는 식민지 시기 일제에 협력했던 우익보다는 좌익이 이끌고 있었다. 좌익 세력은 민중의 폭넓은 지지를 받으며 건국준비위원회를 인민공화국으로 바꾸고 적극적인 활동을 벌였다.

남한 주둔 미군사령관 하지가
남한에 군정 실시를 선포한 데 이
어 1945년 10월 10일 아놀드 군
정장관이 남한에는 미군정이라
는 '단 하나의 정부가 있을 뿐'이
라고 발표했다. 인공을 완전히 부
정한다는 뜻이었다. 미국에 우호
적인 정권을 한반도에 세우려 한
미군정은 인민공화국뿐만 아니라
중국에서 귀국한 임시정부까지
인정하지 않았다. 또 전국 곳곳에
서 만들어진 인민위원회와 치안
대 그리고 여러 대중 자치 기구를
강제로 해산시켰다.

열차편으로 서울역에 도착하여 시내로 들어오
는 미 7사단 32보병연대

미군정은 혁명 세력을 제거하고 남한 사회질서를 자신의 뜻에 맞게 만들
려는 정책을 폈다. 이를 위해 보수 세력이 모여 있던 한국민주당을 지지 기
반으로 선택했다. 그리하여 일제 강점기 친일 행각 때문에 숨죽여 지내던 친
일파가 다시 힘을 얻었다.

미군정은 일제 식민 지배에 협력했던 친일 관료·식민 경찰·일제 군인 등
부일 협력 세력을 군정청에 고용했다. 친미적이거나 영어를 할 줄 아는 지주
출신의 보수 인사를 행정 고문이나 군정 관리로 들어앉혔다. 일제에 협력한
경력을 가진 그들은 미군정의 보호를 받아 일제 밑에서 누렸던 권력을 또다
시 유지할 수 있었다. 보기를 들면 1946년 군정 경찰은 경위 이상 간부 82%
가 일제 경찰 출신이었다.

1946년 당시 군정 경찰 가운데 친일 경찰 출신의 분포

직위	1946년 총수	친일경찰 출신	비율(%)
치안감	1	1	100
청장	8	5	63
국장	10	8	80
총경	30	25	83
경감	139	104	75
경위	969	806	83

출처 : 윌리엄 맥건이 '한미회의'에서 한 보고(1946.11.1.)

미군정은 일제 시기 치안 유지법과 같은 악법을 없애고 일부 새로운 정책을 시행하기도 했다. 그러나 신문지법과 보안법 등 일제가 만든 많은 악법을 그대로 이어받아 군정 통치를 강화하는 데 이용했다.

미군정은 1945년 12월 6일 법령 제33호를 공포하고 조선에 있는 일본인 재산을 '적산敵産'으로 규정하여 모두 군정청 소유로 삼았다. 민중은 미군정이 일본인 재산을 적국의 재산인 '적산'으로 규정한 것에 거세게 반대했다. 일제의 재산이란 일제가 조선을 식민지로 지배하면서 착취한 것이므로 우리 민족의 재산이라고 생각했기 때문이다. 이 법령으로 해방 뒤 민중이 일제와 일본인을 상대로 벌였던 토지 획득 투쟁과 공장관리 운동이 불법화되었다.

미군정은 토지 정책과 귀속재산 불하 과정을 통해서도 진보 세력을 제거하고 친미 보수 세력을 강화하려 했다. 미군정은 신한공사를 설치하여 (1946.3) 일제 시기 농민 수탈 기구인 동양척식주식회사에 소속되었던 토지를 관리했다. 신한공사는 남한 전체 농가 가운데 약 26%인 55만여 호의 소작 농가를 거느린 남한의 최대 지주가 되었다. 신한공사가 관리하는 토지만 해도 남한 경지면적 가운데 13.4%에 이르렀다. 미군정은 여기서 생기는 13억 원이 넘는 소작료를 군정 경비로 썼다.

그 뒤 미군정은 1948년 3월부터 신한공사가 관리하던 토지를 먼저 분배했다. 토지 분배 방식은 농민이 요구했던 무상분배가 아니라 유상분배였다. 이는 남한 단독정부 수립을 앞두고 5 · 10선거를 원만히 치르려는 목적에서 나온 것이었다. 미군정은 1947년 7월 적산으로 빼앗은 재산도 일부 불하했다. 귀속재산을 일제 시기 공장과 회사에 연고가 있는 한국인 간부나 관련 인사에게 나누어 주고 친미파를 키워 나갔다.

이렇듯 미군정은 처음부터 좌익과 민중의 국가 건설 운동을 철저히 탄압하고, 일본의 식민 통치에 협력했던 관료 계층과 보수 정치 세력을 자신의 동맹자로 키워 나갔다. 이를 통해 남한에 자본주의 체제를 세워 반공 기지를 만들려고 했다. 미군정은 8 · 15 해방 뒤 친일파를 청산하고 민족경제를 확립하여 완전한 자주독립 국가를 건설하려던 우리 민족의 노력을 물거품으로 만들었다.

국내 정치 세력의 동향

우익 진영

일제 시기 친일 행적 때문에 해방 뒤 움츠러들었던 우익 세력은 미군이 진주하자 '인공 타도'와 '임시정부 봉대'를 내걸고 1945년 9월 16일 한국민주당(한민당)을 결성했다. 이들의 중심은 송진우 · 김성수 · 장덕수 등이었다. 한민당은 건준이 조선총독부와 협의하여 만들어졌다는 점을 들어 일본 제국주의의 앞잡이라고 비난했다. 대신 충칭 임시정부만이 정통성을 갖는다고 주장하면서 충칭 임시정부를 환영하는 자는 애국자, 반대하는 자는 매국노라고 선언했다. 한민당의 계급 기반은 관료, 중소 지주, 제조업자, 금융인, 상인, 일부 기독교인이었다. 이들은 친미 정부를 수립하려는 미군정과 이해가

맞아 떨어져 미군정의 지원을 받
아 재빨리 성장했다.

우익 세력은 이승만이 귀국하
면서 더욱 강화되었다. 1945년 10
월 16일 가장 일찍 귀국한 이승만
은 국외 독립운동가로 널리 알려
져 있었다. 그는 1919년 위임통
치를 청원한 일로 1925년 임시정
부에서 탄핵된 뒤 줄곧 미국에서

독립촉성중앙협의회 1945년 10월 25일 이승
만을 중심으로 한국민주당·국민당·조선공산
당 등 200여 단체 대표가 참여하여 만든 정치
협의체. 독립 쟁취를 위한 공동 행동을 결의하
고, 이승만을 총재로 추대했다. 그러나 11월 친
일파·민족 반역자 처리를 주장한 조선공산당이
탈퇴하여 우파 단체들의 중심이 되었다. 그 뒤
이 단체는 1946년 2월 8일 모스크바 삼상회의
결정안을 계기로 김구를 중심으로 결성된 '신탁
통치반대국민총동원위원회'와 통합하여 대한
독립촉성국민회를 발족했다.

만 활동했기 때문에 국내에 대중적 정치 기반이 거의 없어 친일파 집단인 한
민당과 손을 잡았다. 그는 귀국한 뒤 '인민공화국 지지'와 '임시정부 봉대'로
분열된 좌·우익을 자신이 앞장서 통일할 목적으로 10월 23일 독립촉성중
앙협의회*를 결성했다. 처음 이승만은 이 조직에 조선공산당을 참여시키려
고 좌익 세력에 우호적인 태도를 보였으나, 친일파·민족반역자를 처리하는
문제로 조선공산당(조공)과 대립하게 되었다. 이승만은 무조건 단결하여 나
라를 세운 다음 친일파를 처단하자고 주장하고 토지개혁 문제에 분명한 입
장을 내놓지 않았다. 때문에 그 주위에 많은 우익 인사와 정치 세력들을 끌
어 모을 수 있었다.

대한민국임시정부의 법통을 내세운 김구와 한국독립당(한독당)도 해방정
국에서 주요한 정치 세력이었다. 미군정이 충칭 임시정부를 인정하지 않았
기 때문에 임시정부 요인들은 1945년 11월에 개인 자격으로 겨우 귀국할
수 있었다. 1940년 봄 충칭에서 한국국민당·조선혁명당·한국독립당이 모
여 결성한 한독당은 삼균주의 이념을 바탕으로 민주공화제와 계획경제를
내걸었다. 그러나 한독당이 국내에 들어왔을 때는 이미 한민당이 지지 기반
을 넓히고 있었기 때문에 국내에 독자적인 정치 기반을 마련하기가 쉽지 않

1945년 11월 3일 귀국한 임시정부 요인

왔다. 김구를 중심으로 한 세력은 임시정부 법통을 내세워 해방정국에서 여러 정파를 통합하려 했다. 그러나 이들은 1947년 말까지 이승만과 한민당의 반공 정책에 동조했으며, 좌익 정치 세력과 연합하는 것을 거부했다. 1948년 분단이 확정되어 가던 때에야 이승만, 한민당 세력과 결별하고 좌익 세력과 연합하려 했으나 이미 때늦은 일이었다.

안재홍·김규식 등 중도 우익 세력도 해방 공간에서 활동을 넓혀 갔다. 이들은 1920년대 비타협적 민족주의 세력으로 신간회에 참여한 경험을 바탕으로 좌·우합작운동을 추진하려고 했다. 특히 안재홍은 좌·우연합의 신민족주의·민주주의를 내세워 계급을 뛰어넘어 통일된 평등 사회를 건설하려 했다. 이들은 1946년 미군정이 추진한 좌·우합작에 참여했으나, 좌·우익 대립 구도를 뛰어넘는 독자적인 정치 세력을 형성하지 못하여 실패하고 말았다.

김규식은 1948년 남한만의 단독정부 수립을 반대하여 김구와 함께 남북연석회의에 참석하여 분단을 막아 보려고 했다. 그러나 계급을 뛰어넘는 민족국가를 건설하자고 주장했던 안재홍은 자신의 이론과 달리 단정 수립 과정에서 좌·우 연합을 할 수 없게 되자, 이승만의 단정 수립을 지지했다.

좌익 진영

해방 직후 좌익 진영은 우익에 견주어 민중에게 지지를 받았다. 일제 말까지 변절하지 않고 계속 저항했던 사회주의자는 친일파가 많았던 우익과 다르게 도덕적 우위를 지키려 했다. 대다수였던 농민이 무상몰수 무상분배를 주장한 사회주의자를 지지했기 때문이다.

좌익 세력은 1945년 9월 11일 박헌영의 경성콤그룹을 중심으로 조공을 결성했다. 이에 앞서 이영·정백 등이 8월 16일 이른바 '장안파 공산당'을 조직했으나 곧 조공에 흡수되었다. 일제 말 박헌영이 중심이 된 경성콤그룹은 상대적으로 큰 조직을 갖고 있었고, 운동을 그만둔 사람이 적었기 때문에 조공 안에서 주도권을 잡을 수 있었다.

조공은 조선의 완전한 독립과 토지문제의 혁명적 해결을 위해 '부르주아 민주주의혁명'을 당면 과제로 내세웠다. 그래서 토지문제를 해결하려고 일본 제국주의자와 민족반역자, 대지주의 토지를 몰수하여 농민에게 무상으로 분배하는 방안을 내놓았다. 또 자본가의 성장을 막고 민중의 이익을 반영하려고 주요 산업의 국유화와 국가 주도의 계획경제를 제시했다.

조공은 노동자·농민이 중심이 되고 모든 진보 세력이 참여한 민족통일전선을 바탕으로 하는 인민정부를 세우려 했다. 조공은 인공 수립에서처럼 2차 세계대전 뒤 미·소의 협조 정책이 오래 이어지리라는 낙관적인 정세 인식을 가지고 미·소의 협조를 받아 정부를 세우려 했다. 미군이 진주하기 직전에 인공을 수립하여 안팎으로 대표성을 인정받으려 했던 것이다. 그러나 이러한 생각은 미군정이 인공을 인정하지 않아 실패로 끝났다.

또한 평화적인 방법으로 정부를 세우고자 이승만, 임정과 정치 협상을 벌였다. 먼저 이승만의 정치적 비중을 고려하여 그와 협상하려 했다. 그러나 이승만은 '선통일 후친일파 제거'를 협상 원칙으로 내세웠다. 이는 한민당을 중심으로 한 친일 세력의 이해를 대변하는 것에 지나지 않았다. 결국 조공과 이승만의 협상은 실패로 끝났다.

이어 1945년 11월에는 귀국한 충칭 임시정부(임정) 요인들과 협상을 벌였다. 조공은 친일파, 민족 반역자, 국수주의자 등을 빼고 좌익과 우익이 같은 수로 참여하는 통일 원칙을 임정에 제시했다. 그러나 임정은 법통성을 내세워 임정 부서 몇 개를 더 늘려 좌익이 참여할 것을 요구했다. 모스크바 삼상회담 뒤 인공은 임정과 인공을 함께 해체하고 통일 정부를 수립하자고 제안했다. 그러나 임정은 서식상의 이유로 이 제안도 거부했다. 이른바 '임정법통론'을 내세워서 임정만을 정통으로 인정하고 인공의 존재를 부정했기 때문이다. 이는 임정이 조공으로 대표되는 좌익 세력을 인정하지 않고 이승만, 한민당 등의 우익 세력과 연합하려는 뜻이었다.

중도좌파의 여운형은 건준을 앞장서 결성했으나 주도권이 공산주의자들에게 넘어가자 1945년 11월 조선인민당을 결성했다. 조선인민당은 노동자·농민·근로 인텔리·양심적 자본가 등을 포괄하는 대중적 정당이 되고자 했다. 여운형은 모스크바 삼상회의를 둘러싼 논쟁 과정에서 모스크바 삼상회의 결정을 지지하여 1946년 2월 민주주의민족전선에 참여했다. 그 뒤 그는 조공이 반대하는 데도 미군정이 추진한 좌·우합작을 지지하기도 했다.

백남운이 중심이 된 남조선신민당도 중도좌파 세력이었다. 1945년 11월 김두봉·한빈·최창익 등 조선독립동맹 세력이 북한에서 신민당을 만들자, 백남운은 1946년 2월에 자신을 위원장으로 하는 남조선신민당을 결성했다. 그는 유산계급 일부의 혁명성을 인정하고 무산계급이 이들과 연합해야 한다는 '연합성 신민주주의론'을 내놓았으나, 자신의 주장과 다르게 국내 좌·우가 날카롭게 대립하자 잠시 정계를 은퇴했다. 그 뒤 1947년 5월 근로인민당 창당에 참여해 부위원장으로 다시 정치 활동을 했다.

대중조직 건설

노동자들은 해방이 되자마자 스스로 공장을 접수하여 공장관리위원회를 조직하고 공장을 관리·운영했다. 그리고 공장관리 운동과 노동조합 조직을 기반으로 1945년 11월 5일 산업별 체계로 이루어진 조선노동조합전국평의회(전평)를 결성했다. 전평 결성 대회는 남북한 50만여 명의 조합원을 대표해 505명의 대의원이 참석한 가운데 열렸다. 전평은 실업 노동자를 포괄했으며 남성 노동자와 청년 노동자가 큰 비중을 차지했다. 전평의 핵심은 철도·금속·화학 등 중화학공업 노동자였다.

전평은 공장관리 운동이 인민정권을 세우는 투쟁과 결합해야 한다는 태도를 보였다. 전평은 공장관리 운동을 인민위원회의 지도와 연결시키려 했다. 또 전평은 공장관리 운동을 주요 산업의 국유화 문제와 결합시키려 했다. 그러나 전평은 인민정권이 수립되기 전에는 노동자가 공장관리를 할 수 없다고 생각했다. 전평은 미·소의 협조를 받아 평화적인 방법으로 인민정권을 수립할 수 있다는 조공의 정세 인식을 따랐다. 그래서 미군정과 대립할 요소가 있는 공장관리 운동을 포기하고 미군정과 협력하는 산업 건설 운동을 채택했다.

농민들도 1945년 12월 8일 전국농민조합총연맹(전농)을 결성했다. 전농은 일제와 민족반역자의 토지를 몰수하여 빈농에게 분배하고, 친일 민족 반역자가 아닌 조선인 지주의 소작료를 3·7제로 실시할 것을 요구했다. 그 뒤 전농은 북한이 실시한 토지개혁(1946.3)의 영향을 받아 1946년 5월부터 북한과 같은 전면적 토지개혁을 요구했다.

해방 직후에는 식민지 시대에 반일 투쟁을 했던 세력을 중심으로 곳곳에서 자연 발생적으로 치안 유지 단체가 생겨났다. 조선국군준비대·학병동맹 등 건군 운동 단체도 많이 만들어졌다. 이 가운데 상비군 1만 5000명을 확보하여 전국 조직망을 갖춘 국군준비대는 '인민무장에 의한 인민의 군대'임을 선포하기도 했으나 1946년 1월 미군정의 명령으로 해산했다. 그 밖에 1946년 11월에는 전국여성단체총연맹, 1947년 조선부녀총동맹 등 여성 단체와 조선청년총동맹·협동조합전국연합회·실업자동맹 등도 결성되어 활동했다. 이러한 대중 조직에서 크게 활약한 사람은 대부분 사회주의자였다.

소련의 북한 점령과 '민주개혁'

소련의 한반도 정책

2차 세계대전 뒤 소련은 미국과 협력하면서 한반도에 자기 나라에 우호적인 정부를 세우려 했다. 이는 미국의 '국제주의'와 비슷했다. 따라서 미국과 소련은 전후 문제 처리를 위한 회담에서 한반도를 20~30년 동안 신탁통치한다는 구상에 합의할 수 있었다. 그러나 소련의 한반도 정책이 미국의 정책과 완전히 똑같지는 않았다. 소련은 미국의 신탁통치안에 동의하긴 했으나, 식민지의 자결권을 일부 주장했다. 그래서 신탁통치를 실시하더라도 기간이 짧으면 짧을수록 좋다는 견해를 내놓았다. 한반도가 소련과 국경을 마주하고 있기 때문에 전후 한반도 처리 문제는 소련에게 중요한 관심사였다.

소련이 한반도 문제에 적극 개입하는 계기는 일본과 전쟁을 치르면서였다. 소련은 2차 세계대전 뒤 동북아에서 영향력을 확보하려고 사할린 열도와 쿠릴 열도를 넘겨받는다는 조건으로 참전했다.

소련은 1945년 8월 8일 일본에 선전포고를 하고 만주에서 일본군을 공격하기 시작했다. 12일에는 웅기와 나남, 16일에는 청진, 22일에는 원산에 상륙하여 일본군을 무장해제시키고 남쪽으로 내려왔다. 24일에는 평양에 들어왔고, 8월 말에는 북한의 모든 곳을 점령했다.

한반도에서 멀리 떨어진 오키나와에 있던 미군은 소련군이 빠른 속도로 북한을 점령하자 당황했다. 미국은 불리한 상황을 만회하려고 8월 13일 소련 측에 미·소 두 나라 군대가 북위 38도선을 경계로 한반도를 분할 점령하여 일본군을 무장해제하자고 제안했다. 미국이 걱정한 것과 달리 소련은 아무런 이의도 제기하지 않고 38선 분할 점령안을 받아들였다. 한반도를 혼자 점령할 때 생길 미국과 소련 사이의 긴장을 바라지 않았기 때문이다.

소련은 만주, 사할린, 쿠릴 열도를 주요한 전략 지역으로 여겼으며, 한반도는 그 다음이었다. 또한 유럽의 전후 처리 과정에서도 반드시 미국과 협조해야 했기 때문에 상대적으로 덜 중요한 한반도에서 미국과 갈등을 빚는 것을 바라지 않았다. 소련은 국경을 맞댄 한반도에서 연합국 사이의 신탁통치를 거쳐 수립될 정부가 소련에 우호적이어야 한다는 막연한 인식만을 가지고 있었다.

소군정과 북한의 정치

소련은 북한에 들어와 군정을 실시했으나 미군정과 다른 정책을 폈다. 자생적으로 성립한 건준이나 인민위원회를 인정하고 북한 곳곳에 세워진 인민위원회에 차츰 행정권을 넘겨주었다. 도道 차원에서 좌·우 연합으로 결성한 북한 인민위원회는 소군정과 협력하면서 통치력을 유지했고 친일 잔재도 빠르게 청산했다.

해방 뒤 북한에서도 사회주의자가 활발하게 정치 활동을 하고 있었다. 국내에 있었던 사회주의자는 건준 지부나 인민위원회에 참여했고 도道의 지방당도 건설했다. 평남에서는 현준혁·김용범 등을 중심으로 조공 평남지구 위원회를 결성했으며, 함남에서는 정달헌·오기섭이, 원산에서는 이주하가 활동하고 있었다.

초기 소군정에서는 민족주의자도 활동했다. 대표적인 정치 세력은 평안남도에서 조만식이 주도하여 결성한 조선민주당이었다. 조선민주당은 일제

강점기 친일파로 변절하지 않은 민족자본가 계층의 이해를 대변했다. 이러한 민족주의 세력은 소군정에서 공산주의자들과 주도권을 놓고 경쟁하면서 세력을 넓혀 갔다.

소련은 북한에서 비非소비에트 정권과 반일적 민주정당 연합에 의한 민주주의 정권 수립을 목표로 하고 있었기 때문에 조선민주당 등 민족주의자들의 활동을 보장했다. 그러나 모스크바 삼상회의 결정이 전해지고 조선민주당 등이 반탁운동을 벌이자 소련은 조만식의 조선민주당을 권력에서 배제했다.

소련군이 진주할 때 김일성 등 항일 무장투쟁 세력도 함께 귀국하여 공산당 조직이 확대되었다. 이들은 1940년 8월 소련군 88여단 소속으로 활동하다가 해방 뒤에는 북한 정권을 수립하는 핵심 세력이 되었다.

미·소가 한반도를 분할 점령했기 때문에 서울의 중앙당은 북한의 공산당 조직을 지도하기 어려웠다. 이에 따라 북한에서는 1945년 10월 10일 '조선공산당 서북 5도 당원 및 열성자 연합 대회'를 열고 조선공산당 북조선 분국을 창설했다. 그러나 이름과는 달리 북조선 분국은 서울에 있는 당 중앙의 지도를 받지 않고 소군정의 유리한 조건을 이용하여 독자적으로 북한에서 혁명을 진행시켜 나갔다.

북조선임시인민위원회와 '민주개혁'

해방 뒤 북한에서도 남한과 마찬가지로 지역마다 인민위원회를 만들어 활발하게 활동했다. 지방 인민위원회는 행정권을 장악하고 치안을 유지하며 공공 기관과 산업 시설을 인수하여 운영했다. 지방마다 인민위원회가 만들어짐에 따라 1945년 11월 19일 북조선 행정 10국이 조직되었다. 행정 10국은 각 도를 연결하면서 경제·문화 활동과 보안 사업을 조절하는 역할을 했다.

1946년 2월 8일 각 정당·사회단체 대표와 지역 인민위원회 대표가 모여

평양에서 열린 환영대회에 나타난 김일성(1945.10)

북조선임시인민위원회를 결성했다. 이 조직은 임시 중앙권력기관의 역할을 했으며, 위원장은 김일성, 부위원장은 김두봉이 맡았다. 임시인민위원회는 "북조선에서 반제·반봉건적 민주혁명을 완수하고 인민민주주의제도를 확립함으로써 북조선을 강력한 혁명적 민주기지로 만들" 목적으로 일련의 '민주개혁'을 실시했다.

북한은 모스크바 삼상회의 결정에 따라 미·소공동위원회가 열리는 동안 '민주개혁'을 서둘러 단행했다. 북한은 미·소가 합의하여 임시정부를 세우기 힘들다고 여기고 북한만의 단독정부 수립에 필요한 물적 기초를 확보하려고 했다. 남한에 우파 정부가 들어설 것에 대비하여 북한만이라도 좌파 정부를 수립하겠다는 뜻이었다. 만약 미·소가 합의하여 임시정부를 구성한다면, 임시정부에 참여할 좌익 세력의 정치 기반을 확고히 하려는 뜻도 있었다. 좌익은 토지개혁과 주요 산업의 국유화가 큰 줄기였던 '민주개혁'을 통해 조선민주당 등 북한 우파 정치 세력의 기반을 제거함으로써 임시정부가 구성될 때 주도권을 잡으려고 했다.

임시인민위원회는 1946년 3월 5일, '북조선 토지개혁에 관한 법령'을 발표하여 토지개혁을 단행했다. 북한에는 주민의 74%가 농민이었고 농가 호수 가운데 4%인 지주가 총경지면적의 58%를 차지하고 있었다. 농가 가운데 70%는 순소작농 또는 반소작농이었으며 자작농은 약 25%에 지나지 않았다. 토지개혁은 '토지를 밭갈이 하는 농민에게!'라는 구호를 내걸고 무상몰수 무상분배의 원칙에 따라 이루어졌다. 토지개혁은 군중을 동원하여 개혁의 열기를 드높인 다음, 빈농을 중심으로 추진해서 20일 남짓한 짧은 기간에 이루어졌다.

토지개혁으로 지주계급은 완전히 사라졌고 부농층이 약화되었으며, 빈농과 중농이 농민의 대다수를 차지했다. 몰수한 토지는 총경지면적의 52%에 이르렀으며 지주 토지 가운데 80%를 몰수함으로써 봉건적 지주 소작 관계가 사라지고 농민적 토지 소유가 확립되었다.

토지개혁에 이어 1946년 6월에는 8시간 노동제를 규정한 '노동법령'이, 7월에는 '남녀평등권에 대한 법률'이 발표되었다. 또 '중요산업국유화법령'을 공포하여 일본인과 민족 반역자가 소유한 공장·회사와 주요 산업을 국유화했다. 중요 산업 국유화는 '사회주의 경제 건설'을 앞서 이끄는 부문이라는 점에서 토지개혁만큼 중요했다.

북한은 토지개혁과 주요 산업 국유화를 뼈대로 한 '민주개혁'을 완수하고 식민지 경제구조를 철폐하여 '민주기지'를 세우려 했다. '민주개혁'은 소련이 점령한 유리한 조건을 이용하여 먼저 북한에서 혁명을 완수하고, 아직 해방되지 못한 곳은 나중에 해방시킨다는 '민주기지론'에 바탕을 두었다. 북한은 친일파 청산과 '민주개혁' 과정에서 지주 등 우파 세력이 월남하여 이들의 저항을 크게 받지 않았다. 그러나 월남한 북한 우파 정치 세력이 남한에서 강력한 반공 세력을 형성했다.

모스크바
삼상회의와
민중항쟁

모스크바 삼상회의와 좌·우 대립

모스크바 삼상회의

미·영·소 연합국은 1945년 12월 16일에 전후 처리 문제를 논의하려고 모스크바에서 외상회담을 열었다. 미국은 한반도 전후 처리 방안으로 미·영·중·소 대표가 사법·입법·행정 등 모든 권한을 행사하는 신탁통치를 실시하자고 제안했다. 이에 소련은 한국의 정당·사회단체와 협의하여 임시정부를 수립한 다음, 이를 통해 4개국이 원조한다는 안을 내놓았다.

　회의 결과, 미·소의 안을 절충·수정한 모스크바 삼상회의 결정안을 27일 확정하고, 모스크바 시간으로 28일 아침 6시에 삼상회의 조약문을 발표했다. 모스크바 결정안의 핵심은 조선을 독립 국가로 만들려면 먼저 민주주의 원칙에 따라 임시정부를 건설해야 한다는 것이었다. 이를 돕기 위해 미·소 공동위원회를 설치하고, 신탁통치는 새로 수립될 임시정부와 협력하여 최대 5년 안에 실시한다는 것이었다. 따라서 신탁통치는 임시정부가 거부하면

실시하지 않을 수도 있는
조항이었다. 처음에 태도
표명을 머뭇거렸던 좌익
은 1946년 1월 3일 모스
크바 결정안 지지로 돌아
섰다.

우익은 모스크바 결정
안 소식이 전해지자 곧바
로 반탁 견해를 보이면
서 반대 운동을 시작했
다. 모스크바 삼상회의가
진행되는 동안 한민당의

신탁통치를 다룬 1945년 12월 30일 자《동아일보》기사

기관지라 할 수 있는《동아일보》는 1945년 12월 27일 자 머리기사에서 "소
련은 신탁통치 주장, 미국은 즉시 독립 주장, 소련의 구실은 38선 분할 점령"
이라는 제목으로 모스크바 삼상회의의 한국 관련 내용을 처음으로 보도했
다. 그러나 이 보도는 미·소의 주장을 거꾸로 보도했을 뿐만 아니라 결정서
내용을 왜곡한 것이었다.《동아일보》는 회담 진행 중에 동경의 맥아더 사령
부에서 미군을 상대로 발행하던《태평양성조기》라는 미국 신문을 인용하여
28일부터 30일까지 사흘 동안 잇달아 신탁통치 기사로 가득 메웠다. 심지어
《태평양성조기》에 실린 12월 27일 자 기사를 인용·번역하면서 마치 '워싱
턴의 통신사'로부터 직접 수신한 것처럼 꾸몄다. 특히 30일자에서는 '탁치
반대! 독립 전취!', '임정 지휘로 국민총동원위원회 설치', '최후의 1인까지
혈투하자', '3천만아 살았느냐? 독립전선에 생혈을 뿌리자!' 하면서 반탁 투
쟁을 부추겼다.

모스크바 삼상회의 결정안 전문이 정확히 알려지지 않은 상황이었으나,

남한에는 이미 반소 분위기가 팽배해졌다. 우익은 대중의 민족 감정을 이용하여 신탁통치 반대 운동을 드세게 일으켰다. 우익은 모스크바 삼상회의에서 소련이 신탁통치를 주장한 것은 조선을 소련의 연방으로 만들려는 속셈이라고 선전했다. 또 모스크바 결정을 지지하는 좌익은 조국을 소련에 팔아먹으려는 매국노라고 공격했다. 이같이 우익은 '모스크바 삼상회의 결정=신탁통치=소련의 적화야욕'이라고 선전하면서 좌익을 몰아붙였다. 미군정은 우익이 이끄는 반탁운동을 묵인하거나 후원했다. 이 과정에서 반탁 대열에 적극 나선 부일 협력 세력은 민족 감정에 편승하여 하루아침에 애국자로 변신했다.

　모스크바 결정안은 미·소가 합의한 구체적인 독립 방안이라고 볼 수도 있겠지만, 조건 없이 곧바로 독립하기를 바라는 대중의 정서에는 맞지 않았다. 일반 대중은 4개국 신탁통치가 한국을 '제2의 식민지'로 전락시킬 것이라 생각했다. 또 우리 민족이 자치능력이 없어서 신탁통치를 받아야 한다는 것에도 동의하지 못했다. 따라서 모스크바 결정안이 국제 정세에서 가장 합리적인 해결 방안이라는 좌익의 설명은 일반 대중을 설득하기에는 한계가 있었다. 《동아일보》는 이런 정서를 이용하고 사실을 왜곡 보도하여 대중을 반소·반공의 소용돌이로 몰아갔다. 모스크바 삼상회의의 내막을 잘 아는 미군정도 왜곡 보도를 내버려 둠으로써 자신에게 돌아올 비난의 화살을 소련에게 돌리는 정치 효과를 거두었다.

국민회의와 민전 결성

우익은 반탁운동을 벌이면서 세력을 넓혀 나갔다. 삼상회의 결정이 알려지자 김구의 임시정부 세력이 반탁운동에 앞장섰다. 1945년 12월 28일 임시정부 세력은 반탁 결의문을 채택하고, '신탁통치 반대 국민총동원위원회'를 결성했다. 국민총동원위원회는 '찬탁=반역자'로 규정하면서 임시정부의 위

신탁통치를 둘러싼 좌우 대립

상을 높이는 데 힘을 쏟았다. 29일에는 우익정당 사회단체 대표가 '신탁관리 배격 각 정당 각 계층 대표 대회'를 열고 '임시정부 봉대'를 주장했다. 서울 시내 경찰서장들도 반탁을 결의했다. 1946년 1월 4일 김구는 과도정권을 수립할 비상정치회의를 곧바로 소집한다고 발표했다.

　그러나 이승만은 이미 독립촉성중앙협의회가 있다는 구실로 비상정치회의의 소집에 부정적 반응을 보이다가, 마침내 김구 세력과 힘을 합쳐 1946년 2월 17일 비상국민회의를 만들었다. 이 과정에서 임시정부에 참여했던 김원봉·성주식·김성숙 등은 비상국민회의가 좌익과 논의하지 않고 우익 세력의 이해만을 앞세워 만들어졌다는 이유로 비상국민회의에서 탈퇴했다.

조공을 중심으로 한 좌익은 모스크바 결정의 신탁통치안이 조선을 곧바로 독립시키는 것이 아니어서 처음에는 태도를 결정하는 데 머뭇거렸다. 그러나 모스크바 결정안의 핵심이 신탁통치가 아니라 임시정부 수립이라는 것을 확인하고 삼상회의 결정을 지지하기 시작했다.

1946년 2월 15일에 모스크바 결정안을 지지하는 조선공산당, 조선인민당, 남조선신민당, 그리고 임정의 진보파인 김성숙(해방동맹), 김원봉(민족혁명당) 등은 우익의 국민회의에 맞서 민주주의민족전선(민전)을 결성했다. 민전은 국제협력노선에 기초한 모스크바 결정안을 관철하여 조선의 자주독립을 실현하려고 했다. 민전은 곧 조직을 정비하고 모스크바 결정안의 내용을 대중에게 선전하는 일에 힘을 쏟았다. 모스크바 결정안을 계기로 국민회의와 민전은 반탁과 찬탁으로 나뉘어 대립했다.

미·소공동위원회와 좌·우합작운동

미·소공동위원회

모스크바 결정안을 둘러싸고 좌·우익이 대립하는 가운데, 1946년 3월 20일 서울에서 제 1차 미·소공동위원회(미·소공위)가 열렸다. 미·소공위는 어느 정당과 단체를 회의에 참여시킬 것인가를 놓고 처음부터 삐걱거리기 시작했다. 소련은 모스크바 결정안에 반대하는 정당·단체와는 협의를 할 수 없다고 주장했고, 미국은 '표현의 자유'를 구실로 소련 측 주장에 반대했다.

협의 대상 문제에서 비롯된 미·소의 의견 대립은 그 뒤 소련이 한발 양보하여 4월 18일 공동성명 5호를 발표하면서 해결의 실마리를 찾았다. 공동성명 5호는 지금까지 반탁 투쟁을 해 왔어도 삼상회의 결의에 지지를

미·소공동위원회의 양측 대표

표명하는 사인을 하면, 지난날의 반탁 행위를 묻지 않고, 임시정부를 수립하는 데 협의의 대상으로 삼겠다는 내용이었다.

공동성명 5호의 타협안마저도 김구와 조소앙 등이 강하게 반대하자, 하지는 1946년 4월 27일 이 선언에 서명한다고 해서 그 정당이나 사회단체가 신탁통치를 찬성하는 것은 아니라는 특별성명을 발표했다. 그 결과 우익의 각 정당 단체는 공동성명 5호를 지지한다는 성명서를 발표했다.

이에 대해 소련은 하지의 성명서가 공동성명 5호의 합의 내용에 벗어난다고 문제 삼았고, 미국이 협의 대상으로 제시한 25개 정당·사회단체 가운데 좌익은 4개뿐이라고 이의를 제기했다. 끝내 미·소는 이견을 좁히지 못했다. 미·소공위는 5월 6일 무렵부터 휴회 상태에 들어가 결렬되고 말았다.

미·소공위가 협의 대상을 둘러싼 문제로 결렬된 것은 모스크바 결정안이 가진 한계 때문이었다. 미·소는 모스크바 결정안을 통해 자기 나라에 우호적인 정부를 세운다는 서로 다른 생각을 가지고 협상을 벌였다. 미·소는 자기에게 조금이라도 불리하면 타협하지 않으려 했다.

미·소공위가 휴회되자 남한에서는 테러와 반소·반공 분위기가 높아졌다. 지방을 돌고 있던 이승만은 1946년 6월 3일 '정읍 발언'을 통해 남한만

의 단독정부를 수립해야 한다고 주장하기 시작했다.

> 이제 우리는 무기 휴회된 미·소공위가 재개될 기색도 보이지 않으며 통일 정
> 부를 고대하나 여의케 되지 않으니 우리는 남방만이라도 임시정부 혹은 위원
> 회 같은 것을 조직하여 38선 이북에서 소련이 철퇴하도록 세계 공론에 호소해
> 야 될 것이니 여러분도 결심해야 될 것이다. _《서울신문》, 1946. 6. 4.

이승만의 단정 발언에 좌익은 물론 한독당에서도 반대 성명을 발표했다. 그해 말 이승만은 미국으로 건너가 미국 관리들과 만나면서 모스크바 결정안을 폐기하고 남한 단독정부를 세우자고 주장했다.

1차 미·소공위가 결렬되었기 때문에 미·소가 타협하여 한반도 문제를 해결하는 것이 어려워졌다. 민전은 6·10 만세 기념 시민 대회(1946.6.10), 삼상결정 1주년 기념 대회(1946.12.27) 등에서 미·소공위를 다시 열라고 요구하고 모스크바 결정안을 통한 통일국가 수립을 계속 주장했다. 그러나 1947년 5월 21일 덕수궁에서 열린 미·소공위 2차 회담은 협의 대상의 좌·우익 비율 문제를 합의하지 못해 결렬되고 말았다.

좌·우합작

모스크바 결정안을 둘러싸고 좌·우 대립이 계속되는 상황에서 미군정은 1946년 4월부터 좌·우합작을 구상했다. 미군정은 1946년 3월 '민주개혁'으로 북한에 사실상 사회주의적 정권이 들어선 것에 조급함을 느껴 남한에서 미국에 우호적인 정치 세력을 확보할 목적으로 좌·우합작을 추진했다.

미군정은 조선공산당 세력을 약화시키려고 대대적인 탄압을 시작했다. 1차 미·소공위가 결렬되고 좌·우합작운동이 진행되는 동안, 미군정은 조선공산당이 위조지폐를 만들었다는 '정판사 위조지폐 사건'을 1946년 5월 15

일에 발표하며 좌익 세력을 본격적으로 탄압했다. 미군정의 탄압은 5월 18일 조공 본부 수색, 조공 기관지《해방일보》정간 처분, 7월 9일 전농 사무실 습격, 8월 16일 전평 서울 본부 급습, 9월 7일 박헌영·이강국·이주하 체포령, 같은 날《조선인민보》·《중앙신문》·《현대일보》정간 처분 등으로 이어졌다. 이러한 조치는 조공을 불법화한 것이나 마찬가지였다.

미군정은 조공 탄압과 함께 좌·우합작을 명분으로 조공에서 중도좌파를 분리시키고, 중도좌파를 중도우파와 결합시켜 남한에서 안정적인 정치 기반을 마련하려고 했다. 나아가 이를 기초로 입법 기구를 만들어 미·소공위에서 미국의 입장을 강화하려고 했다.

한편 국내 정치 세력도 이미 좌·우합작이 필요하다고 느끼고 있었다. '신탁통치'문제가 불거지자 조공·인민당·국민당·한민당의 4당 대표는 좌우합작을 협의하고 1946년 1월 7일 '4당 코뮤니케'를 발표했다. 좌·우합작 움직임은 미·소공위를 둘러싸고 좌·우대립이 계속되는 상황에서 중도 좌·우파인 여운형과 김규식을 중심으로 다시 일어났다. 좌·우로 나뉘어 계속 대립하면 마침내 남북이 분단될 수밖에 없다는 위기감이 이 운동의 배경이었다. 그러나 이들이 좌·우합작을 벌인 목표는 서로 달랐다. 여운형은 좌·우합작을 통해 중단된 미·소공위를 다시 열고, 그 과정에서 중도우파를 좌파로 끌어들인다는 생각이었다. 김규식은 중도좌파와 연대하여 미군정의 지지를 얻어 중도 좌·우파 세력의 독자성을 확보하려 했다.

좌·우익 양쪽은 각각 5명의 대표를 뽑아 좌·우합작위원회를 구성했다. 이들은 7월 초에서 10월 7일 사이 좌·우합작운동을 몇 차례 모색했으나 신탁통치 문제, 토지와 주요 산업의 처리 문제, 친일파 문제 등에서 서로 의견이 달라 끝내 결렬되고 말았다.

미군정은 자기가 바라는 쪽으로 좌·우합작을 이끌려고 뒤에서 조종했다. 미군정이 좌·우합작을 지원한 것은 '남조선과도입법의원(입법의원)'에 중도

1946년 12월 12일에 출범한 남조선과도입법의원(출처 : 국가기록원)

좌익을 참여시키려는 뜻이었다. 미군정은 친미 세력의 기반을 마련하려고 과도입법기구인 '입법의원'을 구성했다. 선출 방식은 지역유지를 통한 간접선거였다. 미군정은 이에 관한 법령을 1946년 8월 제정했다.

좌·우합작위원회는 입법의원 구성에 참여함으로써 결국 성격이 변질되었다. 간접선거로 선출된 의원은 거의 우파였고, 합작운동보다는 남한단독정부 수립으로 기울었다. 입법의원은 1947년 1월 '신탁통치반대 긴급결의안'을 채택해 단독정부 수립을 촉구했다. 입법의원을 좌·우합작에 활용하려던 좌·우합작파는 오히려 그 터전을 잃고 물러나야 했다.

1947년 6월 25일 미·소공위 2차 회담이 열리자 좌·우합작파는 '시국대책협의회'를 구성하는 등 안간힘을 썼지만, 단정으로 흐르는 거센 물결을 막을 수 없었다. 그리고 7월 19일 합작운동의 좌파 지도자인 여운형이 서울 혜화동 로터리에서 총격을 받아 숨졌다.

좌·우익 대결을 피하고 민족이 단결하여 통일임시정부를 세우려는 뜻에서 출발했던 좌·우합작운동은 많은 한계가 있었다. 해방 정국에서 실질적인 힘을 갖고 있던 조공과 이승만, 김구 세력을 뺀 좌·우합작운동은 현실에서 성공하기 어려웠다. 그런데도 미군정은 명망가 출신의 중도 계열만을 대상으로 좌·우합작운동을 추진했다. 이에 조공은 좌·우합작운동을 미군정이 좌익분열정책을 펴는 것으로 규정하고 적대적인 태도를 보였다. 조공은 좌·우 합작 대신 1946년 8월부터 공산당·인민당·신민당을 합당하는 데 힘을 쏟아 1946년 11월 23일 남조선노동당(남로당)을 결성했다.

민중의 생활과 민중항쟁

민중의 생활

일제가 물러나자 조선 경제는 생산이 많이 줄고 물가가 오르는 등 커다란 혼란에 빠졌다. 조선 경제를 지배하던 일본 자본이 철수하고 기술 인력마저 부족한 상태여서 공업생산량이 크게 줄어들었다. 여기에다 남북 단절은 생산 감소를 더욱 부채질했다.

공업 생산량이 줄면서 실업자가 많이 생기고 임금이 크게 떨어졌다. 1944년 남북 노동자 수는 212만 명이었는데, 1946년 11월 남한 전체 실업자 수는 어림잡아 110만 명이나 되었다. 또 해방과 더불어 일제 시기 통제가격 제도가 폐지되면서 노동자의 실질임금 수준도 눈에 띄게 줄었다. 실질임금은 1936년을 100으로 했을 때, 1945년 12월에는 37, 1946년 12월에는 42, 1947년 12월에는 30으로 떨어졌다. 실질임금이 떨어지는 가운데 물가는 오르고 식량파동이 겹치면서 노동자들의 생활은 크게 나빠졌다. 보기를 들면 경성방직 노동자들은 "기숙사는 지옥 같고, 호박죽은 썩었으며, 최근에 영양 부족과 피로로 30명이 죽었고, 약 40%가 폐결핵 환자다. 여공들은 외출할 자유도 없고, 먼 곳에서 온 부모조차 면회할 수 없"는 처지였다.

미군정이 실시한 미곡자유판매정책도 식량문제를 더욱 악화시켜 대중을 '굶주림의 공포'로 몰아넣었다. 이러한 미곡정책은 돈과 쌀을 가진 자본가와 지주, 그리고 중간 모리배만 살찌우는 결과를 가져왔다. 미군정은 자유판매제가 오히려 쌀 파동을 가져오자 이제는 배급제로 바꿨다. 그리고 여기에 드는 미곡을 마련하려고 미곡공출제를 실시하여 농민에게 쌀을 강제로 빼앗았다. 나아가 일제 강점기 때도 없었던 하곡공출제도를 실시하여 가난에 찌든 농민이 '보릿고개'를 넘기는 유일한 수단인 곡식(보리)마저 거두어 갔다. 미군정은 하곡공출을 실시하면서 지주, 군정경찰, 관료로 구성된 '탈취대'를 만들어 쌀을 강제로 빼앗았다.

조선 민중은 해방을 맞이해 새로운 국가를 건설하고 좀 더 나은 생활을 할 수 있을 것으로 믿었다. 그러나 이러한 꿈은 얼마 가지 않아 사그라지고 말았다. 미군정의 잘못된 경제정책 때문에 민중의 생활은 급격히 악화되었으며, 남한 민중의 불만과 저항은 날로 높아 갔다.

> 우리 노동자는 생각만 해도 치가 떨리고 몸서리치는 일제의 압박과 착취 속에서 죽음 같은 노동을 해 왔다. 그러므로 1945년 8월 15일 해방을 맞이하여 미칠 듯한 희열의 춤을 너울너울 추었다. 이제부터는 사람다운 대우를 받을 것이고 생활도 안정되고 곧 모든 것이 향상되리라. 일을 해도 우리나라 건설의 일, 우리들이 잘살기 위한 일! 그 얼마나 희망이 가득 찬 즐거움이 용솟음 쳤으랴! … 그러나 다섯 달이 지난 오늘에도 모든 문제가 해결되지 않고 있다. 직장은 문을 닫고 쌀과 나무는 금보다도 더 귀해지고 오직 굶주림에 울며 추위에 떨고 있다. _노동자 기고, 〈직업과 쌀, 나무를 다오〉, 《해방일보》, 1946. 2. 19.

9월 총파업과 10월 인민항쟁

1차 미·소공위가 결렬되고 좌·우합작운동이 진행되는 동안 미군정이 드러내놓고 좌익을 탄압하자 조공은 대중운동을 기반으로 미군정의 탄압에 실력으로 대응하는 '신전술'을 채택했다. '정당방위의 역공세'를 하겠다는 신전술은 미군정에 압력을 넣어 미·소공위를 다시 열려는 뜻도 있었다. 신전술은 미·소의 협상을 통해 임시정부를 세우려는 조공의 옛 노선에서 완전히 벗어난 전략은 아니었다.

1946년 미군정의 민중 탄압과 미곡 정책에 항의하는 민중의 불만과 시위가 잇달아 일어났다. 이러한 남한 민중과 미군정의 대립은 신전술의 영향을 받아 9월 총파업으로 발전했다.

9월 총파업은 서울 철도국 경성 공장에서 불붙기 시작했다. 1946년 8월 20일 미군정청 운수부는 적자를 벗어나고 노동자 관리를 합리화하겠다는 구실로 노동자 25%를 감원하고, 월급제를 일급제로 바꾼다는 조치를 발표했다. 9월 13일 조선 철도노동조합은 미군정청의 조치에 맞서 임금 인상과 노동조건 개선을 요구했다. 그러나 미군정은 이를 거들떠보지도 않았다.

9월 총파업에 참가한 노동자들

이에 9월 23일 부산 철도 노동자가 파업에 들어갔다. 다음날 서울 철도국 노동자도 파업에 참여했다. 이어 출판·교통·체신·식품·전기 등 전평에 속한 산업별 노동조합원을 중심으로 30만 명이 넘는 노동자가 파업에 참여했다.

처음 파업이 일어났을 때 전평은 '점심 지급·임금 인상', '일급제 폐지와 월급제 실시', '식량 배급' 등의 구호를 내걸었으나, 나중에는 '정치범 석방', '테러 행위 배격', '식민지 교육 반대' 등 정치적 요구도 내세웠다. 미군정은 이 파업으로 다른 나라들이 조선을 자치 능력이 없는 나라로 여길 것이라고 비난하면서 파업을 불법으로 규정하고 탄압했다. 미군정의 운수부장 코넬슨은 9월 총파업을 다음과 같이 회상했다.

> 상황은 마치 우리가 전투에 돌입한 것과 같았다. 우리는 파업을 분쇄해야만 했고, 그 과정에서 혹시 몇몇 죄 없는 사람이 다칠지도 모른다는 생각을 할 겨를이 없었다. 우리는 시 외곽에 정치범 수용소를 세워 감옥이 모자랄 때는 그곳에 파업 노동자들을 수용했다. 그것은 전쟁이었다. 우리는 적어도 전쟁으로 생각했다. 우리는 그 상황을 그런 식으로 대응했던 것이다. _ Meacham, 〈Korean Labor Report〉, 1947

1946년 9월 30일 새벽, 미군정은 무장경찰 2000명과 대한독립촉성노동총동맹, 대한민주청년동맹, 독립촉성국민회 청년회원 1000명을 동원하여 철도파업단을 강제해산시켰다. 사망자 3명, 중상자 수백 명, 1700명이 검거되었다. 9월 총파업은 조선공산당의 지도를 받은 전평이 촉발시켰지만, 전평은 끝까지 계획적으로 파업을 조직하지는 못했다.

비록 미군정의 강력한 탄압으로 철도노조 파업은 무너졌지만 총파업은 끝나지 않았다. 이미 지방으로 번진 노동자 파업 투쟁은 자주독립 국가 수립에 대한 절망, 특히 식량난으로 더는 견딜 수 없는 처지에 몰린 농민의 투쟁과 결합하면서 10월 인민항쟁으로 이어졌다.

1946년 10월 1일 대구역에서는 노동자 파업을 폭력으로 탄압하는 미군정에 맞서 가두시위가 있었다. 이날 경찰은 시위 군중에게 총을 쏘았다. 시위는 계속 퍼져 나가 많은 도시와 농촌에서 민중봉기로 발전했다. 부녀자는 쌀을 요구하고, 노동자는 임금을 올려 주고 쌀 배급을 늘려 달라고 했다. 학생은 경찰의 발포 금지와 무장해제, 애국자 석방 등을 요구했다. 인민항쟁에서 민중이 군정 경찰·군정 관리·지주·경찰서나 관청 등을 주로 공격한 데서도 알 수 있듯이, 해방된 뒤에도 미군정을 등에 업고 다시 나타나 민중을 억압하는 식민지 관료나 친일파에 대한 깊은 원한이 터진 것이었다.

10월 인민항쟁은 경북·경남·전라·충청·제주 등 남한의 주요 도시와 농촌으로까지 번져 경찰관서를 습격하는 등 60일 남짓 계속되었다. 그러나 1946년 11월 중순 미군과 경찰은 무력으로 이를 진압했다. 봉기에 참가한 사람은 100만 명이 넘었다. 그러나 10월 인민항쟁은 전국적인 계획이 없어 고립된 투쟁을 벌이다가 마침내 실패하고 말았다.

10월 인민항쟁을 계기로 미군정은 지방인민위원회를 거의 다 분쇄하고 좌익 세력을 더욱 탄압했다. 미군정이 좌익 세력의 모든 활동을 불법으로 규정하여 탄압하자, 이들은 지하로 몸을 숨겼다. 미군정의 도움을 받아 반대 세력을 물리친 우익은 이제 힘에서 좌익을 앞지르기 시작했다.

단독정부 반대 투쟁과 분단국가 수립

분단의 진행과 민중 투쟁

미국의 단정수립정책

세계 냉전체제는 이미 1947년 3월 대소봉쇄를 선언한 트루먼독트린*으로 시작되고 있었다. 그러나 한국에서는 미·소 합의에 따른 미·소공동위원회가 진행되고 있었으므로 냉전 분위기가 두드러지게 나타나지 않았다. 1947년 5월 다시 열린 2차 미·소공위가 1차 때와 마찬가지로 참여대상 문제로 9월에 휴회되었다. 이에 미국은 한반도 남쪽만이라도 미국에 우호적인 정부를 세우려고 했다. 미국의 남한단정수립정책은 갑자기 이루어진

> **트루먼독트린** 1947년 3월 미국 대통령 해리 트루먼은 의회에서 공산주의 세력의 위협에 대항하는 지역을 돕기 위해 군사·경제 원조를 제공한다는 외교정책 원칙을 선언했다. 이에 따라 그리스와 터키가 공산주의 세력의 활동을 억압할 목적으로 원조를 받았다. 이로써 2차 세계대전 직후 유지되던 미·소의 협력 관계가 무너지고 세계는 냉전 체제에 휩싸였다.

것은 아니었다. 미국은 이미 남한을 점령할 때부터 남한단정을 생각하고 있었으나, 미·소 합의로 정부를 수립한다는 모스크바 삼상회의 결정 때문에 이를 드러내지 않았을 따름이었다.

미국은 2차 미·소공위가 휴회된 1947년 9월 17일 한반도 문제를 유엔으로 넘겼다. 미국의 영향력 아래에 있는 유엔에서 한반도 문제를 다룸으로써 자기 나라에 유리한 방향으로 이끌려는 것이었다. 미·소 합의로 독립 국가를 세우려 했던 모스크바 삼상회의 결정은 휴지가 되었다.

유엔은 1947년 11월 14일 총회에서 한국임시위원단을 구성하고 인구 비례에 따른 남북한 총선거를 실시한다고 결의했다. 선거를 감시하려고 미국이 지명한 7개국으로 유엔한국임시위원단(UNTCOK : 유엔한위)도 만들었으나 우크라이나는 참가하지 않았다. 한국의 앞날을 결정짓는 유엔 토의 과정에 한국대표는 미국이 반대하여 참가할 수 없었다.

1948년 1월 8일 유엔한위가 남한에 들어왔으나, 소련과 북한은 미·소 양군이 철수한 뒤에 자주적 임시정부를 수립해야 한다면서 임시위원단이 북한에 들어오는 것을 거절했다. 남북한 총선거를 실시할 수 없게 되자, 미국은 다시 남한만의 선거를 실시하자는 안을 내놓아 1948년 2월 26일 유엔 소총회에서 통과되었다. 선거 날짜는 5월 10일로 정해졌다.

남한만 단독선거가 실시된다는 소식은 해방 뒤 자주독립 국가를 꿈꾸던 민중에게 날벼락이었다. 남로당, 근로인민당·청우당 등 중도파 정당, 김규식의 민족자주연맹, 김구의 한독당 등 거의 모든 정치 세력은 단독선거를 완강히 반대했다.

오직 이승만과 한민당 등 극우 세력만이 단독선거를 찬성하며 발 벗고 나섰다. 이미 1946년 6월 3일 정읍에서 남한 단독정부 수립을 주장했던 이승만은 1947년 7월 한국민족대표자대회를 조직하여 본격적으로 남한 단독정부 수립 운동을 벌였다. 이승만은 친일파 지주 세력인 한민당과 손을 잡고 선거를 차근차근 준비해 갔다. 이승만과 한민당이 세우려는 정부는 지주와 자본가를 감싸는 반소·친미정권을 뜻했다. 미국은 이들의 단정 수립을 적극 후원했다.

단정수립 반대 투쟁

남북한 총선거를 감시하려고 유엔한위가 입국하자 남로당은 단선단정 반대 투쟁에 나섰다. 남로당은 남북을 점령한 미·소의 군대가 철수한 뒤 외세가 없는 상태에서 우리 힘으로 독립 국가를 건설해야 한다고 했다.

남로당과 전평은 1948년 2월 7일 남한 단선을 꾀하는 '유엔한위 반대, 단선단정 결사반대, 미·소 양군 즉시 철수' 등을 내걸고 '2·7 구국 투쟁'을 벌였다. 투쟁은 영등포 노동자의 총파업에서 시작하여 농민·사무원·학생·시민 궐기로 이어졌다. 민중은 시위·집회·동맹휴학·봉화 투쟁·삐라 살포 등의 방법으로 단선 반대 투쟁을 벌였다. 147만여 명이 참가한 이 시위에서 57명이 사망하고 1만 584명이 검거되었다.

'2·7 구국 투쟁'은 단정을 수립하려는 미국과 그 손발인 유엔한위를 직접 겨냥한 투쟁이었다. 단독선거와 단독정부를 반대하는 민중의 투쟁은 제주에서 가장 치열했다. 제주도에서는 1947년 '3·1절 28주년 기념 제주도 대회'에서 경찰이 총을 쏘아 6명을 죽인 사건이 일어났다. 이는 이듬해 제주 4·3 항쟁의 도화선이 되었다.

1948년 4월 3일 새벽 1시, 한라산의 크고 작은 봉우리마다 한꺼번에 오른 봉화를 신호로 자위대(무장 500명, 비무장 1000명)는 도내 24개 경찰지서 가운데 11개 지서를 일제히 공격했다. 이들은 제주도민을 탄압하던 서북청년단·대동청년단·독촉국민회 등 우익 단체도 공격했다. 제주도 민중이 거세게 투쟁을 벌이자 미군정과 우익 청년 단체들은 앞뒤 가리지 않고 민중을 탄압하여 몇만 명의 희생자를 냈다. '제주 4·3 항쟁'은 선거가 끝난 다음에도 계속

4·3 항쟁으로 피신한 어린이와 여성

남북협상을 위해 38선을 넘는 김구 일행

이어졌다. 그 결과 오로지 제주도에서만 5·10총선거가 이루어지지 못했고, 1년이 지나서야 재선거를 실시할 수 있었다.

단정에 반대하는 여러 정치 세력이 남북연석회의에 모두 모였다. 김구·김규식의 남북협상 제안에 북한은 남북의 여러 정치·사회단체를 포함하는 연석회의를 제안하여 평양에 모였다. 1948년 4월 20일 평양 모란봉 극장에서 남북 정당·사회단체 대표 연석회의가 시작되었다. 남한에서 41개 정당·사회단체 대표 396명이 참가하고, 북쪽에서 15개 정당·사회단체 대표 197명이 참가했다. 김구·김규식·조소앙·홍명희·김일성·박헌영 등 주요 정치지도자들을 비롯한 남북의 56개 정당과 사회단체 대표 659명은 미국과 소련에게 군대를 곧바로 철수할 것을 요청했다. 또 이들은 단독선거를 막으려고 투쟁할 것이며 설령 선거를 치른다 하더라도 결과를 인정하지 않을 것임을 분명히 했다.

1948년 5월 5일 남한으로 돌아온 김구 일행은 '남조선단선반대전국위원회'를 결성하여 선거 거부 운동을 펴는 한편, 미군정 사령관 하지에게 미군 철수를 요구했다. 하지는 유엔 결의대로 정부 수립 뒤에 철수할 것이라고 대답했다. 5월 10일 총선거는 예정대로 실시되었다.

남한에서 5·10총선거가 있고 나서 북한은 제2차 연석회의를 제안했다. 그러나 김구는 그 회의가 북한정부 수립을 도와주는 결과가 될 것이라며 응하지 않았고, 김규식도 참가하지 않았다. 6월 29일부터 7월 5일까지 평양에서는 제 2차 남북연석회의가 열렸지만 그때는 이미 좌·우익의 연합은 의미가 없어진 뒤였다.

분단국가 수립

단독정부 수립

극우 세력을 뺀 모든 정당과 민중이 선거를 반대했는데도 미군정은 1948년 5·10단독선거를 밀고 나갔다. 선거에는 이승만, 한민당 세력만이 참여했고 김구와 김규식은 참여하지 않았다. 경찰, 우익청년단과 공무원은 선거를 성공시키려고 선거에 참여하지 않는 사람들에게 쌀 배급표를 주지 않거나 '빨갱이'라고 하는 등 온갖 방법으로 협박했다. 공정한 선거 절차는 무시되었으며, 선거날 투표소 주변에는 국방경비대, 경찰, 우익청년단 등이 지키고 서 있었다.

5월 10일 단독선거로 탄생한 제헌국회는 무소속이 85석으로 가장 많았다. 이승만의 독촉국민회가 54석, 한민당이 29석, 대동청년당이 12석, 민족청년단이 6석을 차지했다. 제헌국회의원 대부분은 이승만, 한민당과 이들에게 우호적인 극우 세력이었다. 좌익과 중도 세력, 그리고 일부 우익 세력은 선거를 거부했다. 그때 등록되어 있던 남한의 정당·사회단체 425개 가운데 선거에 참여한 것은 43개뿐이었다.

1948년 5월 31일 제헌국회가 열려 국호를 대한민국으로 정하고 7월 17일 헌법을 공포했다. 7월 20일 국회에서 초대 대통령에 이승만, 부통령에 이시영을 뽑아 8월 15일 정부 수립을 선포했다. 그러나 대한민국 정부는 통일된 정부가 아니라 반쪽만의 정부에 지나지 않았다. 더구나 전체 우익조차 포괄하지 못했기 때문에 정통성을 갖는 데 어려움이 많았다.

북한은 1946년 11월 도·시·군 인민위원회 선거를 실시하고, 이듬해 2월 김일성을 위원장으로 하는 북조선인민위원회로 개편했다. 한반도에 민주주의 정부가 수립되기까지 북조선인민정권의 최고기관을 자처한 북조선인민위원회는 북한의 '민주개혁'을 이끌었다. 이로써 북조선인민위원회는 사실

5·10 단독선거 홍보 포스터(출처 : 국가기록원)

상 북한 단독정부와 다름없었다.

이렇듯 북한은 1946년 2월 '민주개혁'을 실시한 뒤 통일 정권의 토대를 구축한다며 중앙집권화를 강화했다. 그러다 남한 단독정부가 수립되자 1948년 8월 21일 해주에서 인민대표자대회를 열어 남한 측 대의원 360명과 북한 측 대의원 212명을 선출했다. 9월 2일 평양에서 최고인민회의를 열어 헌법을 제정하고 수상에 김일성, 부수상에 박헌영·홍명회·김책을 선출했다. 9월 9일에는 북한의 단독정권인 조선민주주의인민공화국을 수립했다.

단정수립의 의미

1945년 '해방'은 우리 민족에게 새로운 삶의 시작이었다. 일제가 남긴 유산을 청산하고 반봉건적 소작제도를 철폐하여 민중에 뿌리내린 새로운 국가를 건설하려는 투쟁이 끊임없이 이어졌다. 그러나 결국 남북한에 단독정부가 세워지고 말았다.

김구나 김규식 세력까지도 거부한 채 극우 세력만이 참가한 단독정부는 부일 협력자를 척결하기는커녕 감쌌다. 미국은 남한에 친미·반소 정권을 세우려고 극우 세력을 적극 도와주었다. 남로당을 비롯한 좌익 세력은

1948년 8월 15일 대한민국 정부 수립 경축식

통일된 민족국가를 세우려고 민중과 손을 맞잡고 미국과 극우 세력에 대항했으나 미군정의 탄압으로 그 힘을 잃어 갔다.

남한에 단독정부가 들어선 것은 자주독립 국가를 건설하고 경제적 수탈 구조를 철폐하려는 민중의 과제가 실패로 돌아갔음을 뜻했다. 북한에서는 1946년 2월 임시인민위원회를 세운 뒤 토지개혁, 노동법 제정 등 '민주개혁'을 실시했다. 이 과정에서 친일파를 제거하고 봉건적 관계를 철폐하여 차츰 사회주의 사회로 나아가려 했다. 남북한이 각자 다른 성격의 체제를 성립하면서 한국전쟁의 불씨가 잉태된 것이다.

참고도서

김기원,《미군정기의 경제구조-귀속기업체의 처리와 노동자 자주관리운동을 중심으로》, 푸른산, 1990

김남식·이종석 외,《해방 전후사의 인식》제5권(북한), 한길사, 1989

김성보,《남북한 경제구조의 기원과 전개-북한 농업체제의 형성을 중심으로》, 역사비평사, 2000

브루스 커밍스,《한국전쟁의 기원》, 일월서각, 1989

서중석,《한국 현대 민족운동 연구》, 역사비평사, 1991

안태정,《조선노동조합전국평의회》, 현장에서 미래를, 2002

정용욱,《해방 전후 미국의 대한정책》, 서울대학교출판부, 2003

정해구,《10월 인민 항쟁사》, 열음사, 1988

참고논문

김 정,〈해방직후 조선공산당의 경제정책〉,《한국사론》30, 1993

김무용,〈해방직후 노동자 공장관리위원회의 조직과 성격〉,《역사연구》3, 거름, 1994

안종철,〈미군정기 지역사회의 정치지형과 갈등구조〉,《전남사회운동사 연구》, 광주한국현대사 사회연구소, 1992

안 진,〈미군정의 국가기구의 형성 과정〉, 서울대학교 사회학과 박사학위논문, 1990

이혜숙,〈미군정기 농민운동의 성격과 전개 과정〉,《해방직후의 민족문제와 사회운동》, 문학과 지성사, 1988

전현수,〈소련군의 북한진주와 대북한정책〉,《한국 독립운동사 연구》9, 1995

정병준,〈1946~1947년 좌우합작운동의 전개 과정과 성격변화〉,《한국사론》30, 1993

이승만 정권과
4월
혁명

한국전쟁과
분단 고착화

전쟁의 배경

미·소의 한반도 정책

1947년 3월 트루먼독트린과 마셜플랜으로 구체화한 미국의 냉전 전략은 미·소가 분할 점령한 한반도에도 관철되었다. 미국은 남한에 단독정부를 세운 뒤 일부 군사력만을 남기고 군대를 철수시켰다.

1949년 중국에서 장제스의 국민당이 마오쩌둥의 공산당에게 패배하자, 미국은 일본을 동북아 지역에서 자본주의체제의 중심 국가로 성장시켜 한국, 대만, 필리핀과 연결시킨다는 도서방위선 전략을 세웠다. 아시아에서 소련을 봉쇄할 목적으로 일본을 새로운 균형자로 만들려는 뜻이었다. 미국의 한반도 정책도 남한 정치를 안정시켜 혁명을 막아 보자는 데서 소련과 군사 대립까지도 마다하지 않는 적극적인 정책으로 바뀌었다.

소련은 북한에 강력한 친소 정권을 세웠지만 유럽방위에 더욱 힘을 쏟으려고 미국과 직접 맞서는 것을 피했다. 그러나 중국이 '공산혁명'에 성공하고, 미국이 태평양 방위선에서 남한을 거론하지 않는 '애치슨 선언'*을 발표한 뒤 소련도 한반도 문제에 개입하기 시작했다.

소련은 처음에 북한의 전쟁 계획을 반대했으나, 동북아시아의 정세가 바뀌자 마침내 전쟁을 승인했다. 소련은 한반도에서 전쟁이 일어나면 미국이 개입할 것을 우려하여 중국과 동맹조약을 맺는 한편, 김일성과 박헌영에게 마오쩌둥의 동의를 얻도록 요구했다. 1950년 4월부터 소련은 북한에 군수물자와 공군을 지원하기 시작했다. 소련이 북한의 전쟁 계획을 승인한 것은 한반도 전체를 공산화하여 동북아시아 지역에 대한 미국의 간섭을 배제하고, 잠재적 경쟁자인 일본을 견제하려는 것이었다.

남한의 체제 강화

이승만 세력과 한민당은 1948년 8월 15일 미군정의 도움으로 남한 단독정부를 세웠다. 이승만 정권은 대중적 기반이 약했을 뿐만 아니라 정부 수립 과정에서 민중의 뜻을 거슬렀기 때문에 출발부터 정치 위기에 몰렸다.

이승만은 정부 수립 초기부터 제헌국회 소장파 의원의 반발에 부딪혔다. 소장파 의원은 외군철퇴와 평화통일을 주장했고, 반민족행위처벌법·농지개혁법 등을 만드는 데 큰 역할을 하여 이승만의 정치 기반을 위협했다. 이에 이승만 정권은 1949년 5~6월 사이에 국회 부의장 김약수를 비롯한 소장파 핵심 의원들을 '남로당 프락치'라는 혐의를 씌워 체포했다(국회 프락치 사건). 이 무렵 이승만의 가장 큰 정적이던 김구가 암살되면서 이승만에 대항

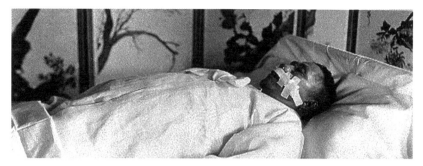

1949년 6월 26일 육군 소위 안두희의 총탄에 숨을 거둔 김구의 장례식

했던 세력은 크게 약화되었다.

　이승만 정권을 가장 위협한 것은 여순 항쟁을 계기로 일부 지역에서 일어
났던 민중의 유격 투쟁이었다. 여순 항쟁은 제주 4·3 항쟁을 진압하라는 출
동 명령을 받은 여수 주둔 국방경비대 군인들이 이를 거부하면서 일어났다.
이 항쟁은 눈 깜짝할 사이에 순천 지역까지 확산되었으나 미군과 경찰의 무
차별 진압으로 9일 만에 끝났다. 여순 항쟁에서 빠져나온 봉기 군인들은 계
속 저항하기 위해 지리산으로 들어가 빨치산 활동을 시작했다. 이 밖에도 지
리산·오대산·태백산 지역에서 빨치산 활동이 있었다. 그러나 1949년 군과

경찰이 겨울을 이용하여 대토벌을
벌여 이듬해 초 빨치산 조직은 거의
사라졌다.

이승만 정권은 이러한 일련의 사
건을 빌미로 1949년 12월에 식민지
시대의 치안 유지법을 본떠 국가보
안법을 제정했다. 이는 정치적 반대

세력을 억누를 법적 장치였다. 또 '히틀러 유겐트[*]'를 떠올리게 하는 군사조
직 형태인 학도호국단을 학교마다 만들었다. 또한 해방 공간에서 자발적으
로 조직되었던 각 지방의 인민위원회·좌파청년 단체·조선노동조합전국평
의회·전국농민조합총 연맹 등 대중 단체에 관계했던 인물을 국민보도연맹
에 강제로 가입시켜 감시·탄압했다.

여순 항쟁을 계기로 이승만 정권은 정치 불안이 깊어지는 가운데 좌익 세
력뿐만 아니라 자신의 정치적 경쟁자와 민중을 탄압하는 체제를 강화했다.

북한의 무력 통일 정책

북한은 1946년 북조선 임시인민위원회를 결성한 뒤 토지개혁을 시작으로
일련의 '민주개혁'을 실시했다. 나아가 '민주기지론'에 따라 북한 내에 먼저
민주기지를 건설한 다음에 북한의 혁명역량으로 남한을 해방시킨다는 통
일정책을 추진했다. 1948년 9월 9일 조선민주주의인민공화국을 수립한 뒤,
1949년 6월 남·북 노동당을 조선노동당으로 합당하고 조국통일민주주의
전선(조국전선)을 결성하여 남한에 통일공세를 강화했다.

북한은 조국전선을 통해 남한에 평화적 조국통일안을 세 차례에 걸쳐 제
의했다. 북한이 제안한 통일 정책은 이승만 정권을 타도하고 정치 자유가 보
장된 상황에서 남북한 총선거를 실시하여 전 조선 최고입법기관을 구성한

다음, 헌법을 채택하여 통일 정부를 세운다는 것이었다. 이와 함께 북한은 '결정적 시기'에 대비한다는 명분으로 무장 유격대를 남파시켜 남한의 무장투쟁을 지원했다. 북한은 남쪽에서 유격 투쟁을 조직적으로 벌이려고 오대산 지구를 인민유격

강동정치학원 1947년 9월 평남 강동군에 월북한 남조선노동당 간부들을 모아 설치한 대남공작원과 유격전 요원 양성소. 북조선노동당은 1947년 8월 미군정이 공산당 활동을 불법화하자 월북한 남로당 당원들을 강동정치학원에 들여보내 대남공작훈련과 유격전 위주의 군사훈련을 시킨 뒤 남파시켜 남로당의 유격 투쟁을 지원했다.

대 제1병단으로, 지리산 지구를 제2병단으로, 태백산 지구를 제3병단으로 편성하고, 강동정치학원* 출신 유격대원들을 11차례에 걸쳐 오대산과 태백산 지구로 내려 보냈다. 그러나 유격 투쟁을 지원한다는 방안은 1950년 봄 무렵 실패로 끝났다.

북한은 1949년 소련과 경제·문화협정을 맺은데 이어 군사원조를 내용으로 하는 군사비밀협정을 체결하는 등 긴밀한 협조 관계를 유지했다. 또 중국과도 군사비밀협정을 맺어 1949년 중반부터 1950년 초까지 4만 명 남짓한 조선의용군을 인민군에 편입시켰다. 북한지도부의 통일 정책은 1949년 9월 15일 스티코프 소련대사가 스탈린에게 제출한 한반도 상황 보고에서 잘 드러난다.

김일성과 박헌영은 현 정세하에서는 평화통일이 불가능하다고 생각하며, 북이 남한 정부를 무력으로 공격하면 남북 양쪽의 인민이 이를 지지할 것이라고 믿는다. 지금 무력 통일을 안 하면 통일이 연기될 뿐이고 그동안 남한 정권은 좌익 세력을 탄압하면서 북진할 수 있는 강력한 군대를 만들어서 결국은 북한 건설을 수포로 돌릴 것이라고 생각한다.

해방 뒤 계속되었던 좌우 대립은 냉전의 골이 깊어지면서 남북의 체제 대

립으로 이어졌다. 남·북한은 자신의 체제를 강화하면서 상대방을 타도해야할 꼭두각시 정권으로 비난했다. 이승만은 미국에게 더 많은 군사원조를 얻어 내려고 북진 통일을 주장했고, 김일성은 '민주기지론'에 따라 '남조선 해방'을 내세웠다. 1949년 38선에서 일어난 874회에 이르는 크고 작은 전투는 한국전쟁이 다가오고 있음을 알리고 있었다.

전쟁의 전개 과정

인민군의 공세와 남진

38선 곳곳에서 일어난 크고 작은 군사 충돌은 1950년 6월 25일 북한인민군이 총공세를 펴면서 전면전으로 발전했다. 인민군은 3일 만에 서울을 점령한 뒤, 이어 미군 제 24사단과 싸워 대전을 점령했다. 7월 하순에는 경상남북도를 뺀 남한 지역을 점령했다.

6월 25일 주한 미국대사 무쵸에게 전쟁 소식을 들은 미국은 북한의 군사행동을 소련의 공산화 전략으로 여기고 곧바로 전쟁에 개입했다. 미국은 소련이 불참한 유엔안전보장이사회에서 한국의 군사 원조를 권고하는 결의문을 통과시켜 유엔군을 만들었다. 16개국 군대로 이루어진 유엔군은 공군의 98% 이상, 해군의 83.8%, 지상군의 88%가 미군으로 구성되어 미국군이나 마찬가지였다. 유엔군의 지휘권을 장악한 미국은 7월 14일 이승만에게 한국군의 작전지휘권까지 넘겨받았다.

남한의 90%를 점령한 북한은 '조국해방전쟁'과 '반봉건민주주의혁명'을 동시에 수행한다는 방침 아래 점령지에서 후퇴할 때까지 3개월 남짓 여러 정책을 실시했다. 먼저 북한은 당과 인민위원회를 비롯한 민주청년동맹·여성동맹·농민동맹·문화단체총연맹 등 여러 사회단체를 다시 만들었다.

이를 바탕으로 북한은 토지개혁을 비롯한 사회경제적 개혁 정책을 실시했다. 북한은 남한 전체 1526개 면 가운데 1198개 면에서 토지개혁을 실시했다. 그것은 무상몰수와 무상분배의 원칙 아래 소작제도를 폐지하고, 지주와 정부 땅을 토지 없는 농민과 소작농민에게 분배하는 방식으로 이루어졌다. 그 결과 점령 지역에서 몰수한 토지 가운데 약 38%를 국유화했고, 점령 지역 농가 가운데 66%가 몰수한 토지를 분배받았다. 그 밖에도 8시간 노동 등의 노동법령을 공포했다. 친일·친미파로 규정된 사람들 대부분을 공직에서 쫓아내거

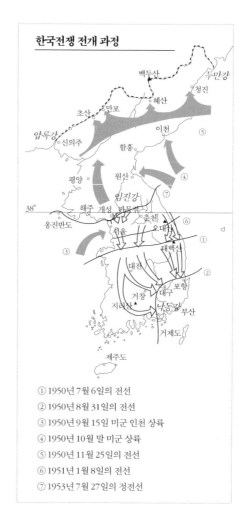

한국전쟁 전개 과정

① 1950년 7월 6일의 전선
② 1950년 8월 31일의 전선
③ 1950년 9월 15일 미군 인천 상륙
④ 1950년 10월 말 미군 상륙
⑤ 1950년 11월 25일의 전선
⑥ 1951년 1월 8일의 전선
⑦ 1953년 7월 27일의 정전선

나 처벌했다. 북한이 실시한 점령 정책은 해방 직후 북한에서 실시한 '민주개혁'과 같은 내용을 담고 있었으며, 전시 동원을 효율적으로 처리하려는 또 다른 목적도 있었다.

유엔군의 공세와 북진

대구와 부산을 근거지로 삼아 반격전을 벌이던 유엔군은 1950년 9월 15일

에 인천 상륙을 계기로 전세를 한꺼번에 뒤집었다. 9월 28일 서울을 되찾은 유엔군은 10월 7일에 38선을 넘어 평양을 점령한 뒤 계속 진격하여 한국과 중국 경계선 근처까지 나아갔다. 낙동강 방어선과 경인 전선 사이에서 인민 군은 패주를 거듭했고, 후퇴할 때 대열에서 떨어져 나온 인민군과 여기에 합류한 일부 세력은 남한 곳곳에서 유격 부대를 만들어 유격전을 벌였다.

유엔군이 38선을 넘어 진격하자 중국은 이를 자기 나라를 침략하는 앞 단계로 판단했다. 중국 외교부장 저우언라이周恩來는 중국 인민은 자기 이웃이 제국주의자에 유린당하는 것을 태만하게 구경하지 않겠다며 한국전쟁에 참여할 수 있음을 밝혔다. 이에 대해 미국무성 동북아 과장 앨리슨은 무력 개입하여 북한군을 제거하고 유엔 감시 아래 통일국가를 건설하자고 주장했다. 국무장관 덜레스와 국무성 극동담당 차관보 러스크의 강력한 지지를 받은 이 주장은 단순히 전세를 역전하는 것에 만족하지 않고 한반도를 무력 통일하겠다는 의도였다. 미국의 이러한 정책은 한국전쟁에 중국이 참여할 수 있는 명분을 주었다. 그리하여 한국전쟁은 2차 대전 뒤 자본주의 진영과 사회주의 진영이 처음 맞붙은 전쟁으로 치닫게 되었다.

이때 미국과 남한정부는 북한 점령 지역의 관할권 문제로 대립했다. 미국의 합동참모본부는 맥아더에게 "38선 이북 지역에 대한 군사작전과 점령에서 한국정부와 한국군의 협조를 받을 수 있으나, 북한 지역에 대한 한국정부의 주권은 공인되

38선을 뚫고 북진하는 국군 화랑부대

어 있지 않으므로 통일을 위한 유엔
의 또 다른 조치가 있을 때까지 주권
의 확대를 인정해서는 안 된다"라고
지시했다. 유엔 한국관계 소총회는
미국이 작성한 북한 점령 지역 행정

유엔한국통일부흥위원단 한국전쟁 때 열린 제 5차 유엔총회에서는 1) 유엔한국위원회의 임무인수, 2) 한국의 통일·독립·민주정부의 수립, 3) 한국 재건을 임무로 하는 유엔한국통일부흥위원단을 두었다.

조치에 관한 결의문을 통과시키고 유엔한국통일부흥위원단(UNCURK)*을 구성하자고 결정했다. 유엔한국임시위원회에서는 유엔군 총사령관이 북한 지역을 임시로 통치하도록 결정했다.

그러나 이승만 정권은 '북한 점령은 대한민국의 실지회복'이라는 명분을 내세워 이북의 해당 지역에 대한 법적 권한을 한국정부가 행사해야 한다며 유엔 결의를 인정하지 않았다. 이어 10월 10일 독자적으로 38선 이북 모든 지역에 계엄령을 선포하여 계엄민사부를 두고 도별 책임자를 임명했다. 맥아더는 10월 23일 북한 지역에 파견한 남한 관리들을 철수할 것을 남한정부에 정식으로 요청했고, 이튿날 유엔군 사령부에서 선발한 관리위원 12명을 취임시켰다. 이렇듯 유엔군 사령부와 남한정부가 따로 관리를 임명했기 때문에 점령한 북한 지역에서 일관된 정책을 펴지 못했다.

중국의 참전과 휴전협정

1950년 10월 25일에 중국군이 한국전쟁에 참여하면서 전세는 다시 뒤집어졌다. 유엔군은 중국군의 공세에 밀려 평양, 흥남에 이어 1951년 1월 4일, 서울에서 철수하고 오산 근처까지 밀려났다. 유엔군은 다시 반격하여 1951년 3월 14일 서울을 되찾았다. 그 뒤 전쟁은 38선을 사이에 두고 밀고 당기는 공방전으로 이어졌다.

중국군 공세로 유엔군이 후퇴하자 트루먼은 원자폭탄을 사용할 뜻을 내비쳤다. 특히 맥아더는 만주 지방을 폭격하고 대만의 장제스 군대를 중국 남부 지방에 상륙시켜 제2전선을 만들자고 주장했다. 전쟁 확대론은 한국전쟁이 제3차 세계대전으로 발전할 것을 걱정한 영국 등이 강력하게 반대하여 저지되었다. 이 때문에 맥아더는 1951년 4월 11일에 유엔군 총사령관직에서 해임되었다.

미국의 한반도 정책은 이제 서로 협상하여 전쟁을 끝내는 정책으로 바뀌었다. 휴전 교섭은 소련 유엔대표 말리크가 낸 휴전 제의를 미국이 곧바로 받아들임으로써 시작되었다. 1951년 7월 10일 개성에서 미국, 중국, 북한이 참가한 가운데 휴전회담이 열렸다. 주요 의제는 군사경계선 설정 문제, 휴전 실시를 위한 감시 기관 구성 문제, 포로 교환 문제 등이었다. 작전권이 없었던 남한정부는 전쟁 당사자이면서도 휴전회담에 참여하지 못한 채 그저 휴전회담을 반대할 뿐이었다.

휴전회담은 포로 교환 문제로 벽에 부딪혔으며, 이 문제를 합의하는데 무려 1년 6개월이나 걸렸다. 미국 쪽은 포로 개개인의 자유의사에 따라 원하는 포로만 교환하자는 '자유송환원칙'을 내세웠다. 그러나 북한·중국 쪽은 모든 포로는 자기 나라로 돌아가야 한다는 '강제송환원칙'을 주장하여 회담이 잘 이루어지지 않았다. 미국이 자유송환원칙을 끝까지 지키려 한 까닭은 공산포로들이 자기 나라로 가지 않으려 할 때 미국으로서는 전쟁의 명분과 위신이 높아질 뿐만 아니라, 공산주의와 이데올로기 싸움에서 승리한 것처럼 보일 수 있었기 때문이다.

회담이 늘어지는 사이 전투는 더욱 치열해졌다. 미 공군은 1952년 6월에 압록강 수풍댐을 비롯한 10여 개의 발전소를 폭격했다. 7월에는 '평양북폭'을 한 지 이틀 만에 7000여 명이 사망했다. 또 한국군과 미군도 김화전투에서 많은 피해를 입었다.

한때 중단되었던 회담은 미국에서 아이젠하워가 대통령으로 당선되고 소련에서 스탈린이 죽는 등 정세가 바뀌면서 빠르게 이루어졌다. 휴전회담이

1953년 7월 27일 유엔군 대표와 북한 대표의 휴전협정 조인. 휴전회담이 열린 지 2년 1개월 만이다.

진전될수록 이승만 정권의 휴전 반대 데모도 격화되었다. 북진 통일을 구실로 휴전을 반대한 이승만의 속셈은 미국에게 한국 방위를 보장받으려는 데 있었다. 이는 1953년 5월 30일 이승만이 아이젠하워에게 보낸 편지에서 휴전협정 조인에 앞서 한·미 양국의 상호방위조약을 체결한다면 휴전을 지지하겠다고 한 데서도 알 수 있다. 이승만은 6월 8일 휴전회담에서 포로송환 협정이 조인되자 6월 18일 일방적으로 2만 5000명의 '반공 포로'를 석방했다. 마침내 이승만은 한미상호방위조약 체결, 장기적인 군사·경제 원조, 한국군 증강 등의 약속을 미국에게 받아낸 뒤에야 휴전협정에 동의해 주었다.

　이승만 정권이 일방적으로 반공 포로를 석방하자 휴전회담은 또 한 번의 위기를 맞이했으나, 미국이 휴전을 적극 요구하여 1953년 7월 휴전협정이 체결되었다. 휴전협정에 따라 한반도 문제를 평화적으로 해결하려는 정치회의가 1954년 4월 제네바에서 열렸으나 아무런 성과 없이 결렬되고 말았다.

전쟁이 남긴 것

민간인 학살

한반도 남북에 서로 다른 정권이 들어선 지 2년이 못되어 남·북한은 전쟁으로 자기 체제에 걸맞은 통일국가를 세우려 했다. 그러나 전쟁은 참혹한 피해만 남긴 채 휴전으로 끝났다. 전쟁 때 가장 먼저 일어난 민간인 학살은 '국민보도연맹원' 학살이었다. 국민보도연맹은 여순 항쟁 뒤에 반공검사들이 주도하여 "좌익 인사들을 전향·교화시켜 선량한 대한민국 국민으로 포섭한다"라는 뜻으로 만든 단체였다. 그러나 국민보도연맹은 '대한민국 절대지지', '북한정권 절대반대', '공산주의 타도분쇄' 등의 강령에서 알 수 있듯이 '좌익 전력자'를 가입시켜 만든 반공 행동부대였다. 강제 가입이 원칙이었고 지방에서는 할당된 인원 수를 맞추려고 좌익 전력자, 부역자 말고도 '쌀 준다', '비료 준다'라는 사탕발림으로 일반 사람들도 가입시켰다. 국민보도연맹은 창설 1주년 만에 연맹원 수가 30만 명이 넘었다.

그런데 전쟁이 터진 그날 오후, 요시찰인을 모두 검거하고 형무소 경비를 강화하라는 명령서가 치안국장 명의로 각 경찰서에 내려지면서 보도연맹원 학살이 시작되었다. 학살은 헌병·경찰·방첩대가 주도했다. 전쟁이 터진 뒤 2개월 동안 서울·경기·강원 북부 지방을 뺀 남한 곳곳에서 학살당한 국민보도연맹원 수는 10~15만 명에 이르렀다.

군인들이 저지른 민간인 학살도 많았다. 전쟁 직후에 대전·대구·부산 등 전국 형무소에 갇혀 있던 기결수와 미결수를 포함한 2만 명 남짓한 수용자들을 학살했다. 또 중부 지방에서 전쟁이 교착 상태에 빠져 있던 1951년 2월 8일에서 11일 사이 지리산 자락에 있는 경상남도 산청·함양·거창 지역의 촌락 주민 1,424명이 빨치산과 빨치산 내통자를 색출하여 처형한다는 구실로 학살되었다.

전주형무소에서 학살된 민간인

　충북 영동군 황간읍 노근리 사건은 전쟁 가운데 미국이 저지른 대표적인
민간인 학살이었다. 1950년 7월 26일 국군과 미군의 '소개명령'에 따라 이
동하던 500명 남짓한 피난민이 미군 전투기 폭격과 미군 총격에 사살되었
다. 미군에게 내려진 명령은 '어떤 피난민도 작전 지역을 통과시키지 말라',
'그들을 적으로 간주하라'였다. 여자, 어린아이, 노인 등 노약자를 포함한 피
난민을 모두 적으로 여긴 것이다.

　인민군의 학살은 악덕 지주, 경찰, 공무원 또는 전향하여 좌익 색출에 앞

장섰던 사람들에 대한 '반동분자' 색출을 구실로 삼거나, 보도연맹원과 좌익 학살에 대한 보복 형태로 이루어졌다. 전북 옥구 지역 1202명과 경기 고양군 금정굴의 태극동지 회원 38명 학살은 보복 학살의 대표적인 보기이다.

전쟁 피해와 영향

전쟁의 가장 큰 피해자는 남북한 민중이었다. 남북한 인구 3000만 명 가운데 약 1/6이 전쟁으로 피해를 입었다. 특히 전투인보다 비전투인인 민간인이 더 많은 피해를 입었다. 전쟁이 길어지고 점령군이 자주 바뀌면서 전투와 직접 관련이 없는 희생이 컸다. 보복 학살, 부역자 처벌, 굶주림 등으로 목숨을 잃은 사람이 많았다.

경제적 손실도 엄청났다. 남한에서는 1951년 6월 이전에 제조업의 48%, 농업의 14.3%, 광업의 3.2%가 파괴되었다. 정부 집계에 따르면 총피해액은 약 30억 3200만 달러에 이르렀다. 이는 1945년부터 1961년까지 미국과 유엔이 한국에 제공했던 원조 총액 31억 3900만 달러에 버금가며, 전쟁 전

한국전쟁에 따른 인명 피해 (단위 : 명)

자료	구분	군인		민간인		기타	
		한국	북한	한국	북한	유엔군	중국군
한국 정부 발표	사망	147,000	520,000	244,663	–	35,000	–
	부상	709,000	406,000	229,625	–	115,000	–
	행방불명	131,000	–	330,312	–	151,000	–
	계	987,000	926,000	804,600	2,000,000	151,500	900,000
통일 조선 신문	사망	227,748	294,151	373,599	406,000	36,813	184,128
	부상	717,083	225,849	229,652	1,594,000	114,816	715,872
	행방불명	43,572	91,206	387,744	680,000	6,198	21,836
	계	988,403	611,206	990,995	2,680,000	157,827	921,836

출처 : 유완식·김태서,《북한 20년사》, 현대경제일보사, 1975, 137~138쪽

(1949.4.4.~1950.3.31.) 총국민소득의 두 배가 넘는 규모였다.

북한의 경우 전쟁이 끝날 무렵 생산액은 1949년에 견주어 공업의 64%, 농업의 24%가 줄어들었다. 미 극동 폭격사령부 오도넬이 "중국인들이 오기 전에 막 우리는 지상으로 내려왔습니다. 북한에 더 폭격할 목표물이 없었습니다"라고 말할 정도였다. 거의 모든 도시가 본 모습을 알아볼 수 없을 만큼 파괴되었고, 주택이나 교통·철도·항만 등 사회간접자본은 그 흔적만 남았다.

전쟁은 분단 상태를 더욱 확고하게 했을 뿐만 아니라, 그 뒤 남북한 정권은 각각 체제 이데올로기를 강화했다. 북한의 김일성은 남로당 계열을 비롯한 경쟁 세력을 숙청하고 권력을 자신에게 집중시켰다. 남한에서는 이승만이 강화된 반공 이데올로기를 무기로 진보 세력과 정치적 반대 세력을 제거하고 국민의 기본권을 억압하며 독재정권을 강화해 나갔다.

한국전쟁은 미국·일본·중국 등에도 크게 영향을 미쳐 군사 차원뿐만 아니라 정치·경제 영역에까지 냉전체제를 뿌리내리게 했다. 미국은 전쟁 전의 침체 국면을 벗어나 세계 최강의 경제·군사 대국으로 떠올랐다. 또 한국전쟁은 미·일안보체제를 성립시켜 일본 경제를 부흥시켰고, 일본이 무장하는 길을 열어 주었다. 중국은 한국전쟁에 참전함으로써 안으로 마오쩌둥과 공산당의 지도력을 높였으나 대만과 통일할 기회를 잃어버렸다.

이승만 정권과
원조 경제

이승만 정권의 강화

'반민특위'의 좌절

친일파·부일협력자 문제는 반민족행위처벌법(반민법)의 제정을 둘러싸고 다시 드러나기 시작했다. 1948년 8월 소장파 의원들은 "1948년 8월 15일 이전에 악질적인 반민족행위를 처벌하기 위한 특별법을 제정할 수 있다"라는 헌법 제101조에 근거하여 반민법을 만들려고 했다. 친일파들은 "친일파 처단을 주장하는 자는 빨갱이"라며 반민법을 제정하려는 국회의원을 공산당이라고 몰아붙이는가 하면, 반민법 제정을 "민족분열을 조장하는 공산당의 짓과 다름없다" 하면서 거세게 반대했다. 친일파가 반대하는 가운데 국회는 9월 7일 심의를 마친 반민법을 행정부로 보냈다.

이승만은 "해방 직후 처단하지 못하다가 3년이 지난 지금 처단한다는 것은 현실적으로 볼 때 우려되는 바가 적지 않은 일이며 혹은 이 일로 말미암아 민심이 정부에서 이탈할 것"이라며 반민법 공포를 거부했다. 이승만과 그를 에워싼 친일파가 반대했지만, 친일파를 처단하라는 국민 저항에 맞닥뜨려 정부는 1948년 9월 22일 반민법을 공포했다. 국회에서는 반민족행위특별조사위원회(반민특위) 특경대를 두고 친일파를 처단하려는 활동을 벌였다. 반민특위 활동이 1949년 1월부터 활발해지자 이승만은 친일파를 적극 옹호하며 반민특위 활동을 비난하고 방해했다.

반민특위가 전 종로경찰서 수사과장 노덕술을 구속하자, 이승만은 오히려 그를 풀어 줄 것을 요구했다. 노덕술은 식민지 시기 특별고등경찰 출신으로 서울 종로경찰서 사범주임, 평양 선교경찰서 서장 등 30년 동안 일제 경찰관으로 활동하면서 독립투사를 고문한 것으로 악명이 높았고, 그 공로로 훈7등의 서훈까지 받은 친일경찰 출신이었다.

> 경찰 기술자 중에 기왕 죄범이 있으나 지금 치안에 필요한 이유를 내가 누누이 설명한 바는 그 사람들의 죄상은 법으로 재판할 수 있고 처벌할 수 있으나 그 사람들이 뒤에 앉아서라도 기술은 상당히 이용해서 모든 지하공작과 반란음모들의 사건을 일일이 조사하여 인명을 살해하고 난동을 일으키는 위험한 상태를 미리 막아서 발호되지 못하게 되어야 될 것이다. _ 공보처,《대통령 이승만박사 담화집》1, 1952, 15쪽

이승만은 반민특위 활동에 적극 참가했던 국회 소장파 의원들을 1949년 5월 '국회 프락치 사건'으로 탄압하여 반민특위를 무력화했다. 이어 6월 6일 내무부차관 장경근의 지시를 받은 경찰이 반민특위를 습격하고 특경대원과 직원들을 연행함으로써 반민특위 활동은 사실상 막을 내렸다. 더욱이 이승만은 1950년 6월 20일까지였던 반민법 공소시효를 1949년 8월 31일로 앞당겨 끝내 친일파들에게 완전한 면죄부를 주었다.

이승만이 친일파 처벌을 반대한 것은 이들이 정권의 중요한 구성원이자 정치 기반이었기 때문이다. 반민특위 활동 실패로 청산하지 못한 식민지 잔재는 그 뒤 반민주적이고 반민족적인 형태로 확대재생산 되어 갔다.

부산정치파동과 사사오입개헌

한국전쟁이 교착 상태에 빠진 1952년은 2대 대통령을 선출하는 해였다. 국회에서 대통령을 선출하는 간접선거제 아래에서 지지 기반이 미약했던 이승만은 재선될 가능성이 적었다. 그리하여 이승만은 자유당을 만들어 폭력적인 부산정치파동을 일으켰다.

미군정 때 당파를 뛰어넘는 국민지도자로서 정당이 필요 없다고 했던 이승만은 1951년 8·15 기념식에서 정당 조직이 필요하다고 주장했다. 이승만의 발언을 계기로 국회 안에서는 원내자유당을, 국회 밖에서는 대한국민회·대한노동조합총연맹·대한농민조합총연맹·대한부인회·대한청년단* 등 5개 어용 단체가 중심이 되어 원외자유당을 결성했다. 이때 이승만이 대통령 직선제와 상하 양원제를 뼈대로 하는 개헌안을 국회에 제출하자 원내자유당은 개헌안 반대를, 원외자유당은 개헌안 찬성을 하면서 대립했다.

> **대한청년단** 정부가 수립된 뒤 조직 기반이 필요했던 이승만은, 1948년 12월 9일 모든 청년 단체를 통합·단일화한다는 구실로 우익 청년 단체인 대동청년단을 중심으로 전국 20여 개의 청년 단체를 흡수·통합하여 만든 단체.

두 개의 자유당이 결성되었으나 원외자유당은 부산정치파동을 거치면서 원내자유당을 흡수했다. 자유당은 이승만을 재선시키려고 만든 정당으로, 대중적 기반을 갖지 못한 관변 사회조직과 경찰을 동원하거나 흡수한 관제 정당이었다.

발췌개헌안을 표결하는 모습(1952.7.4.)

1952년 4월에 처음으로 시·읍·면의회 의원선거와 5월에 도의회 선거를 했다. 이 선거에서 자유당이 승리하면서 이승만은 정권을 강화할 수 있었다. 지방의회를 손에 넣은 이승만은 1952년 5월 대통령 직선제를 내용으로 하는 개헌안을 국회에 다시 제출했다. 자유당은 국회를 해산하려고 지방의원을 동원하여 데모대를 조직했고, 백골단·땃벌떼 등 폭력 조직을 끌어다 야당의원들을 위협하며 공포 분위기를 만들었다. 5월 25일에 이승만은 부산을 포함한 경상남도와 전라남·북도에 계엄령을 선포하고, 이튿날 국제공산당의 자금을 받았다는 혐의로 국회의원 50여 명을 헌병대로 연행했다(부산정치파동). 나아가 경찰과 군으로 국회를 포위한 상태에서 직선제 개헌안을 기립표결로 통과시켰다(발췌개헌). 이승만은 8월 선거에서 총투표 수의 74%인 520여 만 표를 얻어 2대 대통령에 당선되었다. 그 뒤 자유당은 가장 큰 세력인 조선민족청년단* 계

조선민족청년단 1946년 10월 9일 이범석·안호상이 중심이 되어 '국가지상·민족지상'을 이념으로 내세우고 조직한 청년 단체. 유일하게 미군정의 재정적 지원을 받은 단체로, 창립 2주년(1948) 만에 자칭 120만 단원을 이끈 거대 조직이었다.

사사오입개헌에 항의하는 시민들(1954.11.29.)

열을 몰아내고, 당을 다시 정비하여 자유당 1당 독재체제의 기반을 닦았다.

1954년 5월에 실시한 3대 국회의원선거에서 자유당이 크게 승리하여 개헌안을 통과하는 데 필요한 국회의원 재적수 2/3를 확보하자, 이승만은 장기집권에 도전했다. 그는 1954년 9월 국회에 초대 대통령에 한하여 3선 제한을 철폐한다는 조항을 뼈대로 하는 개헌안을 제출했다. 표결에 앞서 자유당은 신익희가 뉴델리에서 전쟁 때 납북되었던 조소앙을 만나 남북협상을 추진하여 한국을 중립화하려 했다는 '뉴델리 밀담사건'을 조작하여 자유당의 표가 흩어지는 것을 막았다. 그러나 표결 결과 재적 203석 가운데 135표의 찬성에 그침으로써 개헌선인 136표에서 한 표가 모자라 부결되었다. 이틀 뒤에 열린 국회 본회의에서 자유당은 부결 선포를 다시 뒤집어 203의 2/3인 135.33에서 사사오입하면 135이므로 개헌안이 통과되었다고 선언했다(사사오입개헌).

자유당이 사사오입과 같은 터무니없는 개헌을 강행하자, 야당 세력은 반이승만 연합 전선을 만들어 1954년 말부터 다음 해 초까지 원내교섭단체로 호헌동지회를 구성했다. 그러나 호헌동지회는 범야 세력에 조봉암 세력을 포함시키는 문제를 놓고 이를 반대한 자유민주파와 찬성한 민주대동파로 갈렸다. 자유민주파는 '반공 이데올로기와 자유자본주의 신념'을 내세우면서 1955년 9월에 민주당을 만들었다.

1956년 정·부통령 선거와 진보당 사건

전국 곳곳에서 폭력이 끊이지 않고 대구에서는 개표가 중단되는 등 험악한 분위기에서 진행된 1956년 정·부통령 선거에서 이승만과 장면이 각각 대통령과 부통령에 당선되었다. 이승만이 당선되어 자유당은 계속 집권할 수 있었지만 장면의 당선은 이승만의 후계 구도에 어두운 그림자를 던졌다. 대통령 후보로 나선 조봉암은 총투표자의 30% 남짓한 지지를 얻어 이승만과 자유당을 긴장시켰다. 반공 이데올로기와 부정선거 속에서도 조봉암이 예상 밖의 많은 득표를 할 수 있었던 것은 국민들이 이승만 정권을 불신했기

법정에 선 '진보당 사건' 구속자

때문이다.

조봉암은 1952년 2대 대통령 선거에 출마하면서 대중 정치인으로 떠올랐다. 그는 식민지 시대 모스크바 동방노력자공산대학을 거쳐 국내에 들어와 박헌영·여운형 등과 함께 화요회에서 활동했고, 조선공산당 창당의 주역이었다. 상하이에서 활동하다가 1932년 일본경찰에 체포되어 7년 동안 감옥살이를 하기도 했다. 1946년 6월 박헌영과 결별하고 전향하여 정부가 수립된 뒤 초대 농림부장관을 지냈고, 제헌의회 의원과 2대 국회의원에 당선되었다.

조봉암은 3대 정·부통령 선거에서 얻은 지지를 기반으로 1956년 11월 10일에 진보당을 창당했다. 진보당은 보수진영인 자유당과 민주당을 비판하면서 노동계급의 독재나 자본계급의 전제를 반대하는 사회민주주의와 평화통일을 내걸고 대중의 지지를 넓혀 나갔다. 진보당의 당세가 빠르게 퍼져 나가자 자유당과 민주당의 보수진영은 이를 철저하게 견제했다.

경찰은 1958년 1월 11일 진보당 위원장 조봉암, 부위원장 박기출, 김달호 등 간부 10여 명을 검거·투옥하고, 진보당을 불법화시켰다. 죄명은 진보당이 내세우는 평화통일론이 국시인 무력 통일에 어긋나며 조봉암이 간첩이라는 것이었다. 조봉암은 1심 판결에서 무죄판결을 받았지만, 2심 판결에서 간첩혐의가 인정되어 사형을 언도받고 1959년 7월 31일 사형당했다(진보당 사건). 진보당은 평화통일조차 불온하게 여겼던 보수 반공 사회에서 진보 세력이 정치에 참여할 수 있는 길을 찾아본 첫 시험대였다.

민중 통제와 반공 이데올로기

1951년부터 이승만 정권은 징병제를 실시하여 군사력을 크게 늘렸다. 읍·면 등의 지방기구에서 병사동원업무를 강화하고, 경찰이나 대한청년단 등이 직접 강제 징집에 나섰다. 이렇게 하여 전쟁이 끝날 무렵, 군은 20개 전투

'북진 통일 학생데모'에서 대형 그림을 앞세우고 행진하는 학생

사단, 72만 병력의 대군을 이루었다.

이승만 정권은 '경찰과 군의 사찰력 강화'를 정부 시정방침으로 삼아 반대 세력을 대상으로 갖가지 용공 조작, 공공연한 암살 같은 반민주적인 폭력을 일삼았다.

이승만 정권은 민중을 더욱 효율적으로 통제하려고 지방 말단 기구를 정비했다. 자유당 일색으로 시·읍·면장을 선출하고, 리·동장을 임명했다. 읍·면장은 국민 납세와 병역 의무를 강조하며, 양곡과 280여 가지에 이르는 온갖 잡세를 거두고, 병사·노무 동원 등의 일을 했다. 뿐만 아니라 주민 동태를 감시하여 때를 가리지 않고 정보 조사 보고서를 제출했다. 이승만 정권은 일제가 민중을 감시할 목적으로 만들었던 '애국반'을 본뜬 '국민반'을 조직하여 주민 통제와 감시를 더욱 강화했다.

국민반은 겉으로는 정부 정책을 국민에게 선전하는 것이었으나 실제는 민중을 감시하는 역할이 더욱 컸다. 국민반장 아래 10~20호 단위로 국민반을 편성하고, 매월 1일 반상회를 열어 통치 행정이 말단까지 침투하도록 했다. 선거 때는 주민을 3인조 또는 5인조씩 묶어 부정선거를 유도하고, 야당 지지자를 색출하여 협박하는 등 부정선거의 도구로 활용했다.

이승만 정권은 국민 통제·감시 기구를 만들었을 뿐만 아니라 반공 이데올로기를 통한 사상 통제도 강화했다. 1953년 공보처에서는 '국민의 멸공의식 앙양과 이를 위한 국민사상선도사업의 강화' 방침을 내걸고 민중의 사상·일상생활까지도 간섭하고 통제하려고 했다. 이에 따라 각 도에 공보관을 설치하고, 정부발행 선전책자와 미 공보원에서 발간한 선전책자를 리·동 특히 국민반을 통해 빈틈없이 배부했다.

반공 이데올로기는 교육을 통해 더욱 체계적으로 강화되었다. 국군 정규군을 증강하면서 "군사력 강화의 근원을 배양한다"라는 방침에 따라 학원을 병영화했다. 1951년부터 고등학생에게는 연간 196시간, 대학생에게는 주 6~8시간의 군사훈련을 확대 실시하면서 학도호국단을 만들었다. 1954년부터 북진 통일 완수를 위해 교육의 모든 기능을 멸공의식의 앙양에 둔다는 방침에 따라 교육공무원의 사상을 다시 심사했다. 이에 중·고교 교사 2000여 명을 해직했고 학교마다 '반공교육요강'을 시달하여 반공교육을 강화했다.

1950년대 한국 경제

농지개혁

해방 뒤 남한에서는 식민지 경제구조와 반봉건적 토지소유 관계를 청산하고 자립 경제를 이루는 것이 큰 과제였다. 그 가운데 무엇보다 토지개혁이 중요했다. 하지만 미군정은 일본인 소유 토지만을 처리했기 때문에 토지개혁은 이승만 정권으로 넘어갔다.

정부는 재정을 확보하지 못했다는 구실로 농지개혁법을 미루었지만 완전히 외면할 수 없었다. 결국 국회는 1950년 3월 10일 보상액과 상환액을 평년작의 1.5배로 하며 상환기간을 5년으로 하는 농지개혁안을 통과시켰다. 조선총독부나 일본인 지주 소유였던 귀속농지는 무상몰수 유상분배로, 조선인 지주 농지는 유상매입 유상분배하기로 했다. 농민은 땅값으로 1년에 평년작의 30%를 내야 했기 때문에 그 자체가 무거운 부담이었다.

그러나 이마저도 해방된 지 5년이나 지난 뒤에 실시되어 그 의미가 크게 줄어들었다. 농지개혁이 미뤄지는 사이, 지주들은 이미 농지를 내다 팔거나 가족끼리 나눠 갖거나 교육재단용으로 명의를 변경해 두거나 염전 등으로 바꾸는 방법으로 농지개혁 대상에서 빼버린 상태였다. 그리하여 1966년까지 농지개혁으로 분배된 면적은 해방 때 소작지 면적의 38%인 약 55만 971 정보에 지나지 않았다.

전쟁으로 농사짓기조차 힘든 상황에서 정부가 실시한 임시토지수득세법臨時土地收得稅法은 농민의 부담을 더욱 늘렸다. 농지를 분배받은 농민은 연간 수확량 가운데 절반 남짓한 현물을 분배받은 농지 값으로 갚거나 토지수득세로 지주와 정부에 내야 했다. 더구나 전쟁 동안 연간 100% 넘게 물가가 오르는 격심한 인플레이션 속에서 현물가로 내는 세금과 농지 값은 농민들에게 큰 부담이었다. 법적 상환기간이 끝난 1955년 3월 당시 상환곡이 전체의 56.8%에 지나지 않을 만큼 농지 값 상환이 제대로 이루어지지 않았다. 빚더미에 눌린 농민들은 농지 값을 다 갚기도 전에 분배받은 농지를 팔고 다시 소작농이 되거나 농촌을 떠났다.

지주는 농지 매수 보상으로 현금 대신 지가증권을 정부로부터 받았다. 지가증권은 국가에서 사들인 농지 값을 5년에 나누어 그해 공정미가로 계산하여 현금으로 보상하는 것이다. 그런데 공정미가가 시중미가의 30~40%에 지나지 않았기 때문에 지주에게는 매우 불리했다. 1955년 5월까지 지가보상이 시행되었지만, 지주들은 전체 보상액 가운데 28%밖에 지불받지 못했다. 또 전쟁과 인플레의 영향으로 지주들이 생계를 꾸리려고 지가증권을 액면가치의 30~70%의 수준으로 팔아 버리는 일도 많았다. 그리하여 지주층의 토지자본을 산업자본으로 바꾸려던 정부 구상은 큰 성과를 거두지 못했다. 일부 대지주만이 지가증권을 담보로 융자를 받아 공장을 불하받으면서 산업자본가로 전환했다.

이승만 정권이 실시한 농지개혁은 농민에게 불합리하게 진행되었지만 반봉건적인 지주 토지소유제도를 기본적으로 해체했고, 자본주의 발전을 촉진시켰다. 또 지주를 거의 없애고 자작농을 창출했다. 그러나 정부의 저곡가 정책과 과중한 조세 수취는 자작농의 기반을 불안정하게 했고 소수 독점자본가를 성장시키는 밑거름이 되었다. 이러한 농민 희생 정책으로 농촌은 사실상 독점자본의 축적 도구가 되었다.

원조 경제

1950년대 이루어진 미국의 경제원조는 한국 사회의 경제구조를 재편하는 가장 중요한 요소였다. 원조는 이승만 정권을 유지하고 육성하는 자금원이자 한국을 미국의 잉여농산물 처리장으로, 미국 군수산업의 무기 시장으로, 대공산권 방어 기지로 만드는 재원이었다.

원조 물자는 주로 식료품·농업용품·피복·의료품 등 소비재와 면방직·제당·제분 공업 등 소비재 산업의 원료였다. 따라서 한국공업은 원조 물자인 밀·원면·원당·유지와 같은 공업원료용 농산물과 그 밖의 원자재를 이용한 원료가공형 소비재 공업만을 발전시킬 수 있었다. 1953년 제조업 전체에서 소비재 부문이 74.4%를 차지한 데 견주어 생산재 부문은 겨우 18.3%

에 지나지 않았다.

원조 물자 가운데 가장 많은 부분을 차지한 미국의 잉여농산물은 한국 경제에 크게 영향을 미쳤다. 1956년부터 들어온 PLO 480호(농산물수출원조법)에 따른 원조는 모두 농산물이었다. 미국이 잉여농산물을 원조한 것은 한국 식량문제를 해결하는 데 도움이 되고자 한 뜻도 있었지만, 1948년 뒤부터 계속된 농업공황에서 벗어나려는 데 더 큰 목적이 있었다. 여기에다 이승만 정권이 정치자금을 확보하려고 필요한 양보다 더 많이 농산물을 들여와 농업경제에 큰 타격을 주었다. 1957~1958년에는 풍작인데도 1956년 대흉작을 빌미로 처음 도입 예정 양보다 50%가 넘게 양곡을 들여왔기 때문에 곡가는 1959년에 1956년보다 31%나 떨어졌다.

원조 품목별 내용(1945~1961) (단위 : 백만 달러, ( ) : %)

종목 원조	기술 원조	시설재	공업원료용 농산물	기타 원자재	연료 비료	최종 소비재	기타	총계
GARIOA		41	11	8	123	205	22	410
		(10.0)	(2.7)	(2.0)	(30.0)	(50.0)	(5.3)	(100)
ECA- SEC		26	37	10	105	20	3	202
		(13.0)	(18.3)	(5.0)	(52.2)	(10.0)	(1.5)	(100)
CRIK		27	41	9	78	260	41	457
		(6.0)	(9.0)	(2.0)	(17.0)	(57.0)	(9.0)	(100)
UNKRA	8	85	12			11	6	122
	(6.0)	(70.0)	(10.0)			(9.0)	(5.0)	(100)
ICA	30	524	297	279	506	35	75	1,745
	(1.7)	(30.0)	(17.0)	(16.0)	(29.0)	(2.0)	(4.3)	(100)
PL480		-	128	-	-	75	-	203
			(63.0)			(37.0)		(100)
총계	38	703	526	306	812	606	147	3,139
	(1.2)	(22.4)	(16.8)	(9.7)	(25.9)	(19.4)	(4.7)	(100)

출처 : 김양화, 〈1950년대 미국의 대한원조와 한국의 자본축적〉,《노동복지협의회 연구논총》3, 1984, 191쪽

미국 구호물자 인수식에 참석한 이승만 대통령(출처 : 국가기록원 누리집 〈사진대한민국〉)

　1950년대 공업화의 주력 산업이었던 삼백공업 원료 역시 값싼 잉여농산물로 충당되어 국내의 밀·면화 생산을 도태시켰다. 밀의 경우 1955년에 국내 수요량 가운데 70%가 우리 밀로 충당되었으나 1958년에는 겨우 25%에 그치고 나머지는 미국산 밀이 대신했다. 미국의 잉여농산물이 마구잡이로 들어오자 국내 곡물 값이 떨어져 농민은 더욱 가난해졌고 자작농은 파산하여 도시 주변에 밀려와 값싼 임금 노동자가 되었다.

　한국 정부는 원조 물자를 마음대로 처리할 수 없었다. 원조 물자가 오면 정부는 그것을 판매한 뒤 그 대금을 대충자금代充資金이라 하여 적립해야 했다. 이 자금은 사실상 미국이 지배하던 한·미 합동경제위원회의 통제를 거친 뒤 쓸 수 있었다. 이러한 방식으로 미국은 한국정부와 한국 경제를 통제했다. 정부재정 가운데 절반 넘게 차지했던 대충자금은 미국에서 무기를 사들이는 등 주로 친미정권을 유지하는 데 썼다.

　1950년대 한국 경제는 원조 경제를 통해 철저히 미국에 종속되어 갔다. 공업 부문도 삼백산업과 같은 소비재 중심이었고, 국내 농업과 아무런 연관을 갖지 못한 채 원자재를 미국에 기대야 하는 종속성을 띠었다. 공업 발전에 필요한 시설재도 미국 독점자본의 상품이었다.

초기 독점자본

1950년대 한국 경제가 자본주의 공업국으로 재편되는 과정은 초기 독점자본이 성장하는 과정이었다. 초기 독점자본가는 미군정과 이승만 정권에 기생한 친미 또는 친이승만 사람이거나 식민지 시대 일제에 기생한 친일매판 자본가, 대지주에서 산업자본가로 변신하는 데 성공한 일부 지주였다. 이들은 귀속재산과 원조 물자를 밑바탕으로 삼아 성장했다.

귀속재산은 1951년부터 1955년 사이에 집중적으로 불하되었다. 이승만

1950년대 중요 대기업체 중 귀속기업체 계승기업 · 창설기업 (단위 : 개, ( ) : %)

업종 \ 구분	불하된 귀속 기업체	국유화된 귀속기업체	일제 때 조선인이 설립한 것	해방 이후 신설된 것	주요 기업체 수
섬유공업화학 — 면방직	12	–	1	3	16
섬유공업화학 — 생사 제조	4	–	–	1	5
섬유공업화학 — 모직 · 경직 · 인견	3	–	–	7	10
섬유공업화학 — 기타 섬유	2	–	1	5	8
섬유공업화학 — 고무 공업	2	–	2	8	12
섬유공업화학 — 기타 화학	3	–	1	4	8
금속 · 기계 공업	4	4	1	1	10
음 · 식료품 공업	3	–	–	6	9
비금속 광물제품	2	–	–	4	6
제재 및 목제품 공업	1	–	2	–	3
인쇄 · 출판업 · 기타	–	–	–	2	2
총 계	36 (40.4)	4 (4.5)	8 (9.0)	41 (46.1)	89 (100)

출처 : 공제욱,《1950년대 한국자본가연구》, 백산서당, 1993, 117 · 191쪽

정권은 귀속재산을 대개 식민지 시기부터 그 회사의 사무직 이상의 직원이 거나 그 회사 소액 주주였던 사람, 미군정 관리였던 사람, 같은 업종 기업체 기술자, 식민지 시기 관리 등 연고자에게 먼저 불하했다.

정부가 정한 귀속 기업체 불하 가격은 시가와 큰 차이가 있었다. 1947년 시가로 30억 환 정도로 평가되던 한 방직공장을 정부는 7억 환으로 결정하여 불하했다. 이마저도 대개 7~15년 동안 분할 상환했기 때문에 사실 무상에 가까운 수준이었다. 이렇게 귀속재산을 불하하는 과정에서 엄청난 특혜를 받아 자본을 축적한 1950년대 자본가들은 자연히 정치권력과 결탁했다.

1950년대 산업화를 이끌었던 제당 분야는 1950년대 말 삼성의 제일제당이 2/3 넘게 지배했고, 제분은 대한·조선·제일 3사가 60%를 차지했다. 면방 분야는 대한방직협회 소속의 방직회사가 독점적 지위를 누렸다. 모방에서는 삼성의 제일모직이 60%를 차지하는 가운데 한국·삼호·대동 등과 더불어 독과점을 형성했다. 시멘트는 동양시멘트가, 판유리는 한국유리가 완전 독점했다. 플라스틱은 낙희화학이 약 60%를 지배했다.

1950년대 주요 대기업체 89개 가운데 불하된 귀속 기업체는 36개로, 40.4%를 차지하고 있었다. 초기 독점자본은 귀속 기업체뿐만 아니라 다른 여러 특혜를 받아 성장했다. 정부는 주로 귀속재산을 불하받은 사람들에게 원조 물자를 독점 배당한다든가 세금을 깎아 주고 낮은 이율로 금융 융자를 하는 등 특혜를 주었다. 금융융자 특혜의 경우, 정부가 원조 물자를 팔아 산업은행에 적립한 대충자금 가운데 일부를 시중금리보다 훨씬 싼 이자율로 장기 융자를 해 주거나 원조 달러를 융자하는 형태였다. 더구나 복수환율제로 운영되던 달러는 1953년 공정환율이 60환 대 1달러였는데 견주어 시중 시세는 180환 대 1달러였기 때문에, 원조 달러를 융자받기만 하면 곧바로 3배로 돈을 불릴 수 있었다. 그 밖에도 독점자본은 정부에게서 독과점 가격을 보장받았다. 이러한 제도를 이용해 독점자본은 면화·설탕 등 원조 물자를 독점 배당받아 그것을 1차 가공한 설탕·밀가루 등의 완제품을 직접 판매하는 유통 과정에서 엄청난 이익을 챙겼다.

1958년 국회의원선거 때 태창방직이 1억 환을, 조선방직은 1억 5000환을 자유당에게 선거 자금으로 제공했듯이, 정부 특혜에 대한 대가로 독점자본가들은 어마어마한 정치자금을 냈다. 이처럼 귀속 기업체 불하와 여러 가지 특혜는 1950년대 초기 독점자본이 성장하는 계기가 되었고, 그 과정에서 한국 사회의 고질적 부정부패의 대명사인 '정경유착'이 뿌리를 내리게 되었다.

4월 혁명

4월 혁명의 배경

3·15 부정선거

이승만 정권이 오랫동안 독재를 하고 독점자본가 위주로 경제정책을 펴자 이승만 정권에 대한 민중의 불만도 높아져 갔다. 1958년 제4대 국회의원선거에서 자유당은 도시에서 지지율이 형편없이 떨어졌다. 1960년에 있을 4대 대통령 선거에 불안을 느낀 이승만 정권은 1958년 이른바 2·4 파동*을 몰고 온 국가보안법을 개악하고, 지방자치단체장을 선거로 뽑지 않고 임명하도록 바꾼 지방자치법 등 악법을 무리하게 통과시켰다. 또 이승만 정권에 비판적이었던《경향신문》도 폐간시켰다. 이는 민중의 기본권을 억누르고 다음 선거에서 정·부통령 후보인 이승만과 이

2·4 파동 1958년 12월 24일 자유당은 무술경관을 동원하여 야당 의원들을 연금시킨 상태에서 대공사찰 강화와 언론통제를 내용으로 하는 국가보안법 제3차 개정안을 통과시켰다.

3인조, 9인조로 짝을 이룬 3·15 부정선거 투표 행렬

기붕을 당선시키는 데 유리한 조건을 만들어 내려는 조치였다.

이승만 정권의 말기적 증상은 3·15 선거를 준비하는 과정에서 절정으로 치달았다. 이승만이 죽은 뒤에도 정권을 지킬 수 있을지 불안해하던 자유당은 다음 선거에서 이기붕을 부통령으로 당선시키려고 온갖 수단과 방법을 가리지 않았다. 자유당은 9개 반공단체를 통합한 대한반공청년단을 선전선동대로 삼고, 1959년 11월부터는 각 지방 관료들에게 미리 사표를 받아 놓은 채 불법 선거운동을 강요했다. 4할 사전투표, 3인조·9인조에 의한 반공개투표, 자유당 완장부대를 동원한 유권자 위협, 유령유권자 조작과 기권 강요, 기권자 대리투표, 내통식 기표소 설치, 투표함 바꿔치기, 득표수 조작 발표 등 구체적인 부정선거 계획도 마련했다.

1950년대 말 반이승만 정서는 더욱 들끓었다. 시민들은 다가오는 1960년의 정·부통령 선거에 큰 기대를 걸었으나 야당 후보 조병옥이 사망함으로써 일시 좌절했다. 이런 좌절과 함께 3월 15일 선거에서 자유당이 저지른 부정행위를 보면서 이승만 정권에 대한 불만이 마침내 폭발했다.

경제 악화와 절대 빈곤

원조 물자에 매달린 1950년대 한국 경제는 1957년을 정점으로 빠르게 침체하면서 불황에 빠져들었다. 1957년 미국은 국제수지가 급격히 나빠지자 무상 원조액을 줄이고 유상 차관으로 바꿨다. 미국의 원조가 줄어들면서 한국 경제는 큰 타격을 받았다. 국민총생산(GNP) 성장률도 1957년에 8.1% 성장한 뒤에 계속 떨어져 1960년에는 2.5% 성장에 그쳤다. 1958년부터 삼백공업의 가동률도 정체되거나 줄었다. 제당 26.1%, 제분 23.3%, 방직 49.2%씩 공장가동률이 뚝 떨어졌다. 많은 노동자가 일자리를 잃고 거리에 나앉았으며, 도시 빈민은 생활이 더욱 어려워졌다. 많은 중소기업도 파산했다.

이와 같은 불경기, 실업, 물가고 속에서 농민·노동자·도시 빈민은 끼니마저 잇기 어려운 생활을 해야 했다. 많은 농민이 무거운 조세 부담, 지가상환 부담 그리고 쌀 등급을 낮게 매기는 데서 오는 부담을 떠안아 마침내 고리대를 쓸 수밖에 없는 부채농이 되었다. 이러한 가운데 영세 소농은 농지를 팔고 다시 소작농이 되거나 정든 고향을 떠나 도시로 모여들었다.

도시로 몰려든 이농민을 기다리는 것은 또 다른 빈곤이었다. 노동자의 평균임금은 2만 153환인데, 세대당 생계비는 4만 509환으로 임금은 기껏해야 생활비의 반밖에 되지 않았다. 그러므로 노동자 가족은 아빠 수입만으로는 생활을 할 수 없어 엄마와 누나는 식모살이로, 형이나 오빠는 구두닦이로, 아우는 껌팔이로 나서야 했다.

북에서 피난 내려와 서울에 정착한 가족의 모습을 그린 영화 '오발탄'은 1950년대 고통스런 민중의 삶을 생생하게 보여 준다. 전쟁의 충격으로 비행기 소리만 들리면 '가자, 가자!'라고 외치는 정신이상의 어머니, 만삭에다 영양실조인 아내, 상이군인으로 사회에 적응하지 못해서 범죄의 길로 빠져드는 남동생, 해방촌의 '양공주'가 된 여동생, 신문팔이를 하느라 학교에 다닐 수 없는 막내 동생, 구멍 난 운동화 대신 고무신을 사 달라고 조르는 어린

딸 그리고 심한 치통에 시달리면서도 병원에 가기 어려울 만큼 박봉에 시달리는 월급쟁이 철호 등이 가족으로 등장한다. '오발탄'은 1950년대 이승만 정권에서 해체된 가족의 모습뿐만 아니라 사회를 짓누르는 경제적 고통과 시대의 아픔을 그대로 보여 준다.

영화 〈오발탄〉 포스터(유현목 감독, 1961). 전쟁 뒤 어지러운 사회와 경제적 고통 속에서 해체되어 가는 가족과 개인의 비극을 그렸다.

민중의 저항

노동자들은 열악한 조건 속에서 대한노동조합총연맹(대한노총) 산하 단위 노동조합을 중심으로 임금 인상과 해고 반대 등 경제 투쟁을 벌였다. 전쟁 중인 1951년 부산 조선방직 노동자는 노동조합을 탄압하는 데 맞서 파업을 했다. 강일매는 사장이 되자마자 20년 넘게 일해 온 노동자를 아무 까닭 없이 해고하고, 올려 주기로 한 임금을 한푼도 올려 주지 않는 등 노동자들을 억눌렀다. 그러나 노동자가 벌인 투쟁은 이승만 정권의 무자비한 탄압으로 꺾이고 말았다. 1952년에는 임금 인상을 요구한 대한석탄공사 산하 노동자 쟁의, 부산 부두 노동자 파업 등이 있었다. 이러한 노동자의 투쟁은 아무런 노동관계법도 없었던 상황에 경종을 울렸다. 이를 계기로 1953년 4월 20일에는 노동조합법·노동쟁의조정법·노동위원회법의 시행령이 공포되었고, 1954년 4월 7일에는 근로기준법이 시행되었다.

1956년 대구 대한방직 노동자 투쟁도 조선방직과 마찬가지로 집단 해고

등이 원인이었다. 노동자는 이 투쟁을 계기로 대한노총 경북지구연맹의 어용적 태도에 반대하여 대한노총 대구지구연맹을 새로 만들었다. 1959년에는 이 단체가 중심이 되어 대한노총을 부정하고 노동운동의 민주화를 내건 전국노동조합협의회를 결성했다.

학생들은 1957년에 들어서면서 이승만의 양아들 이강석의 부정 입학을 규탄하는 서울대의 동맹휴학, 홍익대의 부실재단 철거 요구, 성균관대의 재단 부패 규탄 결의 등 학원의 민주화 투쟁을 벌여 나갔다. 1950년대 후반에 이르러 서울대 문리대의 신진회, 서울대 법대의 신조회, 고대 법대의 협진회, 부산 지역의 암장 등 소규모 이념 서클이 결성되었다.

이승만과 자유당이 독재정권을 연장하려고 온갖 방법을 동원하는 사이 민중 생활은 점점 암담해졌다. 한국전쟁의 영향으로 주춤했던 민중의 저항은 1950년대 후반에 새로운 출로를 찾고 있었다. 이러한 상황은 3·15 부정선거와 맞물리면서 한꺼번에 폭발하여 4월 혁명으로 발전했다.

운동의 전개 과정

반독재 투쟁

1960년 2월 28일 대구에서는 일요일인데도 학생을 강제 등교시켰다. 학생이 민주당 집회에 참여하는 것을 막기 위해서였다. 학생들은 "학생의 인권을 옹호하라", "민주주의를 살려 학원에 미치는 정치력을 배제하자"라는 구호를 외치며 거리로 나섰다.

대구에서 타오른 이승만 정권에 대한 저항은 3·15 부정선거를 계기로 '4월 혁명'으로 이어졌다. 이날 부정선거에 분노한 마산의 학생·시민들은 부정선거 반대를 외치며 시위를 했다. 경찰이 폭력으로 탄압하자 시위는 잠잠

해지는 듯했다. 그러나 4월 11
일 최루탄이 눈에 박힌 김주열
(마산상고 1년, 17세)의 시체가 마
산 앞바다에서 발견되면서 시민
은 더욱 크게 분노했다. 이승만
은 마산시위를 공산당이 들어와
뒤에서 조종한 혐의가 있다고
몰아붙였다.

저항은 누그러들지 않고 온
나라로 번졌다. 대학생·시민으
로까지 확산되자 이승만 정권은
정치 깡패를 동원하여 1960년 4
월 18일 평화 시위를 마치고 귀
가하는 고려대 학생들을 구타했

4·19 직후 철거되는 이승만 동상

다. 19일, 항쟁은 절정에 이르렀
다. 시위대는 국회 앞과 세종로를 중심으로 '역적을 몰아내자', '데모가 이적
이냐 폭정이 이적이다', '3·15선거를 다시 하라', '기성층은 각성하라', '공
산당을 타도하라' 등의 구호를 외치며 시위했다. 시위대는 중앙청 앞, 경무
대 앞에서 경찰과 혈전을 벌였으며, 왜곡 보도를 일삼던 서울신문사와 반공
청년단이 있는 반공회관에 불을 질렀다. 또 내무부, 시경찰국, 이기붕 집 등
을 공격했다. 드디어 경찰은 시위대에 마구 총을 쏘아 '피의 화요일'을 만들
었다. 이날을 계기로 시민·학생의 항쟁은 부정선거 반대를 넘어 이승만 퇴
진 운동으로 발전했다. 이 항쟁에는 초등학생·중학생부터 대학생·시민까
지 참여했다.

노동자들은 4월 항쟁 과정에서 자신의 권리를 내세우기 시작했다. 대한노

총은 1960년 4월 23일 이승만 정권이 위기에 몰리자 자유당의 기간단체에서 탈퇴하고 노동운동의 중립성을 지키겠다는 성명을 발표했다. 4월 26일 부산 노동자들은 학생들의 시위에 합세하여 어용노조 간부를 내쫓아야 한다는 규탄 시위를 벌였다. 이러한 상황에서 대한노총은 그 기능을 거의 잃어버렸다. 그런 가운데 여러 노동조합이 생겨났다. 4월 혁명 희생자 186명 가운데 94명이 하층 노동자 또는 무직자인 데서 알 수 있듯이, 도시 빈민은 시위가 계속되면서 앞장서 시위에 참가했다.

다급해진 이승만은 유화책으로 사태를 넘기려고 했다. 국무위원을 모두 사퇴시키고 이기붕의 부통령 당선을 취소하며, 자유당과 관계를 끊고, 구속 학생 전원을 석방하겠다고 약속했다. 그러나 1960년 4월 25일 쓰러진 학생들의 피에 보답하라는 교수들의 데모를 계기로 사태는 더 걷잡을 수 없게 되었다. 결국 미국이 이승만 지지를 거둬들임으로써 이승만은 4월 26일 하야 성명을 발표하고 하와이로 망명했다.

1960년 4월 26일 미국대사 매카나키는 "오늘은 한국과 해외 우방들이 길이 기념할 날이다"라며 이승만의 사임을 환영했다. 미국이 이승만 지지를 철회한 이유는 이승만 정권이 일본과 군사·경제적 지역통합전략을 제대로 해내지 못할 것이라 판단했고, 이승만 정권이 저지른 파행적 정치가 정권을 안정적으로 유지하려는 미국의 뜻에 어긋났기 때문이다. 또 4월 혁명이 독재 정권의 타도를 넘어 급진적으로 나아가는 것을 막으려는 의도도 깔려 있었다.

4월 혁명은 3·15 부정선거를 계기로 폭발했으며, 학생들의 조직적인 시위 주도로 승리할 수 있었다. 또 미국이 이승만을 포기하고, 미국의 통제를 받던 군부가 시위를 방관한 것도 4월 혁명이 승리하는 데 크게 작용했다.

과도정부와 장면 정권

이승만은 물러났으나 혁명정부는 아직 구성되지 않았다. 1960년 4월 25일 허정은 수석 국무위원으로 과도 내각을 이끌었다. 과도정부는 평화적인 정권 교체, 3·15 부정선거 책임자 처벌, 경찰력의 수습과 정치적 중립화 등을 실시한다고 밝혔다. 그러나 실제로는 법과 질서를 회복하여 치안을 회복하는 것을 가장 중요한 임무라고 밝혀 혁명보다는 현상 유지에 중점을 두었다. 민주당은 4월 혁명을 발전시키는 것보다 다음 권력을 차지하는 데에만 신경 쓰고, 자유당과 협력하여 내각책임제 개헌에 적극 나서는 등 보수 집단의 한계를 그대로 드러냈다. 또 "혁명의 과업은 완수되었으니 학생들은 학원으로 돌아가라" 하면서 4·19가 사회변혁 운동으로 나아가는 것을 가로막았다.

도시중간층과 소시민은 이승만의 하야에 만족하면서 질서 유지를 부르짖는 과도정부의 정책을 지켜보았다. 학생 세력도 이승만의 하야로 일단 봉기가 성공한 것으로 보고, 학원으로 돌아가자는 구호에 뜻을 같이했다. 학원에 돌아온 학생들은 학도호국단을 해체하고 새로 학생회를 조직하는 등 학원 민주화 운동에 힘을 쏟으면서 국민 신생활운동·국민 계몽운동 등을 했다. 그러나 대구와 부산을 비롯한 일부 지역 학생은 국회 해산과 총선 즉각 실시, 발포 책임자 처벌을 요구하는 데모를 계속했고, 시위는 5월 초순 무렵까지 이어졌다.

학생 세력은 7·29 총선을 맞이하여 새롭게 등장한 사회대중당, 한국사회당 등의 혁신 정치 세력에 기대를 걸었다. 자유당 국회의원 후보자들을 낙선시키려고 전국 곳곳을 돌며 선거 계몽운동을 했다. 그러나 민주당은 여전히 부정선거를 저질렀으며 혁신계 인사들에게 은근히 좌익의 딱지를 붙여 패배시켰다. 결국 선거는 민주당의 승리로 끝났다.

선거에서 승리한 민주당은 1960년 8월 23일 대통령에 윤보선, 국무총리에 장면을 뽑았다. 새로 출범한 장면 정권은 국민들의 개혁 요구를 잘 풀어

가지 못하고 신파와 구파로 나뉘어 파벌 싸움에 몰두했다. 장면 정권은 반민주행위자를 처단하는 특별법을 만들기는커녕 시위하는 군중에게 총을 쏘게 한 책임자나 부정선거 관련자들에게 무죄에 가까운 형량을 내렸다. 이와 같이 장면 정권은 4월 혁명의 정신을 이어나가지 못했다.

통일·민주화 운동

학생들은 7·29 총선에서 혁신 세력이 참패하고 자신들이 벌인 4월 혁명을 제대로 완수할 수 없는 장면 정권을 지켜보면서 국민 신생활운동과 국민 계몽운동의 한계를 깨닫기 시작했다. 학생이나 시민들은 뚜렷한 이념을 가지고 4월 혁명에 참여한 것은 아니었다. 해방 뒤 한국 사회에 쌓여 온 모순에 맞서 싸운 것이었다. 따라서 4월 혁명은 독재 정권 타도에 그치지 않고 자연히 분단을 극복하려는 통일 운동으로 발전했다.

통일 문제는 총선 때 혁신정당에서 거론한 적이 있었고, 1960년 8월 15일 북한이 과도적 조치로 남북연방제안을 제시함으로써 대중의 관심을 끌기 시작했다. 9월 3일에는 혁신정당·사회단체들이 민족자주통일중앙협의회(민자통)를 발족하여 통일 논의를 더욱 확산시켰다. 민자통은 대구와 부산의 민족주의적인 인사를 중심으로 구성되었다가 그 뒤 한국사회당 등 5개 정당과 4월 학생청년연맹, 피학살자유가족협의회 등 14개 사회단체가 참가했다. 각 대학은 민족통일연맹(민통련)을 만들어 통일 운동을 했다.

민주화 운동도 더욱 활발해졌다. 대표적인 것은 대구를 중심으로 하는 교원노동조합의 결성이었다. 교사들의 노조 결성 움직임은 곧바로 전국으로 확산되어 한국교원노동조합 총연합회로 나타났다. 또 노동운동의 민주화를 내걸고 1959년에 결성된 전국노동조합협의회(전국노협)는 새로운 노동조합 연합을 결성하려는 운동을 벌였다. 1960년 11월 25일 전국노협은 사실상 해체된 것이나 다름없는 대한노총과 합쳐 한국노동조합총연맹을 결성했다.

장면 정권은 1961년 2월 8일 미국과 '한미경제원조협정'을 맺었다. 이 협정은 원조 계획을 구실로 한국 내정을 감독하고 결과적으로 한국 정부를 통제할 수 있는 것이었다. 학생·혁신 세력들은 이 협정이 자주성을 훼손시키는 불평등한 조약이라며 '전국한미경제협정반대투쟁위원회'를 만들어 협정 반대 운동을 했다. 반정부 분위기와 대중시위에 위기를 느낀 장면 정권이 반공임시특별법, 데모규제법 등 '2대 악법'을 만들려 하자 민중은 '2대 악법' 반대 투쟁도 벌였다. 이 과정에서 그동안 여러 갈래로 나뉘었던 혁신 정치 세력이 하나가 되어 갔다.

　　이러한 민주자주에 대한 자각은 1961년 4월이 되면서 학생 중심의 통일 운동으로 모아졌다. 학생 세력 가운데 선진 그룹과 혁신 정치 세력은 무엇보다도 남북이 통일되지 않는다면 정치 민주화와 자립 경제를 이룰 수 없다고 보았다. 더구나 반민주 세력의 이데올로기 기반은 남북이 서로 맞서는 상황에서 나온 것이므로 이를 해결하려면 남북의 적대적 관계를 철폐하는 민족 통일이 이루어져야 했다. 따라서 변혁 운동은 자연히 남북의 적대 관계와 민족 분단을 해결하려는 통일 운동으로 모아졌다. 5월 3일 서울대 민통련 대의원대회에서 남북학생회담을 제의하는 결의문이 채택되었다. 5월 5일 민족통일전국학생연맹준비회의가 열린 자리에서 다시 결의문과 공동 선언문을 냈다. 13일에는 민자통이 대규모 남북학생회담환영 통일촉진궐기대회를 열어 통일 운동을 지원했다.

　　4월 혁명은 한국전쟁 뒤 움츠러들었던 민중이 역사의 무대에 다시 나타나는 계기를 만들었으며 1960·1970년대 민주화 운동의 저수지가 되었다.

참고도서

강정구, 《분단과 전쟁의 한국현대사》, 역사비평사, 1996

고려대 한국사연구소 기획, 허은 편, 《정의와 행동 그리고 4월 혁명의 기억》, 선인, 2012

공제욱, 《1950년대 한국자본가연구》, 백산서당, 1993

김동춘, 《전쟁과 사회》, 돌베개, 2000

김점곤, 《한국전쟁과 노동당전략》, 박영사, 1973

사월혁명연구소편, 《한국사회변혁과 4월 혁명》 1·2, 한길사, 1990

서중석, 《조봉암과 1950년대》상·하, 역사비평사, 1999

서중석, 《한국현대사 60년》, 역사비평사, 2007

임송자, 《대한민국 노동운동의 보수적 기원 : 1945년 해방~1961년까지》, 선인, 2007

정근식·이호룡 편, 《4월 혁명과 한국민주주의》, 선인, 2010

정병준, 《한국전쟁: 38선 충돌과 전쟁의 형성》, 돌베개, 2006

진덕규 외, 《1950년대의 인식》, 한길사, 1981

최장집 편, 《한국전쟁연구》, 태암, 1990

한국역사연구회 4월 민중항쟁연구반, 《4·19와 남북관계》, 역사비평사, 2000

한국 정치연구회 정치사분과 편, 《한국전쟁의 이해》, 역사비평사, 1990

박정희 정권과 한국 자본주의 발전

박정희
군부 정권의
등장

5·16 쿠데타와 군정

5·16 쿠데타

1961년 5월 16일 새벽 서울, 정적을 깨는 총소리가 났다. 4월 혁명으로 타올랐던 민주화와 민족 통일의 열망을 단숨에 식혀 버린 총소리였다. 박정희는 육사 5·8기생, 해병대와 함께 군부 안에 쌓인 고위 장교들의 진급 불만, '무능한 장면 정권 때문에 생긴 사회 혼란과 정치 불안'을 구실로 쿠데타를 일으켰다.

한국전쟁을 거치면서 60~70만 대군으로 성장한 국군은 남한에서 가장 강력한 반공 세력이었다. 그 지도부는 주로 일본군과 만주군 출신으로 이루어져 있었다. 친미 세력으로 길러진 군은 미국의 동의 또는 의도 아래 이미 두 번이나 이승만를 제거하려는 쿠데타를 계획했을 만큼 정치 개입에 적극적이었다.

1961년 5월 16일 새벽, 포병 5개 대대가 먼저 서울에 들어와 육군 본부를 점령한 다음 방송국·발전소·정부 주요 관서를 장악했다. 뒤이어 쿠데타 세력은 전국에 비상계엄령을 선포하고 군사혁명위원회(의장 장도영, 부의장 박정희)를 구성했다. 쿠데타가 일어나자 사태 수습을 뒤로 한 채 수도원으로 몸을 피했던 장면은 5월 18일 국무회의를 열어 내각 총사퇴를 결정했다. 대통령 윤보선도 박정희의 요청을 받아들여 각급 군 지휘관에게 어떤 유혈사태도 피하라는 내용이 담긴 친서를 써 주었다. 이처럼 군 병력 3600명이 동원된 쿠데타가 성공한 까닭은 장면 정권이 사태 수습에 적극적이지 않았으며, 장면과 갈등했던 대통령 윤보선도 진압을 바라지 않았기 때문이다. 군사작전권을 쥐고 있던 미국도 쿠데타 진압에 적극적이지 않았다.

쿠데타 세력은 5월 16일 군사혁명위원회 명의로 6개 항목의 혁명 공약을 발표했다. 5월 19일 군사혁명위원회를 '국가재건최고회의'로 바꾸고 장도영을 내각 수반 겸 국방장관으로 하는 군사 내각을 세워 군정을 실시했다. 5월 22일 국가재건최고회의는 23일을 기해 정당 사회단체를 해체한다는 내용의 포고 제6호를 발표했다. 이들은 혁명 목적을 이루면 정치인에게 정권을 넘기고 본연의 임무로 돌아가겠다고 했지만, 이 공약公約은 그 뒤 공약空約이 되고 말았다.

미국은 쿠데타 세력이 친미 반공적임을 확인하고 "우리는 정부를 민간인에게 넘겨주려는 군부 지도자들의 강한 의지에 고무되고 있다" 하며 쿠데타를 승인했다. 미국은 그해 11월에 박정희를 초청하여 그에 대한 확고한 지지를 나타냈다.

5·16 쿠데타는 국제 정세와 한국 자본주의의 변화에 따른 대응이기도 했다. 1950년대 기업은 귀속재산 불하, 특혜금융 그리고 미국의 경제 원조로 성장해 왔다. 그런데 미국이 무상 원조를 유상 원조나 차관으로 바꾸면서 한국 경제는 자본축적 방식을 바꿔야 했다. 더구나 4월 혁명 뒤 터져 나온 통

일 운동은 단정 수립 뒤 고착되어 가던 친미 반공 체제를 심각하게 위협했다. 군부는 이런 상황에서 민주화와 통일 열망을 물리력으로 막고 권력 구조와 자본 축적 방식을 재편하려고 한 것이었다.

군정기 정책

5·16 쿠데타부터 박정희가 민간인 신분으로 대통령에 취임하는 1963년 12월 17일까지 군정기 동안 군부 세력은 자신의 정치 기반을 굳건히 하는 조치를 폈다. 국가재건최고회의는 1961년 6월 6일 국가재건비상조치법을 공포했다. 이 법은 "국가와 민족의 위기를 극복하여 진정한 민주공화국으로 재건하기 위한 비상조치로서 국가재건최고회의를 설치"하며, 국가재건최고회의는 "5·16군사혁명 과업 완수 후에 시행될 총선거에 의하여 국회가 구성되고, 정부가 수립될 때까지 대한민국의 최고통치기관으로서 지위를 가진다"라고 규정했다. 7월 3일 장도영이 국가재건최고회의 의장 겸 내각수반 자리에서 물러나고 박정희가 의장으로 취임했다. 내각수반으로 송요찬이 임명되었다.

권력을 거머쥔 군부는 김종필을 부장으로 한 한국중앙정보부(KCIA)를 만들었다. 처음 3000명의 특무부대 요원으로 구성했던 중앙정보부는 1964년에 직원이 37만 명이나 될 만큼 비대해졌다. 이들의 핵심 임무는 '반혁명 분자 색출과 제거, 안정적인 권력 창출'을 위한 기획과 활동이었다.

최고회의는 6월 21일 '혁명재판소 및 혁명감찰부 설치에 관한 법률'을 공포했다. 혁명재판소는 특수범죄처벌에 관한 특별법, 부정축재처리법, 부정선거 관련자 처벌법 등 범죄에 관한 사건을 심판했다. 심판 절차는 국방경비법을 준용했다. 7월 3일에는 반공법을 공포했다. 반공법은 "반공 체제를 강화함으로써 국가의 안전을 위태롭게 하는 공산 계열의 활동을 봉쇄하고 국가의 안전과 국민의 자유를 확보"하는 것을 목적으로 했다. 거기에는 모든 진보 운동을 뿌리째 뽑으려는 의도가 담겨 있었다. 군정은 민주주의 절차를 철저히 무시했으며, 어떠한 비판도 용납하지 않은 채 한 달 동안 무려 1170종류의 신문과 잡지를 폐간시켰다. 4월 혁명 뒤 창간한 《민족일보》 사장 조용수도 이때 사형당했다.

쿠데타 세력은 내부 권력 기반을 강화하려고 군부터 정비했다. 1961년 7월 최고회의 의장인 장도영을 비롯하여 군정 활동에 소극적인 군고위층 44명을 반혁명죄로 체포하고, '정군운동'의 이름으로 40여 명의 장군과 2000여 명의 장교를 예편시켰다. 이어 국회와 지방의회를 해산한 군정은 학술·종교 단체 등을 뺀 정당·사회단체와 기성 정치인의 활동을 금지시켰다. 그리하여 15개 정당과 238개 단체가 해산되었다. 1962년 3월에는 '정치활동정화법'을 발표하여 구정치인 4374명의 정치활동을 금지시켰다. 이는 군정에 반대하는 정치인을 탄압하려는 목적 말고도 민정 이양에 대비하여 정치인을 대중과 분리시키려는 속셈이었다.

사실상 군정의 상부 기관이었던 중앙정보부는 정치에서 이러한 일련의 터 닦기 사업에 앞장섰다. 이 과정에서 중앙정보부는 '정보정치', '공작정치' 시대의 막을 올리면서 한국 정치를 좌우하는 무소불위의 권력 기구로 자리 잡아 갔다. 군부 세력은 부정 축재자 처벌을 내세워 1962년 5월 재벌 총수를 잡아들이고 사치 외제품을 모아 불태우는 한편, 숱한 깡패를 체포해 사회를 '정화'하고 '구악을 일소'하겠다고 나섰다. 이를 두고 사회 한쪽에서는 혼란과 부패를 청산하려면 5·16 쿠데타가 피할 수 없는 조치라고 생각하기도 했다. 또 농가를 안정시키려고 농어촌 고리채 탕감과 농산물 가격 안정 정책을 실시했다.

그러나 농어촌 고리채 정리는 농협에서 농업 자금을 공급해야 할 뒤이은 조치가 없어 실패했다. 농산물 안정 정책도 수출 주도형 경제 전략에 밀려 오히려 물가를 안정시키려는 저곡가 정책으로 이용되었다. 부정 축재 처벌도 구속된 이병철·박흥식 등 15명을 풀어 주고, 공장을 지어 주식을 납부하는 방법으로 경제개발계획에 이들을 참여시키면서 흐지부지되었다. 박정희는 "혁명은 끝났다. 앞으로 남은 것은 재건이다. 기업인들이 앞장서 경제 재건에 나서달라" 했다. 경제성장을 당면 과제로 삼았던 군정은 부정 축재자를 처벌하지 않고 경제 재건의 동반자로 삼았던 것이다.

'군복을 양복으로 갈아입고'

구정치인들을 썩은 정치인으로 몰아 발목을 묶은 군정은 중앙정보부를 동원해 언론인·교수·관리들을 끌어들여 민주공화당을 조직했다. 공화당 창당은 쿠데타 세력 안에서조차 김종필 세력만 알 만큼 아주 비밀스럽게 진행되었다.

중앙정보부는 공화당 창당과 활동에 드는 많은 자금을 마련하려고 '4대 의혹 사건'을 일으켰다. 4대 의혹 사건이란 일본에서 승용차를 면세로 들여와 2배 값으로 판 '새나라 자동차 사건', 일본에서 도박 기계인 회전당구대를 면세로 수입한 '파친코 사건', 1962년 4월 정부 관리 주식을 145배나 뛰게 하여 폭리를 얻은 '증권파동', 미국 병사에게 제공할 '휴가 천국' 워커힐을 건설하는 과정에서 공사 대금을 횡령한 '워커힐 사건'을 말한다. 이 밖에도 군부 세력은 몇몇 자본가가 밀가루·설탕·시멘트 값을 몇십 배 올려 폭리를 얻는 것을 눈감아 주는 대가로 몇십 억의 정치자금을 챙기기도 했다(삼분폭리 사건). 4대 의혹 사건과 삼분 폭리 사건은 '혁명 공약'이었던 '부패일소'가 그저 겉치레일 뿐임을 그대로 드러냈다. 사람들은 이를 두고 '구악舊惡보다 더한 신악新惡'이 생겼다고 비난했다.

군정은 부정한 정치자금으로 비밀리에 공화당을 만들어 민정 이양을 준비했다. 1962년 7월 대통령이 국회 동의 없이 국무총리와 국무위원을 임명할 수 있는 강력한 대통령 중심제의 새 헌법을 마련했다. 헌법안은 1962년

12월 국민투표에 부쳐져 투표자 78% 찬성으로 통과되었다. 이어 박정희는 1963년 4월 대통령 선거, 5월 국회의원선거, 8월 민정 이양 등의 정치 일정을 발표하면서 대통령 출마 의사를 밝혔다.

박정희가 민정 이양 뒤 군에 복귀하겠다고 국민과 한 약속이 1963년 4월 대통령 선거 출마에 걸림돌이 되었다. '군 복귀' 약속에 발목이 잡힌 박정희가 1963년 2월 18일 민정에 참여하지 않겠다고 선언하자, 3월 15일 현역 장교와 하사관이 최고회의

군정 연장을 반대하는 야당 의원과 서울 시민의 시위(1963.3.20.)

앞마당에 집결하여 군정 연장을 요구하며 차량 시위를 벌였다. 수도경비사령부 소속 군인들도 시위에 참여했다. 박정희는 이를 구실로 다음날 군정을 4년간 연장하겠다는 성명을 발표했으나, 재야 정치인과 미국이 반대하여 무산되었다. 이런 가운데 박정희는 대통령 출마를 기정사실로 만들었다.

박정희는 5월 27일 공화당 전당 대회에서 대통령 후보로 지명을 받았다. 8월 15일에는 대통령 선거를 10월 15일, 국회의원 선거를 11월 26일에 실시하기로 결정했다. 박정희 최고회의 의장은 8월 30일 제5군단에서 예편식을 갖고, 다음날 공화당 전당 대회에서 당 총재와 대통령후보 지명을 수락했다. 제5대 대통령 선거는 민주공화당 후보 박정희와 민정당 후보 윤보선의 대결로 압축되었다. 선거 결과 박정희 후보는 윤보선 후보보다 약 15만

취임 선서를 하는 박정희 대통령(출처 : 영상역사관)

표가 많은 469만 2644표를 얻어 당선되었다. 뒤이은 제6대 국회의원 선거에서 야당이 분열하여 공화당은 전체 175개 의석 가운데 110석을 차지하는 압도적 승리를 거뒀다. 박정희 정권의 출범은 민정 이양 약속을 뒤집고 그저 '군복을 양복으로 갈아입은' 군정의 연장이었다.

제3공화국

한일국교정상화와 베트남 파병

1963년 12월 17일 출범한 제3공화국은 미국의 지지를 얻고 경제개발에 필요한 자금과 기술을 끌어들이는 것이 시급한 과제였다. 그 무렵 미국은 북방 사회주의권에 대항하는 친미 반공의 방파제를 구축한다는 동북아 지역 통합전략을 마련하고 강력한 '한·미·일 삼각안보체제'를 구축하려 했다. 그러려면 한국에 강력한 반공 정부가 필요했고 무엇보다 한일국교정상화가 필요했다. 미국의 이러한 동북아 정책으로 일본은 동북아에서 지위가 높아졌으며 한국전쟁 특수特需로 벌어들인 과잉자본을 한일국교정상화를 통해 해소할 수 있었다. 또 박 정권은 미국의 지지를 얻어내고 경제개발에 들어갈 자금과 기술을 끌어들일 수 있는 좋은 기회를 얻었다.

한일국교정상화를 위해 1952년부터 네 차례나 열린 한일회담의 최대 쟁점은 한국 병합이 합법인가 불법인가 하는 문제였다. 그러나 일본이 처음부터 이를 인정하지 않고 오히려 합법을 주장하자, 회담은 개최와 결렬을 거듭하면서 지지부진한 상태에서 벗어나지 못했다. 한국 병합의 불법성을 인정하지 않는 일본의 태도는 1952년 4월 공포하여 발효된 샌프란시스코강화조약에 근거하고 있었다.

샌프란시스코강화조약은 연합국과 패전국 일본이 전후 처리를 위해 맺은 것인데, 여기에 전후 한일 문제의 해결 방향이 정해져 있었다. 미국은 조약을 맺으면서 일본을 아시아의 반공 방파제로 삼으려고 일본에게 태평양전쟁에 대한 책임만 묻고 식민 지배에 대해서는 면죄부를 주었다. 그뿐만 아니라 샌프란시스코강화조약을 조인하기 직전인 1951년 4월 23일, 일본 총리 요시다는 미 국무부 특별고문 존 덜레스와 비밀 회담을 가져 강화조약 조인에서 한국의 참여를 반대하는 의견을 제시했다. 그 결과 미국은 일본의 요구대로 한국을 강화 회담에 조인국으로 참여시키지 않겠다는 각서를 체결했다. 이렇게 미국은 일본의 요구를 받아들여 "한국병합은 합법이었다"며 한국의 연합국 참여를 배제했다. 강화조약에 조인할 자격을 갖지 못한 한국은 일본에 식민 지배의 책임과 배상을 요구할 권리를 박탈당했다. 그 때문에 한국은 일본에 합법적으로 병합됐다가 다시 분리하여 독립한 꼴이 됐고, 배상 문제는 단지 두 나라가 분리됨으로써 생긴 '재정적·민사적 채무·채권' 문제로 변질됐다. 이에 따라 한일회담은 처음부터 한국병합은 불법이라는 한국과 합법이라는 일본의 입장이 충돌하는 자리일 수밖에 없었다.

그러나 1960년대 들어 한·미·일 세 나라의 이해관계가 맞아 떨어지면서 한일회담은 빠르게 진행됐다. 한·일 두 나라 사이의 식민 지배 배상 문제는 청구권 문제로 전환됐다. 이 문제는 미국이 적극 개입하여 1962년 11월 김종필 중앙정보부장과 오히라 마사요시大平正芳 일본 외무상이 맺은 비밀 합의, 즉 "무상 3억 달러, 유상 2억 달러 외에 수출입은행 차관 1억 달러 도합 6억 달러(정식 체결 때 2억 달러 추가)"를 제공하는 것으로 해결됐다(김종필-오히라 메모). 일본은 한국에 제공하기로 한 '무상 3억 달러'를 식민 지배 배상금이 아니라 '독립 축하금'이자 경제협력 자금이라고 선전했다. 이 사실이 알려지면서 한일회담은 국민의 거센 저항을 받아 한때 주춤했으나, 1964년 봄에 다시 추진되었다. 야당 정치인과 학생, 시민들이 '굴욕적 회담'이라며 거세게 저항했으나, 박 정권은 6월 3일 서울 일원에 비상계엄령을 선포하고 군대를 동원하여 시위를 짓눌렀다(6·3 사태).

한일회담은 그 뒤 일사천리로 진행되는 듯 했다. 어업협정도 최대 쟁점이던 '해양주권선' 즉 '평화선* 사수 문제'를 어업협상에서 분리시켜 해결했다. 그러나 마지막 남은 걸림돌이 있었다. 그것은 '구 조약의 처리'와 '무상 3억 달러의 성격' 문제였다. '구 조약의 처리'란 병합늑약을 포함하여 대한제국이 일본과 맺은 조약을 어느 시점에서 무효로 할 것인가 하는 문제였다. 이에 따라 무상 3억 달러의 성격도 달라질 수밖에 없었다. 한·일 두 나라는 이 문제를 한일기본

평화선 1952년 1월 18일 이승만은 '맥아더라인' 철폐 뒤에 한국 연안 수역 보호를 위해 해양주권선언('이승만라인' 또는 '이라인')을 했다. 우리나라 해안에서 평균 60마일에 이르는 수역에 포함된 광물과 수산자원에 대한 주권을 선언한 것이다. 이 선언에 일본이 가장 강력하게 반대했고, 영국·타이완 등도 부당한 조치라고 반대했으나, 이승만이 한일 양국의 평화 유지에 목적이 있다고 명분을 밝힘으로써 이때부터 '평화선'으로 불렸다. 그러나 박 정권이 한일협정에서 체결된 '어업에 관한 협정'에서 평화선에 대한 언급 자체를 제외하면서 평화선 문제에 대한 국내의 비판을 무마하고, 평화선을 철폐해 달라는 일본의 요구를 받아들임으로써 사실상 해체되었다.

샌프란시스코강화조약 조인 당시의 미국부 특별고문 존 덜레스(왼쪽)와 시볼트 주미일본대사(가운데), 일본 총리 겸 외무상 요시다 시게루(오른쪽)(1951.9.8.)

조약 제2조에서 "1910년 8월 22일과 그 이전에 대한제국과 대일본제국 간에 체결된 모든 조약 및 협정이 이미 무효(already null and void)임을 확인한다"라고 합의했다. 한국은 '이미(already)'를 1910년 8월 22일 병합늑약 이전으로 해석하여 병합은 불법이라고 주장했다. 그러나 일본은 1948년 8월 15일 정부 수립으로 해석하여 병합을 합법이라고 주장했다. 두 나라는 병합의 불법성 문제를 각자 편리한대로 해석할 수 있도록 두루뭉술하게 처리하여 '과거 청산'의 불씨를 그대로 남겨두었다.

최대 걸림돌이던 병합의 무효 시점 문제가 해결되자, 한·일 두 나라는 1965년 6월 22일 한일협정을 조인하여 기나긴 한일회담을 마무리했다. 박정권은 경제개발 자금 몇 푼을 받는 것으로 일본에게 과거 식민 지배에 대한 사과 한 마디 받지 못한 채 면죄부를 주었다. 사할린 이주 동포, 강제 징병·징용 피해자 그리고 일본군 '위안부' 등의 개인 청구권은 아예 언급조차 하지 않았다. 게다가 일본은 한일협정 체결로 두 나라 사이의 청구권이 "완

김종필과 오히라의 비밀
회담과 메모

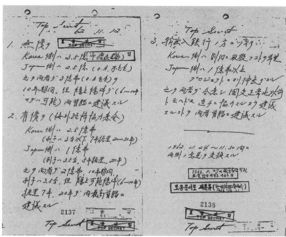

1964년 6월 3일 자《동아
일보》에 실린 청와대 앞
까지 진출한 시위대. 이
날은 그동안 산발적으로
일어나던 시위가 가장 대
규모로 벌어진 날로서,
박 정권은 비상계엄령을
내려 무력으로 시위대를
진압했다.

전히 그리고 최종적"으로 해결됐다고 쐐기를 박아 앞으로 개인 청구권 문제를 완전히 봉쇄했다. 1990년대 이후 지금까지 일본군 '위안부'와 강제 징용·징병 피해자가 일본정부와 기업을 상대로 개인 청구권을 제기할 때마다 일본은 이 조항을 근거로 한일협정으로 모두 해결됐다는 주장을 되풀이했다. 한일협정이 이렇게 반민족적이고 굴욕적인 구걸 외교로 끝난 데는 쿠데타를 합리화하는 경제개발에 필요

1965년 최초로 베트남에 파병된 해병 청룡여단의 장병

한 자금 마련이 시급했던 박 정권의 사정도 있었지만, 한·미·일 삼각안보 체제 구축과 한국군의 베트남 파병이 절실했던 미국의 간섭과 개입도 크게 영향을 미쳤다.

이 무렵 박 정권은 베트남전쟁에도 참여했다. 정작 미국은 명분 없는 전쟁이라며 드세게 일어나는 반전운동과 군사비 부담 때문에 큰 어려움에 빠져 있었으나, 박 정권은 경제개발에 필요한 차관을 얻으려고 적극 참전했다. 1966년 3월 주한 미국대사 브라운은 한국군을 베트남에 파병한 대가로 한국군 장비를 현대화하고 수출을 진흥하는 데 필요한 기술과 차관을 제공한다는 '브라운각서*'를 발표했다. 박 정권은 1973년에 미군이 철수할 때까

지 40여 만 명을 베트남에 파
병했다.

한일국교정상화와 베트남
파병은 미국이 1950년대 말부
터 구상한 동북아 지역 통합 전
략의 구도 속에서 이루어졌다.
일본에서 들여온 차관과 '베트
남 특수'로 생긴 수입은 경제
개발에 필요한 자본으로 연평
균 8.5%의 높은 경제성장률을
이룬 밑바탕이었다.

브라운각서 1966년 3월 7일 미국 정부가 한국군
베트남 증파의 선행 조건에 대한 양해 사항을 주한
미국대사 W. G. 브라운을 통해 한국 정부에 전달한
공식 통고서. 한국 정부는 1965년 10월 국군 1개 사
단을 파병한 데 이어 1966년 2월 베트남 정부가 증
파 요청을 하자, 한국 안보와 경제 발전 등에 필요한
선행 조건을 미국에 제시했다. 이에 미국은 14개 조
항에 걸친 보장과 약속을 각서 형식으로 공식 통보
했다. 그 내용은 1)한국방위 태세의 강화, 2)국군의
실질적인 장비 현대화, 3)보충 병력의 확충, 4)증파
비 부담, 5)북한 남파 간첩의 봉쇄를 위한 지원과 협
조, 6)군사 원조 이관의 중지, 7)차관 제공, 8)대베
트남 물자와 용역의 한국 조달 등이었다.

장기 집권으로 가는 길

1967년 5월 3일 제6대 대통령 선거에서 박정희는 신민당 후보인 윤보선을
10% 차이로 누르고 당선되었다. 뒤이어 6월 8일에 실시된 제7대 국회의원
선거에서도 공화당은 개헌에 필요한 국회의원 재적수 2/3를 웃도는 129석
을 확보했다. 그러나 나라 곳곳에서는 박 정권이 저지른 공개·대리·무더기
투표 등 엄청난 부정선거(6·8 부정선거)를 규탄하는 청년·학생들의 시위가
있었다. 박 정권은 어쩔 수 없이 공화당 소속 6명의 국회의원 당선자를 스스
로 제명하는 것으로 국민의 저항을 무마했다.

대일 굴욕 외교에 대한 국민의 반발과 학생의 시위에도 박정희가 다시 집
권할 수 있었던 것은 '중단 없는 전진'이라는 경제성장 이데올로기가 국민
의 마음을 움직였기 때문이다. 보릿고개를 겪으며 가난에 찌들어 살던 국민
에게 하루가 다르게 바뀌는 도시와 농촌의 겉모습이 아직은 독재정치보다
더 크게 다가왔다.

박정희는 1969년 연두 기자회견에서 대통령의 3기 연임을 허용하는 3선 개헌의 뜻을 내비치고 장기 집권을 추진했다. 박정희는 공화당 안에서 박정희 후계자를 꿈꾸며 국민복지회라는 조직을 만들어 세력을 넓히던 김종필 계를 무력화시켰다. 또 청와대 비서실과 중앙정보부를 중심으로 친위 세력을 구축하여 3선 개헌을 본격적으로 추진했다.

야당과 학생, 국민은 3선 개헌을 반대하며 거세게 저항했다. 여당은 이에 아랑곳하지 않고 야당 의원들이 개헌안을 막으려고 철야 농성하던 1969년 9월 14일 새벽 2시, 국회 제3별관에서 3선 개헌안을 10분 만에 날치기 통과 시켰다. 3선 개헌안은 10월 17일 국민투표에 부쳐져 65.1%의 찬성으로 통과되었다. 박 정권은 고도성장을 간판 삼아 1인 통치 체제를 군혀 갔다.

1971년 제7대 대통령 선거에 출마한 박정희는 국가 안보와 정치 안정, 그리고 중단 없는 경제 건설을 하려면 자신이 집권해야 한다고 국민에게 호소했다. '40대 기수론'을 내세운 신민당 김대중 대통령 후보는 빈부격차를 넓히고 지역 발전의 불균형을 더욱 깊게 한 성장 위주의 경제개발 정책을 비판했다. 그는 남북한이 평화를 이루려면 비정치적인 남북 교류와 미·일·중·소 4대국이 안전보장을 해야 한다고 주장하여 박 정권의 안보 논리를 공격했다. 그는 4월 16일 전주 유세에서 이번 선거에서 박정희가 이기면 종신 대통령이 되려고 '총통제'를 마련할 것이라고 경고했다.

수세에 몰린 박정희는 서울 유세에서 "내가 이런 자리에 나와서 여러분에게, 나를 한 번만 더 뽑아 주십시오 하는 정치 연설은 오늘 이것이 마지막"이라며 지지를 호소했다. 그러나 그 '마지막'은 박정희가 대통령으로 출마하는 마지막이 아니라, 국민이 대통령을 직접 뽑을 수 있는 마지막 기회였다. 1972년 유신헌법에 따라 대통령 선거제는 간접선거로 바뀌었다. 박정희는 1987년 6월 항쟁으로 헌법을 직선제로 바꾸기 전까지 무려 15년 동안 국민이 대통령을 직접 선출할 권리를 빼앗았다.

1971년 4월 27일 치러진 대통령 선거에서 박정희는 총투표 가운데 51.2%를 얻어 43.6%를 얻은 김대중을 94만 표 차로 누르고 승리했다. 선거에서는 여촌야도與村野都 현상이 두드러졌다. 서울에서 김대중이 51.5%를 얻은 데 견주어 박정희는 39%를 얻는 데 그쳤다. 이어 5월 25일 제8대 국회의원 선거에서 공화당은 113석(지역구 86, 전국구 27)을 얻었고 신민당은 89석(지역구 65, 전국구 24)을 차지했다. 야당은 의석수가 늘어나 국회에서 정치 공세를 펼칠 수 있는 기반을 갖게 되었다.

두 선거에서 경제성장의 구호는 예전보다 빛을 잃었다. 선거 앞뒤로 터진 노동자들의 잇따른 분신과 광주대단지 도시 빈민의 투쟁은 민심이 박 정권에게서 떠나고 있음을 보여 주었다.

'근대화'와
1960년대
한국 자본주의

근대화와 세계경제

미국의 제3세계 전략과 '근대화론'

2차 세계대전 뒤 세계 초강대국으로 떠오른 미국은 심각하게 훼손된 자본주의 사회질서를 확립하려고 유럽에 경제원조를 제공하는 한편, 사회주의 나라가 제3세계에 힘을 뻗치지 못하도록 봉쇄정책을 폈다. 사회주의권도 1950년대 중반부터 제3세계 원조를 강화하면서 자본주의와 사회주의 사이에 체제 경쟁이 본격화되었다. 1959년 쿠바혁명과 베트남전쟁, 1960년 한국의 4월 혁명 등 제3세계에서 민족운동이 꽃을 피웠다. 이에 미국은 후진국 경제를 발전시켜 제3세계 민족주의를 누그러뜨리고 사회주의 세력이 확장하는 것을 막으려 했다.

미국이 제3세계를 겨냥한 전략인 '경제근대화론'은 로스토우를 비롯한 학자와 관리들이 이론으로 체계화했다. 로스토우는 모든 사회는 '전통 사회

→과도 사회→도약 과정의 사회→공업화한 성숙 사회→고도의 대량소비 사회'로 발전하는데, 한국 같은 과도 사회와 도약 과정에 있는 사회가 근대화를 하려면 국가가 지도력을 발휘해야 하므로 가장 잘 조직된 군부가 큰 역할을 해야 한다고 주장했다. 또 후진국이 도약 과정을 거쳐 공업화 사회로 가려면 미국이 장기 차관과 기술원조를 제공해야 한다고 했다. 더구나 한국은 소련·중국·북한 등 사회주의 세력과 전선을 맞댄 중요한 곳이었으므로, 미국은 한국 경제를 근대화 이론의 모델로 만들려 했다.

미국은 경제개발을 통해 반공의 밑바탕을 마련하는 '근대화론'을 제3세계의 발전 방향으로 제시하기에 이르렀고, 케네디 정권이 들어서면서 구체화되었다. 군부 정권이 1961년에 마련한 경제개발계획은 4월 혁명 뒤 강하게 나타난 경제 자립 요구를 수용해야 했기 때문에 어느 정도 민족적인 성격을 띠었다. 그러나 외국자본으로 개발을 촉진시키려는 미국의 권유에 따라 1963년 경제개발계획이 변경되었다.

'근대화론'은 한 사회가 자주적인 방향으로 발전하게 될지, 예속적인 성격을 지니게 될지는 고려하지 않은 채 오직 양적 팽창만을 중요하게 여겼다. 또 정치발전이나 삶의 질을 무시한 채 오직 경제성장만으로 모든 발전을 평가했다. '근대화론'은 후진국이 선진국으로 진입할 수 있다는 장밋빛 청사진을 제시하여 제3세계의 민족 혁명을 저지하고 미국을 중심으로 한 자본주의 세계체제로 제3세계를 포섭하려는 논리였다.

한·미·일 국제분업체제

1960년대로 들어서면서 제3세계 전략으로 만들어진 '근대화론'에 발맞춰 미국은 무상 원조를 유상 차관으로 바꿔 나갔다. 여기에는 무모한 대외 팽창과 이에 따른 군사비 지출, 경제 원조로 국제수지가 적자 상태였던 미국의 경제 사정이 크게 작용했다. 서독을 비롯한 유럽과 일본의 경제성장으로 미국의 국제적 지위가 약화된 것도 한몫 했다.

미국은 동아시아에서 자기 나라의 군사·경제적 부담을 줄이려고 자신의 핵우산 아래 경제성장을 이룬 일본을 하위 동맹자로 삼았다. 그리고 베트남 전쟁이라는 수렁 속에서 벗어나기 위해 서둘러 한·미·일 삼각안보체제를 만들려고 했다. '세계 헌병'을 자처했던 미국은 국제수지가 악화되자 대한 원조의 일부를 일본이 대신하고, 수직적인 국제분업 체계에 한국을 편입시켜 한일 양국의 경제발전을 통해 아시아 반공 진영의 물적 기반을 강화하려고 했다.

한·미·일 세 나라를 묶는 지역 통합 전략은 1960년 1월 미·일 신안보조약 체결과 1965년 한일국교정상화로 나타났다. 한·미·일 삼각안보체제는 일본에게 유리했다. 일본 자본은 한국전쟁 특수와 1950년대 후반 호경기로 크게 성장했고 1960년대에는 과잉자본을 한국에 수출해야 할 필요를 강하게 느끼고 있었다. 미·일 두 나라의 이해관계가 맞아떨어지면서 1960년대 한국 경제는 미·일을 주축으로 하는 수직적인 국제분업 체계에 편입되어 개방체제로 재편되었다. '경제개발'은 그저 후진국 자본주의 경제를 발전시키는 것만을 뜻하지는 않았다. 근대화 노선에 따른 경제개발은 선진 자본주의국가에서 자본과 기술을 도입하는 것을 전제로 하고 있었다. 따라서 외국 자본을 들여온 후진국들은 미국의 세계 전략에 발을 맞출 수밖에 없었다.

국가 주도의 경제개발 정책

1·2차 경제개발계획

원조에 의존해 소비재 경공업 부문을 중심으로 성장해 가던 한국 경제는 1950년대 후반 원조가 줄어들면서 불황이 깊어졌다. 원조 경제 아래서 연평균 약 3.8%의 성장률을 보이던 한국 경제는 1960년 경제성장률이 1.9%에 지나지 않았고 1인당 GNP도 80달러에 머물렀다. 군부 정권은 위기에 빠진 1950년대 원조 경제를 재편하고 경제를 성장시켜 쿠데타의 정당성을 보장받으려 경제개발을 서둘렀다.

1962년 1월 5일 발표한 1차 경제개발 5개년 계획(1962~1966)은 자유경제 원칙에 계획성을 덧붙인 '지도받는 자본주의'를 내세웠다. 1차 계획은 '자립경제 구축'이었다. 에너지원을 확보하고 기간산업·사회간접자본을 확충하며 노동 집약적 경공업을 육성하는 데 초점을 맞추었다.

중장기 경제개발계획은 이미 미국이 네이산보고서(1953.4)*나 타스카보고서(1953.7)*로 만든 바 있었다. 이승만 정권 때는 부흥부가 경제개발 3개년 계획안(1959)을 마련했고, 제2공화국 때는 경제개발 5개년 계획(1961)이 있었지만 나라 안팎의 사정 때문에 실행하지 못했다. 이 계획들은 박 정권이 추진한 1차 경제개발 5개년 계획의 기초가 되었다.

처음 경제개발계획은 '사회경제 악순환 시정', '자립경제 달성'이라는 구호에서 보듯이 경제 자립의 민족적 요구를 어

네이산보고서 한국전쟁 중인 1952년 유엔한국재건단(UNKRA)이 한국 경제의 재건 방향을 모색하려고 로버트 네이산에게 연구 용역을 맡겨 입안한 한국 경제재건계획. 농업에 집중 투자해 농업생산성을 높이고 증산된 쌀을 수출해 얻은 외화로 공업화 기반을 구축하여 한국 경제를 재건하려 했으나 실현되지 못했다.

타스카보고서 1953년 아이젠하워 미국 대통령의 특사로 한국에 온 헨리 J. 타스카가 작성한 '건의보고서'로서 한국 경제를 재건하기 위한 3개년 계획을 제시했으나 실현되지 못했다.

느 정도 담으려 했다. 투자 재원을 마련하는 방법을 보더라도 국내 자본이 72%를 차지했고 외국자본은 28%에 지나지 않아 국내자본으로 경제개발을 추진하려한 것을 알 수 있다.

1차 경제개발 5개년 계획이 처음부터 자금 조달에 실패하자, 미국은 투

자재원 조달 방법이 비현실적이라며 외국자본에 의존한 개발 전략을 채택하라고 다그쳤다. 제3세계 후진국에 자본을 수출하여 수직적 국제분업 체계에 편입시키려 한 미국은, 군부 정권에 압력을 넣어 대외지향적 경제정책을 채택하도록 독촉했다. 이러한 정책은 IMF와 IBRD, 그리고 미 국무성 산하 AID(Agency for International Development : 국제개발처) 등이 개입하여 구체화했다.

마침내 박 정권은 목표했던 경제성장률을 낮게 잡고 자금 조달을 외국에 의존하는 계획을 1963년에 새로 마련했다. 이에 따라 박 정권은 1964년에 현실과 동떨어지게 낮았던 환율을 2배로 올리는 단일변동환율제를 채택하고 금리를 현실화시켰으며(1965) 외자도입법 제정(1966), GATT 가입으로(1967) 외국자본을 적극 끌어들였다.

1차 계획의 성과를 바탕으로 박 정권은 '산업구조를 근대화하고 자립경제 확립 촉진'을 기본 목표로 하는 2차 경제개발 5개년 계획(1967~1971)을 추진했다. 식량 자급, 수출 증대, 철강·화학공업의 기계화에 힘을 쏟았다. 이

1차 경제개발 5개년 계획 실적 *(1975년 달러 기준)

경제지표 \ 연도		1962	1963	1964	1965	1966	1962~66(평균)
1인당 국민총생산*		239	247	271	280	307	
경제성장률(%)		4.1	9.3	8.9	8.1	11.9	8.5
국민저축률(%)		0.8	7.0	6.5	5.8	10.5	6.1
산업구조(%)	제1차산업	33.4	32.5	35.1	32.3	31.7	33.0
	제2차산업	21.7	23.0	22.3	24.8	25.7	23.5
	제3차산업	44.9	44.5	42.6	42.9	42.6	43.5
경상수지(만불)		-292.0	-402.8	-221.0	-198.6	-250.6	
수출		54.8	86.8	119.1	175.1	253.7	
수입		421.8	560.3	405.0	450.0	673.0	

출처 : 경제기획원,《개발년대의 경제정책》, 1982, 358~359쪽

동안에 경제성장률은 목표치를 넘어 연평균 9.7%를 이루었다. 그러나 농업 부문은 연평균 1.6%의 낮은 성장에 머물러 곡물 수입액이 약 7배로 늘었고, 특히 사회간접자본의 확충은 외국자본이 국내로 들어오는 길을 활짝 열어 놓았다.

1·2차 경제개발계획은 양적 성장을 중심에 둔 발전 전략이었다. 1962년 239달러이던 국민 1인당 GNP는 2차 계획이 끝난 1971년 437달러로 2배 늘어났다. 국민총생산은 경상가격으로 1962년 23억 달러에서 1971년 95억 달러로 4배 이상 늘어났다.

경제개발을 하려면 기술과 자본이 꼭 필요했지만, 원조에 의존해 왔던 한국 자본주의는 이를 갖추지 못하고 있었다. 경제개발계획은 외국자본으로 자본재와 중간재를 외국에서 사들여 와 값싼 임금으로 만든 상품을 외국시장에 파는 수출 지향적 발전 전략으로 차츰 옮겨 갔다.

이 같은 단순가공무역형 공업 구조에 뿌리를 둔 1960년대 한국 자본주의 발전은 경공업 제품과 일부 중화학공업 제품 수입을 대체하게 되었으나, 한편으로는 미국이 주도한 세계경제체제에 깊숙이 편입되는 과정이었다. 주

2차 경제개발 5개년 계획 실적　　　　　　　　　　　　　　　　*(1975년 달러 기준)

경제지표	연도	1967	1968	1969	1970	1971	1967~71(평균)
1인당 국민총생산*		320	348	387	408	437	
경제성장률(%)		6.6	11.3	13.8	7.6	9.4	9.7
산업구조(%)	농림수산업	37.5	34.2	33.2	30.4	28.8	
	광공업	15.1	16.7	17.5	19.5	20.9	
	사회간접자본 기타	47.4	49.1	49.3	50.1	50.3	
경상수지(만불)		-191.9	-440.3	-548.6	-622.5	-847.5	
수출		335	486	658	882	1,132	
수입		909	1,322	1,650	1,804	2,178	

출처 : 경제기획원,《개발년대의 경제정책》, 1982, 360~361쪽

로 미국과 일본에서 외국자본을 끌어와 한국 경제는 미·일이 주도하는 국제분업 체계에 깊숙이 얽매여 갔고, 박 정권이 초기에 내세운 '자립 경제 달성'은 한낱 구호에 지나지 않게 되었다.

국가 주도의 자본축적

1차 경제개발계획의 기조인 '지도받는 자본주의'에서 나타나듯이 경제개발계획을 추진하는 주체는 국가였다. 박 정권은 민간 기업이 아직 미숙하므로 정부가 경제개발을 주도해야 한다고 생각했다.

박 정권은 내무부의 통계국과 재무부의 예산국, 건설부의 계획 업무를 흡수한 경제기획원을 새로 만들고(1961.7.22.) 경제 부처를 수출·금융·외환 관리·세정 등 업무로 나누어 체계화했다. 경제기획원은 경제개발계획이 진행되는 과정에서 예산과 외자 도입을 관리하는 등 핵심 기능을 맡았다.

박 정권은 경제개발계획을 내세워 경제에 적극 개입했다. 국가는 외국에서 차관을 들여와 기업에게 나누어 주게 되면서 자본축적 과정에서 핵심 역할을 했다. 외국에서 들여오는 차관은 대부분 현물 형태여서 발전된 생산력을 직접 받아들일 수 있는 통로였으며, 보호주의 정책으로 국내시장에서 독과점적 지위를 누릴 수 있었다. 그런 만큼 차관 도입을 둘러싼 국내 자본 사이의 경쟁은 치열했다. 정부가 차관 지불을 보증해서 무척 까다로운 담보 조건이 대자본에게 유리했기 때문이다. 이처럼 국가는 독점 자본가를 지원하면서 수출을 다그쳤고, 기업은 정부 정책을 적극 따를 때만 자본을 축적할 수 있었다.

국가는 1965년 조세감면규제법을 마련하여 기업의 세금 부담을 덜어 주었다. 또 자본이 많이 들면서도 곧바로 이윤을 내기 힘든 사회간접자본을 확충하여 사적 자본(기업)의 활동 기반을 마련해 주었다. 사회간접자본 확충은 국가기업이 맡았다. 1968년의 경우 대한무역진흥공사·한국수산개발공사·

한국수자원개발공사·대한준설공사·한국광업진흥공사·한국도로공사 등의 국가기업은 매출액 규모 상위 100개 기업 가운데 18개를 차지하고 있었다.

박 정권은 독점자본을 지원하면서 값싼 노동력을 공급하려고 저임금저곡가정책을 강력히 밀고 나갔다. 1차 경제개발 5개년 계획에서 섬유·봉제·신발 등 경공업을 중심으로 하는 수출산업화 정책이 채택된 것은 한국 경제가 값싼 노동을 자본 축적의 유일한 원천으로 삼았기 때문이다. 자본과 기술이 없는 상황에서 한국 상품이 국제시장에서 가격 경쟁력을 확보하려면 노동자가 저임금·장시간 노동을 견뎌야 한다는 논리로 노동자들을 빈곤으로 몰아넣었다.

1960년부터 1969년까지 노동임금은 경제성장률 9%에 훨씬 못 미치는 3.4% 증가에 그쳤다. 특히 1963년부터 1971년까지 제조업 부문 노동자 실질임금은 5.2% 상승했지만 노동생산성은 8.5% 상승해, 임금 상승률은 노동생산성에도 미치지 못했다. 1969년 주당 평균 노동시간은 광공업의 경우 57.2시간으로, 1963년과 견주어 10시간 남짓 늘어났다. 자본가는 더 많은 이윤을 내려고 공장을 밤낮없이 돌렸고 노동자는 졸음을 견디면서 기계처럼 일했다. 여기저기서 "우리는 기계가 아니다" 하는 절규가 터져 나왔다. 이런 현실에서 한국 노동자들은 '세계에서 가장 부지런한 국민', 경제를 떠받치는 '산업 역군'으로 추켜올려졌다.

1960년대 한국 경제는 '한강의 기적'이라는 말을 낳을 만큼 크게 성장했다. 그러나 경제성장의 화려함 뒤에는 외자 도입 증가와 국제수지의 만성적자, 노동자 빈곤이라는 그늘이 짙게 드리워져 있었다.

'한강의 기적'의 실상

차관 경제

외자 도입은 경제개발의 성공과 실패를 가름할 만큼 중요했다. 정부는 1차 경제개발계획 동안 필요한 투자 자본을 국내저축 3.7%, 해외저축 16.4%로 조달하려 했다. 그러나 각각 0.8%, 11.2%로 계획에 훨씬 미치지 못하자 정부는 1차 경제개발계획에 드는 6억 8000만 달러 가운데 63%인 4억 2000만 달러를 차관으로 도입하려 했다.

투자 자본이 부족해진 정부는 1965년 한일 관계를 정상화하여 총규모 8억 달러의 유무상 차관을 들여왔다. 또 차관에 대한 지불보증법(1962), 외자도입법(1966)을 제정했고 1967년에는 무역 자유화 조치 등 개방화를 추진했다. 이때부터 일본 자본이 본격적으로 흘러 들어오면서 국제수지에서 대일 적자가 구조화되기 시작했다.

이어 박 정권은 모자라는 외화를 베트남 파병 대가로 얻은 2억 달러의 미국 원조와 차관으로 메웠다. 한국은 베트남에 면직물·합판·목재를 수출하고 해운과 건설 계약, 용역수출 그리고 파월 한국군의 송금으로 외화 수입을 올렸다. 1965~1969년 사이에 베트남에서 남한에 송금된 액수만도 5억 4600만 달러에 이르렀다. 1966~1968년 사이에 이른바 '베트남 특수'로 벌어들인 총수입은 23억 달러로 전체 외화 획득 가운데 15%를 차지했다. 이때 한진은 용역수출로, 현대는 캄란만 공사를 통해 자본을 축적할 수 있었다. 이렇게 확보한 자본은 경제개발의 활력소가 되어 연간 10% 남짓한 높은 경제성장을 이루었다.

처음에 도입한 공공차관은 주로 사회간접자본 확충에 썼지만 2차 경제개발계획 동안에는 주로 상업 차관이 도입되었다. 상업 차관은 선진국의 본격적인 자본 수출을 뜻했다. 1969년부터는 원리금을 상환해야 할 부담이 없는 외국인 직접투자를 적극 권장하여 일본과 미국의 투자도 확대되었다.

'차관경제'는 한국 자본주의 발전에 적잖은 문제를 일으켰다. 외국자본은 차관을 제공하면서 그 돈을 쓸 곳을 지정한다든가 자기 나라의 시설이나 물자를 가져다 쓸 것을 강요했다. 이런 조건에서 국내산업 사이에 서로 연관을 맺거나 자립적으로 발전하는 길을 찾기가 아주 어려웠다. 외자도입이 늘어날수록 한국 자본은 점점 대외 의존적 성격을 띠게 되었다. 수출이 늘어나면 늘어나는 만큼 자본과 물자를 더 수입해야만 하는 악순환 구조가 만들어져 경상수지 적자가 차츰 쌓여 갔다. 경상수지 적자는 1966년 3억 달러에서 1971년 10억 달러로 가파르게 늘어났다. 차관의 원리금 상환액도 1966년 1600만 달러에서 1970년 2억 6000만 달러로 급격히 늘어나, 수출액에서 차지하는 비율이 6.2%에서 31.4%가 되었다.

수출제일주의 정책

미국은 군사정권에게 수출 중심의 경제개발 전략을 수립해야 한다고 압박했다. 군부 정권도 자본과 기술이 없고 국내시장이 좁은 상태에서는 수출을 해야만 공업화를 이룰 수 있다고 생각하고 수출에 온 힘을 쏟았다. 수출 지향 정책은 처음에는 경공업·중화학공업 제품의 수입을 대체하려는 정책과 뒤섞여 있었다. 1차 경제개발계획이 거의 모든 부분에서 목표를 이룩하지 못한 것에 견주어 수출만이 목표치를 2배가량 넘어서면서 1960년대 중반 뒤부터 본격적으로 수출지향 산업화로 나아갔다.

정부는 수출을 촉진시키려고 기업에 여러 혜택을 주었다. 수출소득세를 50% 깎아 주었으며 영업세를 완전히 없앴다. 수출용 원자재나 설비를 들여올 때는 수입관세도 면제해 주었다. 또 수출용 자재를 수입할 때는 융자를 해 주었고 돈이 모자란 기업에게는 수출산업기금을 만들어 돈을 대 주었다. 정부의 적극적인 지지에 힘입어 수출은 1963년 8000만 달러에서 1964년 1

1964년 12월 제1회 기념식을 시작한 뒤로 5회를 맞이한 1968년 11월 수출의 날 기념식(출처 : 영상역
사관)

억 달러를 넘어섰고, 1971년에는 11억 3200만 달러로 무려 14배가 늘었다.

한국 경제는 국내에서 필요한 수요와는 상관없이 생산을 늘린 다음 그것을 나라 밖으로 수출했다. 외형적인 생산량은 크게 늘었고 공업 성장률도 눈에 띄게 높아졌다. 한국의 수출은 외국에서 수입한 생산 원료와 중간재, 시설재를 조립·가공해서 만든 완제품이나 반제품을 다른 나라에 수출하는 단순 가공무역이 대부분이었다. 수출이 늘면 늘수록 원자재나 중간재, 시설재 등을 더 수입해야 했다. 갈수록 외채가 쌓이고 국제수지가 악화되는 현상이 나타났다. 이를 해결하려고 정권은 더 한층 강화된 수출드라이브 정책을 폈다.

이 같은 모순에도 기업들은 '수출입국'에서 살맛이 났다. 수출만 한다고 하면 정부는 돈과 함께 온갖 특혜를 주었다. 정부가 끌어 주고 은행이 밀어 주는 수레에 기업인들은 그저 타고 앉아 있으면 되던 때였다.

정부는 부정 축재 처리 과정에서 대자본이 가진 은행 주식을 몰수하고, 1962년 은행법과 한국은행법을 개정하여 금융정책의 최종 권한을 행정부로 귀속시켜 자본을 축적하는 데 필요한 화폐자본을 직접 통제했다. 정부가 휘어잡고 있던 은행은 특정 기업에 낮은 이자로 장기 대부해 주었다. 수출 지원 금융 금리는 6% 정도였고 산업은행 대출금리도 8~12%였으며, 공공 차관의 경우는 2~5%에 지나지 않았다. 이런 자금을 현금으로 들여온 기업은 생산에 투자하지 않고 은행에 넣어 25%가 넘는 이자를 챙기거나, 사채를 놓아 50~60%의 이자 수익을 노렸다. 여기서 생긴 이익 가운데 일부는 정치 자금으로 흘러 들어가 더 많은 혜택을 받으려 했다.

기업이 죽느냐 사느냐는 값싸고 질 좋은 상품을 생산하느냐에 있는 것이 아니라, 자본을 공급해 주고 경제정책을 결정하는 정권과 얼마나 친밀한 관계를 유지하느냐에 따라 결정되어 정경유착이 구조적으로 뿌리를 내렸다. 땅에 떨어진 기업 윤리는 삼성이 비료공장을 건설하려고 이익이 높은 사카린 원료 2400부대를 시멘트로 위장하여 밀수입한 한국비료 사건에서 그대로 드러났다.

기업은 겨우 몇억 원의 자기 자본을 가지고도 수백억 원짜리 공장을 가질 수 있었다. 1·2차 경제개발계획 동안 대기업들의 자기자본 비율은 16%에 머물렀다. 제조업의 자기자본 비율은 1971년에 20%에 지나지 않았으며 부채비율은 1965년의 약 4배인 394%에 이르게 되었다. 기업은 차관을 끌어 들여 공장을 지었다. 1964년 8월 삼성이 일본의 미쓰이三井물산에서 4190만 달러의 차관을 들여와 한국비료를 착공한 것을 시작으로, 쌍용시멘트가 일본 미쓰비시三菱 상사에서, 한일합섬은 이토伊藤 상사에서 차관을 들여와 공장을 지었다. 1970년대 중반까지 한진·현대·한일합섬·한국화약·조선공사·선경·쌍용·효성·신진 등이 1억 달러 넘게 차관을 도입했다.

1960년대 후반에 이루어진 공기업 불하는 기업이 커 나가는 데 큰 몫을 했다. 이미 투자를 마친 대규모 국영기업을 인수한 기업들은 1970년대 중화학 공업에 뛰어들 수 있는 바탕을 마련할 수 있었다. 판본(서갑호)·화신(박흥식)·삼호(정재호) 등 초기 재벌은 서서히 몰락하고 이른바 1950년대 '삼백산업三

白産業' 재벌인 삼성·럭키·쌍용과 베트남전쟁에서 자본을 키운 한진·현대 그리고 한국화학·대농·대우 등이 재벌의 주역으로 떠오르기 시작했다.

1960년대 말 1970년대 초 경제 위기

1963~1968년 동안 평균 8~9%의 높은 성장률을 거듭하던 한국 경제는 1969년부터 불황 국면에 들어갔다. 경제 위기는 경제성장률 둔화에서부터 나타나기 시작했다. 1960년대 들어 올라가기만 하던 경제성장률은 1969년 13.8%를 최고로 1970년 7.6%, 1972년 5.8%로 떨어지기 시작했다. GNP 가운데 총투자율도 1969년 30.8%, 1972년 24.2%로 계속 떨어졌다.

불황은 한국의 주요 수출 품목이던 경공업 제품이 팔리지 않은 데 원인이 있었다. 차관으로 외국에서 자금과 원료를 들여와 낮은 임금의 노동력으로 상품을 만들어 수출하는 단순 가공무역형 공업 구조는 위기에 빠졌다. 단순 가공무역형 공업 구조를 유지하려면 낮은 임금의 풍부한 노동력이 계속 공급되어야 하며, 수출을 위한 국제무역 환경이 좋아야 했다. 그러나 1960년대 말에는 낮은 임금의 노동력 공급이 상대적으로 줄어들어 실질임금이 빠르게 상승했다. 또 수출을 위한 국제무역 환경도 나빠졌다. 세계경제는 인플레이션과 함께 성장이 둔화되었고, 일본과 유럽 경제가 성장하여 미국 중심의 패권적 세계경제 구조가 무너지면서 각국은 보호무역을 강화했다. 여기에다 동남아 국가들도 한국에 뒤이어 수출지향형 경공업 제품 생산에 나서게 되었다.

달러 위기에 몰린 미국은 경공업 제품의 수입을 규제했고 차관을 갚도록 재촉했다. 1969년부터 차관 규모는 차츰 줄어들었고, 그동안 들여온 차관의 원금과 이자를 갚아야 하는 압박은 고도성장을 누리던 한국 경제를 짓누르기 시작했다. 외채 총액은 1969년 19억 달러에서 1970년에 30억 달러로 늘어났고, 원리금 상환 비율도 1966년 2.2%이던 것이 1971년에는 19.8%로 늘어났다. 여기에다 수출만을 생각하고 중복·과잉 투자한 결과, 불황의 주름살은 더욱 깊어졌다.

외자로 성장한 대부분의 기업은 돈줄도 막히고 수출도 잘되지 않을 때 외채를 갚아야 하는 어려운 처지에 빠졌다. 기업의 휴업, 도산, 은행관리 사태가 끊임없이 이어졌다. 1964년부터 4년 동안 수출 실적 1위를 차지하던 천우사조차 부실기업으로 도마 위에 올랐다. 1960년대 말 기업 이익률은 10% 안팎이었지만, 기업의 순이자 부담률은 12~18%여서, 빌린 자본을 활용하여 얻은 수익으로는 이자를 갚을 수도 없었다. 기업 부실이 은행 부실로 연결되면서 국가 신용도가 떨어질 우려가 있자 정부는 부실기업 정리에 나섰다.

1969년 5월 9일 정부는 차관 업체 89개 등 정부기업 가운데 45%가 부실기업이라고 발표했다. 8월이 되자 정부는 외채를 갚을 수 없는 30개 부실기업을 처분하거나 경영주를 바꾸도록 했다. 이 밖에 90여 개 기업은 총자본 가운데 타인 자본 의존도가 95%를 넘는 부실기업이었다. 1971년까지 외채를 들여와 성장한 기업 가운데 도산한 기업은 200여 개에 이르렀다.

정부는 처음에 경제성장이 둔화된 것을 일시적인 현상으로 보고 환율 인상이나 금리 인하(1971.6), '물가 경기 및 국제수지 대책'(1972.4)으로 대응했다. 그러나 1969년 뒤의 경제위기는 1960년대 종속적 자본축적 구조가 원인이었기 때문에 일시적인 조치로는 위기를 극복할 수 없었다. 불황은 국민경제 전체를 침체시키는 구조적 불황으로 나아갔다. 외국에서 빌려온 자금과 원료를 가지고 상품을 만들어 외국시장에 판매해 왔던 한국 자본주의는 스스로의 힘으로 위기에서 벗어날 수 없었다. 오히려 긴축을 비롯한 정부의 여러 정책은 기업의 자금난을 더 압박하여 위기를 재촉할 뿐이었다.

국가와 독점자본은 자본축적 위기에서 벗어나려고 파격적 방법을 찾았다. 바로 정치적으로는 유신체제의 탄생이었고, 경제적으로는 '8·3 조치'와 중화학공업 정책이었다.

유신체제와 1970년대 중화학공업

유신체제의 성립

나라 안팎의 정세 변화

1960년대 말이 되면서 세계를 꽁꽁 얼어붙게 했던 미·소 냉전 체제는 긴장 완화라는 새로운 정세로 바뀌기 시작했다. 자본주의권에서는 일본과 유럽 경제가 성장하면서 미국이 주도하는 IMF·GATT 체제가 흔들리게 되었다. 사회주의권에서는 소련과 중국 사이에 이론적·정치적 이견이 무력 충돌로까지 치달아 두 나라 사이가 멀어졌다. 미국은 소·중의 갈등을 이용하는 새로운 세계 전략을 마련했다.

미국의 동아시아 정책인 닉슨독트린(1969.7)*은 중국과 관계를 정상화하여 소련을 견제

> **닉슨독트린** 1969년 미국대통령 닉슨이 괌에서 발표한 대외 안보 정책. 베트남전쟁의 수렁으로 빠져들던 미국이 국제 데탕트 분위기 속에서 될 수 있으면 국제분쟁 개입을 줄여 군사비 부담을 줄이려고 한 것이다. 아시아 방위는 아시아인의 힘으로 해야 한다고 하여, 각국의 자조 능력을 강조하는 바탕 위에서 미국의 힘을 유지하고자 했다. 이에 따라 1971년 주한 미군 2만 명이 철수했고 이는 곧 박 정권이 '자주국방론'을 제기하는 계기가 되었다.

祖國統一 自主·平和원칙 합의

朴成哲 副首相 5月29日 서울에
朴大統領이 接見 李部長과 二次會談

李厚洛部長 5月2日 平壤방문
金日成·金英柱와 두차례씩 만나

南北調節委 구성
서울~平壤間 直通電話 오늘부터 開通

共同委員長에 李厚洛部長 金英柱부장

四半世紀만의 政治對話
南北共同聲明七개項 동시발표

南北공동성명전문

- 外勢依存없이 平和的으로 統一
- 相互中傷 말고 軍事衝突 적극防止
- 多方面的인 諸般 交流실시
- 南北赤회 담成事되도록 적극協調
- 서울·平壤間 帶設直通电話설치
- 統一위한 南北調節委員會구성
- 合意事項 성실履行 民族앞에 約束

새로운 時代에 알맞게
法 制度面의 修正필요

「괴뢰」呼稱 바꿔야 할때
우리끼리의 추태 남에게 보이지말아야

해태 셀렘민트 껌

분단 24년 만에 남한과 북한이 처음으로 합의한 남북공동성명서 관련 기사(1972.7.4.《동아일보》)

하려는 것이었다. 또 베트남전쟁을 끝냄으로써 국제적 비난과 엄청난 군사비 부담에서 벗어나려 했다. 그 대신 미국은 경제대국으로 성장한 일본에게 동북아시아에서 미국의 역할을 떠넘기려 했다. 이런 변화는 1960년대 형성된 동북아시아의 냉전 체제를 수정하도록 요구했다. 미·중 수교는 동북아시아의 냉전 체제가 풀어지고 긴장 완화 체제로 넘어가는 것을 상징적으로 보여주는 사건이었다.

미국이 이러한 정책을 펼친 이유는 무엇보다도 베트남에 이어 제2의 화약고가 될 우려가 있는 한반도 정세를 현상 유지해야 할 필요가 있었기 때문이다. 이는 곧 주한 미군이 철수하고 남북 대화를 추진하게 되는 배경이 되었다. 미국은 1971년에 주한미군 2만 명을 철수시키고 박 정권에게 남북 화해를 권고했다. 남북한 사이의 장벽을 없애고 선의의 경쟁을 하자고 제안한 1970년 '8·15 선언'을 시작으로 1971년 남북이산가족찾기운동, 1972년 자주·평화·민족대단결의 남북통일 3대 원칙에 합의한 '7·4 남북공동성명' 등 평화적인 통일 방안이 잇달았다. 남북 관계를 개선하려는 정책들은 5·16 쿠데타 뒤 반공 이데올로기로 억눌러 왔던 민족 통일의 열망을 급속히 활성화시켰다. 민중 사이에서 '이제 통일이 되나 보다' 하는 기대감이 커졌고 이에 따라 정권 유지 수단으로 활용되어 온 국가보안법과 반공법을 없애야 한다는 요구도 높아졌다. 한반도로 밀려온 긴장 완화의 새로운 물결은 반공·반북 이데올로기로 정권을 유지해 왔던 박 정권의 기반을 갉아먹는 위협으로 다가왔다.

바깥 사정뿐만 아니라 국내 사정도 만만치 않았다. 1971년 선거에서 힘겹게 이긴 박정희가 다음번 선거에서 이기리라는 보장이 없었다. 야당은 박 정권을 더욱 비판했으며, 억눌려 왔던 노동자·도시 빈민·중간층의 저항도 차츰 힘이 붙어 갔다.

나라 안팎으로 위기에 몰린 박 정권은 물리적 강경책으로 위기를 벗어나려 했다. 박 정권은 1971년 12월 6일에 '안보상 취약점이 될 사회 불안'을 없애고 자유를 일부 유보한다는 비상사태선언을 발표했다. 12월 21일에는 '국가보위에 관한 특별조치법'을 국회에 제출했고, 27일 새벽 3시에 국회 별관에서 공화당과 무소속 의원만이 참석한 가운데 특별조치법안을 원안대로 통과시켰다. 이에 따라 집회·데모·노동자 단체행동권은 금지되었고 대통령이 헌법마저도 정지시킬 수 있는 초헌법적인 비상대권을 갖게 되었다.

박 정권은 국제적인 긴장 완화와 남북한 관계 개선의 분위기 속에서도 나라 안에서는 통제를 강화하여 정권을 굳게 지키려 했다.

유신체제의 성립 과정

나라 안팎으로 위기에 몰린 박 정권은 1972년 10월 17일 전국에 비상계엄을 선포하고 특별선언을 통해 국회를 해산시켜 정당과 정치 활동을 중지시켰다. 그리고 비상국무회의가 국무회의와 국회의 입법 기능까지 떠맡도록 했다. '10월 유신'은 헌정을 수호하겠다고 서약한 대통령이 스스로 헌법을 파기하고 정권을 계속 장악하려 한 쿠데타였다.

비상국무회의가 제출한 헌법 개정안은 1972년 11월 21일 비상계엄 아래에서 국민투표에 부쳐졌다. '계도요원'들의 지도에 따라 유신헌법 찬성을 강요하는 분위기에서 국민투표는 찬성 91.5%로 통과되었다. 박 정권은 유신체제가 나라 안팎의 혼란을 극복하고 경제성장을 이끌 지도력이 필요하기 때문에 생긴 것이며, 서구의 자유민주주의는 우리나라에 맞지 않으므로 우리 실정에 맞는 '한국적 민주주의'를 해야 한다면서 유신체제를 정당화했다.

박 정권은 유신체제를 세우는 데 남북 대화를 적극 활용했다. 박정희는 평화통일이라는 민족의 염원을 구현하려면, '역사적 과업'을 강력히 뒷받침해주고 민족 주체 세력 형성을 촉성하는 전기를 마련하기 위해 유신헌법이 필요하다고 주장했다. 통일을 준비하려면 강한 영도력을 지닌 새로운 체제가 필요하다는 논리였다. 5·16 쿠데타 때는 반공을 위해 독재가 필요하다고 한 박정희는 이제 평화통일을 위해 독재가 필요하다고 둘러댔다.

박 정권에게 통일은 체제 경쟁에서 북한을 이기는 것이었고, 강한 영도력이란 결국 박정희 개인에게 모든 권력을 집중시키는 것을 뜻했다. 그러나 유신 뒤에 내놓은 통일 방안인 1973년 6·23 선언은 7·4 남북공동성명보다도 후퇴한 것이었다. 6·23 선언에서는 남북한의 유엔 동시 가입을 내걸었는데, 이는 한반도에서 '1민족 2국가' 체제를 유지하자는 것이었다. 이에 대해 북한은 이른바 고려연방제라는 '1민족 1국가' 체제의 한반도 통일 방안을 내세웠다. 통일 과업을 촉진시킨다고 했던 박 정권은 남북 대화를 하기 보다는 북한과 다른 통일 방안을 내놓으며 줄곧 대립했다.

유신체제의 권력 구조와 억압

유신헌법은 대통령 임기를 4년에서 6년으로 늘리고 중임 제한 규정을 없애 박정희가 영구 집권할 수 있게 했다. 유신체제가 내세운 '한국적 민주주의'란 곧 박정희식 군사독재를 얼버무리려는 것에 지나지 않았다.

대통령 선거는 친여권 인물로 이루어진 '통일주체국민회의'에서 간접선거로 치렀다. 1972년 12월 23일, 혼자 입후보한 박정희는 2359명의 통일주체국민회의 대의원 가운데 2명에게 무효표를 받고 제8대 대통령으로 뽑혔다. 12월 27일 유신헌법이 공포되고 박정희가 대통령에 취임함으로써 제4공화국이 시작되었다.

대통령은 국회의원 1/3에 해당하는 임기 3년의 유신정우회(유정회) 의원을 임명할 수 있는 권한을 가졌다. 또 대통령은 국회를 해산할 수 있었으나 국회는 대통령을 탄핵할 수 없어서 의회정치는 사라지고 대통령의 뜻이 곧 법률이 되었다.

1972년 10월 17일 비상계엄이 선포되고 그해 11월 국민투표를 통해 통과·공포된 유신헌법(출처 : 영상역사관)

　국회의원 선거제도는 소선거구제에서 2인을 뽑는 중선거구제로 바뀌어 공화당은 민심을 잃은 지역에서도 국회의원을 당선시킬 수 있었다. 박 정권은 '동반당선', '나눠 먹기식' 선거로 국민의 선택권을 박탈했다. 또 대법원장이 지명하던 대법관을 대통령이 임명함으로써 사법부를 행정부에 종속시켰다.

　유신체제는 '긴급조치 시대'라고 부를 만큼 전쟁 때 버금가는 억압으로 유지되었다. 긴급조치는 국회 승인 없이 발동할 수 있었고 사법부가 적법한지를 심사하는 대상도 되지 않았다.

　1974년 1월 야당과 지식인이 시작한 '개헌 청원 서명운동'이 30만 명을 넘어서자, 박 정권은 긴급조치 1호(1974.1.8)를 선포하여 모든 헌법 개정 논의를 금지시키고 긴급조치 2호를 통해 비상 군법회의를 두어 위반자를 처벌했다. 박 정권은 긴급조치를 마구 쏟아 냈다. '민청학련사건' 때는 긴급조치

상주시 새마을교육장(출처 : 영상역사관)

새마을사업에 참여한 시민(출처 : 영상역사관)

4호(1974.4.3)를, 고려대가 유신에 반대하는 데모를 벌일 때는 제7호(1975.4.8)
를 내놓았다.

1975년 5월 13일 선포된 긴급조치 9호는 유신헌법에 대한 부정·반대·
왜곡·비방·개정·폐기를 주장하거나 청원, 선동, 보도를 못하게 하고 이를
어긴 사람은 영장 없이 체포할 수 있는 초법적인 것이었다. 유신체제가 무너
질 때까지 긴급조치 9호 위반으로 구속된 지식인·청년·학생들의 수는 무
려 800명이나 되었다.

유신체제는 물리적 탄압뿐만 아니라, 반공·안보 이데올로기에 기초한 국
민 동원 체제를 세워 통제를 강화했다. 북한의 무력 도발을 대비한다며 민방
위 훈련을 시작했다. 농촌에서는 새마을운동을 벌여 집집마다 통제하고 농
민운동을 밑바탕에서부터 뿌리 뽑았다. 공장에서는 가족 같은 노사 관계를
강요하여 계급 갈등을 무마시키려 했고, 갖가지 노동 악법을 만들어 노동자
를 꽁꽁 묶어 두고 노동자의 단결권과 행동권을 인정하지 않았다.

1970년대 중화학공업 전략

'8·3 조치'와 중화학공업화

유신체제는 종속적인 자본축적 과정에서 생겨난 1960년대 말의 경제 위기
와 계급 갈등을 국가권력이 직접 나서서 재편한 체제였다.

박 정권은 '외국인 투자 기업의 노동조합 및 노동쟁의에 관한 임시특례
법'(1970.1), '외국기업 노사분규에 대한 임시특례법'(1971), '국가보위에 관한
특별조치법'(1971.12) 등의 노동 악법을 만들어 국내외 자본을 보호하며 노
동운동을 규제했다. 이도 모자라 1973~1974년에 걸쳐 노동관계법을 완전
히 개정하여 산업별 체계를 기업별 노조로 바꾸고, 노동자의 단체행동권과

쟁의권을 제한해 노동조합을 무력화시키면서 저임금 기반을 다졌다. 최소한의 노동기준을 규정한 근로기준법마저 제대로 지켜지지 않아 노동자의 기본인권은 무시되기 일쑤였다. 그뿐만 아니라 '블랙리스트*'를

블랙리스트 감시가 필요한 위험인물 명단. 기업 제보를 바탕으로 기업, 노동부, 정보기관이 만든 것을 각 사업장, 노동부, 근로감독관실, 정보기관 등에서 갖고 있었다. 특히 정보기관에서는 기업에 해고 노동자 정보를 줘서 곧바로 해고시키도록 했다. 블랙리스트는 노동자의 취업권과 생존권을 빼앗고 노동운동을 말살하려고 만든 것으로, 근로기준법에서도 금지하고 있다.

만들어 노동자의 취업을 가로막고, 자본가가 구사대求社隊를 동원하여 폭력을 휘둘러도 국가는 모른 체했다.

그러면서 박 정권은 자본 운동을 자유롭게 하는 조치를 취했다. 먼저 국제통화기금의 권유를 받아들여 원리금 상환 부담 없이 중화학공업을 건설하려고 외국인 직접 투자를 유치했다. 1970년에 '수출자유지역 설치법'을 만들어 마산과 이리(지금의 익산)에 수출자유지역을 설치하고, 1973년에는 '외자도입법'을 고쳐 외국인 투자 기업을 세금과 노사 관계에서 우대하는 여러 조치를 마련했다.

또한 남의 돈으로 외형만 키운 기업들이 1960년대 말 경기 불황으로 어려워지자 기업 사채를 신고하도록 한 다음, 이를 3년 안에 갚지 않고 5년에 걸쳐 내게 했다. 이자율도 월 1.35%로 크게 낮추는 파격적 조치를 취했다(경제의 안정과 성장을 위한 긴급명령 제15호, 이른바 8·3 조치). '8·3 조치'는 경제 부문의 유신 쿠데타였다. 기업들은 사채 3500억 원의 원금 상환과 이자 부담을 오랫동안 미룰 수 있는 엄청난 금융 특혜를 누렸다. 또한 금융기관에서 빌린 단기 고리 대출금을 장기 저리 대출금으로 바꾸어 빌리게 되었다. 장기 저리의 산업 합리화 자금도 쓸 수 있었으며, 갖가지 조세를 감면받는 특혜도 누렸다. 자본주의체제에서는 있을 수 없는 비정상적인 조치 덕분에 사채로 어려움을 겪던 독점 대기업은 다시 한 번 자본축적의 기회를 잡았고, 박 정권

은 이들을 중화학공업으로 끌
어들였다.

일단 자본축적 위기에서 벗
어난 박 정권은 경제개발의 주
요 역점을 경공업에서 중화학
공업으로 옮겼다. 중화학공업
화는 미국의 동아시아 전략과
맞물려 있었다. 미국은 일찍부
터 동아시아에서 일본을 중심

으로 아시아 경제 분업 체제를 형성해 나갔다. 일본은 1960~1965년에 이르
러 중화학공업의 과잉 축적으로 구조적 불황을 겪었고 넘쳐나는 자본을 다
른 나라로 배출해야만 했다. 1970년 일본 국책연구회 상임이사인 야쓰기矢
次는 한일경제협력위원회 2차 총회에서 일본 간사이關西 경제권과 한국 남
해안공업지대를 긴밀하게 결합시키고 노동 집약적 공해산업을 한국에 옮긴
다는 구도를 내놓았다(야쓰기 구상*). 일본의 자본과 기술을 한국의 값싼 노동
력과 결합시켜 국제경쟁력을 확보하려는 것이었다. 그러나 본질은 한국을
일본의 '하청기업'으로 만들어 과잉자본을 해결하고, 1960년대 일본 경제의
최대 골칫거리였던 공해산업을 떠넘기려는 것이었다. 그러나 1960년대 말
노동집약적 경공업의 발전이 한계에 이르러 경제 위기와 함께 정권 위기에
직면한 박 정권에게는 더할 나위 없는 탈출구였다.

산업구조 조정은 세계적인 현상이었고 이에 따라 국제 분업의 단계가 바
뀌었다. 1960년대 뒤부터 선진 자본주의국가는 노동력 부족에 따른 임금 상
승 등으로 산업의 중심을 중공업에서 새롭게 나타난 고이윤·고부가가치 산
업으로 옮기기 시작했다. 선진국의 산업구조 조정에 따라 후진국이 경공업
을, 선진국이 중공업을 맡는 형태는 1970년대 초부터 개발도상국이 노동 집

약적인 조립가공형 중화학공업이나 공해산업을, 선진국이 기술·지식집약형 고부가가치 산업을 맡는 형태로 바뀌어 갔다.

중화학공업 추진에는 내부적인 요구도 작용했다. 1960년대에 진행된 경공업 수출 산업화는 노동자들이 저임금에 반발하고 후진 개발도상국이 추격해 오자 국제경쟁력을 잃어버렸다. 또 정치·군사적 환경이 바뀐 것도 중화학공업을 추진하는 요인이었다. 1968년 북한 특수부대의 청와대습격사건(1·21 사태)과 이틀 뒤에 일어난 미 해군 정보수집함 푸에블로호 납북 사건, 1969년 닉슨독트린에 따른 일부 주한 미군의 철수 등으로 위기를 느낀 박 정권은 '자주국방'을 이루고자 군수 사업의 뿌리가 될 중화학공업화를 서둘렀다. 1960년대 말 위기에 몰렸던 독점자본은 유신체제를 발판으로 삼아 저임금·저곡가 체제 아래 중화학공업화를 밀고 나갈 수 있었다.

중화학공업의 성장과 산업 고도화

정부는 3차 경제개발계획(1972~1976)의 기본 목표를 산업구조의 고도화, 국제수지 개선, 식량 자급, 지역 발전의 균형에 두었다. 산업구조의 고도화란 기계·전자·철강·비철금속·석유화학·조선 등 6개 부문을 전략 업종으로 한 중화학공업의 발전을 뜻했다. 4차 경제개발계획(1977~1981)은 '산업구조의 고도화를 통한 자력성장 구조의 실현'을 목표로 세우고 중화학공업화 정책을 이어 나갔다.

정부는 1973년 1월 중화학공업화를 선언하면서 1980년 초가 되면 1인당 국민소득 1000달러, 수출액 100억 달러를 이룩할 것이라고 했다. 그해 5월 국무총리를 위원장으로 하는 '중화학공업추진위원회'를 구성하고 재정·금융·조세에서 특혜와 지원을 약속하여 독점자본이 참여하게끔 만들면서 중화학공업화를 본격적으로 추진했다. '산업기지개발촉진법'을 제정하여 여천(석유화학)·옥포(조선)·온산(비철금속)·창원(기계)에 산업별 공업단지를 만

들고, 기존의 구미(전자)·포항(철강) 등지도 새로 개발했다. 1년 뒤에는 '국민
투자기금법'을 마련하여 1974~1981년 동안 기금 가운데 68%를 중화학공
업 부문에 지원했고, 14개 주요 산업에 처음 3년 동안 100%, 다음 2년 동안
50%의 내국세 감면혜택을 주었다. 중화학공업 제품을 수출하여 생긴 소득
에도 소득세와 법인세를 50% 감면하는 파격적인 조치를 했다. 기업에 주는
여러 특혜 때문에 국민의 조세 부담은 1973년 12.6%에서 1981년 18.2%로
늘어났다.

집중적인 투자 결과, 중화학공업은 제조업 성장률을 웃도는 연평균
20.9%의 높은 성장을 이룩했다. 3차 경제개발계획 뒤 조선은 13배로 성장
했으며 시멘트는 2.3배, 합판은 1.5배, 정유는 1.6배 증가했다. 1970년대 중
반부터 전체 제조업 분야에서 중화학공업이 우위를 차지하기 시작했다. 제
조업 부가가치 가운데 중화학공업이 차지하는 비중은 1972년 36.4%에서
1977년 48.5%로 늘어나 중화학공업이 제조업 생산의 중추를 형성했다. 수
출 상품 비율에서도 경공업에 대한 중화학공업 비율은 1970년 12.8%에서
1979년 38.4%로 늘어났다. 제조업의 노동생산성도 1960~1979년 동안 7.6
배 늘어났으며 이에 따라 국민총생산 규모도 늘어났다.

1970년대 한국 경제는 산업구조를 고도화하고 생산력을 발전시켜 자본

중화학공업 비중의 증가 (단위 : %)

연도	경제지표	생산액 기준		부가가치 기준	
		경공업	중공업	경공업	중공업
1962		73.2	26.8	71.4	28.6
1967		66.8	33.2	65.3	34.7
1972		62.9	37.1	63.6	36.4
1977		49.6	50.4	51.5	48.5

출처 : 경제기획원, 《주요경제지표》, 1979, 94쪽

주의체제를 튼튼히 했지만, 집중 투자된 중화학공업은 각 산업 부문에 생산재를 공급해 주고 연관 산업의 발전을 촉진시키는 본래의 역할을 다하지 못했다. 한국의 중화학공업은 국내의 다른 산업과 분업적 관련 없이 수출 위주의 노동 집약적 조립가공산업(조선·전자·자동차)이나 공해산업(알루미늄·석유화학·플라스틱)을 중심으로 개발이 추진되었다. 3차 경제개발 동안 중화학공업 비중이 크게 늘었는데도 공작기계·금속 등 기초산업 부문의 생산은 오히려 줄어들어서 기계류·운송기기 수입은 1970년 5억 2000만 달러에서 1979년 29억 달러로 5배나 늘었다. 1970~1978년 동안 경공업의 수입의존도는 19.6%에서 16.5%로 낮아졌지만, 중화학공업은 24.3%에서 31.5%로 높아졌다. 수출형 중화학공업은 '수출을 위한 수입 확대의 주역'이었다.

중화학공업에 필요한 자본은 차관과 아울러 원리금 상환의 부담이 없는 외국인 직접투자로 충당되었다. 1973년 발표한 중화학공업 육성 계획은 1973~1981년 동안 총투자 재원의 12%를 외자로 조달하려고 했는데, 6대 중화학공업의 투자 재원은 40.1%를 외자에 의존했다. 또 4차 경제개발계획에서도 총투자 재원 가운데 외자는 25.4%였지만 중화학공업 투자 재원에서는 44.1%로 외자 의존도가 높았다. 경공업에서 중화학공업 중심으로 산업구조가 바뀌면서 1970년에 23억 달러이던 외자 도입액이 1978년에는 148억 달러로 늘어났다. 외국인 직접투자는 1979년까지 조립가공산업에 4억 8000만 달러가 투자되었는데 제조업 전체 투자의 76.8%에 이르렀다.

포항제철 같은 주요 중화학공업 부문은 일본 차관으로 건설했고 일본은 구미공단 등 수출자유지역에 적극 진출했다. 일본 자본이 침투하면서 한국 경제의 대일 의존도는 깊어지고 일본은 동아시아에서 누렸던 미국의 지위를 차츰 대신해 나갔다. 한국 공장은 주요 설비재뿐만 아니라 원자재, 중간재와 기술을 일본에서 계속 도입하지 않고서는 하루도 가동할 수 없었다. 한국은 일본에서 반도체·통신장비·기계 같은 자본재, 내구소비재, 중간재를 수입하고 이를 텔레비전·자동차·철강재로 만들어 미국에 되팔았다. 한·미·일 무역구조는 일본이 미국과 무역마찰이 생기는 것을 줄이는 데 이용되었다.

선진국의 과학기술이 빠르게 발전함에 따라 1970년대 중반부터 국제 분업 체제에서 기술 종속이 문제가 되기도 했다. 기술도입은 생산력을 증가시켜 고도성장을 이루는 밑거름이 되기도 했지만, 잉여가치가 해외로 빠져나갔을 뿐만 아니라 더 나은 기술의 생산수단을 계속 수입해야 했기 때문에 선진국에 대한 종속이 그만큼 깊어졌다. 특히 일본 기술도입이 차츰 늘었다. 기술 도입 건수를 보면, 1966년 미국 12건, 일본 10건, 서독 3건이었던 것이 1970년에는 일본 60건, 미국 18건 순으로 바뀌었고 그 뒤에도 일본이 계속 앞서 갔다. 기술도입에 따른 로열티 지급도 늘어나 1966년 30만 달러에서 1976년에는 21억 2000만 달러로 크게 늘어났다. 1962~1979년 사이 일본이 한국에 투자한 자본은 미국의 2배, 기술 수출량은 3배가 되었다. 그 결과 중화학공업이 발전하면 할수록 한국 경제는 일본에 더욱 종속되었다.

한국 자본주의는 미·일 선진국에 종속되면서도 1973년 석유파동 뒤 서남·동남아시아에 진출하여 국제분업을 확대했다. 1973년 1차 석유파동으로 어려움을 겪은 한국은 중동에서 건설로 벌어들인 오일달러로 경기를 활성화시켜 중화학공업화를 진척시켰다. 재벌이 앞다퉈 중동 시장에 진출한 결과 중동 건설 수주액은 1975년 8억 달러에서 1980년 82억 달러로 크게 늘었다. 그리하여 1975~1979년의 GNP 증가율 7.2%와 수출증가율 25.0%를 훨씬 뛰어넘는 성장률을 기록했다. 해외 건설은 상품 수출을 촉진하고 국내 인력의 고용을 확대함으로써 외화를 벌어들이는 데 이바지했다.

경제 공룡, 재벌의 성장

기업들은 박 정권이 중화학공업화를 선언한 1970년대 초만 해도 석유파동에서 비롯된 불황 때문에 참여하기를 꺼렸다. 오히려 국가가 주도한 경제개발전략이 불황을 가져왔다고 보고 경제 운용을 민간 주도로 바꾸기를 바랐다. 이에 박 정권은 국유기업을 점차 민영화하여 사적 자본을 축적 주체로 하는 대신, 여러 정책을 통해 이전보다 폭넓게 개입했다. 그러다 4차 경제개발계획에서 중화학공업 투자를 확대하자, 기업들은 앞을 다투어 중화학공업에 뛰어들었다.

1960년대 경공업 수출 위주의 공업화 과정을 통해 성장한 재벌 기업은 1970년대에는 중화학공업으로 자본을 축적하여 재벌군을 형성했다. 중화학공업을 수출산업으로 육성하여 4대 재벌은 빠르게 자본축적을 이룰 수 있었다. 더욱이 재벌들은 재벌 회사끼리 서로 자본을 빌려주는 상호출자 방식으로 모든 업종에서 '문어발식' 확장을 계속했다. 1974년 대기업 총자본 가운데 자기자본 비율은 23.7%에 지나지 않았고, 은행 차입금과 외국 차관이 각각 30.3%, 15.3%를 차지했다. 그러나 중소기업은 자기자본이 41.5%, 은행 차입금과 외국 차관이 각각 23.8%, 0.6%여서 은행 융자와 차관 배분에서 소외되었다.

1975년 정부가 일본을 본뜬 종합무역상사 제도를 만들자 재벌은 이를 이용하여 무역을 독점했다. 1977년 30대 재벌이 수출에서 차지하는 비중은 38.5%에 이르렀다. 종합상사로 지정받으면 수출금융 혜택이 주어졌고 시중 금리 15~19%의 반에도 미치지 못하는 7~9%로 돈을 빌릴 수 있었다.

1974년 '5·29 특별조치'도 재벌의 덩치가 커지는 계기가 되었다. 이 조치는 기업 공개를 통해 소유와 경영을 분리하여 국내 자본을 조달하고, 사채시장을 양성화하여 투자신탁·신용협동조합 등 제2금융권을 만든다는 내용이었다. 재벌들은 기업 공개를 이용하여 부실기업을 인수하고 적극적으로 기업을 합병하면서 경제 지배력을 높여 갔다. 재벌은 중소기업 분야를 잠식하면서 성장했다. 제조업에서 중소기업의 비중은 1970~1980년 동안

사업체 수로는 97.1%에서 94.3%로, 생산액으로는 30.3%에서 23.8%로 떨어졌다. 재벌은 중소기업을 하청화했다. 전체 중소기업 수 가운데 하청 관계에 있는 중소기업의 수는 1966년 12.6%에서 1980년에는 30.1%로 늘어났다.

재벌은 소유와 생산을 장악하여 경제를 지배했다. 재벌이 망하면 경제가 무너진다는 말이 생길 정도였다. 정부가 쏟아낸 숱한 정책은 한국을 '재벌공화국'으로 만들었다. 정부는 재벌이 진출한 중화학공업 분야에 다른 기업이 진입하는 것을 허용하지 않음으로써 재벌의 독과점 지위를 보장했다. 나아가 수입제한 조치를 실시하여 이들을 대외경쟁에서 보호했다. 수입자유화율은 1974년 49.5%에서 1981년 74.7%로 높아졌으나, 중화학공업의 독과점 품목들은 37.5%에 그쳤다. 30대 재벌의 출하액은 1977년 32.0%에서 1981년에는 39.7%로 높아졌다. 또 정부는 중화학공업 대기업을 군수산업으로 지정해 생산물을 군수품으로 사들였다. 아시아자동차·삼미종합특수강·대우중공업·쌍용중공업·삼성항공 산업 등이 대표적이었다.

1972년 말을 기준으로 11개 종합상사 그룹이 거느린 기업군은 럭키 47개, 대우 41개, 삼성 38개, 현대 33개, 쌍용 20개, 국제 24개, 선경 27개, 금호 19개, 삼화 30개, 한일합섬 8개 등 모두 312개 업체나 되었다. 한국 종합상사 그룹의 기업 수는 일본의 10대 종합상사가 거느린 계열기업군 258개를 훨씬 뛰어넘는 것이었다.

1970년대 말 경제 위기

생산력 발전과 대자본 중심의 고도 축적을 특징으로 하는 한국 경제의 발전은 1970년대 말 공황 국면으로 접어들었다. 미국을 비롯한 선진 자본주의국가는 1978년부터 물가가 오르고 실업이 늘어나는 스태그플레이션stagflation을 겪었다. 1979년 2차 석유파동이 겹치면서 세계경제는 전반적인 불황에 빠져들었다. 세계경제 침체는 수출에 매달리던 한국 경제에 커다란 영향을 끼쳤다.

한국의 중화학공업은 대량생산이 특징이지만 국내시장이 좁았기 때문에 해외 수출을 목표로 삼았다. 따라서 소비를 예측하기 어려워 해외시장의 변동에 민감할 수밖에 없었고 과잉투자의 우려가 있었다.

재벌들은 정부가 지나치게 중화학공업화를 지원했기 때문에 장래의 수요나 원료·에너지·노동력 확보 등에 대한 구체적 계획이 없었다. 정부의 지원이 자본축적의 원천 그 자체였기 때문이다. 기업은 앞다투어 투자를 확대했고, 1970년대 후반 들어 본격화된 재벌들의 경쟁은 정부의 통제를 벗어나 있었다. 그 결과 자본은 중복·과잉투자되었다.

그러나 세계경제가 불황으로 허덕여 판매시장을 확보할 수 없었고, 중화학공업의 가동률은 점점 떨어졌다. 1970년대 후반에 건설된 중화학공업 주요 대기업의 가동율은 1980년에 39%에 지나지 않았다. 조립가공산업 중심으로 성장한 중화학공업의 수입의존도는 날로 증가하여, 무역수지 적자가 1972년 9억 달러에서 1979년에는 46.4억 달러로 늘어났다. 중화학공업화 전략 자체가 한국 경제를 불황에 빠뜨리는 원인이 되었다. 실업률이 늘고, 인플레이션이 계속되어 기업이 도산하는 등 경제는 어려움에 빠져 해마다 10%를 넘었던 경제성장률이 1979년 3/4분기에 4.8%, 4/4분기에 4%로 급격히 떨어져 연평균 6.5% 성장에 그쳤다.

이 같은 경제위기와 더불어 박 정권을 직접 위협한 부마항쟁, 노동자들의 투쟁 등으로 자본축적 위기는 한국 사회의 총체적인 위기로 이어지면서 유신체제의 기반을 흔들어 놓았다.

1960 · 1970년대 사회 변동

1960 · 1970년대 자본주의가 발전하면서 진행된 산업화와 도시화는 사회 계급 구조를 바꿨다. 1960년대 전체 인구 가운데 58.3%를 차지했던 농민은 미국에서 들어오는 엄청난 양의 잉여농산물과 저곡가정책으로 생계비조차 마련하기 어려웠다. 살기 어려워진 농민은 차츰 농촌을 떠났고, 농업 인구는 1970년 전체 인구의 44.7%에서 1975년 37.5%로 크게 줄었다. 전체 산업에서 농업이 차지하는 비중도 점점 줄었다. 빚을 진 농가는 1971년 전체 농가 가운데 75.7%에 이르렀다. 토지에서 떨어져 나온 농민은 1960년대 말부터 1970년대 초까지 해마다 50만 명씩 대도시로 몰려갔다. 이들은 도시 주변에서 광범한 산업예비군과 도시 빈민이 되었다.

서울의 중랑천, 청계천에는 판잣집이 세워지고 언덕배기에는 달동네가 끊임없이 만들어졌다. 1978년 서울 인구 750만 명 가운데 20%가 판잣집에 살고 있었다. 가진 것 없는 이들은 날품을 팔거나 식당 등 서비스업에 종사했으며 턱없이 낮은 임금을 받고 공장에서 일했다.

많은 사람이 농촌을 떠나 도시로 몰려들자, 도시에는 노동력이 넘쳐흘렀다. 노동자는 적은 임금을 받으며 견디기 힘든 노동을 해야 했다. 1970년대 후반 실질임금이 오르긴 했지만 겨우 노동생산성을 회복하는 수준이었고, 월평균 임금은 최저생계비에 미치지 못했다. 그 와중에도 노동자 수는 급격히 늘어났다. 1960년 겨우 60만 명에 지나지 않았던 노동자 수는 1975년 265만 5000명으로 거의 4배가 늘었다. 전체 인구 가운데 노동자 비율은 1960년 전 인구의 20%에 지나지 않았으나, 1980년 40%에 이르렀다.

노동자계급의 내부 구성도 크게 바뀌었다. 1960년대에는 노동집약적인 경공업이 추진되어 여성 노동자 수가 크게 늘더니, 1970년대에는 중화학공업이 성장하면서 숙련 남성 노동자층이 늘어났다. 전체 노동자 가운데 공장

노동자는 1960년 34.3%에서 1970년 45.3%로 늘었다. 사무 노동자의 증가
도 뚜렷하여 1960년 11.6%에서 1970년에는 14.8%로 늘어났다. 산업구조
가 고도화함에 따라 노동자도 대공장으로 집중되었다. 100명 넘게 노동자
를 고용한 사업체에서 일하는 노동자 수는 1963년 전체 노동자의 43.2%였
으나 1973년에는 82만 명으로 전체 노동자의 71%를 차지했고 1978년에
는 156만 명으로 74%를 차지했다. 노동자가 크게 는 것은 한국 사회에서 자
본-임금노동이라는 자본주의적 생산관계가 확립되었다는 뜻이었다.

반독재
민주화 운동과
유신체제의
붕괴

1960·1970년대 초 민주화 운동

1960년대 민주화 운동

군사정권은 4월 혁명에서 나타난 민주운동과 노동운동을 물리력으로 완전히 짓눌러 버리고 국민에게 '경제발전'이라는 장밋빛 이데올로기로 기대감을 갖게 하여 사회운동을 막으려 했다.

그러나 박 정권이 추진한 굴욕적인 한일회담을 계기로 민주화 운동은 다시 불붙기 시작했다. 1964년 봄 한일협정이 다시 추진되면서 식민지 통치에 대해서는 아무런 사과나 배상도 받지 못한 채 차관을 구걸하는 박 정권에 국민의 저항이 봇물처럼 터져 나왔다. 그해 3월 24일 서울대 학생들이 '민족반역자 한일회담 즉각 중지'를 요구하며 '제국주의자 및 민족반역자 화형식'을 갖고 가두시위를 벌인 뒤 학생·언론·지식인을 중심으로 굴욕적인 한일회담 반대여론이 온 나라로 번졌다.

지속되던 시위는 6월 3일 대규모 시위로 발전했다. 이날 서울에서는 학생과 시민으로 이루어진 시위대가 경찰 저지선을 뚫고 광화문까지 나아가 경찰관용차와 파출소를 파괴했다. 시위대는 "민족분열 일삼는 독재 정권 물러가라, 미국은 가면을 벗고 진정한 우호국임을 보여 달라, 몰수하자, 매판자본"을 외치며 박 정권 퇴진을 요구했다. 군정부터 쌓인 부정부패·강압 정치에 대한 반발이 대일 굴욕외교와 맞물리면서 정권 퇴진 운동으로 발전한 것이다. 정권 존립 위기를 느낀 박 정권은 곧바로 비상계엄을 선포하여 1200여 명을 체포하는 등 강경하게 대응했다(6·3 사태). 박 정권은 경찰에 이어 '군'을 정권의 방패막이로 이용하기 시작했다.

1965년 6월 22일 한일협정이 정식 조인되자, 한일협정 조인 무효와 비준을 반대하는 시위가 다시 타올랐다. 박 정권은 학생운동에서 주도적으로 활동했던 '민족주의비교연구회'를 용공으로 몰아 구속하는 등 반공 이데올로기로 시위 열기를 누그러뜨렸다. 또 8월 26일 서울 지역에 위수령을 발동하여 대학교를 휴교시키고 경찰과 군 병력으로 시위를 짓눌렀다. '6·3 사태'로 상징되는 한일회담 반대 투쟁은 군사 정권이 내걸었던 '민족적 민주주의'가 헛구호임을 드러냈다. 그러나 일본을 끌어들인 미국의 의도를 알아채지 못한 채 반일감정에 기초하여 박 정권을 비판한 약점을 가지고 있었다.

1967년 대통령 선거와 국회의원 선거에서 박 정권이 저지른 부정선거에 분노한 청년, 학생들의 '6·8 부정선거' 규탄 시위가 식기도 전에, 박 정권은 헌법상으로 대통령의 연임을 제한하는 규정을 개정하여 3선 개헌을 추진했다. 야당과 지식인, 학생은 장기 집권을 추진하려는 박 정권에 거세게 반발했다. 1969년 6월에 들어 각 대학에서 3선 개헌 반대 투쟁이 본격화 되었다. 학생시위는 3선 개헌 반대에서 나아가 1인독재·정보정치·계층적 소득 불균형을 해소할 것을 제기했다. 이 운동은 9월 여당 의원들만의 날치기 통과로 개헌이 결정되자 정국을 전환시키지 못하고 수그러들었다.

3선 개헌 반대 운동(1969.7.2.)

　1960년대 학생운동은 분단과 현실을 묵인한 반민주적인 기성세대를 대신하여 이념과 신조에 따라 사태를 판단하고 행동하는 새로운 세대의 출현을 알리는 신호였으며, 사회운동의 주요 동력이었다. 그러나 민주주의와 자유라는 이념에 뿌리를 둔 학생운동은 자본 주도의 근대화 논리를 비판하는 데는 한계가 있었다. 또 조직화되지 못한 지식인·학생의 현실 비판과 저항은 제도화되고 구조화된 정치권력이나 국가기구를 상대하기 힘들었다. 이 과정에서 학생들은 민주화 운동이 단순한 정권 비판의 문제가 아니라 사회구조적 문제임을 깨닫기 시작했다.

　4월 혁명 뒤 새롭게 자리 잡던 노동운동은 5·16 쿠데타와 군부 정권에게 된서리를 맞았다. 군부 정권은 쿠데타를 정당화할 명분인 경제발전을 위해서는 노동자 통제가 무엇보다 절실했다. 군부 정권은 5월 22일에 포고 제6호를 공포하여 모든 정당·사회단체를 해산시켰다. 이에 따라 한국노련을 비롯한 전국의 노동단체가 해체되기에 이르렀다. 뒤이어 노동조직을 재편하고자 한국노동단체 재건조직위원회를 발족시켰고, 이를 통해 한국노동조합총연맹(한국노총)을 조직했다. 한국노련 세력은 민주노조를 다시 만들려고 했지만, 이미 노동조합이 있으면 다른 노동조합을 만들 수 없다는 노동 악법 때문에 불법화되었다. 이승만이 5월 1일 메이데이를 3월 10일 노동절로 바꿨는데, 박정희는 노동절이라는 이름마저도 '근로자의 날'로 바꿔 버렸다. '경제개발'에는 자기 권리에 눈뜬 '노동자'가 아니라 오직 주는 대로 받고 시키는 대로 일하는 '근로자'가 필요했다.

그러나 노동자들은 1962년 '노동쟁의권 부활 투쟁'에 나서 이듬해 노동자의 가장 큰 힘인 쟁의권을 따냈다. 1963~1964년 사이에는 노동조합의 정치 활동을 금지하고 노동조합 설립 허가제를 채택한 노동 악법을 바꾸려 투쟁했다. 투쟁은 주로 국영기업체와 외국투자기업체에서 일어났다. 국영기업체에서는 대표적으로 1964년 석탄공사·철도청·전매청·대한중석 노동자 투쟁, 1968년 광산노조·철도노조·조선공사·증권거래소 노동자 투쟁이 일어났다.

외국기업체에서는 주로 주한 미군부대에서 쟁의가 일어났다. 한미행정협정이 한국인 노동자의 기본권을 크게 제약하자, 1965년 11월 미군부대에서 일하는 한국인 노동자들은 임금 인상과 노동기본권 보장을 요구하며 1년 넘게 투쟁을 했다. 이 투쟁에 힘입어 미쓰비시 상사·미국 프로회사(1966)와 미국 오크 전자·시그네틱 전자(1968) 등 외국투자기업체에서 임금 인상을 요구하는 투쟁이 계속 이어졌다.

군사 정권 밑에서도 노동자들의 주장은 끊이지 않고 제기되었으나 임금 인상이 주 내용이었고 고립·분산되어 일어났다. 더욱이 어용노조인 한국노총이 민주노동운동을 가로막아서 노동자계급의 권익을 뒷받침하지 못했다.

1970년대 초 민주화 운동

1970년 11월 13일, 평화시장 재단사인 전태일*이 근로기준법 책을 손에 쥔 채 "근로기준법을 준수하라!", "우리는 기계가 아니다!"라고 외치며 자신의 몸에 불을 붙였다. 전태일의 분신은 개발독재의 모순을 그대로 드러냈다. 경제성장은 노동자의 삶을 풍족하게 해 주기는커녕 가난 속에서 비인간적인 삶을 강요했다. 부와 빈곤이 동시에 쌓여 가고 있었다. 박 정권이 자랑하는 10%의 고도성장 뒤편에는 봉제공장 노동자가 5년 동안 일하면 중증 폐병환자가 되어 버리는 현실, 가족의 생계를 꾸리려면 피를 토하면서도 하루 14시간을 일해야만 하는 노동자의 현실이 있었다.

전태일의 불길은 고도성장의 그늘에 가려진 한국 사회의 근본 문제를 생각하게 하는 계기가 되었다. 이 사건으로 11월 27일에는 청계피복노조가 결성되었다. 노동조합 결성은 노동자의 조직적인 투쟁이라는 지난한 과정을 거쳐야 가능했지만, 청계피복노조는 빠른 시일 내에 결성될 수 있었다. 전태일의 분신으로 형성된 사회적 여론이 강한 압력으로 작용했기 때문이었다. 또한 이 사건으로 학생운동 세력이 노동문제에 관심을 갖게 되었으며, 민중의 현실을 깨달은 일부 지식인이 노동자·농민·도시 빈민 등의 민중운동에 참여했다.

전태일 1948년 8월 26일 대구에서 가난한 집안의 장남으로 태어나 17세부터 평화시장 노동자로 일했다. 초등학교 4년, 고등공민학교 1년 학력으로 근로기준법을 혼자 공부하면서 평화시장 노동자의 실태를 조사·분석하고, 조직과 단결의 필요성을 깨달아 바보회·삼동회를 만들어 참담한 노동조건에 맞서 싸웠다. 그러나 고용주·노동청·서울시청은 물론 한국노총마저 이를 외면했다. 1970년 11월 13일 그는 스스로 몸을 불태워 이 땅에 저항하는 노동자가 있음을 역사에 알렸다. 이 사건은 1970년대 민주노조운동이 새로운 지평을 여는 계기가 되었다.

노동자의 투쟁도 잇따랐다. 1971년 2월 서울에서 식당 종업원 김차오가 분신을 기도했고, 9월에는 한진상사 베트남 파견 노동자와 가족 등 400여 명이 체불임금 지불을 요구하며 KAL빌딩에 불을 지르고 시위를 벌였다. 1969년 130건, 1970년 165건에 지나지 않았던 파업 건수는 1971년에는 1656건으로 늘어나 전년에 견주어 무려 10배나 늘어났다.

개발독재가 낳은 사회 모순은 도시 빈민 영역에서도 터져 나왔다. 급격한 도시화와 산업화는 도시로 인구를 집중시키면서 도시 빈민촌을 만들었다. 여기에다 도시 재개발과 환경 개선이라는 미명 아래 벌어지는 빈민촌 집단 철거는 주민들의 집단 저항과 마찰을 불러일으켰다. 도시 빈민의 투쟁은 1971년 8월 광주대단지에서 터져 나왔다. 서울 지역 판자촌 철거로 지금의 성남인 광주대단지로 쫓겨난 5만여 명의 주민은 분양지 불하가격을 낮추고 세금을 면제시켜 줄 것을 요구했다. 70세 노인에서 어린애까지 나서서 "배가 고파 못 살겠다, 일자리를 달라" 외쳤고, 파출소와 경찰차를 습격하는 등 6시간 동안 싸웠다. 그 결과 요구 조건을 들어준다는 약속을 받아냈다.

겉모양에만 치중했던 경제 성장의 허상은 1970년 4월 마포 와우시민 아파트가 와르르 무너져 내린 사건에서 상징적으로 드러났다. 경제가 양적으로 성장했는데도 소득은 골고루 분배되지 않았고 사회지도층의 부패는 심각했다. 이에 시인 김지하는 〈오적五賊〉에서 다음과 같이 적었다.

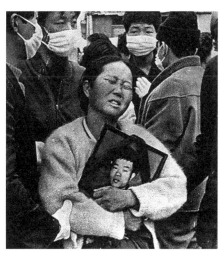

아들 전태일의 영정 사진을 안고 울부짖는 어머니

서울이라 장안 한복판에 다섯 도둑이 모여 살았것다. …

예가 바로 재벌·국회의원·고급공무원·장성·장차관이라 이름하는,

간떼이부어 남산만하고 목질기기 동탁배꼽 같은

천하 흉폭 오적의 소굴이렸다. …

첫째도둑 나온다. 재벌이란 놈 나온다.

돈으로 옷해 입고 돈으로 모재해 쓰고 돈으로 구두해 신고 돈으로 장갑해 끼고
금시계, 금반지, 금팔찌, 금단추, 금넥타이핀, 금카후스보던, 금박클, 금니빨, 금
손톱, 금발톱, 금작크, 금시계줄, 디룩디룩 방대이, 불룩불룩 아랫배, 방귀를 뽕
뽕뀌며 아그작 아그작 나온다. …

… 국회의원 나온다. …

혁명이닷, 구악舊惡은 신악新惡으로! 개조닷, 부정축재는 축재부정으로!

근대화닷, 부정선거는 선거부정으로! 중농이닷, 빈농은 이농으로!

건설이닷, 모든 집은 와우식으로! 사회정화닷, 정인숙을, 정인숙을 철두철미

본받아랏! …

    지식인들은 경제성장이 정상 궤도를 벗어났다고 문제를 제기했다. 중간
계층도 움직였다. 1971년 4월《동아일보》를 시작으로 전국 14개 언론기관
이 언론자유수호운동을 벌여 나갔다. 7월에는 서울 형사·민사 지방법원 판
사들이 모두 사표를 내고 전국 판사 가운데 36%인 법관 151명이 여기에 동
조했다. 사법파동은 법원이 반공법 위반 혐의로 기소한 피고인에게 전원 무
죄를 선고하자 검찰이 구속영장을 재신청한 것이 계기가 되었다. 정부가 검
찰을 앞세워 사법부의 독립권을 침해하자 법관들이 저항한 것이다. 교수들
도 같은 해 8월 대학 자치를 주장하는 대학자주화 선언을 발표했다. 지식인
을 비롯한 중간계층이 벌인 운동은 군부 정권에 저항하는 국민이 늘어났다
는 것을 보여 주었다.

1970년대 초 기층 민중의 투쟁은 치열했지만 군부 정권의 물리적 탄압과 지배 이데올로기를 뚫고 나갈 수 있는 조직 역량을 갖추지는 못했다. 전태일의 분신은 경제성장의 의미를 되새기게 하는 상징적 사건이었다. 이 사건은 노동자들에게 조직의 필요성을 깨닫게 했으며 학생·지식인들의 노동문제에 대한 관심을 촉발시켜, 1970년대 민주노동운동의 새로운 출발의 지렛대가 되었다.

3선 개헌 반대운동의 좌절을 딛었던 학생운동은 1971년 개학 초부터 교련 거부 문제로 활기를 되찾았다. 3월 2일 고려대의 교련 거부 결의와 3월 9일 서울대의 '교련 철폐 투쟁 선언'을 시작으로 그해 10월까지 전국 대학생 5만여 명이 참여했다. '교련 철폐 투쟁'은 정세 변화 속에서 정권을 지키기 위해 '병영국가적 통치 질서'를 마련하려는 상투적인 정책을 뿌리부터 부정하는 것이었다.

4월 11일에는 11개 대학 학생대표 200명이 모여 '민주수호전국청년학생연맹'을 결성하고 교련 철폐 운동과 공명선거 캠페인을 벌이기로 결의했다. 24일 전국 30개 대학 학생대표로 그 구성이 확대된 학생연맹은 13개 대학의 1250명이 선거 참관인으로 지원하겠다고 밝혔다. 21일에는 4·19와 6·3 세대 청년들이 '민주수호청년협의회'를 구성하고 민주적인 선거를 위해 적극 행동에 나서기로 결의했다. 교련 철폐 투쟁은 제7대 대통령 선거와 맞물려 각 대학으로 번져 나갔다. 박 정권은 10월 17일 서울 전역에 위수령을 발동하여 군인들을 학교에 진주시키고, 연행한 학생 1899명 가운데 119명을 구속하는 등 강압적으로 탄압했다. 박 정권의 탄압으로 공개적인 활동이 곤란해진 학생들은 내부 학습과 조직 모임을 통해 새로운 준비를 해 나갔다.

유신체제에 맞선 민주화 운동과 민중운동의 성장

학생운동

유신체제에서 한때 침묵했던 학생운동은 1973년 10월 '정보파쇼통치 금지', '대일예속 금지', '국민생존권 보장', '김대중 사건 진상규명' 등을 요구하는 서울대 문리대 학생들의 시위로 물꼬를 텄다. 그 뒤 유신을 반대하는 시위가 전국 대학교로 번져 나갔다. 학생들은 유신헌법 철폐와 개헌을 요구했고, 이는 재야운동을 고무하여 '개헌청원 100만인 서명운동'이 일어나는 계기가 되었다. 이에 박 정권은 긴급조치로 강경하게 탄압했다.

1974년에 이르면서 학생들은 개별 대학에서 벌인 운동의 한계를 깨닫고 전국적 투쟁 조직인 '전국민주청년학생연맹(민청학련)'을 조직했다. 민청학련은 종교·학계 등의 세력과 연관을 갖고, 학생운동의 성격을 민중적·민족적·민주적 운동으로 규정했다. 그러나 민청학련의 전국적 시위계획이 사전에 누설되면서 관련자 1024명이 검거되었다. 박 정권은 이들 가운데 8명에게 사형을 내리고 몇십 명에게 무기징역부터 15~20년의 중형을 선고했다.

수많은 경찰과 정보요원이 대학에 늘 머무르는 상황에서도 학생들은 1977년에 민주회복과 학원자유화를 요구하는 시위에 앞장섰다. 이런 선도투쟁을 바탕으로 1978년 6월 28일에 광화문 도심시위를 벌일 수 있었다. 이 시위는 서울 몇몇 대학에 결성된 이념 서클과 학회가 연합한 것이었지만 대학연합시위라는 점, 과감하게 도심에서 시위를 벌였다는 점에서 1980년대에 일반적으로 나타난 도심 가두 투쟁의 선구였다.

긴급조치로 활동에 어려움을 느낀 학생들은 교회나 학내의 비공개 이념 서클을 중심으로 움직이면서 민중운동 세력과 손을 잡으려 했다. 학생들이 노동야학 활동을 하거나 직접 공장노동자가 되어 민중운동과 결합하면서 학생운동은 차츰 민중 지향적 성격을 띠어 갔다. 그들은 1970년대 반독재 민주화 투쟁을 이끌어 낸 중요한 세력이었다. 긴급조치 아래서도 운동 이념과 조직화를 고민하면서 쉬지 않고 움직였고, 정권 비판을 넘어 과학적인 사회구조 이론을 학습하면서 1980년대를 준비했다.

재야운동

주로 제도권 정치인·지식인·종교인·교수·문인·법조인·언론인·여성계로 이루어진 '재야'는 모든 비판 활동이 금지된 유신체제 아래서 반유신·반독재 민주화 투쟁을 하며 만들어졌다.

1971년 대통령 선거를 앞두고 만들어진 '민주수호국민협의회'는 범국민적 차원에서 운동을 벌이지는 못했다. 그러나 1973년 12월 재야인사들이 벌인 '개헌청원 100만 인 서명운동'은 유신체제에 대한 비판이 확산되면서 많은 국민의 지지를 받았다. 이에 정권은 긴급조치 1호를 발표하여 서명운동을 이끈 장준하와 백기완을 구속했다. 긴급조치 1·4호가 해제된 1974년 11월 '민주회복 국민회의'를 만든 윤보선·김영삼·김대중 등 재야 정치인과 종교계(함석헌·김재준·법정), 학계(이희성), 언론인(천관우), 법조인(이병린) 등은 '국민선언'을 통해 자유와 인권, 개헌을 요구했다. 그러나 국민회의는 다시 강경조치로 돌아선 박 정권의 긴급조치 9호 발동으로 활동하지 못했다.

1976년 3월 1일, 윤보선·김대중·함석헌·함세웅 등은 명동성당에 모여 긴급조치 철폐, 구속인사 석방, 국회 기능 회복, 사법부 독립 그리고 박 정권 퇴진을 요구하는 '3·1 민주구국선언문'을 발표했다. 정권은 이 선언에 참가한 인사를 구속하여 재야운동을 억누르려 했지만, 오히려 이 사건을 계기로 재야는 더욱 굳게 연대했다.

1977년 3월 윤보선·지학순·천관우 등 10여 명은 '민주구국헌장'을 통해 유신헌법 철폐를 요구했고, 4월 천주교정의구현전국사제단은 사회정의가 거부당할 때 소리 높이 외치는 것이 우리의 소망이라는 '77선언'을 발표

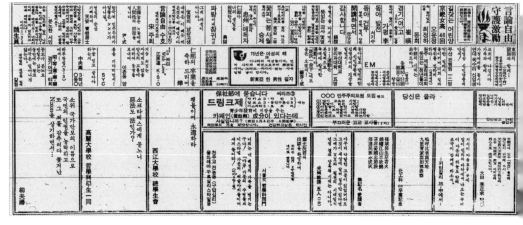

《동아일보》광고 해약사태 때 독자들의 격려 광고로 채워진 1975년 3월 6일 자 광고지면(출처 : 한국
언론진흥재단)

했다. 재야 세력은 '민주주의와 민 족통일을 위한 국민연합'(1979.3)을 만들
어 한국인권운동협의회, 천주교정의구현사제단 등 13개 단체를 아울렀다.
국민연합은 유신체제의 종식을 내세워 만든 단체 가운데 가장 큰 조직체였
다. 그러나 1970년대 재야 연합단체들은 몇몇 명망가를 중심으로 운영되었
으며, 대중적 기반을 제대로 확보하지 못한 한계를 보였다.

재야 정치인뿐만 아니라 중간계층도 활발하게 나섰다. 1974년《동아일
보》와《한국일보》에서 노조가 결성된 뒤 활발해진 언론노조운동은 언론노
동자들이 민주화 운동에 동참하는 계기가 되었다. 1974년 12월《동아일보》
광고 해약사태는 언론 자유화 운동의 차원을 뛰어넘어 이를 지지하는 국민
들의 격려 광고나 모금 운동을 통해 중산층까지 동조하는 유신 철폐 운동으
로 확산되었다. 박 정권에 굴복한《동아일보》와《조선일보》등 언론사주들
은 기자들을 무더기 해고했고, 해고된 기자들은 1975년 3월 각각 '자유언론
수호투쟁위원회'를 만들어 계속 싸워 나갔다.

유신체제에 저항하다 재임용에서 탈락한 교수들은 1977년 12월 '해직교

수협의회'를 결성하고 '민주교육선언'을 발표했다. 제적·구속된 학생들과 정치범 가족들은 '민주청년인권협의회'와 '구속자 가족협의회'를 결성하여 활동했다. 1973년 3월 종교계는 '천주교정의구현전국사제단'을, 1974년 11월에는 문인들이 '자유실천문인협의회'를 만들었다. 이같이 1970년대는 부문 운동이 활발해진 가운데 많은 조직이 만들어진 때였다.

노동운동

1970년대는 노동관계법이 있었지만 노동자의 노동3권(단결권, 단체교섭권, 단체행동권)을 사실상 부인하는 특별법이 제정·시행되어 노동운동에 대한 탄압이 더욱 강화되었다. 1970년 1월 1일 외국인 투자를 유치한다는 목적으로 투자 기업의 노조 결성과 쟁의 발생 신고기관을 노동청으로 일원화하고, 중앙위원회의 강제 중재제도를 적용하는 '외국인 투자기업의 노동조합 및 노동쟁의에 관한 임시특례법'을 만들었다. 이어 박 정권은 1971년 제정·공포된 '국가보위에 관한 특별조치법' 9조에 근로자의 단체교섭권 또는 단체행동권의 행사는 미리 주무 관청에 조정을 신청해야 하며, 그 조정 결정에 따라야 한다고 규정했다. 노동자의 자주적인 단체교섭권과 단체행동권을 부정하는 법이었다.

또 1972년 12월 27일 선포한 유신헌법 제 29조에 노동 3권을 법률로써 유보시킬 수 있게 했다. 신설된 제 29조 3항에는 '국가보위에 관한 특별조치법'의 제 9조 2항을 그대로 수용하여 공무원, 국가와 지방자치단체, 국영기업체, 공익 사업체, 국민경제에 중대한 영향을 미치는 사업체에서 일하는 노동자들의 단체행동권을 법률로써 제한하거나 부정할 수 있도록 했다. 여기에다 1973년 3월에는 '노동조합의 산업별 조직 체계 지양, 노사협의제의 구체화, 노동쟁의조정법상 공익사업의 규정 범위 확대, 노동쟁의에 대한 규제 강화, 국가에 의한 노동 행정 강화'를 목적으로 노동관계법을 전면 개정하여 노동운동을 더욱 탄압했다.

박 정권은 '공장새마을운동'으로 '노사협조주의'를 강화하여 노동자들의 사상을 직접 통제하려 했다. '종원업을 가족처럼, 공장일을 내 일처럼'이라는 구호가 잘 보여 주듯이, 공장새마을운동은 회사를 가족 같은 공동운명체라고 강조했다. 이 운동은 '직장의 제2가정화', '종업원의 복지 향상' 등을 내세우며 노동자에게 노사협조주의를 강요하고 노동자의 계급의식을 마비시키려 했다. 또 '에너지 절감, 물자 절약, 원가 절감, 생산성 향상' 등을 표어로 삼아 노동 생산성 향상만을 강요했다. 한국노총은 박 정권의 반노동자정책을 적극 거들었다. 박 정권이 10월 유신을 선포하자 곧바로 '구국 통일을 위한 영단을 적극 지지한다'는 성명을 내고, 산업별·노조별로 계몽 유세반을 편성하여 지지를 유도하는 전국 유세 활동을 펴는 등 어용 단체의 모습을 그대로 드러냈다. 1970년대 노동자들은 저임금, 열악한 노동조건, 자본가의 횡포 그리고 국가의 탄압 속에서 살아남아 최소한의 권리를 찾기 위해 자신들의 이익을 대변하는 자주적인 민주노조를 세워야 했다.

전태일 분신 사건 뒤 자신들의 권리를 찾으려는 노동자의 극한 투쟁인 분신 사건이 소규모·영세사업장을 중심으로 잇따랐다. 1973년 서울 조일철강 최재형 자살 기도 사건, 1974년 대구 신철공업사 정세달 자살 사건 등이 일어났다.

중공업 대기업 노동자의 투쟁도 이어졌다. 1974년 9월 울산 현대조선소에서 2500여 명의 노동자들이 임금 인상·부당해고 금지·노조 결성 보장을 내걸고 투쟁을 벌였다. 또 사우디아라비아 현대건설 노동자의 투쟁과 중동 노동자의 동정파업(1978)도 대기업의 임금 착취에 대항한 투쟁이었다. 이 투쟁은 남성 기능직 노동자가 중심이 되었지만, 조직되지 못한 상태에서 일시적인 폭발성을 띠고 터져 나왔으며 다른 사회운동과도 관련을 갖지 못했다.

이 시기 노동운동의 중심은 자주적인 민주노동조합(민주노조)을 만들려는 민주노조운동이었다. 노동조합이 없는 공장인 청계피복·삼원섬유·반도상사·YH·콘트롤데이타 등에서는 민주노조를 새로이 만들었고, 어용노조가 있는 곳에서는 어용노조 민주화 운동이 활발했다. 원풍모방(1972)과 동일방직에서 벌어진 노조민주화 투쟁(1972, 1976)은 군사독재와 독점자본의 지배 아래 노동자들이 헌법에 보장된 권리를 갖는 것이 얼마나 어렵고 눈물겨운지를 그대로 보여 주었다. 1976년 7월 회사 쪽이 남성 노동자를 꾀어 민주노조를 부수려고

동일방직노동조합 대의원 대회 때 회사 측이 뿌린 오물을 뒤집어쓴 조합원(1978.2.21.)

하자 여성 노동자들은 농성과 단식투쟁으로 맞섰다. 회사와 경찰은 한 편이 되어 여성 노동자들을 탄압했다.

시퍼런 옷을 입고 야구방망이 같은 것을 꽁무니에 차고 왔다. 너무나 무서웠다. 전쟁터 같았다. 그때 누군가가 급박한 소리로 말했다. 옷을 벗은 여자 몸에는 그 누구라도 손을 못 댄대. 공포에 떨고 있던 사람들은 서로 앞을 다투어 작업복을 벗어 들었다. 손에 손에 작업복을 흔들며 부르는 '노총가'는 악에 받친 울먹임이었다. 800여 명 중 끌려가기 싫은 대부분의 사람들은 옷을 벗었다. 500명은 벗었을 것이다. 우리는 회사 남자들의 도움을 받은 경찰들에 의하여 허물어지고 말았다. 우리는 그렇게 끌려갔다. 알몸뚱이로 차바퀴 앞에 누워도 소용없었다. 내가 옷을 벗다니! 그러나 후회는 없었다. 그렇다. 부끄러움은 우리의

것이 아니라 언제까지나 그들의 몫으로 남아 있을 것이다. _ 동일방직노조 조직
부장 증언

동일방직 노동자들이 어용노총과 정보부에 맞서 노동조합을 지킬 수 있
었던 것은 노동자들이 오직 노동조합을 중심으로 단결했기 때문이다. 동일
방직 등에서 일어난 민주노조 투쟁은 1970년대 노동운동의 큰 봉우리였다.

노동삼권이 제한된 1972년 346건이었던 노동쟁의는 1973년 666건,
1975년 1045건, 1976년 754건, 1977년 1864건, 1979년 1697건으로 늘었
다. 노동자들은 회사·정권의 탄압과 조합본부의 반대를 뚫고 1970~1979
년까지 모두 2500개의 노조를 만들었다.

1970년대 노동운동이 활발해진 것은 노동자의 양적 성장과 열악한 노동
환경 때문이었다. 한국노총 조합원 수를 보더라도 1970년 49만 명(조직률
14.7%)에서 1979년 109만 명으로 늘었고, 노조 수도 1970년 419개 지부였
던 것이 1979년 553개에 이르렀다. 한국 노동자들의 노동시간은 세계에서
가장 길었다. 1977년 일본·미국 노동자가 한 주에 약 40시간 정도 일한 데
견주어 한국 노동자는 52.9시간을 일해야만 했다. 노동자들은 장시간 노동
속에서 라면으로 끼니를 때웠고, 이런 열악한 생활수준은 노동자를 고통과
질병으로 몰아넣었다.

노동운동은 노동자 개인의 투쟁에서 집단의 조직적인 운동으로, 생존권
투쟁에서 반독재 투쟁으로 차츰 성장했다. 도시산업선교회, 크리스천 아카
데미 같은 종교 단체나 고려대 노동문제연구소는 노동조합 간부에게 도움
을 주어 투쟁에 힘을 보탰다. 1970년대 초 성명서나 지원 투쟁으로 연대를
했던 학생도 중반부터는 노동야학을 만들거나 노동현장으로 들어갔다.

1970년대 민주노조운동은 주로 경공업·중소기업의 여성 노동자가 중심
이었다. 노동자들은 임금 인상이나 부당 해고 반대, 근로조건 개선, 그리고

노조 결성과 활동 보장 등을 내걸고 싸웠다. 노동운동은 사업장 단위에서 자본과 정권에 타협하지 않고 치열하게 일어났지만, 사업장 사이의 폭넓은 연대 활동을 벌이지는 못했다.

농민운동

저곡가정책에 뿌리를 둔 경제개발계획은 농민을 가난으로 몰아넣었다. 1971년 농촌 소득은 도시에 견주어 78%에 지나지 않았다. 박 정권이 농촌에서 벌인 새마을운동은 농촌이 가난한 까닭을 농민의 의지가 약하고 자립심이 모자란 탓으로 돌리고, 농촌 근대화란 이름 아래 농민의 비판 의식을 무디게 했다.

농민운동은 1972년 농민의 권익을 옹호하는 가톨릭농민회가 만들어지면서 활성화되었다. 1976년에는 크리스천 아카데미에 농민 교육과정이 만들어지면서 농민운동 활동가들을 길러 냈다. 또 1977년부터 지속적으로 벌어진 기독교농민회 운동도 본격화했다. 1974~1979년 사이 두 단체에서 배출한 약 1000여 명의 농민운동 활동가는 농민운동의 인적 기반을 넓혔다.

1976년에 벌어진 함평 고구마 피해 보상 투쟁은 가장 대중적인 농민운동이었다. 함평농협이 고구마를 사들이겠다는 약속을 이행하지 않아 생산농가가 큰 손해를 보자, 함평군 가톨릭농민회는 대책위원회를 만들어 보상을 요구하는 투쟁을 했다. 농민들은 1978년 5월까지 3년 동안 줄기차게 싸워 마침내 보상을 받았다. 이 투쟁은 규모가 큰 농민운동이었고 다른 계층과 연계하여 성공을 거둔 점에서 의의가 크다.

농민들은 가톨릭농민회를 중심으로 나선 활동가들과 저농산물가격정책 반대 투쟁, 수세 거부 투쟁, 농지세 투쟁과 농협민주화 등 유신체제의 관료주의적인 농민 지배 방식에 대항하는 준법투쟁과 피해 보상 투쟁을 주로 벌였다. 그러나 대부분의 경우 다른 운동과 연계하지 못했고, 농민의 독자적 조직을 세우지 못한 채 교회 세력이 중심이 된 농민운동으로 한정되었다.

1970년대는 한국 자본주의가 발달하면서 노동자·농민·도시 빈민 등 민중운동 역량이 본격적으로 진출하는 때였다. 동일방직 노동자들의 투쟁과 함평 고구마 피해 보상 투쟁은 생존권 투쟁에서 시작한 노동자·농민의 투쟁이 권력과 대결하면서 차츰 반독재 민주화 투쟁으로 성장했음을 보여 주었다. 그러나 크게 보아 1970년대 정치투쟁은 여전히 도시중간층에 뿌리를 둔 진보적 지식인층이 이끌었다. 보수 야당과 종교계가 주도한 반정부 운동의 주요 목표는 국회 기능 회복이나 사법부 독립 같은 형식적 민주주의를 제대로 이루어야 한다는 것이었다. 그들은 노동자·농민의 요구를 체계적이고 이념적으로 제기하지 못했다.

부마항쟁과 유신체제 붕괴

민중의 거부

유신체제를 반대하는 운동이 거세게 일어났지만 박 정권은 이에 아랑곳하지 않았다. 1978년 9대 대통령 선거에서는 통일주체국민회의에 출석한 대의원 가운데 1표를 제외한 2577표를 얻어 박정희가 당선되었다. 민주주의 상식으로는 도저히 상상할 수 없는, 거의 100% 찬성이었다. 국민들은 장충체육관에서 대통령을 뽑았다고 해서 '체육관 선거'라고 비웃었다.

1978년 12월 12일 10대 국회의원 선거는 유신체제의 몰락을 예고했다. 이 선거에서 공화당은 68석, 신민당은 61석, 민주통일당은 3석, 무소속은 22석을 차지했다. 그러나 지지율로 볼 때 신민당은 32.8%, 공화당은 31.7%를 얻어 신민당이 득표율에서 처음으로 공화당을 앞질렀다. 국민들은 조직화되지 않은 대중이 정치 의사를 표현할 수 있는 가장 손쉬운 방법인 선거를

YH무역 여성 노동자들의 농성과 김경숙의 사망을 보도한 1979년 8월 11일 자《동아일보》기사(출처 : 한국언론진흥재단)

통해 그동안 박 정권에게 쌓였던 불만을 한꺼번에 나타냈다.

1979년에는 유신체제에 반대하는 움직임이 곳곳에서 터져 나오기 시작했다. 그해 5월 신민당 총재가 된 김영삼은 공화당과 손잡으려는 이철승의 중도통합론을 비판하고 선명야당을 내세우면서 박 정권을 상대로 강한 공세를 펼쳤다. 민중은 유신체제에서 벗어나 광범한 반유신 민주연합에 합류했다.

박 정권은 민주화 운동을 여전히 강

YH노동자 투쟁 1966년 자본금 100만 원과 종업원 10명으로 시작한 YH무역회사는 1970년에는 4000여 명의 노동자를 고용하는 국내 최대 가발업체로 성장했다. 그러나 회장이 미국으로 돈을 빼돌리고 빚을 갚지 않아 사세가 급속도로 기울어지며 1979년 폐업했다. '배고파서 못 살겠다!', '일자리를 달라!', '위장폐업 철회하라!'라고 외치며 170여 명의 노동자들이 8월 9일 신민당사에 들어가 농성했다. 8월 11일 새벽 경찰이 신민당사에 진입하여 폭력으로 농성자를 연행하는 과정에서 21세의 김경숙이 목숨을 잃었다. YH노동자들의 신민당사 농성은 김영삼 총재 제명, 부마항쟁, 10·26 사건으로 이어지면서 유신체제를 무너뜨리는 계기가 되었다.

경하게 탄압했지만 노동자의 투쟁을 억누를 수는 없었다. 8월 YH무역 노동자 170여 명은 회사를 정상 가동하고 생존권을 보장하라며 신민당사에 들어가 밤을 새워 농성했다(YH노동자 투쟁*). 이미 자제력을 잃은 박 정권은 11일 심야에 경찰 1000여 명을 야당 당사에 투입하여 폭력으로 강제 해산시켰고, 이 과정에서 여성 노동자 김경숙이 의문의 죽음을 당했다. 박 정권은 김영삼의 당 총재 자격과 의원직도 빼앗았다. 김영삼은 '정권 타도 투쟁'을 선언하여 박 정권의 탄압에 맞섰다.

　YH노동자 투쟁을 계기로 민주화 운동 세력은 유신체제 타파와 노동운동 지원 투쟁을 더욱 적극적으로 벌였다. 9월 3일 강원대에서, 4일 대구에서 경북대·영남대·계명대 3개 대학이 연합한 가두시위가 있었다. 서울대·연세대·이화여대에서도 학생들의 대규모 시위가 잇달았다. 유신체제 타파와 YH노동자의 투쟁을 지지하는 대규모 시위가 확산되면서 유신 정권과 민중 세력의 대립이 날카로워졌다.

부마항쟁과 유신체제 몰락

유신 정권과 민중의 정면대결은 1979년 10월 부산에서 시작되었다. 16일 부산대 학생들이 '유신헌법 철폐', '야당 탄압 중지', '빈부 격차 해소' 등을 내걸고 가두시위를 벌이자, 다음날 노동자·시민들이 적극 합류하여 경찰서·파출소·신문사를 부수는 격렬한 싸움으로 번졌다. 17일에도 시위가 계속되면서 KBS, MBC, 동양TV, 도청, 부산 시내 파출소 23개소가 파손·파괴되었고 부산대는 긴급 휴교에 들어갔다. 박 정권은 18일 오전 0시 부산 지역에 계엄령을 선포하고 공수부대 5000여 명을 부산에 투입했다. 그러나 학생과 시민의 시위는 그칠 줄 몰랐다.

　우리는 학원 내의 일체의 외부 세력을 배격한다. … 우리는 언론·인권·자유의

부마 지역에 비상계엄이 선포된 뒤 시청 광장에서 경계 근무를 서는 탱크와 장갑차

유보나 제약에 반대한다. 우리는 경제적 민족주의를 당위적인 목표로 한 경제
개발계획의 자립경제에 대한 무방향·역방향성을 고발한다. 정치권력과 야합
한 관료독점자본의 구조적 모순과 양적 확대 추구에 따른 소비재 생산 부문의
확대와 자율적 재생산구조의 외면과 이로 인한 대외의존 심화와 종속의 가속
화뿐 아니라 부실기업, 노사문제 등이 파생됨을 명확히 인식한다. 우리는 총체
적인 책임과 결과로서 현 독재집권층은 유신헌법을 철폐하고 물러날 것을 요
구한다. … 제도화된 폭력성과 조직적 악의 근원인 유신헌법과 독재집권층의
퇴진만이 오천만 겨레의 통일의 첫걸음이요, 승공의 길임을 확신한다. _부산대
에 배포된 '민주선언문'에서(《부마항쟁 10주년 기념자료집》, 1979.10.15.)

시위는 18일 마산으로 번졌다. 경남대 학생 1000여 명이 기동경찰 300여
명과 맞서다 투석전을 벌였고, 3·15 의거탑에서 '독재 타도', '박 정권은 물
러나라'는 구호를 외치며 연좌 농성에 들어갔다. 날이 어두워지자 학생 시위

는 시민과 자유수출지역의 노동자 등이 합세하면서 눈 깜짝할 사이에 대규모 군중시위로 번져, 격렬한 반유신 시위로 발전했다. 마산·창원 시위는 20일 그 일원에 위수령이 내려지고 군이 투입되면서 진정되었다.

부마항쟁은 유신 철폐와 독재 타도를 외치던 학생 시위에 자연 발생적으로 시민과 노동자가 동참하면서 민중항쟁으로 발전했다. 유신 정권의 폭력성과 부당성이 심화되고 구조적인 사회경제적 모순이 격화되면서 박 정권에 대한 학생, 시민과 노동자의 저항과 분노가 폭발한 것이다. 또 이전의 반유신 민주화 운동이 지식인 중심으로 일어났던 것에 견주어, 부마항쟁은 기층 민중과 시민들이 현실에 대한 변화 의지를 적극적인 항거로 보여 주었으며 유신체제의 위기를 뚜렷하게 드러냈다. 이는 유신 정권이 몰락하는 결정적인 계기가 되었다.

26일 중앙정보부장 김재규가 박정희를 시해하자 유신체제는 무너졌다. 박정희의 죽음은 유신체제 안에서 일어난 권력 갈등의 결과였다. 유신체제의 몰락은 민중 세력이 치열하게 싸워서 직접 얻은 성과가 아니었기 때문에 지배층과 민중 사이의 대립은 1980년 광주민중항쟁으로 터져 나왔다.

참고도서

강만길, 《한국자본주의의 역사》, 역사비평사, 2000

거름편집부, 《1960년대》, 거름, 1984

김금수·박현채 외, 《한국노동운동론》 1, 미래사, 1985

김원, 《박정희 시대의 유령들》, 현실문화, 2011

노영기·도진순·정용욱 등, 《1960년대 한국의 근대화와 지식인》, 선인, 2004

민주화운동기념사업회 연구소 엮음, 《한국민주화운동사》 1·2, 돌베개, 200·2009

박태순·김동춘, 《1960년대의 사회운동》, 까치, 1991

박현채 외, 《한국 경제론》, 까치, 1987

부르스 커밍스, 《부르스 커밍스의 한국현대사》, 창작과 비평사, 2001

서중석, 《사진과 그림으로 보는 한국현대사》, 웅진씽크빅, 2005

성대경 엮음, 《시대를 앞서간 사람들》, 선인, 2014

안병욱·홍석률 등, 《유신과 반유신》, 민주화운동기념사업회, 2005

이병천, 《개발독재와 박정희 시대》, 백산서당, 2002

이종재, 《재벌이력서》, 한국일보, 1993

임송자, 《대한민국 노동운동의 보수적 기원》, 선인, 2007

청사편집부, 《칠십년대 한국일지》, 청사, 1984

한국기독교교회협의회, 《노동현장과 증인》, 풀빛, 1984

한국기독교교협의회 인원위원회, 《1970년대 민주화운동》 1·2·3, 동광출판사, 1986

한국민주노동자연합, 《1970년대 이후 한국노동운동사》, 동녘, 1994

한국사회경제학회 편, 《한국 경제론강의》, 한울, 1994

한국산업사회연구회 편, 《오늘의 한국자본주의와 국가》, 한길사, 1988

한국정신문화연구원 편, 《1960년대 한국의 공업화와 경제구조》, 백산서당, 1999

_____, 《1960년대 후반기의 정치사회변동》, 백산서당, 1999

_____, 《1970년대 전반기의 정치사회변동》, 백산서당, 1999

한승헌 외, 《유신체제와 민주화운동》, 춘추사, 1984

홍석률 외, 《박정희 시대 연구》, 백산서당, 2002

참고논문

전재호, 〈5·16 군사정부의 사회개혁 정책-농어촌고리채정리사업과 재건국민운동을 중심으로〉, 《사회과학연구》 34권 2호, 2010

허은, 〈'5·16군정기' 재건국민운동의 성격-'분단국가 국민운동' 노선의 결합과 분화〉, 《역사문제연구》 11, 2003

임송자, 〈1960년대 전국외국기관노조와 한미행정협정 체결 촉구 운동〉, 《사림》 32, 2009.2

한국 자본주의의 변화와 민중운동의 성장

광주민중항쟁과 5·6공화국의 성격

12·12 쿠데타와 '서울의 봄'

12·12 군사쿠데타

YH노동조합의 신민당사 투쟁, 부마항쟁 등으로 위기를 맞았던 유신체제는, 중앙정보부장 김재규가 박정희를 살해한 '10·26 사태'로 갑자기 무너졌다. 유신체제의 뼈대를 이루던 국가기구들은 그대로 남아 있었지만, 민족민중운동 세력과 유신 세력 그 어느 쪽도 사태를 장악할 수 없는 권력 공백 상태가 형성되었다. 이런 상황에서 미국 언론은 지배 세력의 갈등과 권력 재편 방향을 다음과 같이 예고했다.

한국 군부의 고위 장성들이 이번 주 월요일, 화요일(10월 29일, 30일) 이틀에 걸쳐 국방부 안에서 비밀 모임을 갖고 박정희 독재 체제의 법적 근거였던 유신헌법을 폐기할 것을 비공식적으로 결정했다. 그러나 박정희 전 대통령에 대한 충성심이 강한 전두환 계엄사 합동수사본부장 등 일부에서는 유신헌법의 조기 폐지에 반대하여 폐지 시기에서 약간의 대립을 보였다. _《뉴욕타임즈》, 1979.11.2.

박정희가 숨지자, 공식적인 정부권력은 최규하 국무총리에게 넘어갔다. 많은 국민이 유신헌법을 곧바로 없애고 직접선거로 새 대통령을 뽑기를 바랐지만, 최규하는 자신이 남은 임기를 채워야 한다고 주장했다. 12월 6일 그는 유신헌법의 절차에 따라 대통령이 되었다. 국민은 헌법 개정에 관심을 기울였지만, 군부는 민주화로 나아가는 길을 막는 데 힘을 쏟았다. 국군보안사령관으로 박정희 살해 사건의 수사를 책임진 전두환을 중심으로 하는 신군부는 12일 기습 쿠데타를 일으켜, '헌법 개정과 민간민선정부의 수립'이라는 정치 일정에 호의적이던 정승화 등 군부 안의 온건파 세력을 제거했다. 10·26 사태 뒤 한국의 순조로운 민주화를 지지한다던 미국은 12·12 쿠데타를 묵인함으로써 사실상 전두환 중심의 새로운 지배 체제를 인정했다. 이로써 미국은 친미 반공 국가를 유지한다는 한반도 정책의 기본 목표에만 관심이 있을 뿐, 한국의 민주 발전은 그다지 중요하게 여기지 않는다는 사실을 다시 한 번 드러냈다.

12·12 쿠데타를 계기로 지배 세력이 전열을 다시 가다듬는 동안, '민주주의와 민족 통일을 위한 국민연합(국민연합)'으로 대표되던 재야 민주화 운동 세력과 야당은 '민간민선정부의 창출'을 눈앞에 두고 차츰 분열되었다. 1970년대 재야 민주화 운동의 상징적 구심점이었던 국민연합은 유신 철폐, 계엄 해제, 거국내각 구성 등을 주장했으나, 다가올 정세와 운동 방향을 명확히 바라보지 못했다.

1970년대 재야와 야당 세력을 대표했던 김대중과 김영삼은 직선제를 통해 정권을 잡을 수 있는 기회가 왔다고 생각하며 정세를 지나치게 낙관했다. 두 김씨는 미국이 한국의 민주화를 결정할 수 있는 힘을 가졌다고 판단하여 그 동향에 관심을 쏟았다. 한편으로 군부가 개입할 것을 걱정하며 그들의 비위를 거스르지 않으려 했다.

안개 속, '서울의 봄'

유신체제가 끝났지만 군은 정치에 개입할 계기와 빌미를 찾고 있었고, 유신 잔재 세력도 민주화를 가로막고 있는 '안개 정국'이 이어졌다. 그런 가운데서도 1980년 봄이 다가오자 공장과 학원에서 군부독재 종식과 민주정치 실현을 외치는 민주화 요구가 솟구쳤다. 1970년대 산업화 과정에서 희생했던 노동자들은 1980년 3월 춘투春鬪 시기에 들어서면서 임금 인상과 노동조건 개선을 요구하는 생존권 투쟁과 함께 노동조합 민주화 투쟁에 나섰다.

1980년 4월 21일 사북탄광 노동자 항쟁이 일어났고, 일신제강·동국제강·동명목재·인천제철 같은 곳에서도 파업이 잇달았다. 1980년 봄의 노동운동은 비조직적·자연 발생적이었고 경제투쟁이 많았다. 아직 노동자들은 군부독재에 맞서 정치투쟁에 참가할 수 있는 힘을 갖지 못했지만, 나라 안팎의 자본가들에게 커다란 위기의식을 불러일으켰다.

5월이 되자, 그동안 학원 통치 기구 노릇을 했던 학도호국단을

민간인에게 폭력을 가하는 공수부대원(1980.5.1.)

춘투 매년 봄마다 전국적으로 벌어지는 노동자 공동 투쟁으로, 춘기투쟁春期鬪爭의 준말. 일본 노조의 임금 인상 투쟁이 주로 봄철에 집중된 데서 유래했다.

서울역 앞에서 유신 철폐와 계엄 해제를 외치는 대학생과 시민(1980.5.15.)

없애고 학생회를 부활시키는 등 학원 민주화 투쟁으로 힘을 키운 학생들이 민주화 정치 일정이 제시되지 않자 거리로 쏟아져 나왔다. 한꺼번에 교문을 뚫고 나온 학생과 시민 몇 십만 명은 15일에 서울역 광장을 꽉 메운 채 계엄 철폐와 유신 세력 퇴진을 외치며 사회·정치의 민주화를 요구했다. 서울역 집회는 어렴풋한 정치 상황을 가르는 분수령이었다. 학생운동 지도부는 우리의 뜻을 충분히 알렸으니 학교로 돌아가 다음 상황을 두고 보자며 '서울역 회군'을 결정했다. 이들은 10·26 사태 뒤에 사회 곳곳에서 봇물처럼 터져 나온 대중의 자연 발생적 투쟁 역량을 낮게 평가했다.

'서울역 회군'은 신군부에게 권력을 잡을 수 있는 결정적 기회를 주고 말았다. 학생들이 해산하자마자 신군부의 영향력 아래 있던 최규하 정부는 '확대된 소요 사태'를 구실로 삼아 17일 24시에 비상계엄을 전국으로 확대 선포했다. 그날 밤 신군부는 주요 대학에 병력을 주둔시켰고 학생운동 지도부, 김대중을 비롯한 재야와 제도 정치권의 주요 인사를 체포·구속했다. 이에 앞서 9일 미 대사 글라이스틴은 최규하 대통령과 전두환에게 미국은 질서를 유지하는 데 필요하다면 시위자들에게 무력을 사용하는 것을 반대하지 않겠다고 말했다.

광주민중항쟁

'화려한 휴가'

신군부의 5·17 계엄확대조치는 '서울의 봄'으로 상징되던 민주화 운동을 한꺼번에 침묵시켰다. 전국의 주요 거리와 대학에는 번뜩이는 군인의 총칼과 탱크만이 가득했다. 계엄확대 뒤 폭풍전야 같은 침묵을 깨뜨린 곳은 광주였다. 18일 10시 무렵 전남대 정문 앞에서 200여 명의 전남대 학생과 학교를 점령하고 있던 공수대원 사이에 첫 충돌이 일어났다. 공수대원의 무차별 구타에 분노한 학생들은 전두환이 쿠데타를 일으켜 정권을 잡으려 한다고 규탄하면서 계엄 철폐, 김대중 석방 등을 외치며 시내로 나아가 시위를 조직했다.

이날 오후 3시 무렵 시내 곳곳에 배치된 공수대원은 마구잡이로 주변의 학생과 시민을 때리고 개 끌듯 끌고 갔다. 신군부가 내린 작전명령 '화려한 휴가'는 이렇게 시작되었다. 그렇다면 5·17 계엄확대 뒤 전국이 침묵한 상태에서 왜 광주·전남 지역에서만 항쟁이 계속되었고, 신군부는 왜 '화려한 휴가지'로 광주를 골랐는가?

광주·전남 지역은 영남 지역과 달리 거대 독점자본이 들어서지 않아 산업 연관 효과가 적었다. 중소 자본이 몰락하고 노동계급이 제대로 성장하지 못한 데서 알 수 있듯이, 상대적으로 경제성장이 뒤떨어진 곳이었다. 호남은 '한국의 제3세계'였다. 이는 산업화 과정에서 탈농·이농 현상이 이 지역에서 가장 심했다는 것으로도 알 수 있다. 게다가 박 정권 때 사회·문화·정치적 차별이 많았던 탓에 호남 민중의 피해 의식은 컸다. 때문에 호남의 재야·학생·민중은 그 어느 곳 못지않은 민주화 열망을 가지고 있었다. 또 보수 집단이 꺼리던 야당 정치인 김대중이 이곳에 주요 정치 기반을 두고 있었기 때문에, 신군부는 광주항쟁 진압을 정권을 창출하는 좋은 기회로 삼았다.

한국 자본주의의 모순이 1980년 5월이라는 특수한 상황에서 전라남도 광주라는 지역을 통해 폭발한 것이 광주민중항쟁이다. 신군부는 계엄을 확대한 뒤, 전국에서 터져 나올지도 모를 민주화 요구를 '광주'라는 한 지역에 폭발시켜 짓누름으로써 민주화 투쟁에 쐐기를 박고 유신체제를 자신에게 유리하게 재편하려고 했다.

다음 날이 밝자, 계엄군의 잔혹성을 전해 들은 어린 고등학생과 대학생, 시민이 거리로 쏟아져 나왔다. 항쟁은 점차 능동적인 저항으로 바뀌었고, 항쟁 주체도 학생에서 광주 시민 전체로 옮겨 갔다. 관제 언론이 보도하지 않았지만, 공수부대가 저지른 '인간 사냥'은 광주 시민의 가슴에 증오의 불길을 지폈다. 금남로, 계림동, 충정로 쪽으로 나아간 시위대는 돌을 던지며 계엄군에 맞섰다. 가톨릭센터와 공용터미널에서 계엄군의 무자비한 탄압을 받으면서도 시위대는 물러서지 않았다. 시위 군중은 "아무 죄 없이 우리 학생, 시민들이 죽어 가는 것을 더 이상 바라볼 수만은 없습니다. 계엄군을 물리치고 우리 스스로 광주를 지킵시다" 하면서 한마음이 되었다.

죽음을 넘어 어둠을 넘어

항쟁 사흘째인 20일 오후, 10만 명 남짓한 인파가 금남로를 가득 메웠다. 여기에는 노동자·가게 점원·학생·회사원·구두닦이·실업자 등 모든 계층이 참여했다. 이들은 목숨을 걸고 계엄군에 대항하여 격렬한 시위를 거듭했다.

시위 군중과 계엄군이 밀고 당기는 공방전을 되풀이하던 오후 7시 무렵,

버스를 바리케이드 삼아 계엄군과 맞서는 시민(1980.5.21.)

시내버스 등 수백 대의 차량이 전조등을 켜고 금남로에 들어서면서 광주항쟁은 민중봉기로 한발 더 다가섰다. 차량 시위대가 나타나자 시위 군중의 사기와 투쟁력은 더욱 높아졌다. 특히 노동청과 신역, 도청 앞에서 벌어진 한밤의 시위와 저항은 매우 치열했다. 신군부는 이날 밤부터 광주에서 시외로 통하는 교통·통신을 차단하는 '광주시 고립·봉쇄 전략'을 펼치기 시작했다.

21일 아침 10시 무렵, 일부 시위대가 아세아자동차 공장에서 가져온 장갑차를 앞세우고 금남로에서 공수부대와 대치하며 연좌 농성을 벌였다. 일부 시위대는 전국 곳곳에 광주 소식을 알리고 동참을 호소하려고 주변 지역으로 빠져 나갔다. 이날 시위 군중은 시민 대표를 뽑아 도지사와 협상하려 했지만, 신군부는 오후 1시 정각 공수부대의 일제 사격으로 이에 대답했다. 오히려 신군부는 계엄사령관의 이름으로 '광주 일원에서 벌어지는 비극적 사태'는 '불순분자와 간첩들의 파괴·방화·선동' 때문이라고 진상을 왜곡하는 담화문을 발표했다.

경고문

친애하는 시민 여러분!

이제까지는 여러분의 이성과 애국심에 호소하여 자진해산과 질서회복을 기대해 보았습니다. 그러나 총기와 탄약과 폭발물을 탈취한 폭도들의 행패는 계속 가열되고 있으며, 이러한 상황 하에서는 부득이 소탕하지 않을 수 없게 되었습니다. 시민 여러분! 소요는 고정간첩, 불순분자, 깡패에 의해 조종되고 있습니다. 지금 즉시 대열을 이탈하여 집과 직장으로 돌아가십시오.

계엄사령관 육군대장 이희성 (1980년 5월 21일)

공중파 공영방송을 포함한 모든 매체가 진실 보도를 외면했다. 오직 외신만이 '광주사태'를 보도했고, 독일 교민들이 광주 탄압을 규탄하는 시위를 맨 처음 조직했다.

시위 군중은 계엄군에 맞서 가까운 교외의 경찰서·파출소 등지에서 탈취한 카빈, M1 소총 등으로 무장했다. 무장한 시민군은 대부분 노동자였고 교련복을 입은 학생과 예비군복을 입은 장년층도 더러 있었다. 광주 시민은 무장시위대를 자연스럽게 '시민군'이라 불렀고 '아군'으로 여겼다.

오후 5시 무렵 시민군은 계엄군 임시본부인 전남도청을 공격했다. 계엄군은 전략상 광주에서 후퇴했다. 항쟁을 벌인 지 4일 만에 교도소를 뺀 광주시 전체가 '해방'을 맞이했지만, 22일부터 26일까지 5일 동안 물자 공급이 모두 끊어졌다. 그러나 물건을 매점매석하는 일도, 심지어 은행이나 신용금고 같은 금융기관에서 도난사건 한 번 없을 만큼 광주 시민들은 스스로 질서를 지켰다.

닷새 동안 광주에서는 날마다 시민궐기대회를 열어 항쟁을 조직화하고 강화하는 데 힘썼다. 시민군은 도청을 본부로 삼고 조직을 새로 정비했다. 5월 22일에는 관료·변호사·종교인 등이 중심이 되어 '5·18 수습대책위원회'를 결성하고 계엄 당국을 상대로 협상에 나섰다. 수습대책위원회 안에서는 '무장해제' 문제를 두고 무장을 해제하여 협상하자는 지역 명망가 중심의 '투항파'와 이를 반대하는 '투쟁파'로 나뉘었다. 마침내 25일 3차 시민궐기대회에서 '투쟁파'의 주장이 시민의 지지를 받아 김종배를 위원장으로 하는 새로운 집행부를 구성했다.

새 집행부는 '일면투쟁 일면협상'의 양면작전을 펼치면서 시간을 벌려고 했다. 이들은 다른 곳으로 항쟁이 번져 가거나 미국이 신군부를 견제하여 정권을 잡지 못하게 할 것이라고 기대했다. 특히 이들은 미국이 동해에 항공모함을 급히 보낸 것은 신군부에게 압력을 넣는 것이라고 생각했다. 그러나 이 믿음은 곧바로 무너지고 말았다. 5월 22일 신군부가 광주민주항쟁을 진압하는 데 사용할 한국군 4개 대대를 미국의 통제에서 풀어 달라는 요청에 미국은 이미 동의한 상태였다.

　외곽 봉쇄 작전을 펴며 광주를 완전히 진압하려고 모든 준비를 갖춘 계엄군은 26일 오후 6시까지 무조건 투항하라는 최후통첩을 보냈다. 계엄군의 공격이 임박했음이 알려지면서 집회에 참여하는 군중의 수도 눈에 띄게 줄기 시작했다. 숨 가쁘게 좁혀 오는 계엄군의 진격에, 시민군이 쓸 수 있는 수단은 도청을 거점으로 한 마지막 항전뿐이었다. 마침내 5월 27일 새벽 4시를 지나면서 곳곳에서 총 소리가 나기 시작했고, '도청소탕작전'은 약 4시간 만에 끝났다. 광주 시민들은 도청에서 죽어 가는 시민군을 생각하며 공포 가득한 새벽을 뜬눈으로 지새워야 했다. 이렇게 하여 10일 동안 벌어진 광주민중항쟁은 장엄하게 막을 내렸다. 계엄사령부는 사망한 시민이 148명이며 그 가운데 71%인 118명이 총상으로 죽었고, 사망한 군인은 15명이라고 발표했지만, 지금도 이것을 진실이라 믿는 사람은 아무도 없다. '광주민주화운동' 보상 과정에서 사망 154명, 행방불명 70명, 상이 3193명, 기타 1589명 등이 피해자로 집계되었으나 여전히 행방불명자가 발견되고 있다.

　1995년 12월 국회에서 '5·18 민주화 운동 등에 관한 특별법'이 통과되었다. 이 특별법에 따라 광주민주화운동과 관련해 유죄확정판결을 받은 사람들이 특별재심을 통해 무죄판결을 받았고, 훈·포상을 받은 군인 등은 상훈을 박탈당했다. 또한 전직 대통령 전두환과 노태우가 내란죄 등으로 기소되어 1997년 4월 각각 무기징역과 징역 17년을 선고받았다. 그러나 이들은 그해 12월 대통령 사면령으로 석방되었다.

광주민중항쟁의 의의

겉으로 보면 광주민중항쟁은 1970년대 반독재 민주화 운동의 연장이었다. 신군부와 지배 세력은 자신의 뜻에 맞게 권력을 재편하며 공세적으로 대응했지만, 민중은 1970년대 소시민적 운동의 틀 안에서 독재에 반대하고 민주

광주 망월동 광주민중항쟁 희생자 묘지

주의를 회복한다는 생각을 갖고 있었다. 광주민중항쟁은 투쟁 과정에서 미국의 본질을 다 이해하지 못했지만, 그 뒤 군부독재를 지지하는 미국의 실체를 드러내는 성과를 거두었다. 이것은 항쟁 뒤 부산미문화원 방화 사건과 서울미문화원 점거 사건, 그리고 수입 개방 반대 투쟁 등 반미 투쟁으로 이어졌다. 또 광주민중항쟁은 신군부와 타협하지 않고 무장투쟁으로 맞섬으로써 미국과 독점자본에 뿌리를 둔 독재 체제의 반민주적·반민족적 성격을 폭로했다. 투쟁 과정에서 나타난 시민군의 '무장투쟁'은 조직되지 못한 군중이 항쟁 지도부가 없는 상태에서 무자비한 국가 폭력에 맞서 시민의 생명과 안전을 지킨 마지막 방어 수단이었다.

　광주민중항쟁은 민족민중운동의 이념·동력·대상·방법 등 변혁하는 한국 사회에 근본적인 질문을 던짐으로써 민족민중운동이 질적으로 발전할 수 있는 계기를 만든 역사적 의의가 있다.

5·6공화국의 구조와 성격

제5공화국

광주민중항쟁을 진압한 신군부는 1980년 5월 31일에 만든 '국가보위비상대책위원회(국보위)'를 중심으로 5공화국 수립에 나섰다. 국보위 상임위원장은 보안사령관이며 중앙정보부장서리인 전두환이 맡았다. 실질적 권력 기구인 국보위는 6월 14일 정치 안정·경제 안정·안보 태세 강화·사회악 일소라는 '국정 4대 목표'를 발표했다. '숙정'과 '사회 정화'를 내세운 강압적 분위기 속에서 모든 정치적 반대 세력이나 경쟁자를 정치권에서 몰아내고 8500여 명의 공무원·언론인 등을 강제 해직시켰다. 김대중은 '내란음모사건'의 주모자로 체포·구속되었고, 공화당 총재 김종필은 부정재산 축재자로 규정되어 공직에서 물러났으며, 신민당 총재 김영삼은 정계에서 강제로 은퇴했다. 이어 그해 말까지 사회 정화, 순화 교육이라는 이름으로 민주노조 지도자를 포함한 4만여 명이 '삼청교육대'로 끌려갔다. '순화 교육'은 신군부에게 협조하지 않는 세력을 제거하고 대중에게 공포심을 불어넣어 순응하도록 만들었다.

이렇게 5공화국으로 나아가는 길을 닦은 전두환은 '새 시대의 지도자상'을 퍼뜨리기 시작했다. 이어 신군부는 최규하 대통령을 물러나게 하고 8월 21일 전군 주요지휘관회의를 통해 전두환을 국가원수로 추대했다. 27일 전두환은 통일주체국민회의 간선투표에서 2525명 가운데 1명을 뺀 2524명의 지지로 제11대 대통령이 되었다. 이는 전두환 정권이 유신체제의 상속자임을 보여 주었다. 10월 23일 5공화국 헌법이 마련되었고, 1981년 2월 25일에는 이 헌법에 따라 전두환이 임기 7년의 제12대 대통령으로 다시 선출되었다.

레이건 정권이 등장한 뒤 신자유주의*, 신보수주의를 내건 미국은 한국의 민주화보다 '동시다발 보복 공격'이라는 새로운 군사전략 아래 한·미·일 삼각안보체제를 강화했다. 일본의 나카소네도 미국의 전략에 편승하여 '신대동아공영권'을 내세우며 드러내 놓고 군국주의화를 추구했

다. 국내에 지지 기반을 확보하지 못했던 전두환 정권은 미국의 새로운 군사전략(별들의 전쟁)에 의존하고 미·일의 지원을 받아 독재 정권의 기반을 강화하고자 했다. 미국은 1981년 2월 말 전두환을 미국으로 불러들여 지지를 나타냈고, 1983년 1월에 방한한 나카소네도 안보경협의 이름으로 40억 달러의 차관 제공을 약속하며 전 정권을 지원했다.

전 정권은 권력 기반을 군히려고 법과 제도를 새롭게 마련하여 더욱 사회를 통제했다. '정치풍토 쇄신 특별조치법', '집회 및 시위에 관한 법률'을 만들어 재야와 민주인사의 발목을 묶었고, '제3자 개입 금지법' 따위를 만들어 노동운동을 탄압했다. 특히 반공법을 개악하여 '국가보안법'을 만들고, 반민주 악법이던 '사회치안법'을 유지시켜 권력의 방패막이로 삼았다.

또 중화학공업 과잉 중복투자와 세계 경제공황으로 나타난 독점자본의 축적위기를 극복하려 했다. 이를 위해 1980년 8월과 10월 두 차례에 걸쳐 중화학공업 분야 투자 조정, 자본자유화와 상품 시장 개방 등의 정책과 노동 통제 정책을 실시했다. 5공화국은 출발부터 노동자 실질임금 동결과 농산물 가격 통제와 같은 독점자본을 위한 정책을 펼쳤다.

체제를 정비하여 어느 정도 통치 기반을 군혔다고 판단한 전 정권은 1983년부터 '유화조치'를 폈다. 전 정권은 올림픽을 유치하고 중·고등학생의 교복과 두발 자유화, 야간 통행금지 해제, 제적 학생의 복학과 민주인사 복권

전두환 대통령 취임식(1980.9.1.)(출처 : 영상역사관)

등을 단행했다.

'유화국면'으로 지배 체제를 안정시키려던 전 정권은 곧바로 민족민중 세력의 강력한 도전에 부딪혔다. 광주민중항쟁이 진압된 뒤 숨죽이고 있던 민족민중 세력의 투쟁력이 어느 정도 회복된 상태였기 때문에 학생·노동자·농민 등 기층 민중을 비롯한 사회 여러 계층은 '유화국면'을 계기로 독재 정권에 조직적으로 맞서기 시작했다. 또 1982년 5월부터 이철희·장영자 사건, 정래혁 사건, 명성 사건, 영동 사건, 외미도입 부정 사건, 지하철 뇌물 사건 등 부정 비리 사건이 잇달아 터지면서 처음부터 정당성이 없었던 전 정권의 도덕성에 다시 흠집을 냈다.

전 정권은 1985년 후반 큰 정치적 위기에 몰렸다. 1970년대 재야 세력이 중심인 민주화추진협의회(민추협, 1984.5)가 주도하여 만든 신한민주당이 1985년 2·12 총선에서 관제 야당인 민한당과 국민당을 제치고 제1야당이 되면서 정국이 크게 바뀌었다. 1986년 2월 '민추협'은 대통령 직선제 개헌을 위한 1000만 명 서명운동을 벌였다. 신민당도 대통령 직선제 개헌안을 확정하며 전 정권을 압박했다. 마침내 전 정권은 국회에서 여야가 개헌에 합의하면 이를 받아들이겠다고 발표했다.

그러자 김대중, 김영삼 등 야당 지도자들은 좀 더 근본적인 변화를 요구하는 민중운동과 거리를 두기 시작했다. 민중이 1986년 5월 3일 인천 투쟁에서 개헌뿐 아니라 민중의 정치적 권리 보장과 기본권 보장 등을 요구하며 격렬한 시위를 벌이자, 오히려 민중운동이 과격하다면서 그동안 유지했던 연대의 끈을 놓아 버리는 모습을 보였다.

전 정권의 도덕성은 1986년 7월 발생한 부천경찰서 성고문 사건과 1987년 1월 박종철 고문치사 사건으로 깊은 수렁에 빠졌다. 운동권이 성을 혁명의 도구로 이용한다는 성고문 사건에 대한 정부의 터무니없는 발표에 양식 있는 국민은 더욱 분노했다. 박종철을 추모하고 독재 정권을 규탄하려고 조직한 '2·7 추도대회', '3·3 고문추방민주화국민대행진' 등을 거치면서 개헌 요구는 '독재 정권 타도'로 나아가기 시작했다. 그러나 전 정권은 이에 대응하여 여야 합의로 개헌하겠다던 종전의 약속을 저버리고 '4·13 호헌조치'를 발표했다. 한국노총·전경련 등이 이를 지지하는 성명서를 발표하기도 했지만, 민주화 운동 세력과 각계각층의 민중은 독재 타도와 호헌 철폐를 외치며 거리로 밀려나와 이를 거부했다. 마침내 전 정권은 직선제 개헌안을 받아들이겠다는 '6·29 선언'을 발표함으로써 '6월 민주 항쟁'에 무릎을 꿇었다.

제6공화국

1987년 12월에 실시한 대통령 선거에서 유효표 가운데 36.6%를 얻어 출범한 노태우 정권은 뒤이은 13대 총선거에서 과반수 의석을 확보하지 못함으로써 '여소야대'라는 불안한 출발을 했다. 이러한 조건에서 노 정권은 정당성을 확보하려고 5공과 단절하는 작업부터 시작했다. '6·29 선언'과 12월 직선 대통령 선거를 통해 당선된 노 정권은 '민선정부'임을 내세워 전두환 정권과 다르다는 것을 강조했다. 그러나 노태우 개인과 그 정권을 구성한 지배 세력은 10·26 사태 뒤 형성된 신군부의 핵심 구성원들로서 12·12 쿠데타를 일으키고 광주민중을 학살로 이끈 사람들이었다. 비록 노 정권은 직선제로 출범했지만, 전 정권의 연장선에 지나지 않았다.

노 정권은 정통성 시비와 지지 기반 취약을 지역주의에 뿌리를 둔 '보수대연합'으로 해소하려 했다. 이때 미국도 한국을 비롯한 제3세계에서 정치·경제가 성장하고 민주주의 운동이 활성화되자, 예전처럼 군사력을 앞세운 간섭과 통제가 쉽지 않음을 깨닫고 새로운 지배 전략, 즉 '저강도 지배 전략'을 마련했다. 그 핵심은 보수 대연합으로 친미 정권을 유지하는 방식이었다. 이 보수대연합은 1990년 은밀히 '내각제 개헌'을 약속한 민주정의당(노태우), 통일민주당(김영삼), 신민주공화당(김종필)이 민주자유당으로 통합한 3당 합당으로 나타났다. 3당 합당에는 반호남전략도 포함되어 지역주의가 더욱 드세졌다.

이와 함께 노 정권은 1980년대 후반 '현존 사회주의국가'들이 무너지는 정세를 틈타 '북방정책'으로 국내 정치 위기를 벗어나려 했다. 노 정권은 1989년 2월 헝가리와 수교한 뒤부터 폴란드(11.1)·유고슬라비아(12.28)와 수교하고, 1990년 9월에는 20~30억 달러 규모의 경제협력을 조건으로 옛 소련과도 정식 수교했다. 그 뒤 1992년 8월에 중국과 수교함으로써 사회주의권과 관계를 개선하는 북방정책의 한 가닥을 매듭지었다.

북방정책의 연장선에서 남북 관계 개선에도 나섰다. 사회주의권과의 관계 개선은 북한에 압박으로 작용했다. 그 결과 1989년 '7·7 선언', 1990년 9월 남북한 유엔 동시 가입, 1990년 12월 북한과 '남북 사이의 화해와 불가침 및 교류·협력에 관한 협의서' 체결로 일단락되었다.

노 정권은 무너지는 사회주의국가와 북한에 외교 공세를 적극 펼쳐서 학생과 재야의 통일 운동을 흔들고 정치 주도권을 쥐려 했다. 여기에는 이데올로기보다는 북한 노동력을 확보하고 이를 바탕으로 중국과 러시아로 나아가려는 독점자본의 공세적 논리가 배어 있었다. 강압적인 군사독재 체제를 더 이상 끌고 갈 수 없는 상황에서, 제6공화국은 미국의 새로운 세계전략을 받아들이고 지배 세력을 재편하여 보수 세력의 기득권을 지키고 강화한 정치적 과도기였다.

세계 자본주의
경제의
변화와
한국 경제

세계 자본주의경제의 변화와 '우루과이라운드'

세계 자본주의 질서의 변화

1980년대 세계 자본주의 체제는 전환기에 있었다. 미국은 1970년대 중반부터 소비 지향 생산구조 속에서 저축과 투자가 균형을 이루지 못하고 생산성이 낮아짐에 따라 산업의 국제경쟁력이 떨어져 세계경제에서의 지위도 급속히 낮아졌다. 실물경제의 장기 불황은 투기 자본 등 유동자본의 증대로 나타나며 세계경제의 불안을 가중시켰다.

새로이 등장한 레이건 정권은 인플레이션을 억제하고 자본축적의 어려움을 벗어나는 데 초점을 맞춘 '레이거노믹스'를 실시했다. 그러나 미국의 무역적자는 1981년 279억 달러에서 1984년 뒤에는 연간 1000억 달러를 넘는 등 빠르게 늘어났다. 또 레이건 정권은 '신보수주의'의 물결을 타고 소련과 군비경쟁을 강화하여 군비 지출을 늘림으로써 해마다 1000억 달러가 넘는 재정 적자를 냈다. 미국은 불어나는 무역·재정 적자 때문에 1914년 이래 71년 만에 순채무국으로 전락했다. 무역과 재정 적자를 함께 해결하려 했던 레이건 행정부의 시도는 실패로 끝나고 말았다. 그러나 일본, 독일 등은 연평균 5%가 넘는 고도성장을 이룩하여 세계경제에서의 위상을 빠르게 높여 갔다.

이런 구조 변화가 반영된 1980년대 세계 무역구조는 지역 단위의 자유무역주의로 발전하여 북미·서유럽·아시아 등 이른바 3극(미국·EC·일본)이 중심을 이루게 되었다. 이들의 상호 교역과 비중은 1979년부터 차츰 늘어나 1990년에는 세계무역의 3/4을 차지했다. 이렇게 경제 질서가 재편되면서, 초국적 자본들은 EC통합이나 미국의 보호주의 같이 자국 시장을 지키는 보호주의를 배경으로 높은 생산력에 걸맞은 넓은 시장을 찾아 시장 개방을 추진했다.

1980년대 선진국의 이러한 투자 현상은 무엇보다도 세계시장에서 격화되는 경쟁에 대응하여 국제분업 체계를 효율적으로 구축할 필요성이 커진데 따른 것이다. 더구나 극소 전자 분야의 발달을 중심으로 한 과학기술 혁신은 생산과정에서 노동의 비중을 낮추었지만, 부품과 자재 조달이 중요한 문제로 떠올랐다. 이에 따라 초국적 자본은 해외에 직접 투자할 때, 저임금 노동력뿐만 아니라 지리적으로 가까워야 하는 것도 중요한 요소로 삼았다. 특정 지역 안에서 자본·상품·기술·노동력 이동이 자유로운 지역주의 움직임은 각국에 흩어진 생산 기지를 통합하여 효율적인 국제 생산 체제를 구축하려는 초국적 자본의 요구를 반영한 것이다.

우루과이라운드와 한국 경제

1970년대 두 차례 일어난 석유파동은 정부의 경제 개입을 강화시켰고 이는 신보호무역주의를 낳았다. 또 1980년대 들어 세계경제의 중심이 미국에서 일본·독일 등지로 다극화되고, 산업 고도화에 따라 서비스·정보통신·지적 소유권 등의 새로운 상품이 생겨나면서, 지금껏 자유무역 체제를 뒷받침해 오던 가트(GATT)체제만으로는 무역마찰을 다 해결할 수 없게 되었다.

그리하여 선진 자본주의국가들은 주변부 국가들에게 자유화, 개방 압력을 넣으며 신자유주의를 강화했다. 이러한 흐름은 1986년 우루과이에서 선언된 '다자간 무역 협상 개시를 위한 각료 선언', 즉 우루과이라운드로 나타났다. 이것은 1980년부터 본격화한 국제분업 구조 개편과 관련되어 진행·강화되었다. 특히 유럽공동체의 통합 노력에 자극받은 미국과 일본이 아시아·태평양 지역을 중심으로 새로운 국제분업 체제를 만들려 한 시도는 아시아태평양경제협력체(APEC)으로 현실화되었다. 미국은 첨단산업 부문에서 최종 생산을 맡고 한국 등 신흥공업국들은 첨단산업 부문의 부품 생산과 조립형 중화학공업의 일부를 맡는 분업 구조가 만들어졌다. 이 과정에서 미국은 날로 쌓이는 무역 적자를 줄이고, 새롭게 만든 블록 안에서 주도권을 장악하려고 다른 나라의 경제·무역정책에 간섭하며 '개방화'와 '자유화'를 강요했다.

우루과이라운드로 한국 경제에서 가장 큰 영향을 받은 것은 농업이었다. 이에 대한 한국 정부의 태도는 1989년 4월 18일 미국의 개방 압력으로 내놓은 '1989~1991년 농수산물 수입자유화 예시 계획 및 보완 대책'에서 그대로 드러난다.

연도별 수입자유화 예시 계획 (단위 : 개)

구분	총품목수	검토대상품목수	자유화예시품목수				유보
			1989	1990	1991	계	
농림 수산물	1,785	643	82	76	85	243	400
미국관심품목		119	22	19	21	62	57

출처 : 김성훈·장원석,《쌀 개방과 우루과이라운드》, 거름, 1993, 142쪽

정부 설명에 따르면 도시와 농촌 사이의 소득 격차 심화, 농촌 노동력의 고령화 등 한국 농촌이 어렵지만 대외적으로 우루과이라운드 협상과 미국의 개방 압력 그리고 한국 경제의 국제적 지위 향상에 따른 책임 때문에 개방 조치를 할 수밖에 없다는 것이다. 따라서 정부는 농가 피해 보완 대책으로 차액 보상, 생산 조정 보상, 작목 전환 융자 등을 포함하는 보상 지원과 수입자유화에 따른 구조 조정 지원을 내놓았다. 그러나 장기적인 측면에서 볼 때, 이러한 대책은 임시방편에 지나지 않았다.

6차 경제사회개발 5개년 계획(1987~1991)에서 농업은 경쟁력 없는 대표적인 산업으로 분류되었다. 이는 농업이 고도성장의 밑거름이 아니므로 차츰 부차적인 영역으로 밀려나게 된다는 뜻이다.

1980년대 한국 경제

독점자본의 강화

1970년대 말에서 1980년대 초 한국 자본주의는 중화학공업의 과잉·중복 투자, 석유파동에 이은 세계경제의 침체와 맞물리면서 심각한 위기에 빠졌다. 전두환 정권은 '경제 안정화 정책'으로 경제에 개입하여 중화학공업의 과잉투자를 해소해 갔다. 중화학공업 투자 조정과 부실기업 정리 등을 통해 특혜를 베풀고, 노동과 농산물 가격을 통제해 민중에게 부담을 떠넘겼다.

전두환 정권은 '합리화 업종'을 건설중장비·자동차 등 투자 조정 업종과 섬유직물·무기질 화학비료 등 구조불황 업종으로 나누었다. 투자 조정 업종은 새로운 투자를 막고 제품을 전문화하도록, 구조불황 업종은 투자를 보완하거나 아예 업종을 바꾸도록 했다. 이를 위해 2100억 원 규모의 자금을 지원하여 독점자본의 기반을 강화했다.

정부는 1985년 조세감면법을 개정하고 한국은행에서 장기 저리의 특별 융자를 다시 시작한 뒤 1986년부터 1988년까지 모두 다섯 차례에 걸쳐 78개의 부실기업을 정리했다. 이 과정에서 총 19조 원에 이르는 엄청난 비용을 지원했다. 이것은 1987년 농가 부채 총액 4조 2000억 원의 4.2배, 5인 이상 제조업 상용 노동자의 1년 임금 총액 11조 5000억 원의 1.6배에 이르는 엄청난 액수였다. 정리된 기업 대부분을 독점자본이 인수함으로써 부실 사업 정리는 독점자본을 강화하는 또 다른 특혜조치에 지나지 않는다는 평가를 받게 되었다.

이와 함께 전 정권은 재정·금융 긴축정책을 실시하여 독점자본을 지원하고, 그 부담을 노동자·농민에게 떠넘겼다. 물가를 안정시키려는 긴축재정은 농산물 가격을 안정시킨 뒤 임금 상승을 억눌러 수출경쟁력을 높이려는 뜻이다. 전 정권의 경제정책은 1970년대 말과 1980년대 초 축적위기를 가져온 중화학공업의 과잉·중복투자를 민중을 희생시켜 해소하려는 목표를 지니고 있었다. 이는 그 뒤 '3저호황'의 밑바탕이 되었다.

독점자본은 중화학공업화를 통해 건설된 생산재 생산 부문을 장악함으로써 제조업 재벌기업으로 성장했다. 1979~1987년 10대 재벌의 제조업 부문 자산 증가 가운데 91%가 중화학공업 부문에서 이루어졌다. 그 결과 30대 재벌은 대표적인 중화학공업인 석유화학·석탄·고무·플라스틱 제조업, 조립·금속제품과 기계·장비 제조업 생산에서 각각 49.0%와 49.2%라는 압도적인 비중을 차지했다. 또 30대 재벌은 1968년 정부가 지정한 132개 품목에서 시장을 지배하는 317개 기업 가운데 178개 기업을 차지하여, 유통 과정에서도 독점적 초과이윤을 얻었다.

나아가 독점자본은 정부 정책에 힘입어 재무구조를 개선하고 금융 지배를 강화했다. 전 정권은 1980년 12월 '일반은행 경영의 자율화방안'을 발표하여 시중은행의 민영화와 경영 자율화를 추진하고 산업구조 조정을 위해 재벌에 대한 은행의 여신을 규제했다. 그 결과 30대 재벌의 자기자본 비율이 1985년 19.0%에서 1989년 25.8%로 개선되고, 은행 대출금 점유 비중도 1986년 28.6%에서 1990년에는 19.7%로 상당히 낮아졌다.

그러나 이것이 곧 금융 부문에서 재벌의 지배력이 약화되었다는 뜻은 아니었다. 재벌은 계열사에 위장 분산시키는 방법으로 5개 시중은행의 지분율(20~27%)을 높이고, 단자회사·종합 금융회사·증권회사 등 제2금융시장을 거의 독점해서 금융 산업 전반에 직접 지배를 강화했다.

독점자본은 중화학공업 기업을 주력으로 삼아서 많은 중소기업을 하청 기업으로 만들었다. 그 결과 중소기업의 하청화 비율은 1975년 17.4%에서 1988년 55.5%를 넘어서게 되었다. 특히 기계·장비 제조업의 경우는 그 비율이 훨씬 높았다. 1988년 일반기계는 77.2%, 전기전자는 82.9%, 수송용 기기는 80.5%에 이를 정도였다.

자본축적의 종속성과 개방화

1980년대 중반부터 안정되기 시작한 한국 경제는 1986년 이른바 저금리·저유가·저달러의 '3저호황' 국면을 맞이했다.

3저호황을 맞이한 한국 경제는 자동차·가전제품·기계·철강 등 중화학 부문을 주력 산업으로 하여 1986~1988년 3년 동안 연 12%가 넘는 고도성장을 기록했다. 연평균 수출 증가율도 회복하여 경상수지는 1986년 최초로 46억 달러의 흑자를 냈다. 이 시기 급속한 고도성장은 '3저'라는 외부 조건에 따른 것이었지만, 1980년대 초 중화학공업 부문의 과잉·중복 투자와 수출 부진을 함께 해결해 주었다.

그러나 1989년을 고비로 3저호황이 사라지면서 몇 해 지나지 않아 경제가 침체했다. 이는 독점자본이 3저호황으로 얻은 여유자금을 주로 투기에 쓴 데도 원인이 있었지만, 직접적인 이유는 계속된 수출 부진과 수입 증가에 있었다. 특히 일반기계 생산과 수출이 급속히 늘어나면서 수입도 계속 늘어나 1991년에는 115억 달러를 넘어섰다. 그해 일반기계의 무역 적자는 약 92억 달러에 이르렀다. 일반기계는 일본에서 절반이 넘게 수입되었으며, 미국에서 수입된 것까지 더하면 전체 일반기계 가운데 3/4이 수입품일 정도였다.

1980년대 한국 고도성장의 주력 상품이던 자동차

생산재에서 종속성이 심화된 이유는 한국 공업이 조립가공형이었기 때문이다. 이는 부품과 소재 개발, 설계뿐만 아니라 제품 생산에 꼭 필요한 금형·열처리 등 기초기술이 부족한 상태에서, 독점자본이 기술개발에 드는 엄청난 비용과 위험부담을 피해 독자적으로 기술을 개발하기 보다는 기술 사용료를 내고서라도 자본축적에 유리한 기술 도입과 모방에 매달렸기 때문이다.

정부는 1980년대 후반 미국을 비롯한 선진국이 개방 압력을 강화하고 3저호황이 끝나가자 개방을 중심 내용으로 하는 산업구조 조정 정책을 폈다.

경제개방은 1980년대 초부터 금융 부문에서 먼저 이루어졌다. 정부는 외채 위기가 심각해지자 원리금 상환 부담이 없고 기술을 이전할 가능성이 큰 외국인 직접투자를 개방했다. 또 1983년부터 외국인의 투자 비율을 100% 허용하고, 대외 송금 규제를 없애는 등 외자관련법을 여러 차례 개정하여 본격적인 자본 자유화의 길을 열었다.

이때부터 외국 금융기관의 대출과 주식·증권 등에 외국인 투자가 허용되었다. 초국적 은행의 국내 진출도 활발해져서, 외국은행 국내 지점의 총자산 규모는 1970년 말 145억 원에서 1989년 말에는 7조 901억 원으로 크게 늘었다.

또 3저호황으로 생긴 흑자는 자본과 서비스뿐만 아니라 산업 전반에 대한 개방 압력의 원인이 되어 시장 개방이 빠르게 진전되었다. 그 결과 1990년 상품수입 자유화 비율은 96.3%에 이르렀다. 자본·금융시장 개방과 상품시장 개방은 초국적 자본이 국내의 생산과 유통과정 전체를 지배하고, 국내 독점자본이 이들에게 종속되는 과정이기도 했다. '개방화'는 국내 독점자본이 새로운 국제분업 구조에 적응해 가는 과정이기도 했다. 산업구조 조정은 경영합리화와 고부가가치 첨단산업을 키우고 쇠퇴 산업을 조정하는 방식으로 이루어졌다.

그러나 한국 경제가 지닌 구조적 모순과 취약성은 1997·1998년 IMF 사태에서 그대로 드러났다. 1997년 7월부터 시작된 태국·인도네시아·한국의 경제위기, 일본의 금융 불안으로 동아시아 지역은 위기의식이 높아갔다. 그해 12월 IMF에 20억 달러의 긴급 융자를 요청한 데 이어 IMF에서 195억 달러의 구제 금융을 받아 간신히 국가부도 위기사태를 벗어났다. 1998년에 GDP 성장률은 마이너스 6.9%로, 1952년 이후 두 번째 마이너스 성장이었다. 이 동안 금융회사들은 공황 사태를 맞았고, 많은 기업이 줄줄이 도산했다. 기업의 대대적인 구조 조정으로 실업자가 급증했다. IMF 사태의 직접적인 요인은 김영삼 정부가 1994년 11월부터 무리하게 세계화를 추진하는 가운데 갑자기 닥친 외채 위기 때문이었다. 그러나 위기의 근본 원인은 만성적인 외채 증가와 환율 정책의 실패, 재벌과 권력의 정경 유착, 관치 금융 특혜와 과다 차입에 따른 재벌의 과잉 중복 투자와 과다 차입에서 비롯된 재무구조의 취약함과 불투명성 등이었다.

자본축적과 민중 생활

노동자의 삶

1990년 6월 말 생활비가 최저생계비를 밑도는 빈곤층(영세민)은 331만 5000명으로서 전체 인구 가운데 7.7%였다. 이는 1.2%인 일본(1980)의 6.4배, 0.6%인 대만(1986)의 12.8배나 된다. 대기업 중심의 고도성장으로 대기업에 부가 편중되어 절대 빈곤층이 쌓이고 확대된 결과였다.

1989년 국민총생산(GNP)에서 자산가 계층이 부동산 투기나 주식 투자에서 얻은 불로소득은 77.3%, 한 해 동안 땅값이 올라 얻은 불로소득은 85조 원이나 되어 전체 노동자 임금 인상 총액 9조 100억 원의 9배를 넘었다. 부동산 투기로 생긴 땅값 상승은 결국 집값과 전·월세 값, 물가의 상승을 부추겨 노동자의 생산의욕을 떨어뜨리고, 생활비를 늘려 실질임금을 줄였다.

한국 자본주의가 성장하면서 생산이 늘고 산업별 구성이 바뀜에 따라 1980년대 노동력의 산업별 구성도 크게 바뀌었다. 노동자 수가 크게 늘고 특히 제조업 분야에서 중화학공업 노동자의 비중이 커졌다. 노동자 계급이 양과 질에서 크게 성장하여 사회 중심계급으로 자리 잡아 갔다.

겉으로 보기에 노동자의 임금은 계속 올랐다. 특히 1987년 노동자 대투쟁 뒤 상대적으로 큰 폭으로 올랐다. 정부와 독점자본은 이를 인플레이션이나

임금과 노동생산성 추이(비농업 부문 상용노동자) (기준 단위 : 1970=100)

연도 \ 경제지표	명목임금		소비자물가	실질임금	노동생산성
	지수	임금(원)	지수	지수	지수
1970	100	17,831	100	100	100
1980	987	176,058	451	219	260
1990	3,602	642,309	827	436	729

출처 : 노동부, 《노동통계연감》 각 연도(한국사회과학연구소, 《다이어그램 한국 경제》 1, 의암출판, 1983, 167쪽)

총취업자 수와 산업별 취업자 비율

연도	총취업자 수(천 명)	1차산업	광공업(제조업)	3차산업
1970	9,745	50.4%	14.3%(13.2%)	35.2%
1978	13,490	38.4%	23.2%(22.3%)	38.4%
1980	13,706	34.0%	22.6%(21.7%)	43.4%
1982	14,424	32.1%	21.9%(21.1%)	46.1%
1986	15,505	23.6%	25.9%(24.7%)	50.5%

출처 : 한국 경제연구원,《한국의 공업화와 노동력》1, 1990, 272~273쪽
이옥지,《한국 여성 노동자 운동사》1, 한울아카데미, 2001, 466쪽 재인용

각국의 주당 노동시간 추이(제조업)

연도	한국	미국	일본	서독	대만	싱가포르
1970	53.4	39.8	43.3	43.8	-	-
1980	53.1	39.7	41.2	41.6	50.9	48.0
1985	53.8	40.5	41.5	40.7	47.5	46.5
1986	54.8	40.7	41.1	40.4	48.2	47.7

출처 : 이옥지,《한국 여성 노동자 운동사》1, 한울아카데미, 2001, 469쪽

국제경쟁력 약화의 원인으로 지적하곤 했다. 그러나 실질임금 상승률은 노동생산성 향상률을 밑돌았다. 1980년 소비자 물가지수가 35% 올랐는데도 정부는 임금을 10~15% 넘게 올리는 업체에게는 대출을 해 주지 말라고 은행에 지시할 만큼 저임금정책을 강하게 밀고 나갔다. 노동환경이나 노동조건은 크게 나아지지 않았으며 장시간 노동도 그대로 유지되었다. 노동자들은 이런 상황에서 세계에서 가장 높은 산업재해율을 겪어야 했다.

무너지는 농촌

1960·1970년대 정부의 산업화 우선정책에 밀려 생존위기에 있던 농민은 1980년대 들어 또다시 농축산물 수입개방 압력에 부딪혔다. 여기다가 농가

수입 증대를 명분으로 실시한 상업적 농업의 확대, 농업기계화 등은 농가부채를 계속 늘렸다. 1980년 한 농가당 33만 9000원이던 평균 부채액은 1989년 389만 9000원으로 늘어났고, 사채 의존도도 높아졌다. 농가 경제의 악화는 이농을 부추기고, 이는 다시 실업과 주택 문제 등을 일으켰다.

1970년 총인구 3143만 5000명 가운데 농촌인구가 1442만 2000명으로 45.1%를 차지했으나 1980년에는 총인구 3812만 3000명 가운데 1077만 명으로 28.4%, 1987년에는 다시 총인구 4240만 명 가운데 777만 명으로 18.3%로 빠르게 줄어들었다. 더구나 많은 청장년층이 농촌을 떠나 농촌 노동력의 고령화와 여성화 현상도 더욱 두드러졌다.

이농에 따라 농업노동력이 빠르게 줄어든 1970년대 후반부터 농촌의 지주-소작 관계는 어느 때보다 크게 확대되었다. 소작지 비율은 1977년 16.5%에서 1988년에는 34.8%로 크게 늘어났고, 소작농 비율도 1975년 27.8%에서 1985년에는 64.7%로 가파르게 상승했다. 그리하여 1985년 소작료의 경우 연간 5000억 원 이상이 지주의 몫이었고 이 가운데 63.1%인 3215억 원이 농민이 아닌 사람의 몫이었다. 소작농 한 호당 소작료는 평균 41만 9000원으로 농업 소득의 11.3%에 이르렀다.

1980년대에 노동자와 농민의 명목소득은 늘어났지만, 정부의 독점자본 위주의 편파적 경제 관리와 경제 운용으로 그들의 생활은 상대적으로 열악해졌다.

1980년대
민족민중운동의
고양

억압과 탄압의 굴레를 뚫고

노동운동

전두환 정권이 체제를 정비하는 동안 노동운동을 비롯한 민족민중운동은 광주민중항쟁의 좌절에서 깨어나지 못한 채 침묵했다. 광주에서 저지른 전 정권의 '인간 사냥'은 대중에게 엄청난 공포를 심어 주었고 노동운동을 크게 움츠러들게 만들었다.

　전 정권은 노동법 개악으로 노동조합의 형태를 기업별 노조로 한정하여 노동자의 단결권을 제한했다. 특히 '제3자 개입 금지' 조항을 마련하여 노동운동에 대한 사회 지원을 가로막고 쟁의에 대한 규제도 강화했다. 이것은 1970년대처럼 교회 등 외부 세력이 민주노조운동을 지원할 수 없도록 하는 데 목적이 있었다. 전 정권은 1981년 1월 청계피복노조·반도상사노조·콘트롤데이타노조 등의 민주노조를 해산시켰다.

하지만 경제주의·조합주의의 틀 안에서 움직였던 노동자들은 독점자본과 지배 권력의 폭력 앞에서 노동운동과 정치 운동이 분리될 수 없음을 차츰 깨닫기 시작했다. 또 광주민중항쟁이 좌절된 뒤 많은 대학생, 지식인이 노동운동에 뛰어들어 노동자의 정치의식과 계급의식을 일깨웠다.

1983년 유화국면이 조성되자 과거 민주노조운동을 벌였던 활동가들은 블랙리스트 철폐 운동으로 노동운동의 불씨를 지폈다. 이듬해 3월 10일 해고되었던 선진 노동운동가들이 '한국노동자복지협의회'를 결성, 노동법 개정 운동을 이끌었다. 9월과 10월에는 많은 대학생이 '청계피복노조 합법성쟁취대회'에 참여하여 노동자들과 어깨를 같이하는 노학 연대 투쟁을 벌였다.

선진 부문에서 노동운동이 힘을 얻는 가운데, 1984년 5월 대구 택시기사들의 총파업이 전국 도시로 퍼지면서 노조민주화 투쟁과 신규 노조 건설 투쟁이 활발해졌다. 그 결과 1970년대 민주노조의 맥을 잇는 대우어패럴노조·효성물산노조·선일섬유노조·가리봉전자노조 등이 결성되었다.

1985년 상반기 노동쟁의는 164건으로, 앞 해에 견주어 무려 120%나 늘어났다. 대규모 사업장에서 투쟁이 생기고 연대 파업이 일어나는 등 투쟁 모습도 앞선 때와는 그 질을 달리하기 시작했다. 4월 중순 대우자동차에서는 송경평 등 대학생 출신 노동자가 주도하는 파업이 일어났다. 이어 장성광업소·해태제과·통일산업·한일스텐레스 같은 곳에서 노조민주화를 위한 단체행동이 이어지면서, 대규모 사업장에서도 노동운동이 터를 잡기 시작했다.

이런 가운데 1980년대 노동운동의 전기를 마련하는 '구로동맹파업'이 일어났다. 1985년 6월 효성물산·선일섬유·가리봉전자·부흥사노조와 구로공단의 세진전자·룸코리아·남성전기·통일산업 노조 등 10여 개 사업장 노동자 2500명 남짓이 대우어패럴노조 탄압에 맞서 연대 투쟁을 벌였다. 구로동맹파업은 한국전쟁 뒤에 일어난 첫 동맹파업이었다. 이 파업으로 노동

농성하는 구로 노동자(1985.6.1.)

자 30여 명이 구속되고 1000여 명이 해고되었지만, 노동자들은 기업별 노
조의 한계를 뛰어넘는 연대 투쟁의 의미와 힘을 확인할 수 있었다.

구로동맹파업을 새롭게 평가하고 반성하는 가운데 기존 노동조합 운동
과는 성격을 달리하는 비합법·비공개 노동운동 단체들이 잇달아 나타났다.
그 가운데 대표적인 단체가 서울노동운동연합(서노련)이었다. 대중 정치조직
임을 내세운 서노련은 사회변혁을 위한 정치 선동과 정치투쟁을 가장 중요
한 임무로 생각했다. 서노련이 조직된 뒤 인천·안양 등 여러 곳에서도 비슷
한 성격을 지닌 단체가 생겼다. 이 조직들은 기습적인 가두시위를 벌이고 가
리봉 사거리 모세미용실을 점거하는 등 '선도 투쟁'을 하여 노동자들의 노
동조건 개선 투쟁을 지원하고, 정치의식을 높이는 데 힘을 쏟았다.

그러나 대학생 출신 노동자와 일부 선진 노동 운동가가 중심이 된 이 단
체들이 광범한 노동자층을 참여시키고 접촉하는 데는 한계가 있었다. 그것

은 전 정권이 집요하게 탄압한 때문이었지만, 이 단체들이 지나치게 정치투쟁을 중요하게 여겨 노동자들의 구체적인 요구를 해결하는 데 소홀했고, 일반 노동자들의 정서와는 거리가 있는 '선도 투쟁'에 매달렸던 탓이기도 했다. 이들의 활동은 그 뒤 한국 사회의 변혁 문제와 관련하여 노동운동의 역할과 임무를 둘러싼 여러 논의를 활성화하는 계기가 되었다.

학생운동

광주민중항쟁은 학생운동에도 큰 영향을 미쳤다. 광주민중항쟁은 1970년대 학생운동의 '이념적 추상성'과 '낭만적 전투성'을 반성하고, 전체 변혁 운동의 전망 속에서 학생의 위상과 역할을 다시 검토하는 중요한 계기가 되었다.

학생운동은 1984년 '학원자율화' 조치를 계기로 활동을 강화했다. 개학과 더불어 제적 학생들의 복교 대책을 포함하여 학원 민주화 운동이 벌어졌다. 학생들은 학교마다 '학원자율화추진위원회'를 만들고 학생 활동과 운동을 탄압하는 수단이었던 지도휴학과 강제징집 철폐, 졸업정원제와 상대평가제 폐지, 학내 언론 활성화 등을 요구했다.

학내 민주화 운동으로 학생 대중의 지지를 얻은 학생운동 세력은 각 대학 단위로 학생회를 만들고 '전국학생대표자기구회의'를 만드는 등 학교 사이의 연대활동도 했다. 이와 함께 1984년 9월과 10월에는 '청계피복노조 합법성쟁취대회'에 참여하여 노학 연대를 통한 민중 생존권 투쟁을 강화했다. 나아가 11월 14일 '민주화 투쟁 학생 연합'이 민정당 당사를 점거한 데서 드러나듯, 학생들은 투쟁 조직을 구성하여 사회 민주화 투쟁에도 힘을 쏟았다.

1985년 4월에는 전국적 연대조직으로 '전국학생총연합회'를 결성하고, 그 아래 '민족 통일·민주 쟁취·민중 해방을 위한 투쟁위원회(삼민투)'를 두어 민주화 투쟁을 조직적·체계적으로 벌였다. 이들은 '삼민투'를 중심으로

서울 미문화원을 점거해서 농성하는 학생들(1985.5.23.)

'5월 투쟁'과 5월 23일 미문화원 점거 농성을 주도했다. 이 투쟁은 광주민중
항쟁을 진압하고 등장한 전 정권과 그들을 지원한 미국의 책임을 공개적으
로 문제 삼은 사건이었다. 특히 광주에 대한 미국의 책임 문제를 전면적으로
제기하여 미국을 '혈맹'으로만 인식하던 국민에게 큰 영향을 미쳤다.

　1986년에 들어서면서 이른바 '민족해방파'가 그 영향력을 확대하면서 학
생운동도 분화하기 시작했다. 학생운동 진영은 당시 상황을 '미제국주의의
파쇼 권력 재편기'로 파악하고, 직선제 개헌을 주장하는 '반미자주화 반파
쇼민주화 투쟁위원회(자민투)' 계열과 제헌의회 구성을 주장하는 '전국 반제
반파쇼 민족민주 투쟁위원회(민민투)' 계열로 나뉘었다. 4월 자민투 계열이
'반전반핵 양키고홈', '전방입소 반대 투쟁' 등 반미 운동을 격렬하게 벌이는
가운데 28일 서울대생 이재호와 김세진이 분신했다. 이처럼 1980년대 전반
기 학생운동은 밖으로는 대중에게 영향력을 넓히고 안으로는 이념과 조직
그리고 투쟁 방향을 새롭게 모색하며 분화·발전해 갔다.

문화예술운동

1980년대 문화 운동은 보수 문화 집단과 군부독재 정권에 맞서면서 민중에 뿌리내려, 1970년 문학에서 미흡했던 민중성을 극복해 나갔다. 노동 문학이 나타난 것이 하나의 보기이다.

1970년대 민족 문학의 흐름을 잇는 자유실천문인협의회는 1980년대 초 《실천문학》으로 무크지 시대를 열면서 활발히 움직였다. 이들은 여러 무크지를 통해 등단한 젊고 진보적인 문학인들과 함께 '창작과 표현의 자유에 대한 문학인 401인 선언'(1985.8.1.), '자유실천 '87 문학인 선언'(1987. 2) 등을 발표하여 '4·13호헌 선언'을 지지한 예총이나 한국문인협회와 대조적인 활동을 했다. 그 뒤 이 협의회는 '민족문학작가회의'로 이름을 바꾸고(1987.9) 조직을 확대 개편했다.

민중예술운동도 크게 일어났다. 1970년대부터 시작한 탈춤 등 전통 민중 예술을 창조적으로 계승하려는 노력은 이른바 문화패 운동으로 발전했다. 그 뒤 소극장 중심의 문화 운동이 활성화되자, 문학·미술·연극·음악 등의 대표자들이 1984년 4월 '민중문화운동협의회(민문협)'를 발족시켰다. 이 단체는 1989년 젊은 문학예술 연구자 단체인 문학예술연구소와 통합하여 변혁 운동에 더욱 이바지할 수 있는 예술 활동을 목표로 하는 '노동자문화예술운동연합'으로 발전했다. 이 밖에도 주로 민중 생활의 현장에서 대중 문예 사업에 중점을 두는 '전국노동자문화운동단체협의회'와 노동운동의 당면 과제에 대한 선전물 창작을 지향하는 '서울노동자문화예술단체연합회' 등이 만들어졌다.

미술 분야에서도 진보적 미술인의 활동이 활발해졌다. 이들은 현실과 발언, 임술년 등의 그룹이 활발하게 벌인 활동을 밑거름 삼아 1985년 11월 민족미술협의회를 창립했다.

뒤이어 연극 부문의 전문가 조직인 '전국민족극운동협의회'가 결성되었고, 1988년 12월에는 문학·극·영화·굿·건축·미술·음악·춤·사진 등 예술 각 부문의 위원회를 거느린 문화예술인의 대중조직인 '한국민족예술인총연합(민예총)'이 결성되었다. 한국전쟁 뒤 조직된 최초의 전국 문화예술인 조직인 민예총은 시국과 관련된 문화예술인의 진보적 활동을 이끄는 한편, 민족민중운동과의 연대 사업, 대규모 공연 주최, 정부 문화 정책의 분석·비판, 대중 문예 학교의 개설, 외국 민중 문화 운동과의 연대 활동 등을 펼쳤다.

재야운동

재야운동은 1983년 9월 '민주화운동청년연합' 결성을 계기로 12월 '해직교수협의회', 1984년 4월 '해직언론인협의회' 등 각 부문에서 반(半)합법 조직을 결성했다. 서울을 중심으로 조직한 이러한 운동에 자극받은 지방에서도 1984년 10월 청년 중심의 종교운동 역량을 기반으로 '전북민주화운동협의회' 등의 지역 운동체를 결성했다.

부문 운동과 지역 운동이 발전하면서 더 높은 수준의 전국 조직을 만들려는 움직임이 일어났다. 그러나 한국 사회변혁에 대한 구체적 전망보다는 지역과 명망 중심 그리고 1970년대 운동의 관성에서 벗어나지 못한 한계 때문에 전국 조직을 만드는 일은 쉽지 않았다.

재야운동은 부문 운동을 활성화하여 민중운동을 강화하려는 '민중민주운동협의회(민민협)'(1984.6)와 명망 있는 인사를 중심으로 대중성을 확보하려는 '민주통일국민회의(국민회의)'(1984.10)로 분리되었다. 그러다가 1985년 3월 민민협과 국민회의가 '민주통일민중운동연합'으로 통합되었다.

그러나 통합 과정에서 단일한 중앙 지도 체제를 건설하자는 주장과 부문 운동의 독자성을 보장하면서 단체가입을 받아들여 협의체 조직을 건설하자는 주장이 서로 대립했다. 비록 절충해서 타협하긴 했지만, 재야운동이 장기적 전망을 가지고 전체 운동을 지도하는 조직으로 바뀌기 어렵다는 한계를 드러냈다. 이는 1970년대 운동에 뿌리를 둔 재야운동과 1980년대 새롭게 발전한 민족민중운동 사이의 긴장을 반영한 것이기도 했다.

6월 항쟁과 7·8·9월 노동자 대투쟁

6월 항쟁

1985년 2·12 총선에서 국민은 전두환 정권에 반발하여 신민당을 제1야당으로 만들었다. 이러한 정세는 유화국면을 거치며 활성화된 민중운동과 맞물리면서 '대통령 직선제 개헌'을 요구하는 개헌정국으로 이어졌다.

개헌정국은 재야와 민중, 그리고 보수야당을 하나로 만들었다. 개헌하여 민간 민선 정부를 세워야 한다는 국민의 바람은 1986년 3월 23일 부산을 시작으로 광주, 대구로 이어진 신민당 개헌추진지부 결성식에서 나타났다. 이는 5월 3일 인천 지역 개헌 현판식에서 절정에 이르렀다. 그날 열린 개헌추진위 인천 지부 결성식에는 서울·경기에서 모여든 학생·노동자 등이 경찰에 맞서 격렬하게 저항했다. 재야와 학생·민중 운동권이 개헌문제에 모두 같은 생각을 가진 것은 아니었지만, 적어도 직선제 개헌으로 집권하기만을 바라는 보수 야당과는 달랐다.

전 정권은 온갖 언론 매체를 총동원하여 재야와 민중운동 세력을 '용공·폭력 세력' 등으로 몰아붙여 제도 보수야당과 운동권을 분리시키고 탄압할 구실을 만들었다. 이러한 목표는 일부 성과를 거두어 야당은 재야와 공조하는 것을 철회했다. 또 전 정권이 불안하다고 생각한 미국도 '보수대연합'으로 친미 정권을 계속 유지시켜 개헌정국의 위기를 벗어나려고 했다.

이런 구도 속에서 전 정권은 그해 6월 국회 안에 '헌법 개정특별위원회'를 구성하여 보수 야당과 타협하려 했지만, 직선제 개헌을 내세우는 신민당과 내각책임제를 모색하려는 민정당 사이에 의견이 갈려 좌절되었다. 이 과정에서 전 정권이 제안한 내각제 개헌을 받아들이려는 신민당의 '이민우 구상'이 문제가 되었다. 이 문제로 1987년 4월 김영삼·김대중이 국회의원 74명을 이끌고 신민당을 탈당하여 통일민주당을 만들었다.

　다시 수세에 몰린 전 정권은 반공을 구실로 개헌정국을 짓눌렀다. 1986년 10월과 11월에 전국노동자연맹추진 사건·마르크스레닌주의당 사건·반제동맹당 사건 등 조직 사건을 계속 터뜨렸다. 특히 10월 28일에는 건국대에서 열린 '전국반외세반독재애국학생투쟁연합' 발족식에 모인 대학생들을 '공산혁명분자'로 몰아 무려 1525명을 연행하고 1290명을 구속했다. 이것은 한 사건으로 가장 많은 사람을 구속한 사례가 되었다.

매카시즘　미국 위스콘신주 출신 공화당 상원의원 J. R. 매카시의 이름에서 나온 말이다. 1950년 2월 국무성 안에는 205명의 공산주의자가 있다는 매카시의 연설에서 비롯되었다. 1949년 이래 몇 년에 걸쳐 매카시가 상원의 비미非美활동특별조사위원회를 무대로 벌인 공산주의자 적발 추방의 선풍을 뜻한다. 매카시가 연설에서 주장한 205명의 공산주의자 명단은 허구였다는 점에서 그 뒤 보수진영이나 자본진영이 진보적인 정치적 반대 세력을 '반공'의 이름으로 제거하는 수단, 즉 상대편에게 '빨갱이'라는 '빨간 딱지'를 붙이는 정치적 탄압 행위를 일컫는 말이 되었다.

　전 정권이 조작한 매카시즘*의 최대 걸작품은 '금강산댐 사건'이었다. 10월 30일 전 정권은 북한이 금강산댐을 터뜨려 남한을 공격, 서울을 물바다로 만들려 한다며 전쟁 분위기를 조성했고, 그 대응책으로 '평화의 댐' 건설을 발표했다. 댐건설을 위한 국민 모금행사를 잇달아 벌였고 북한을 규탄하는 여론을 퍼뜨리는 데 힘을 쏟았다. 그러나 이 사건은 뒷날 반공과 전쟁 분위기를 이용하여 수세에 몰린 정국에서 벗어나려고 전 정권이 만든 조작극임이 드러났다.

　전 정권은 1986년 부천서 권인숙 양 성고문 사건, 1987년 1월 박종철 고문치사 사건을 계기로 빠르게 무너져 갔다. 이 사건은 전 정권에 대한 민중의 분노를 폭발시켰다. 1987년 2월 7일과 3월 3일 열린 박종철 군 추모대회와 고문추방 민주화대행진에 참여한 수만 명의 학생과 시민은 '직선개헌', '정권타도'를 외쳤다. 궁지에 몰린 전 정권은 지금까지의 모든 개헌 논의를 물거품으로 만드는 4·13 호헌 조치로 맞섰다.

4·13 호헌 조치에 대한 변호사·재야·종교단체 등 사회 여러 계층의 반대 성명이 들불처럼 번

서울 명동성당에서 열린 민주화 요구 집회 (1987.6.10.)

지는 가운데, 5월 20일 천주교정의구현사제단이 박종철 고문치사 사건이 조작되었다고 발표했다. 전 정권의 도덕성을 밑뿌리부터 흔든 사제단의 발표는 6월 민주화 항쟁의 도화선이 되었다.

재야를 비판하던 통일민주당은 4·13 호헌 조치로 집권하기가 힘들게 되자 민통련 등 재야와 다시 연대하여 '호헌반대 민주헌법쟁취 국민운동본부(국본)'를 결성했다. 6월 10일 전 정권이 잠실체육관에서 '민정당 제4차 전당대회 및 대통령 후보 지명 대회'를 열고 노태우를 다음 대통령 후보로 지명할 때, 서울을 비롯한 전국 곳곳에서 국본이 주도하는 '박종철군 고문치사 조작·은폐 규탄과 호헌철폐 국민대회'가 국민들의 뜨거운 지지 속에서 진행되었다.

6·10 국민대회는 명동성당 집회, 18일 '최류탄추방대회', 26일 '국민평화

대행진'으로 이어지면서 수많은 시민·학생·민중이 참가했다. 시위대는 곳곳에서 경찰을 무장해제시켜 전 정권을 벼랑 끝으로 몰았다. 전 정권은 군대를 동원하는 방안을 검토했으나 그것으로 국민의 요구를 제압할 수 없음을 알고 그만두었다. 마침내 전 정권은 직선제 개헌을 핵심으로 하는 '6·29 선언'을 발표하고 야당과 일부 재야가 이에 동의함으로써 이 위기에서 벗어날 수 있었다.

이로써 민족 민중 세력은 광주민중항쟁이 좌절된 지 7년 만에 전 정권을 무너뜨렸다. 그렇지만 6·29 선언은 미국과 보수 지배 집단이 친미 정권을 다시 창출하려는 의도로 만들어 낸 것이었다. 6·29 선언 뒤 야당과 일부 운동권은 어떤 정권을 세워야 할지 합의하지 못했으며 뚜렷한 전망도 갖지 못했다. 김영삼과 김대중은 통일민주당과 평화민주당으로 분열했고, 재야도 김대중 비판적 지지 세력, 김영삼 후보 단일화 세력, 민중 독자 후보 세력으로 갈렸다. 야당과 재야는 대통령 선거날인 12월 17일까지 분열에 분열을 거듭하여 민중이 어렵게 이룩한 정국의 주도권을 내주고 말았다.

1987년 12·17 대통령 선거에서 노태우는 두 김씨의 지지 기반인 영호남의 지역감정을 이용해 총투표 가운데 36.6%를 얻어 대통령에 당선되었다. 6월 민주화 항쟁은 민족 민중 세력이 민주 정부를 세우는 길로 나아가지 못하고 5공화국의 적자인 노태우 정권의 탄생으로 끝나고 말았다.

7·8·9월 노동자 대투쟁

6월 민주화 항쟁으로 정치 억압이 풀어지자 그동안 억눌렸던 노동자의 요구가 자연스레 터져 나오면서 노동운동도 빠르게 퍼져 나갔다. 노동자 파업 투쟁은 독점재벌의 심장부인 울산에서 타올랐다. 1987년 7월 5일 현대엔진 노동자들이 민주노동조합을 결성한 것을 시작으로 그 산하 업체에서 잇달아 민주노조를 결성했다. 독점재벌과 정부는 어용 노조를 만들어 민주노조를 방해했지만, 노동자들은 파업과 농성, 점거로 맞서며 울산 지역 전체 노동자 연대 투쟁을 이어갔다.

울산에서 시작한 노동자 투쟁은 곧바로 부산·마산·창원·거제 등지의 경남 공업지대와 전국 공단으로 퍼져 나갔다. 8월에 들어 하루 400건이 넘는 쟁의가 터져 나왔고, 20일에는 하루 500건, 29일에는 743건이 되면서 노동자 투쟁은 절정에 이르렀다. '노동자 대투쟁'은 제조업을 비롯한 광산·운수 노동자의 격렬한 파업과 시위로 번졌다.

노동자들의 공세적 진출을 바라보며 수세에 몰린 정부와 독점자본은 차츰 탄압을 준비했다. 자본가들은 권력과 언론을 방패 삼아 노동조합 설립신고서를 빼앗고, 노동조합 주요 간부를 강제로 납치했다. 심지어 폭력배인 파업깨기꾼을 동원하여 농성 노동자를 강제 해산시키는 등 온갖 방법으로 민주노조의 설립을 방해했다. 이 밖에도 정부는 자본가의 이해를 일방적으로

격렬해진 8월 울산 현대 노동자 투쟁

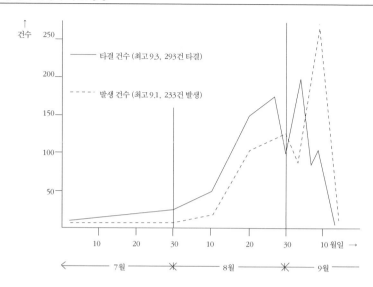

출처 : 안암연구실 편,《'87년 선거평가와 전망》, 백산서당, 1988, 88쪽

앞세우며 현대중공업, 대우자동차 등의 파업 현장에 경찰을 투입하여 강경하게 대응했다. 또 언론을 통해 노동운동의 과격성, 용공성, 반인륜성 등을 광범위하게 선전·유포시켰다. 오직 집권에만 뜻을 두고 있던 야당도 과격한 노동운동은 오히려 군부의 개입 등을 초래할 수 있다며 노동자가 자제해 줄 것을 요구했다.

거세게 타오르던 전국 노동자 대투쟁은 8월 말부터 정부의 강경 탄압으로 차츰 수그러들다가 9월 중순 무렵 거의 끝을 맺었다. 이 동안 무려 3337건의 쟁의가 일어났다. 특히 종업원 1000명이 넘는 대규모 사업장 가운데 75.5%에서 쟁의가 일어날 만큼 노동운동은 널리 일어났다. 이 투쟁은 6·29선언의 허구성을 그대로 드러냈을 뿐만 아니라 노동자 계급의 대중적 진출을 알리는 거대한 물결이었다.

1980년대 후반기 사회운동

새로운 전진을 위한 노동운동

노동자 대투쟁을 거치면서 그 성과로 민주노조가 활발히 결성되어 노동운동의 조직 기반이 크게 넓어졌다. 6월말 2742개이던 노동조합이 1989년 말에는 7861개로 늘어났고, 조합원도 약 100만 명에서 190만여 명으로 2배 가까이 늘었다. 특히 종업원 1000명 이상의 대규모 사업장 가운데 79.2%에서 민주노조를 결성했다.

대투쟁 뒤 노동운동의 중심 세력은 1970년대와 달리 대규모 사업장의 남성 생산직 노동자로 바뀌었다. 금융기관·언론기관·병원·대학교·정부투자 기관 등에서도 노동조합을 결성하여 사무직 노동자들도 노동운동 대열에 참가했다. 이들은 임금 인상이나 근로조건 개선 같은 노동조합의 일상적 활동 말고도 공정방송의 제도화 등 사회 민주화 투쟁에도 앞장섰다. 특히 1989년 5월에는 전국 교사들이 '참교육'을 슬로건으로 내걸고 '전국교직원노동조합(전교조)'을 만들어 1500여 명의 교사가 해직당하는 탄압을 받았다. 이때 하지만 여러 계급·계층의 민주 세력이 전교조를 지키는 투쟁에 참여하여 조직을 사수함으로써 그 뒤 벌어진 공안정국公安政局*에 대응할 수 있는 계기를 마련했다.

이처럼 확대된 활동 공간을 바탕으로 노동자들은 자연스럽게 어용 노조의 대명사인 한국노총과 구분되는 민주노조의 전국 조직을 건설하려고 했다. 노동조합법의 독소 조항 폐지를 요구하는 '노동악법 개정 투쟁'을 거치면서 지역 연대 조직을 만들기 시

공안정국 1980년대 보수 집권 세력이 반공주의 정서를 확대·재생산해서 진보 세력을 정치적으로 탄압하던 상황에서 유래한 표현. 집권 세력 또는 정부가 국가를 위협하는 요소를 심각하게 과장해서 반대 세력을 탄압하고, 국민의 관심사를 안보 문제에 집중시켜 정치적 불만을 무마시키는 상황을 가리킨다.

전노협 결성(1990.1.22.)

작했다. 이때 마산·창원 등 전국 곳곳에서 민주노조를 중심으로 지역노동
조합협의회(지노협)를 잇달아 건설했다.

이 과정에서 '한국노총개혁론'이 제기되기도 했지만, 마침내 1990년 1월
전국의 민주 노동자들은 정부와 자본가의 온갖 탄압을 뿌리치고 '전국노동
조합협의회(전노협)'를 건설했다. 전노협은 한국노총으로 대표되는 노사협
조 주의와 어용적·비민주적 노동조합 운동을 극복하고 자주적이고 민주
적인 노동운동을 전개, 경제·사회구조의 개혁과 조국의 자주화·민주화·
평화통일을 앞당기기 위해 제 민주 세력과 연대할 것을 선언했다. 전노협
은 14개 지역협의체와 2개 업종별 노조에 속하는 600여 개의 노조, 20여만
명의 조합원을 거느린, 해방 직후 전평 이래 민주노동운동의 최대 구심체
로 떠올랐다.

그러나 전노협은 정부와 독점자본의 탄압, 전노협의 노선에 동조하면서
도 가입을 꺼리는 대기업 노조들의 태도 때문에 조직을 확대하고 영향력을
강화하는 데는 큰 성과를 거두지 못했다. 전노협에 포괄되지 않는 비제조업

부문 노조 가운데 사무금융노련·병원노련·전문기술노련·언론노련 등은 전국업종노종조합회의(업종회의)를 건설했다. 업종회의는 전노협 또는 전국연합 등과 보조를 맞추면서 산업별 노조의 기틀을 마련했다.

이렇게 활성화하던 노동운동도 1989년 노태우 정권이 조성한 '공안정국'으로 차츰 움츠러들기 시작했다. 정부와 자본가들은 '무노동 무임금', '총액임금제'를 강요하는 한편, 경찰을 동원하여 노동쟁의를 탄압했다. 이에 따라 1988년 1873건, 1989년 1616건에 이르렀던 쟁의 건수도 1989년의 공안정국을 고비로 1990년에는 322건, 1991년에는 234건으로 크게 줄어들었다.

이와 함께 '현존 사회주의'가 무너진 국제 정세는 노동운동에도 영향을 미쳤다. 한쪽에서는 전노협의 비타협적인 투쟁을 비판하기도 했다. 이들은 격렬한 투쟁은 너무 급진적이라고 여기면서 전노협을 고립시키려고 했다. 이런 가운데 전노협에 가입한 조합원 수는 줄고, 일부 지노협은 활동을 멈췄다. 개별 단위 노조에서도 조합원의 참여도가 차츰 떨어졌다. 이른바 '노동운동 위기론'을 내세우며 민주노조운동을 비판하는 움직임도 나타났다. 이런 가운데서도 전노협에 참여하기를 꺼렸던 대기업 노조에서 민주노조를 내세우는 노동자들이 지도부를 구성하여 1980년대 이룩한 민주노조운동의 맥을 이어갔다. 1990년 4월 현대중공업 노조 파업을 비롯하여 1991년 5월 한진중공업 노조 파업과 박창수 열사의 죽음, 대우조선 노조 파업 등 노동자들의 대중 파업은 대기업 노조를 민주노조운동의 중심으로 끌어올렸다.

그 밖에 농민운동은 1987년 수세 폐지와 농지개량조합 해체 투쟁을 전개했다. 1988년 서울 올림픽 개최 결정을 계기로 강화된 수입개방정책에 외국 농축산물 수입 저지 투쟁으로 대응했다. 빈민 운동도 학생운동과 연대하여 올림픽 개최 앞뒤로 목동, 상계동 등에서 벌어진 강제 철거와 노점상 단속에 맞섰다.

학생운동

1987년 6월 항쟁을 이끈 학생들은 그해 12월 대통령 선거에서 패배한 뒤 새로운 준비에 들어갔다. 그 결과 학생운동은 이듬해 5월 투쟁 기간을 맞이하면서 다시 활성화하기 시작했다.

'자민투' 계열에서 발전한 NL진영은 '여소야대 정국'에서 형성된 '청문회 정국'에서 5공 청산을 부각시키며 노 정권 타도를 외쳤고, 1988년 8월에는 평양에서 열렸던 청년학생축전을 계기로 통일 운동을 했다. 통일 운동은 '소시민적 애국주의'에 뿌리를 둔 운동이었다는 평가도 있지만, '북한바로알기' 등을 통해 분단 뒤 막혔던 통일 문제를 사회 쟁점으로 떠올리는 데 일정하게 이바지했다.

학생운동 가운데 다른 한편에서는 한국 사회의 계급 모순에 주목하고 이를 민중적으로 해결하려는 이른바 PD진영이 NL진영과 긴장을 유지하며 등장했다. 이들은 '민민투' 계열에서 발전한 학생운동 세력으로서 특히 NL진영의 통일 운동을 비판적으로 바라보았다. 학생운동 세력은 NL과 PD로 크게 나뉘어, 서로 논쟁하고 경쟁하면서 운동을 이끌어 갔다.

1989년에 들어서 청년학생들의 '평양축전 참가 투쟁'을 중심으로 남북 자유 교류 운동이 다양하게 추진되었다. '전국대학생대표자협의회(전대협)'를 대표한 임수경 학생과 문규현 신부 등이 북한을 방문하여 통일 문제에 대한 국민의 관심을 키웠다. 이러한 흐름은 1990년 범민족대회 개최, 1991년 남과 북, 해외동포를 포괄하는 '조국 통일 범민족 연합' 결성을 자극하는 힘이 되었다.

재야운동

6월 항쟁과 제13대 대통령 선거를 거치는 동안 재야 세력은 자유주의 정치 세력을 지지하는 길로 빠져들면서 분열을 거듭했다. 이들은 6·29 선언 뒤

'선거를 통한 민주 정부 수립'에 매달리면서 '비판적 지지론·단일후보론·독자후보론'으로 분열된 채 선거정국에 이끌려 다녔다.

민정당 후보인 노태우가 당선되어 허탈감에 빠졌던 재야는 1988년 4·26 총선에서 '여소야대' 정국이 생기고 5공 청산과 광주문제를 해결하려는 '청문회 정국'이 만들어지자 다시 활기를 띠기 시작했다.

민중운동을 탄압하는 노태우 정권 규탄 대회

재야 세력은 1989년 1월, "근로민중이 중심이 되고 청년학생들이 동력이 되는 애국적 민족민주운동 역량의 총집결체"로서 '전국민족민주운동연합(전민련)'을 결성하여 전열을 가다듬었다. 여기에는 노동·농민 등 8개 부문 운동 단체와 전국 12개 지역 단체가 참가했다.

이처럼 대중운동이 발전하자 노 정권은 1989년 여의도 농민시위, 문익환 목사 방북 사건, 부산 동의대 사건 등에 국가보안법을 적용하며 공안정국을 만들었다. 이 때문에 민족민중운동은 많이 움츠러들었다. 그러나 1989년 11월 전국빈민연합, 1990년 1월 전국노동조합협의회를 결성하고, 그해 4월 농민 여러 단체를 전국농민회총연맹으로 통합하는 등 조직을 정비했다. 기층 민중운동 활성화에 힘입어 '민자당 일당독재 음모분쇄와 민중 기본권쟁취 국민연합'을 결성했다. 이 단체는 물가·토지·주택 문제 해결을 위한 선전 활동과 한국방송공사·현대중공업의 파업 투쟁을 지원했고, 1990년 5월 9일 '민자당 해체 노태우 정권 퇴진촉구 국민대회'를 열었다.

1990년 하반기부터 침체되었던 민족민중운동은 1991년 4월 26일 명지대 학생 강경대가 시위 도중 경찰에게 타살된 사건을 계기로 대규모 투쟁을 벌이면서 다시 활성화했다. 재야 세력은 야당과 더불어 '고 강경대 열사 폭력살인 규탄과 공안 통치 종식을 위한 범국민대책회의'를 구성하여 공안 통치 철폐와 정권 퇴진 투쟁을 했다. 이 항쟁은 기층 대중이 많이 참여했는데도 청년 학생 중심의 가두 투쟁 형태에 머물렀다. 또 재야 세력은 분열을 해소하지 못했고, 민주 정부를 어떻게 세울지도 분명하게 제시하지 못했다. 이러한 한계 속에서 재야운동은 1991년 기층 대중조직 중심의 연합체인 민주주의민족통일전국연합을 출범시키며 새로운 길을 모색했다.

시민운동의 확산

1980년대 후반 사회운동의 특징은 시민운동이 나타난 것이다. 우리 사회가 고도의 산업사회를 맞이하면서 중산층이 널리 나타나고 환경문제와 같은 새로운 사회문제가 사람들의 관심을 끌었다. 1960년대 산업화정책과 1970년대 일본 공해산업 진출로 자연 파괴와 환경오염이 심각한 사회문제를 낳았다.

환경오염은 그 폐해가 한 나라에 그치지 않고 국경을 넘어 다른 나라의 환경에도 큰 영향을 미쳐 오늘날 환경문제를 국제무역과 연결시키려는 '그린라운드'와 같은 세계 문제로 나타났다. 다자간 협상으로 이루어진 그린라운드는 선진국의 일방적인 이해관계에 따라 후발 개발도상국의 희생을 강요할 뿐더러 수출주도형인 한국 경제에 심각한 문제를 던진다.

환경문제에 대한 정부의 대응은 경제 논리에 밀려 1980년 보건사회부의 외청으로 환경청을 둔 것이 고작이었다. 환경문제에 국민의 관심을 크게 불러일으킨 것은 1990년 11월의 '안면도 핵폐기물 처분장 반대 운동'이었다. 정부가 일방적으로 내린 결정에 반발하여 일어난 이 운동은 무턱대고 원자력발전소를 건설하던 때와는 달리 방사능 공해에 대한 국민과 지역 주민의 자각이 높아졌음을 보여 주었다.

환경문제에 대한 국민의 관심은 이에 그치지 않고 '낙동강 페놀 오염 사건'이나 '쓰레기 매립장·소각장 건설 반대', 산업폐기물 문제 등으로 확대·발전했다. 특히 경기도 산본 신도시 쓰레기 소각장 반대 투쟁을 거치면서 환경문제는 일상 속에서 더욱 중요한 문제로 자리 잡았다.

이 밖에도 여성·교육·교통 등 사회 여러 분야에서도 시민운동이 퍼지기 시작했다. 이 운동은 지난날 정부 또는 관변 단체가 중심이 되어 벌인 운동과 달리 '아래로부터' 스스로 일어났다는 특징이 있다. 1980년대 후반부터 시민운동이 활발해질 수 있었던 것은 한국 사회가 대량생산·대량소비 사회로 발전하고, 중산층이라고 부르는 '근대적 시민층'이 성숙했기 때문이다. 생활수준이 나아지면서 사람들은 삶의 질을 중시하는 가치관을 가지게 되었다.

이렇게 변화된 현대 사회의 특징을 배경으로, 시민운동은 생활과 직접 연관된 주택·환경·교육·의료·문화 등 사회 여러 분야에서 활발히 벌어졌다. 이 운동은 대중의 공동체 의식을 발전시키고 조직하는 데 이바지하고, 나아가 군부독재 아래 일방적으로 억눌렸던 일반 민주주의를 발전시키는 계기가 되었다. 그러나 이 운동은 법의 테두리 안에서 일반 시민의 이익 실현만을 목표로 하는 '소시민적' 운동이라는 평가를 받기도 했다. 결국 민중의 이해와 어떻게 결합할 것인지가 시민운동의 과제로 남았다.

고난과
혼돈을
넘어

군사정부에서 '민간정부'로

김영삼 정권, '문민정부'

1992년 12월 실시한 대통령 선거에서 민주자유당의 김영삼이 당선되었다. 김영삼 정권은 스스로를 '문민정부'로 불렀다. 5·16 쿠데타 뒤 처음으로 군부가 정치에서 배제된 '문민정부'가 출범한 것이다. 김영삼 정권은 공직자 재산 등록, 금융실명제, 지방자치제의 전면 실시 등 일련의 개혁 정책을 시행했다.

1993년 3월 실시한 공직자 재산 등록은 정부 차관급 이상 공직자의 재산을 공개하도록 했으며, 그 범위가 국회의원과 4급 이상 공무원까지 확대되었다. 이 과정에서 부정축재 또는 비리와 관련된 5·6공 인사들이 공직을 떠나거나 구속되었다. 같은 해 8월에는 금융실명제를 실시했다. 은행의 가명계좌를 실명계좌로 바꾸는 이 조치로 잠시 금융시장이 움츠러들고 소규모

사업자들이 자금을 마련하기 어려워지는 등 일부 부작용도 있었지만, 금융 거래의 투명성을 높였다는 점에서 긍정적인 평가를 받았다. 그동안 미루던 지방자치 단체장 선거가 1995년 6월 27일에 실시되었다. 도지사, 시장, 구청장, 군수 등 245명을 주민 투표로 뽑아 민선 자치 시대가 다시 열렸다.

그러나 1996년 2월 민주자유당에서 신한국당으로 이름을 바꾼 여당은 그해 12월에 노동시장 유연화를 내세우며 노동법을 날치기로 통과시킴으로써 김영삼 정권의 개혁이 허구였음을 드러냈다. 노동법 개악으로 구체화한 '신노사관계 구상'은 변형근로시간제, 정리해고제를 뼈대로 했으며, 노동조합의 힘을 약화시키려는 것이었다. 노동계는 1996~1997년 총파업으로 맞섰다. 이어서 한보사태* 등 갖가지 경제 비리가 드러나는 가운데 1997년 말 외환위기를 맞이했다. 그동안 쌓였던 한국 경제의 구조적 모순이 폭발한 것이다. 정부는 11월 21일 국제통화기금(IMF)에 200억 달러 규모의 구제금융 지원을 공식 요청하면서 경제 주권

한보사태　1997년 1월 한국의 재계 서열 14위이던 한보그룹의 부도를 발단으로 이와 관련된 권력형 금융 부정과 특혜 대출 비리가 드러났는데, 이러한 일련의 사건을 총칭한다. 한국 현대사에서 가장 큰 금융부정 사건으로 기록되었다.

이 심각하게 위축되었다. 1996년 1만 543달러였던 국민소득은 9511달러로 떨어졌다. 'IMF 사태' 뒤인 1998년에는 마이너스 5.5%의 성장을 기록하면서 국민소득은 6300달러(1990년 수준)로 떨어져 세계 40위권으로 밀려났다.

그 밖에 성수대교와 삼풍백화점이 무너지고, 대구 지하철 공사장에서 도시가스가 폭발하는 등 여러 대형 사고가 터졌다. 이는 1960년대부터 압축 성장한 한국 사회의 어두운 그늘을 그대로 보여 준 것이었다.

김영삼 정권은 남북 교류에 관심을 가지고 남북 대화에 힘을 기울였다. '남북한 화해와 불가침 교류·협력에 관한 합의서(남북기본합의서)'에 따라 노태우 정권 때부터 잇달아 열렸던 남북 고위급 회담은 북한이 남한과 미국의

무너져 내린 성수대교(위)와 삼풍백화점(아래)

팀 스피리트 훈련* 중지를 요구
하며 회담을 거부함으로써 8차
례 만에 중단되고 말았다. 그 뒤
서로 대화할 필요를 느낀 남북
은 1994년 7월 분단된 뒤 처음

팀 스피리트 훈련 한반도에서 발생할지도 모르
는 군사적인 돌발 사태에 대비하기 위해 1976년부
터 1993년까지 연례적으로 실시되었던 한미 양국
군의 연합 군사훈련.

으로 남북정상회담을 열기로 합의함으로써 남북 교류는 새로운 전기를 맞
이하는 듯했다. 그러나 김일성 주석이 갑자기 사망하여 남북정상회담은 물
거품이 되었다. 더구나 사망한 김일성 주석의 조문을 둘러싸고 남북 정부가
갈등을 빚고 대화마저 중단함으로써 남북 관계는 다시 차가워졌다.

김대중 정권, '국민의 정부'

1998년 2월 김영삼 정권에 이어 야당 출신의 김대중 정권이 들어섬으로써
처음으로 여야 사이의 정권 교체가 이루어졌다. 김대중 정권은 스스로를 '국
민의 정부'로 부르면서 외환위기 극복을 가장 큰 과제로 내세웠다.

김대중 정권은 외환위기 극복과 구조조정에 적극 나섰다. 이를 위해 안으
로는 구조조정에 박차를 가하고, 밖으로는 미국을 비롯한 여러 국가를 방문
하여 외자 유치에 힘을 기울였다.

먼저 재벌개혁부터 손을 댔다. 그 결과 30대 재벌 가운데 11개가 사라지
고, 나머지도 문어발식 형태를 상실해서 사실상 현대·삼성·대우·LG·SK
5대 재벌 체제로 개편되었다. 구조조정의 핵심은 기업 경영의 투명성을 높
이고, 상호지급보증을 없애고, 재무구조를 개선하고, 주력 핵심 사업을 설정
하고, 주주 및 경영진의 책임성을 강화하는 방향이었다. 정부는 금융 부분의
구조조정도 단행했다. 이로써 경기은행·충청은행·동화은행·대동은행·동
남은행 등이 퇴출되었다. 또 여러 은행을 합병시키고 국내은행을 외국자본
가들에게 팔았다.

외환위기 극복을 위한 구조조정에는 노동자의 눈물과 고통이 뒤따랐다. 정부는 국제통화기금(IMF)의 신자유주의 정책을 노동시장에 그대로 관철시키려 했다. 신자유주의 노동정책이란 구조조정과 노동시장의 유연화를 위해서 자본가에게 노동자를 해고하고 노동조건을 악화시킬 수 있는 권한을 주는 것이었다. 정부는 노사정위원회를 이용하여 노동자의 저항을 줄이면서 이러한 노동정책을 밀고 나가려 했다.

1998년 2월 노사정위원회에서 '긴박한 경영상 이유가 있을 때'라는 제한을 두었지만, 노동시장의 유연화와 감량경영을 위한 수단으로 자본가가 정리해고를 자유롭게 사용하도록 했다. 노동계는 사회보장제도가 완비되지 않은 상태에서 노동자를 거리로 내모는 극단적인 생존권 박탈이라며 반발했다. 구조조정 과정에서 발생한 대량 해고로 비정규직 문제가 불거지자, 2001년 7월 노사정위원회에 비정규근로자대책특별위원회를 설치하고 '기간제, 파견제, 단시간 근로'와 '특수형태 근로'를 다루는 분과위원회를 구성했다. 그 결과 2002년 5월에 노사정위원회에서 비정규 대책에 관한 합의문이 발표되었으나, 그 내용은 근로감독 강화, 사회보험 적용 확대였다. 비정규직 노동자의 노동기본권과는 아무 관련성도 없었다.

구조조정과 고용정책의 변화에 따라 비정규직 노동자가 크게 늘어나는 등 고용구조가 더욱 나빠졌다. 1997년부터 2000년 사이 전체 노동자 가운데 상용직의 비율은 53.2%에서 47.7%로 줄어들었다. 하지만 비정규직의 비율은 46.8%에서 52.3%로 크게 늘어났다. 비정규직은 언제 잘릴지 모르는 고용 불안, 낮은 임금, 열악한 노동조건을 견뎌야 했다.

모든 노동자는 여전히 장시간 노동에 시달렸다. 1999년 한국 제조업체의 주당 평균 노동시간은 50.0시간인데 견주어 국제노동기구의 75개 회원국 평균은 41.7시간으로 한국 노동자는 이들보다 8.3시간을 더 일했다. 노동자의 생활은 더욱 나빠졌고, 소득 불평등에 따른 사회적 양극화 현상도 깊어졌다. 국내총생산에서 노동자 임금이 차지하는 비율이 1996년 48.8%, 1997년 47.2%, 1998년 45.2%, 1999년 43.1%로 계속 떨어졌다. 그 결과 상위 고소득자 20%가 부유층, 나머지 소득자 80%가 빈곤층으로 구성되는 '20 대 80'의 소득불평등 사회로 변했다.

실업률이 높아지고 노동자의 임금소득이 줄어드는 가운데 노동운동이 드세졌고 그만큼 구속 노동자의 수도 늘어났다. 김영삼 정권이 5년 동안 632명, 일주일에 2.34명을 구속한 데 견주어 김대중 정권은 5년 동안(2002년 11월 말까지) 40%가 넘는 878명을 구속했다. '인권 대통령'이라는 구호가 노동자에게는 낯설게 느껴졌을 뿐만 아니라 '노동탄압의 주범'이라는 비판이 거세졌다.

한편 김대중 정부는 4대 보험으로 집약되는 사회보험 제도를 강화하고 국민기초생활보장법과 같은 제도를 도입하여 복지예산을 획기적으로 늘렸다. 2000년 10월에는 의문사진상규명위원회를 만들어 지난날 독재정권 아래서 의문의 죽음을 당한 사건의 진상을 국가차원에서 규명함으로써 잘못된 과거사를 정리하고, 희생자와 유가족의 명예회복을 꾀했다. 또 2001년 11월 국가인권위원회를 출범시켰다. 독립된 국가기관인 인권위원회의 설치는 지금껏 불모지나 다름없던 한국 사회에 인권 문제를 환기하고 나아가 인간의 존엄과 가치를 구현하여 민주적 기본 질서를 확립하는 데 기여했다.

김대중 정부는 남북 사이에 적대감을 해소하고 화해와 협력의 길로 나아가 공존의 틀을 만들고 평화를 뿌리내리겠다는 대북화해협력정책(햇볕정책)을 내놓았다. 남북 화해의 분위기가 무르익으면서 남북한 사이의 교류가 차츰 늘어났다. 경제협력이 확대되었으며, 문화예술단이 서로 방문하여 공연을 하는 등 각계각층의 접촉도 잦아졌다. 1998년 11월에 시작된 금강산 관광사업은 그 결실 가운데 하나였다. 분단 50여 년 만에 비로소 민간인도 북한 땅을 밟을 수 있게 되었다.

2000년 6월 13일 남한의 김대중 대통령과 북한의 김정일 국방위원장은 평양의 순안 비행장에서 만나 뜨겁게 포옹했다. 분단된 뒤 처음으로 남북 정상이 만나는 역사적 순간이었다. 김대중 대통령이 2박 3일 북한을 방문하는 동안에 열린 남북정상회담에서는 한반도의 통일과 평화 정착, 민족의 화해와 단합, 남북간 교류와 협력 등이 논의되었다. 그 결과 통일 문제와 남북 관계를 처리하는 기본 방침을 담은 '6·15 남북공동선언'이 발표되었다.

그 뒤 남북은 경제협력에 합의하여 개성공단을 설치하고, 금강산관광사업을 통해 협력 범위를 확대해 나갔다. 그러한 성과를 바탕으로 2007년 10월 노무현 대통령이 평양을 방문하여 김대중 대통령에 이어 두 번째로 김정일 국방위원장과 남북정상회담을 열고, 남북관계 발전과 평화 번영을 위한 남북공동선언문을 발표했다.

그러나 김대중·노무현 정부 시기에 확대된 남북협력관계는 2008년 금강산 박왕자 피격 사건을 계기로 뒤틀리기 시작했다. 2010년 3월에는 이른바 '천안함 폭침 사건'을 계기로 개성공단의 운영마저 중단되었다가, 2013년 8월에야 재개되었다.

노무현 정권, '참여 정부'

2003년 2월 국민의 정부를 계승하며 들어선 노무현 정부는 '국민들과 함께 하는 민주주의'라는 의미에서 스스로를 '참여 정부'라 불렀다. 국정 목표로는 국민들과 함께 하는 민주주의, 더불어 사는 균형 발전 사회, 평화와 번영의 동북아시아 시대 등을 제시했다

노무현 대통령은 취임 초기 '평검사들과 대화'에서 파격적 모습을 보이면서 검찰권 독립에 강한 의지를 표명했다. 당권 포기, 검찰권 독립, 국가정보원의 정치 개입 금지 등 기존 대통령에게 수족과 같았던 권력 기능 통제를 스스로 포기하고, 한국 정치의 오랜 병폐였던 권위적 정치 문화를 극복하고자 탈권위적 대통령을 자처했다. 지금껏 학연, 지연 등 반민주적 요소에 안

주하며 기득권을 누려온 주류 세력인 보수진영은 상업고등학교 출신 대통령의 이러한 태도에 '무조건적'인 거부반응을 보였다.

참여 정부는 권위적 정치 문화의 극복과 함께 한국 사회의 민주적 발전을 가로막았던 법률 개정을 통한 정치 개혁에도 적극 나섰다. 2004년 국가보안법, 사립학교법, 과거사진상규명법, 언론관계법 등 4개 법안의 개혁을 추진했다. 한나라당과 보수 언론은 이 법을 '4대 국론 분열법'이라며 연일 비난했다. 한나라당은 무려 53일 동안 국회를 뛰쳐나와 장외투쟁을 벌이며 격렬하게 저항했다. 그 결과 4대 개혁 입법은 여야 사이에 적당히 타협되어 '누더기 법'이 되었다. 이 밖에도 헌법재판소의 헌법불합치 결정을 받은 호주제를 2005년 3월 법률을 개정하여 2008년 1월 1일 폐지했다. 이로써 봉건적 잔재이자 식민 잔재인 가부장 문화를 청산할 수 있는 길을 열었다.

이런 개혁 입법 조치와 함께 참여 정부는 친일반민족행위 진상규명위원회, 진실화해를 위한 과거사정리 기본법 등 각종 과거사 관련 법안을 제정하여 잘못된 과거를 청산하려 노력했다. 2005년 3·1절과 광복 60주년인 8월에는 여운형·이동휘 등 사회주의 계열 독립운동가 101명에게 서훈을 추서했다. 보수층의 반발로 서훈 등급에 한계가 있었지만, 반공 이데올로기 아래 일부 민족주의 계열에게만 추서되던 서훈이 사회주의 독립운동 계열에도 추서되었다는 점에서 역사적 의의가 있다.

참여 정부는 국가균형발전을 위한 지방 분권 정책에도 힘을 쏟았다. 그동안의 국가균형발전 계획이 수도권 집중에 따른 폐해를 막을 수 없다고 판단하고 중앙 정부 및 주요 공기업을 지방으로 이전하는 정책을 계획했고, 이를 위해 '국가균형발전특별법', '신행정수도건설특별법', '지방분권특별법' 등 국토균형발전 3대 특별법을 제정했다. 그러나 '신행정수도건설특별법'에 따른 신행정수도 이전 계획은 야당인 한나라당의 격렬한 반대와 헌법재판소의 위헌 결정에 따라 수도 이전은 불가능하게 되었다. 이 계획은 '행정중심

복합도시건설특별법'으로 수정되어 현재 세종특별자치시 건설로 이어졌다. 수도 이전과 연계한 지방 균형 발전을 위해 지방의 성장거점 지역에 '혁신도시'를 조성하고, 수도권에 몰린 공기업을 지방으로 이전하여 지역별로 특색 있는 미래형 도시를 개발한다는 계획이었다.

참여 정부는 후보 시절 공약으로 내세웠던 '임기 중 7% 성장'엔 못 미쳤지만 임기 동안 평균 경제성장률 4.3%을 기록했다. 같은 기간 세계 평균 경제성장률인 4.8%보다 낮았으나, 경제협력개발기구(OECD) 국가 가운데 가장 높은 수준의 성장률이었다. 무역수지와 경상수지도 5년 연속 흑자를 기록했다. 참여 정부는 순채권국으로 돌아선 이래 5년 동안 상태를 유지했다. 낮은 환율의 영향도 있었지만 1인당 국내 총생산이 2만 달러대를 돌파하기도 했다. 2007년 4월에는 지지 세력을 포함한 여러 사회계층이 반대하는데도 미국과 자유무역협정(FTA)을 추진, 타결하는 등 대외 개방에도 적극적이었다.

그러나 이러한 경제 성과에는 수많은 노동자와 농민, 서민의 눈물과 고통이 뒤따랐다. 국민의 정부에 이어 참여 정부에서도 '기업하기 좋은 나라'를 위해 신자유주의적 노동정책이 강도 높게 추진되었다. 2006년 11월 정부는 비정규직 보호를 명분으로 '비정규직 보호법' 즉 '기간제 및 단시간근로자 보호 등에 관한 법률', '파견근로자 보호 등에 관한 법률', '노동위원회법' 등을 제정했다. 이에 따라 파견 허용 업종이 늘었고, 2년 이상 근무한 파견 근로자를 정규직으로 의무 고용하도록 규정했다. 기간제 근로자는 근무기간이 2년을 초과할 경우 무기 근로 계약으로 간주했다. 그러나 이 법은 비정규직 보호라는 미명으로 파견제, 기간제 고용형태에 법적 정당성을 부여하여 오히려 '비정규직 양산법'이라는 거센 비판을 받았다. 그 결과 2001년 990만 명이던 정규직은 2006년까지 제자리걸음이었으나, 비정규직은 2001년 364만 명에서 해마다 늘어 500만 명을 훌쩍 넘어섰다. 비정규직의 월평

정규직과 비정규직 임금 추이(각 연도 8월 기준) (단위 : 원)

(단위 : 달러, ● 정규직 ● 비정규직)

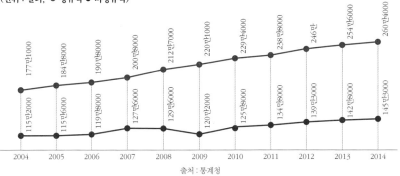

출처 : 통계청

비정규직 규모 추이(각 연도 8월 기준) (단위 : 명)

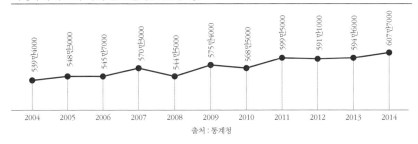

출처 : 통계청

소득계층별 분포 추이 (단위 : %)

■ 상류층
□ 중산층
■ 중하층
■ 빈곤층

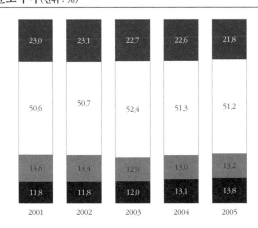

출처 : 재정경제부

균 임금은 정규직의 62.8% 수준이고 사회보험 수혜인원비율도 40%에 지나지 않았다. 여기에다 불합리한 차별 속에 언제 해고될 지 모르는 신분 불안에 처한 것이 비정규직의 현실이었다.

비정규직의 확산은 소득불평등에 따른 사회 양극화를 더욱 고착시켰다. 2001년, 2002년 모두 11.8%에 머물렀던 도시 노동자 중 빈곤층이 2003년 12.0%로 높아진 뒤 2005년에도 13.8%로 계속 늘어났다. 상류층은 2003년 22.7%에서 2005년 21%로 낮아졌다. 중산층은 2003년 52.4%에서 2005년 51.2%로 떨어진 반면, 중하층은 2003년 12.9%에서 2005년 13.2%로 늘어났다. 이러한 변화는 중하층의 상당수가 빈곤층으로, 상류층의 일부가 중산층으로 떨어졌음을 뜻했다. 특히 최상위 1% 소득 집중 속도는 매우 가팔랐고 기업소득과 가계소득 격차의 확대가 두드러졌다. 고착화되어 가는 소득 불평등 현상은 외환위기 이후 신자유주의가 급격히 도입되어 금융자유화, 노동시장유연화가 확산된 시점과 일치했다.

한편 국민의 정부에서 추진한 '햇볕정책'은 2002년 10월 미국에 부시 정권이 들어서면서 한 차례 위기를 맞았다. 부시 정권은 북한을 '악의 축'으로 규정하여 제네바 합의*를 파기하고 북한에 대한 경제 봉쇄 정책을 강화했다. 북한은 이에 '핵실험'으로 대응하면서 한반도는 다시 긴장과 전쟁 위기에 빠져들었다. 이런 긴장 관계는 '북핵'의 평화적 해결을 모색하던 6자회담을 경색시켰고, 서해 연평도에서 두 차례나 군사적 충돌이 일어나는 일촉즉발의 상황을 낳기도 했다.

참여 정부는 미국과 국내 보수층의 비난과 우려 속에서도 '동북아의 균형자'를 자처하며

제네바 합의 1994년 10월 21일 북한 핵 문제를 해결하기 위해 미국과 북한이 제네바에서 체결한 비공개 합의. 합의서 서명 당시 미국이 비공개를 약속했으나, 그 뒤에 내용이 한국에 알려지게 된다. 합의서는 10개 조항으로 이루어져 있는데, 북한이 핵을 동결하는 대신 미국이 경제 원조를 약속하고, 정치·경제적으로 완전한 정상화를 추진한다는 것이 주 내용이다.

앞 정부의 '햇볕정책'을 계승하여 남북 교류와 대화에 적극 나섰다. 여러 위기에도 불구하고 남북 교류와 협력의 상징적 사업인 금강산관광사업과 개성공단 사업을 계속 이어가며 북한과 상호 신뢰를 높였다. 이런 노력의 결과 2007년 10월 노무현 대통령이 북한을 방문하여 남북정상회담을 열고 '남북관계 발전과 평화번영을 위한 선언'을 채택, 발표했다.

남북 관계는 살얼음 위를 걷는 것처럼 조심스럽다. 반세기 이상 분단된 상태에서 쌓인 불신을 걷어내는 상호 신뢰 회복이 무엇보다 중요하다. 또 남북 문제는 탈냉전 이후 변화된 동북아 질서를 평화와 공존으로 아니면 대결과 긴장으로 이끌 수 있기 때문에 한반도에서의 평화체제 구축과 통일을 위한 지혜와 노력이 그 어느 때보다도 절실하다.

새로운 세기를 맞으며

나는 애증의 협곡에서 가슴을 펴고 눈을 부릅떴다

하늘은 보이지 않는 장막 그러나 나는 보았다

먹구름 파헤치고 손짓하는 무수한 별들을

아직도 그 뿌리가 뽑히지 않고 바람에 흔들리고 있는 나뭇가지들을

그리고 날벼락에도 꺾이지 않고 요지부동으로 서 있는 불굴의 바위들을

저 별은 길 잃은 밤의 길잡이이고

저 나무는 노동의 형제이고

저 바위는 투쟁의 동지이다

가자

가자

그들과 함께 들판 가로질러 실천의 거리와 광장으로

가서 다시 시작하자 끝이

역사의 지평에서 보일 때까지

의기도 양양한 저 상판때기의 검은 손들을 치우고

노동의 대지에 뿌리를 내린 투쟁과 승리의 깃발이 나부끼게 하자

_ 김남주, 〈노동의 대지에 뿌리를 내리고〉

1990년대 초반 소련을 비롯한 현존 사회주의권의 붕괴는 새로운 세기의 혼돈을 예고했다. 한쪽에서는 초국적 자본이 지배하는 자본주의 전일체제가 영원히 계속되는, 이른바 역사의 종말이 실현될 것이라고 단언한다. 또 다른 한쪽에서는 전일화한 자본주의 체제의 심화된 횡포에 도전하는 운동이 벌어져 이전과 다른 사회주의 체제가 나타날 것이라고 예견한다. 이런 가운데 민족민중운동은 방향과 목표를 잃고 혼돈의 시대를 건너고 있다. 따라서 이 땅의 민중은 세계화를 내세운 신자유주의 공세 앞에 앞으로 펼쳐질 역사의 전개 상황을 과학적으로 조망하지 못한 채 생존권을 지키려는 힘겨운 투쟁을 벌이고 있다. 그러나 민중이 겪어 온 역사적 경험은 결코 헛되지 않다. 그것은 앞으로 민족민중운동이 나가야 할 방향을 보여 주고 역사의 참뜻을 알려 주기 때문이다.

1862년 농민들은 스스로 일어나 시대의 질곡을 깨치고 반봉건을 외쳤다. 이로써 한국의 역사가 개혁이라는 길목으로 들어설 수 있었다. 외세와 지배층의 탄압으로 실패했지만 1894년 농민전쟁은 봉건체제를 이 땅에서 없애고 지배층 스스로가 개혁에 나서도록 밀쳤다. 민중이 지배층의 통치 대상이 아니라 역사의 주체로, 역사의 수레바퀴를 굴리는 존재로 등장한 것이다.

일제가 이 땅을 통치하던 시절, 공장과 농촌에서 민중은 일제에 맞서 싸우거나 자본가와 지주를 상대로 노동쟁의와 소작쟁의를 벌였다. 또 만주, 연해주, 중국 등지에서는 이름 없는 조선의 해방 전사들이 보잘것없는 총을 들고

일제의 막강한 군대와 화력에 맞서며 불꽃같이 산화했다.

　물론 이러한 투쟁은 제국주의의 막강한 무력과 간악한 탄압에 번번이 좌절되었다. 또 우리 민중이 스스로 나라의 주권을 찾기도 전에 미국과 소련이 이 땅에 '점령군'으로 들어옴으로써 분단이 되었을 뿐만 아니라 끝내 한국전쟁을 맞기에 이르렀다.

　그러나 이 땅의 민중은 분단의 질곡에 굽히지 않고 4월 혁명으로 이승만 독재체제를 무너뜨렸다. 경제개발이라는 미명 아래 민주주의를 말살했던 군부독재에 맞서서 민주화를 위한 대장정에 나섰으며 드디어는 광주민중항쟁을 거쳐 1987년 6월 제한적이지만 형식적 민주화를 실현했다. 나아가 1987년 7·8·9월 노동자 대투쟁에서는 노동자들이 역사무대의 전면에 나서고 있음을 보여주었다.

　민중이 여기까지 오는 과정은 이처럼 고난과 전진의 연속이었다. 그것은 결코 멈출 수 없는 싸움이었다. 더 나아가 이 땅에 살았던 민중의 희망을 하나씩 실현하려는 노력의 소산이었다.

　현재 민족민중운동은 갈림길에 있다. 바깥으로는 한반도를 둘러싼 국제관계가 자기 나라 이익을 최대한 실현하려고 남북한의 생존권을 제약하고 통일을 막고 있다. 또 안으로는 신자유주의 세계화라는 이름 아래 초국적 자본이 거침없이 침투하고 역대 정권은 노동유연화와 시장개방화를 추구하고 있다. 그리하여 실업률이 나날이 높아지고 빈부격차는 더욱 커졌으며, 공교육 붕괴·환경 파괴·복지 부실 등에서 볼 수 있듯이 삶의 질을 향상시키려는 여건은 좀처럼 나아지지 않았다

　또 한편으로 민족민중운동을 통해 정치·제도적 차원의 형식적 민주화는 달성했지만, 우리 사회 각 분야에서의 민주주의적 생활양식의 확산이나 이를 뒷받침할 인권 의식 수준은 아직도 미성숙한 상태다. 특히 경제적 민주화는 긴급한 현실적 과제지만, 이를 실현하기 위해서는 여전히 많은 난관이 도

사리고 있다. 또 1987년 민주화 이후 과거사 청산을 통해 민주주의와 인권 의식이 높아졌지만, 요즈음 이마저도 지체되거나 후퇴의 조짐을 보인다. 민주주의는 법적 제도적 장치만으로 완성되는 것이 아니라 역사적 성찰과 실천으로 끊임없이 내면화해야 한다는 점을 오늘날 우리 사회의 현실은 말해 주고 있다.

참고도서

5·18기념재단 엮음,《5·18민중항쟁과 정치·역사·사회》5, 심미안, 2007
김동춘,《한국사회노동자연구》, 역사비평사, 1995
김용기·박승옥 엮음,《한국노동운동논쟁사 : 80년대를 중심으로》, 현장문학사, 1989
박현채 편,《청년을 위한 한국현대사》, 소나무, 1989
서중석,《한국현대사 60년》, 역사비평사, 2007
이옥지,《한국 여성 노동자 운동사》1·2, 한울, 2001
이해영 편,《1980년대 혁명의 시대》, 새로운 세상, 1999
전태일기념사업회,《한국노동운동 20년의 결산과 전망》, 세계, 1991
정해구 외,《광주민중항쟁연구》, 사계절, 1990
조희연 엮음,《한국사회운동사》, 한울, 1990
채만수·김장한,《한국사회운동사》, 죽산, 1990
최장집,《한국의 노동운동과 국가》, 나남, 1997
학술단체협의회,《1980년대 한국사회와 지배구조》, 풀빛, 1989
학술단체협의회,《6월민주항쟁과 한국사회 10년》1, 당대, 1997
한국사회과학연구소,《다이어그램 한국 경제》, 의암출판, 1993
한국사회학회·한국 정치학회 편,《한국의 국가와 시민사회》, 한울, 1992
황상규,《위험한 에너지 핵》, 거름, 1991

최제우, 동학 창시	1860	
김정호, 대동여지도 간행	1861	미국, 남북전쟁(~1865)
		러시아, 농노제 개혁
삼남지방을 중심으로 전국에서 농민 항쟁	1862	
고종 즉위	1863	링컨, 노예 해방 선언
흥선 대원군 집권		
동학 교주 최제우 처형됨	1864	제1인터내셔널 결성
천주교 탄압	1866	
제너럴 셔먼호 사건		
프랑스함대 강화도 공격(병인양요)		
오페르트 도굴 사건		
	1867	『자본』 1권 출간
서원 대부분 폐쇄하고 47개만 남김	1868	일본, 메이지 유신
	1869	수에즈 운하 개통
미국 아시아 함대, 강화도 공격(신미양요)	1871	독일 통일
		파리코뮌 수립

관동 조선인 학살 암태도 소작쟁의(~1924)	1923	
조선공산당 창립 카프 결성	1925	
6·10 만세운동	1926	
신간회 창립	1927	남경에 국민정부 수립
	1928	코민테른 6차 대회
원산 총파업 광주학생사건	1929	세계 경제공황
평양 고무 노동자 총파업	1930	
신간회 해소 결의 우카키, 신임 조선총독에 부임	1931	만주사변
윤봉길, 상하이에서 폭탄 투척	1932	
조선총독부, 농촌진흥운동 시작 항일유격대, 함북경원결찰서 습격	1933	독일, 히틀러 집권 미국, 뉴딜 정책 실시
조선농지령 공포	1934	
	1935	코민테른 7차 대회
재만한인, 조국광복회 창립 일장기 말살 사건	1936	독일, 재군비 선언 에스파냐, 반파쇼 전쟁
항일유격대, 함남 보천보 습격	1937	중일전쟁
경성콤크룹 조직	1939	제2차 세계대전(~1945)
창씨개명 실시	1940	
	1941	소련, 독일의 침공으로 2차 세계대전 참전 미국·영국, 대서양헌장 발표 태평양전쟁(~1945)
화북조선독립동맹 창설 조선어학회 사건	1942	
	1943	카이로선언
여운형, 건국동맹 결성	1944	

8·15 해방	1945	포츠담선언
건국준비위원회 발족		히로시마·나가사키 원자폭탄 투하
조선인민공화국 수립 선포		일본 항복
미군정 실시		유엔 성립
북한, 조선공산당북조선분국 설치		모스크바 삼상회의
북한, 토지개혁과 주요 산업 국유화	1946	파리평화회의
북한, 북조선임시인민위원회 결성		
제1차 미·소공동위원회 개최		
9월 총파업		
10월 인민항쟁		
북조선노동당 창립		
여운형 피살	1947	미국, 트루먼독트린 선언
		미국, 마셜 플랜 제안
유엔한국임시위원단 구성	1948	
제주 4·3 항쟁		
남북연석회의 개최		
5·10 남한 단독선거		
북한, 최고인민회의 선거		
여수·순천 봉기		
남한, 대한민국정부 수립		
북한, 조선민주주의인민공화국 수립		
국회 프락치 사건	1949	중국, 중화인민공화국 수립
농지개혁법 공포		나토 성립
김구 피살		
북한, 조선노동당 결성		
북한, 조국통일민주주의전선 결성		
한미상호방위원조협정 체결	1950	미국, 한국전쟁 참전
제2대 국회의원 선거		유엔, 한국 파병 결의
한국전쟁 발발		
유엔·중국군 참전		
대전협정 체결		
국군작전지휘권 미국에 이양		
자유당 창당	1951	
거창양민학살 사건		
거제도 포로 폭동 사건	1952	미국, 수소폭탄 실험 성공
휴전협정 조인	1953	스탈린 사망

노동조합법 시행령 공포 한미상호방위조약 조인		
제네바회담 제3대 국회의원 선거 뉴델리 밀담 사건	1954	
한미 잉여농산물원조협정 조인 민주당 창당 사사오입개헌	1955	아시아·아프리카 반둥회의
민주당 대통령 후보 신익희, 이리에서 사망 진보당 창당 북한최고재판소, 박헌영에 사형 언도	1956	헝가리, 반소 시위 소련공산당 제20차 당 대회 개최 소련의 흐루시초프, 스탈린 개인 숭배 사상 비판 국제원자력기구(IAEA) 창립
진보당 사건 북한, 천리마운동 추진 제4대 국회의원 선거 2·4 파동(보안법, 지방자치법) 북한, 농업 협동화·개인상공업 협동화 완료	1958	
『경향신문』 폐간 조봉암 사형 전국노동조합협의회 결성대회	1959	쿠바혁명
북한, 청산리 방법 확립 3·15 부정선거 4월 혁명 민·참의원 총선거 제2공화국 출범	1960	중·소 관계 악화
5·16 군부 쿠데타 북한, 제4차 당 대회에서 대안의 사업 체계 확립	1961	비동맹국 정상 회의
제1차 경제개발 5개년 계획 김종필·오히라 회담 북한, 4대군사노선 채택, 경제와 국방 건설 병진 정책	1962	미국, 쿠바 봉쇄
제3공화국 출범	1963	
한일회담 반대 시위(6·3시위) 인혁당 사건	1964	
한일협정 조인	1965	미국, 북베트남 폭격

한·미행정협정 조인	1966	중국, 문화혁명
제2차 경제개발 5개년 계획 동베를린 간첩단사건 발표	1967	제3차 중동전쟁
무장공비 31명 서울 침입(1·21사태) 향토예비군 창설 주민등록제 실시	1968	체코슬로바키아, 반소 시위 프랑스, 5월 학생·노동자 시위
3선 개헌안 변칙 통과	1969	중·소, 우수리강 무력충돌 미국, 아폴로 11호 달 착륙 성공
북한, 제5차 당 대회에서 주체사상을 지도 지침으로 규정 평화시장 노동자 전태일, 노동조건 개선 요구, 분신	1970	닉슨독트린 미·소, 정상회담에서 전략무기감축협정(SALT) 체결
광주대단지 사건	1971	중국, 유엔 가입
제3차 경제개발 5개년 계획 7·4남북공동성명 10월 유신 제4공화국 수립 북한, 사회주의헌법 제정, 국가 주석제 신설	1972	미국 닉슨 대통령 중국 방문
북한, 3대혁명 소조운동 추진 6·23 선언 북한, 김정일이 후계자로 부상 개헌청원 백만인 서명 운동	1973	미국, 베트남에서 철수 제4차 중동전쟁
대통령 긴급조치 1~4호 선포	1974	전 세계 석유파동
서울 농대생 김상진, 할복자살	1975	베트남전쟁 종결
재야, '민주구국선언' 발표	1976	유엔, 팔레스타인 건국 승인
수출목표 100억 불 달성 대학생, 유신철폐 민주 회복 요구 시위	1977	
전남 함평고구마 부정수매 사건	1978	니카라구아 내전 확대
YH무역 여성 노동자, 신민당 농성 부마항쟁 10·26 사건 12·12 쿠데타	1979	이란, 회교도혁명 소련, 아프가니스탄 침공 미·중 국교정상화

광주민중항쟁 북한, 제6차 당 대회 개최	1980	이란·이라크전쟁
제5공화국 출범	1981	미국, 왕복우주선 발사
부산 미 문화원 방화 사건	1982	
아웅산 폭발 사건 KAL기 피격 사건	1983	미국, 그레나다 침공
북한, 1980년대 속도창조운동 전개 북한, 합영법 제정 대학생 민정당사 점거 농성	1984	영국·중국, 홍콩반환협정 체결
제12대 국회의원 선거 미 문화원 점거 농성	1985	
신민당, 개헌운동 선언 김세진·이재호 분신자살 5·3 인천 항쟁 대학생, 건국대 점거 농성	1986	소련, 체르노빌 원전 사고
박종철 고문치사 사건 민주헌법쟁취국민운동본부 결성 6·10 국민대회 노태우, 6·29 선언 노동자 대파업 투쟁 전개 (노동자 대투쟁) 제13대 대통령 선거, 노태우 당선	1987	미·소, INF폐기협정 조인 아시아정상회담(마닐라선언)
제6공화국 출범 제13대 국회의원 선거 노태우, 7·7 선언 제24회 서울 올림픽 대회	1988	미란·이라크전쟁 종결 소련, 페레스트로이카 정책 실시
문익환 목사 방북 전대협 대표 임수경 방북 노태우, 한민족공동체통일방안 발표	1989	베를린 장벽 붕괴
민정당·민주당·공화당 3당 합당으로 민주자유당 창당 전국노동조합협의회 결성 남북 총리회담 개최 (~1992.9) 북한, '우리식 사회주의' 주장	1990	미국, 핵 감축 선언

	1991	소련, 옐친 집권, 걸프전 반발
지방자치의원 선거		중동평화회담 개최
남북한 유엔 동시 가입		
북한, 나진·선봉자유경제무역지 창설		
노태우, 한반도 비핵화 선언		
	1992	일본, 평화유지활동법안(PKO) 통과
제14대 국회의원 선거		
제14대 대통령 선거, 김영삼 당선		
북한, 외국인투자법 제정, 사회주의헌법 개정		
	1993	아태경제협력체(APEC) 정상 회담 개최
북한, 자유경제무역지대법 제정		우루과이라운드 타결
북한, 핵확산금지조약(NPT) 탈퇴 선언		북미자유무역(NAFTA)협정 체결
금융실명제 실시		
쌀 시장 개방 발표		
	1994	유럽연합(EU) 출범
북한 김일성 사망		남아프리카공화국, 만델라 대통령 당선
북한·미국, 3단계 고위급회담		
국제원자력기구, 북한 제재 결의안 채택		
	1995	GATT 해체
5·18 학살자 처벌 특별법 제정		세계무역기구(WTO) 발족
전두환(11월)·노태우(12월) 구속		우루과이라운드 발효
부동산실명제 발표		
조선총독부 건물 해체		
지방자치제 전면 실시		
	1996	미·베트남 수교
검찰, 전두환 무기징역·노태우 징역 17년 구형		이스라엘, 라빈 총리 암살
옛 안기부 청사 제1별관 해체		
한국 OECD 가입		
	1997	중국, 덩샤오핑 사망
KAL여객기 괌에서 추락		영국, 홍콩을 중국에 반환
IMF 관리체제 시작		
제15대 대통령 선거, 김대중 당선		
김영삼, 국민 대화합 명분으로 전두환·노태우를		
비롯한 관련자 특별사면		
	1998	인도네시아, 수하르토 물러남
노사정위원회 설치		영국, 북아일랜드 분쟁 종결
정주영 소 500마리와 함께 북한 방문		
북한, 김정일 공식 집권		
금강산관광사업 시작		
	1999	유로(EURO)화 등장
전국교직원노동조합 합법화		포르투갈, 마카오 반환
상록수부대 동티모르 파병		미국, 파나마운하 반환
통일농구 북측 방문단, 서울 도착(남북통일농구대회)		

		코소보 사태
		동티모르 독립 투쟁
김대중 대통령, 남북경제공동체 제의	2000	타이완, 국민당 정권 교체
남북 6·15 공동선언 발표		
의약분업 실시		
의문사진상규명위원회 출범		
여성부 출범	2001	중국, WTO 정식 회원국 가입
일본역사교과서 왜곡 파동		WTO, 각료회의를 거쳐 뉴라운드체제 출범
국가인권위원회 출범		미국, 9·11 테러
		아르헨티나, 모라토리엄 선언
민주화운동기념사업회 출범	2002	미국, 아프가니스탄 침공
대한민국·일본 월드컵 공동개최		
소파 개정을 위한 촛불시위		
북한 핵확산금지조약 탈퇴선언(NPT)	2003	미국, 이라크 침공
대구 지하철 화재 참사		중국, 유인우주선 선저우5호 발사 성공
제16대 노무현 정부(참여 정부) 출범		
이라크 파병 반대 촛불시위		
한국 공병부대와 의료부대 이라크 파병		
부안군민, 위도 핵 폐기장 반대 시위		

508